중미 해외 교육봉사활동의 이해

- 니카라과를 중심으로 -

한재영 지음

▶ 이 저서는 2018년 대한민국 교육부와 한국연구재단의 지원을 받아 수행된 연구임 (NRF-2018S1A5A2A01036487)
▶ 이 책은 한재영(2024), 한재영, 서혜애 외(2019), 한재영, 서혜애 외(2021), 한재영, 홍준의 외(2020) 연구논문을 기초로 재구성한 것임

목 차

0. 도입글 ··· 3

1. 봉사활동과 CHAT 분석 ··· 4
   1-1 봉사활동 소개 ·· 4
   1-2. CHAT이란 무엇인가? ··· 5
   1-3. CHAT 분석을 그림으로 나타낼 수 있다는데? ······························ 6

2. 주 체 ·· 8
   2-1. 진정한 봉사활동 스펙이란? ·· 8
   2-2. 봉사단 인솔은 미친 짓 ··· 10
   2-3. 현직 교사는 꼭 필요하다 ··· 12
   2-4. 봉사활동을 하면서 봉사관 형성하기 ·· 13
   2-5. 세계와 타인을 생각하는 시야가 어떻게 생길까? ······················· 17
   2-6. 봉사활동 한 번 하는 데 5개월이나 걸려? ·································· 19
   2-7. 봉사활동을 시작한 이유는? ·· 20
   2-8. 봉사활동을 계속하는 이유는? ·· 21
   2-9. 봉사활동으로 삶이 어떻게 변했나? ··· 24
   2-10. 인사가 만사인데, 사람 속은 참 알 수가 없다 ························· 28
   2-11. 봉사활동은 힐링이다 ··· 31
   2-12. 봉사활동은 진정한 만남이다 ·· 34
   2-13. 현지 생활 ·· 36

3. 객 체 ·· 38
   3-1. 봉사활동 준비를 그렇게 많이 해야 하나? ·································· 38
   3-2. 합숙 교육과 집중 교육 ·· 40
   3-3. 스파게티 면은 먹는 것이지 수업 재료가 아니다 ······················ 41
   3-4. 지도안은 다양한 수준으로 만든다 ·· 45

3-5. 교과서를 만들어 보는 경험 · 47
3-6. 수업 대본은 무조건 짧은 문장으로 · 48
3-7. 수업 시연은 필수 · 49
3-8. 배우며 가르치며 상호작용 · 51
3-9. 강제 단축 수업 · 53
3-10. 현지에서 요청하는 활동 · 55
3-11. 한글학교 · 61
3-12. 좋은 수업을 잘해야 한다 · 64
3-13. 끊임없는 수업 반성과 개선 · 65
3-14. 이건 진짜 내 수업이야 · 68
3-15. 외국 학생들도 똑같은 학생들이다 · 70
3-16. 교육이 정말 희망일까? · 71
3-17. 문화 교류의 필요성: 학교와 수업 · 72
3-18. 문화 교류의 필요성: 코티처와 현지인 · 75
3-19. 사후관리 · 78
3-20. 봉사활동에선 왼손이 하는 일을 오른손이 알게 하라 · 79
3-21. 후원 얻기는 참 어렵다 · 81
3-22. 바자회 · 84
3-23. 쉼은 필수, 잘 쉬어야 잘 가르친다 · 85
3-24. 여행도 쉼, 미안함을 느끼는 시간 · 88
3-25. 자연 문화 탐방 · 90
3-26. 소중한 평가회, 올해는 왜 울지 않으세요? · 100
3-27. 전시회 · 104
3-28. 해외 교육봉사활동과 교육실습은 비슷하면서도 다르다 · 107
3-29. 낯선 길이 익숙해지기까지 · 109
3-30. 계획한 대로 진행되는 봉사활동은 거의 없다 · 110
3-31. 체계적 정리의 경험: 단원 · 112
3-32. 봉사활동을 정리해야 하는 강박감: 단장 · 114
3-33. 성과 공유 · 117
3-34. 연극이 끝난 후 · 119

4. 도 구 · 120

4-1. 스페인어 빨리 말하지 말라 · 120
4-2. 말이 안 되면 몸짓으로 · 121
4-3. 열정 배우기 · 122
4-4. 나부터 스페인어를 잘해야 하는데 · 123

4-5. 영어도 할 줄 알아야 한다 ··· 127
4-6. 이해했냐고 묻지 말아라 ··· 128
4-7. SNS는 봉사활동에 필수 ··· 129
4-8. 아무것도 없는 학교에서 수업하기 ··· 131

5. 규칙 ··· 133
5-1. 봉사활동 사업에서 지켜야 할 규칙: 공고문 ··· 133
5-2. 봉사활동 사업에서 지켜야 할 규칙: 예산 ··· 134
5-3. 봉사활동 사업에서 지켜야 할 규칙: 발대식 ··· 137
5-4. 봉사활동 사업에서 지켜야 할 규칙: 행정 ··· 138
5-5. 봉사활동 사업에서 지켜야 할 규칙: 점검단 ··· 139
5-6. 해외로 나갈 때 지켜야 할 규칙: 여행 ··· 141
5-7. 해외로 나갈 때 지켜야 할 규칙: 항공 규정 ··· 143
5-8. 해외로 나갈 때 지켜야 할 규칙: 출입국 ··· 145
5-9. 비행기 안에서 지켜야 할 규칙 ··· 147
5-10. 니카라과에서 지켜야 할 규칙 ··· 148
5-11. 단체 활동에서 배우기 ··· 150
5-12. 기부에 대한 관점 차이 ··· 153
5-13. 현지 문화 따르기: 수업 ··· 154
5-14. 현지 문화 따르기: 환영식과 환송식 ··· 156
5-15. 현지 문화 따르기: 호텔 ··· 159
5-16. 현지 문화 따르기: 파티, 춤, 음주 ··· 161
5-17. 현지 문화 따르기: 안전 ··· 163
5-18. 현지 문화 따르기: 생활 ··· 164
5-19. 문화 충격 ··· 166
5-20. 시간 맞추어 온 것을 자랑하는 운전사 ··· 168

6. 커뮤니티 ··· 170
6-1. 대학 직원의 도움이 필수적이다 ··· 170
6-2. 소중한 코티처: 니카라과 ··· 172
6-3. 소중한 코티처: 엘살바도르와 과테말라 ··· 176
6-4. 현지 학교와 학생 ··· 179
6-5. 현지인의 도움은 절대적으로 필요: 니카라과 ··· 183
6-6. 현지 코디네이터: K 교수 ··· 187
6-7. 현지 코디네이터: 대학 담당자 ··· 190

- 6-8. 두 번째 가면 눈 감고도 할 수 있어 ··· 192
- 6-9. 현지의 열악한 상황 ··· 193
- 6-10. 기억에 남는 사람들: 니카라과, 엘살바도르 ··· 196
- 6-11. 기억에 남는 사람들: 과테말라 ··· 199
- 6-12. 나만 이상한 사람이 아니라는 ··· 203
- 6-13. 일상과 가족의 소중함 ··· 205
- 6-14. 현지 정보 ··· 206
- 6-15. 현지에서 먹은 음식들 ··· 209

7. 역할 분담 ··· 215
- 7-1. 정말 다양한 역할들 ··· 215
- 7-2. 학생 대표와 부대표의 일 ··· 218
- 7-3. 현직 교사의 일 ··· 220
- 7-4. 영상의 힘 ··· 223
- 7-5. 여행 가이드 정말 어려운 일이야 ··· 224
- 7-6. 다쳐봐야 아는 것 ··· 226
- 7-7. 단장은 다재다능해야 ··· 229
- 7-8. 소진 경험에서 배운 것 ··· 234
- 7-9. 역할 분담 시 주의할 점 ··· 236

8. 니카라과의 교육과 사회문화 ··· 238

9. 코티칭 ··· 244
- 9-1. 수업 준비 단계 ··· 245
- 9-2. 수업 실행 단계 ··· 248
- 9-3. 수업 평가 단계 ··· 252
- 9-4. 어려운 코티칭 ··· 255

10. 언어 ··· 256
- 10-1. 스페인어 발음과 강세 ··· 256
- 10-2. 스페인어 웃으며 공부하기 ··· 259
- 10-3. 살아있는 스페인어 ··· 261
- 10-4. 생소한 문법과 표현 ··· 262

11. 변화와 발전 ··· 264
   - 11-1. 갈등, 배움, 가르침 ··· 264
   - 11-2. 갈등 요소 ·· 266
   - 11-3. 코로나와 온라인 봉사활동 ·· 269
   - 11-4. 반만 하는 봉사활동 ··· 271
   - 11-5. 1/10만 하는 봉사활동 ··· 273
   - 11-6. 혼자 하는 봉사활동 ··· 274
   - 11-7. 한국에서 혼자 한 봉사활동 ·· 280
   - 11-8. CHAT 변화와 발전 ··· 281
   - 11-9. 변화와 발전으로 이어진 갈등 ·· 290
   - 11-10. 변해야 할 내용과 계속되어야 할 내용 ································· 291
   - 11-11. 봉사활동과 참살이 ··· 293

12. 정리글 ··· 294

13. 부 록 ··· 297

14. 참고 자료 ·· 301

에듀컨텐츠 휴피아

중미 해외 교육봉사활동의 이해
- 니카라과를 중심으로 -

에듀컨텐츠·휴피아

0. 도입글

해외 교육봉사활동을 간다고 하면 아래와 같은 질문을 받곤 한다. 이 책은 이런 질문에 답을 찾는 데 도움을 주려고 한다. 책을 읽기 전에 각자 아래 질문에 답해 보도록 한다. 뒤쪽 정리글에 저자가 지금까지 얻은 답을 적었다.

> Q. 대학생들에게 그렇게 큰돈을 들여 외국에 나가 봉사활동 하는 것은 예산 낭비 아닌가?
> Q. 국내에도 도움이 필요한 사람이 많은데 굳이 해외에까지 나가야 하는가?
> Q. 해외 봉사활동은 결국 놀러 가는 것 아닌가?
> Q. 봉사활동을 나가기 위해 준비할 게 그렇게 많은가? 그냥 대충 해외에 나가 현지에 필요한 것을 도와주고 오면 되는 것 아닌가?
> Q. 외국에 나가 단기간 교육봉사활동을 하는 것이 그 나라에 어떤 도움이 될까? 그 나라 학생들이나 봉사 단원에게 어떤 도움이 될까?
> Q. 대학생들은 스스로 알아서 봉사활동 할 테니, 봉사단을 인솔하거나 지원하는 사람이 없어도 되지 않나? 단장은 놀고먹는 것 아닌가?
> Q. 예비 교사들과 해외 교육봉사활동을 나가는 것이 임용시험 준비에 도움을 주나? 오히려 공부 흐름을 끊어 방해되지는 않나?

이 책은 '니카라과와 한국의 교육, 문화, 언어, 사회 교류에 대한 융합 연구: 문화역사활동이론과 해외 교육봉사활동을 중심으로 하는 돌봄의 연구'를 수행한 결과물이다. 연구 결과로 어떤 책을 쓸 것인가? 딱딱한 학술 서적은 나도 읽기 싫다. 쉽게 읽히면서 본인이 원하는 정보도 얻고 학술적인 내용도 간간이 등장하는 방식을 지향한다. 학술지 논문을 바탕으로 책을 엮었지만, 논문의 글투는 재미없고 친근하지도 않아 많은 부분을 다시 쓰려고 노력했다. 가능한 한 주제별로 짧게 끊어서 제목을 붙이고, 어디든 펼쳐 읽을 수 있도록 하였다.

이 책은 연구 결과물로 기능함과 동시에 봉사활동을 인솔하는 교수, 함께 가는 교사, 미래에 봉사활동을 할 예비 교사 모두에게 도움이 되는 융합 서적이 되기를 바란다. 그를 위해 하면 좋은 일은 물론이고 실패한 일을 시시콜콜하게 적어보려 하였다. 본문 이외에 인용문이 많은데, 인용문을 통해 현장의 느낌을 직접 느껴보기를 바란다.

1. 봉사활동과 CHAT 분석

1-1. 봉사활동 소개

아래 그림에 이 봉사활동에 대해 간략히 정리했다. 교사자격증을 받는 과정에 있는 학생들이 해외에 4주 이상 나가 현지의 초중등 학생들을 가르치는 봉사활동을 하도록 정부의 공적개발원조(ODA) 예산으로 지원하는 것이다. 즉, 학생들에게는 자기 돈 들이지 않고 해외에 나가 봉사활동을 할 수 있는 매우 좋은 기회이다.

- 주관기관: 국립국제교육원(NIIED)
- 사업명: 00년도 교원해외파견사업 중 단기 해외 교육봉사 프로그램
- 목적: 교육대학이나 사범대학, 교육대학원 등에 재학하는 예비 교원들에게 방학 중 해외 교육봉사 기회를 제공하여 국제화 교육역량을 갖춘 교원을 양성하고 향후 해외 교육봉사활동을 장려
- 활동 인원: 학생 17명, 교사 2명, 교수 1명
- 활동 기간: 여름방학 또는 겨울방학을 이용하여 4주 이상
- 활동 내용: ODA 수원국에 가서 기초교육(수학, 과학, ICT 등)을 수행
- 활동 지원: 봉사단원의 체재비, 항공료, 교육비, 재료비 등 지원
- 사업 진행: 사전교육, 현지 봉사, 사후관리, 성과보고회 등
- 사업 선정 평가 내용: 대학의 사업 추진 역량, 사업의 타당성, 사업성과 확산 등

대학생을 대상으로 해외 봉사활동을 지원하는 프로그램은 한국국제협력단(KOICA, 이하 코이카)이나 한국대학사회봉사협의회 등에 예전부터 있었지만, 미래에 교사가 될 예비 교사로 한정해서 단체 교육봉사활동을 단기로 지원하는 프로그램은 이 사업이 유일하다. 저자는 운 좋게 이 사업에 매년 선정이 되었는데, 아마도 사업 초기에 지역별 쿼터제가 있어 상대적으로 경쟁이 적은 중미로 신청한 덕이라 생각한다. 제안서에 대학의 국제개발협력(ODA) 수행 실적을 10건 이상 적어야 만점인데, 연구책임자의 실적만 적는 것으로 잘못 해석해서 서너 건밖에 적지 않았는데도 2년간 선정되었다.

한편, 니카라과는 남미가 아니고 중미에 있는 국가이다. 중앙아메리카 국가의 사람들은 북미나 남미가 아닌 중미로 불리기를 바란다. 또한, 중미 지역을 '신내륙'이라고 부르는 것은 지양해야 한다. 신대륙이라는 표현은 유럽 침략자의 관점에서 본 용어이기 때문이다(송영복, 이재호, 2014).

1-2. CHAT이란 무엇인가?

CHAT은 문화역사활동이론(cultural historical activity theory; Engeström, 2001)을 말한다. 이것은 전체 프로젝트를 구성하는 이론적 배경이자 연구 방법이다. 즉, 예비 교사의 해외 교육봉사활동을 여러 측면에서 정리하여 이해하고 전체적으로 조망하기 위해 이것을 활용한다.

CHAT에서는 인간의 집단 활동(여기서는 해외 교육봉사활동)을 활동 체계(activity system)라고 하며, 집단을 구성하는 각 개인은 전체 활동 체계 안에서 특정 역할을 맡아 활동한다. 하나의 활동 체계는 주체(subject), 객체(object: 목적(goal) 또는 산출물(outcomes), 도구(tool), 커뮤니티(community), 규칙(rules), 역할 분담(division of labor)의 6개 요소로 구성된다. 주체는 활동 목적을 달성하기 위해 직접 일을 하는 중심인물이며, 객체는 활동의 목적이나 결과물을 말한다. 도구는 주체와 객체를 매개하는 유형 또는 무형의 인공물(artifact)이며, 커뮤니티는 주체의 활동에서 매개 역할을 하는 인적 자원과 제반 상황을 말한다. 그리고 규칙은 활동 체계 안에서 주체와 다른 요소 사이의 관계를 규정하는 것을 말하며, 역할 분담은 주체와 커뮤니티가 활동 목적을 달성하기 위해 각자 역할을 맡는 것을 말한다. 이들 요소 사이에는 갈등이나 모순이 존재할 수 있으며, 이는 활동 체계의 변화나 발전의 출발점이 된다(Engeström, 2001). 즉, 이 이론은 집단 활동의 구조나 체제를 종합적으로 파악하기 위하여 그 구성 요소를 몇 가지로 구분하여 기술하는 틀이다. 이 이론으로 해외 교육봉사활동을 연구한 예로 한재영, 임성민(2017)과 한재영, 임성민(2018)이 있다.

봉사활동은 하나의 활동 체계다.

1-3. CHAT 분석을 그림으로 나타낼 수 있다는데?

아래 그림은 해외 교육봉사활동의 체제를 분석한 연구(한재영, 서혜애 외, 2019)의 결과물이다. 6가지 요소(주체, 객체, 도구, 규칙, 커뮤니티, 역할 분담)는 삼각형의 꼭짓점이나 변의 중간에 위치하며, 서로 다른 요소와 연결되어 있다. 이 책에서 말하는 해외 교육봉사활동은 현지 활동뿐 아니라 국내에서 봉사활동을 준비하거나 귀국 후에 봉사활동을 정리하고 사후 관리하는 단계까지 모두 포함한다.

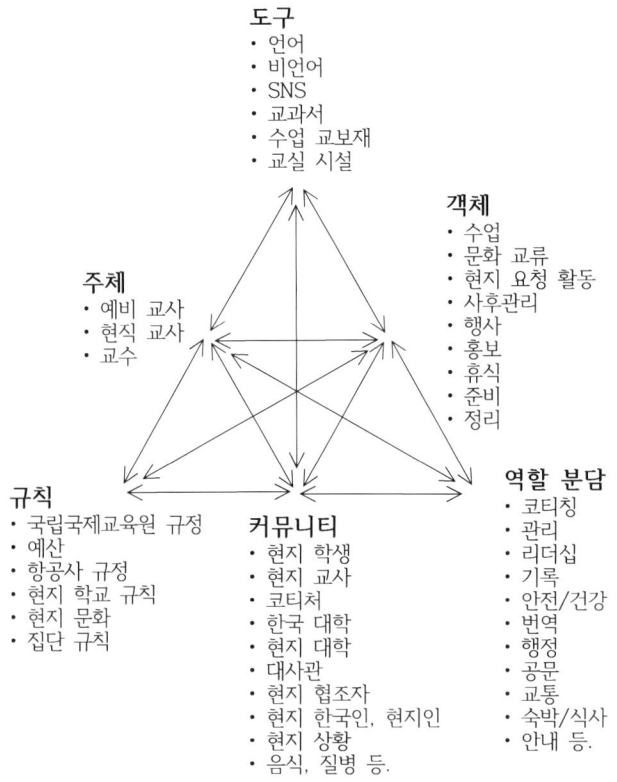

[그림 1] 해외 교육봉사활동의 체제(한재영, 서혜애 외, 2019)

6가지 요소에는 각각 여러 하위 내용이 포함되어 있으며, 하위 내용에도 여러 가지가 포함되어 있다(예, 국립국제교육원의 규정에는 여러 가지가 있다). 그런 상세한 내용을 모두 표기할 수는 없지만, 이 그림 하나로도 해외 교육봉사활동의 준비, 수행, 정리 과정 전체를 아우를 수 있다는 장점이 있다. 즉, CHAT은 해외 교육봉사활동을 총괄 조망하는 데 유용하다.

이 그림을 활용해서 니카라과 교육봉사활동을 기술할 수 있다. 예비 교사(주체)는 현직 교사(주체), 대학 교수(주체)와 함께 방학 기간을 이용하여 4주 이상(규칙) 해외에 나가 교육봉사활동(객체)을 수행하였는데,

봉사활동 수행에는 국내외의 다양한 사람들(커뮤니티)이 도움을 주며, 현지의 상황(커뮤니티)이나 문화(규칙)를 따르면서 현지어(도구)로 봉사활동 대상 국가의 학생들(커뮤니티)에게 현지 대학생(커뮤니티)과 함께 코티칭(역할 분담) 방법으로 수업하였다. 이 해외 교육봉사활동을 성공적으로 수행(객체)하기 위해 출국 전에 현지어로 작성된 교과서와 각종 기자재를 철저히 준비(객체)했으며, 현지에서 매일 평가 반성회(객체)를 하고, 귀국 후에도 결과 보고서 등을 통해 정리(객체)를 하며 다음 봉사활동을 준비했다.

또 니카라과 봉사활동과 다른 봉사활동을 비교하는 데에도 이 그림을 사용할 수 있다. 현직 교사의 봉사활동(한재영, 임성민, 2017)과 비교하였을 때, 자발적으로 자비로 수행되는 봉사활동이 아니라 국가 기관의 지원을 받는 봉사활동에서는 지켜야 할 규칙이 더 많음을 알 수 있다. 이렇게 [그림 1]은 요소별로 해외 교육봉사활동에 포함되거나 포함되지 않은 내용을 파악하는 데 도움을 준다.

봉사활동에서 나타나는 갈등을 논의할 때도 이 그림은 유용하다. 각 요소를 연결하는 화살표 중에서 갈등이나 어려움이 발생하는 부분을 굵은 화살표 등으로 강조하여 그릴 수 있는데, 예로 항공사의 탑승 규정이 봉사활동 수행에 미치는 어려움을 나타내기 위해 [그림 1]에서 규칙과 객체 사이의 화살표를 붉은색으로 나타낼 수도 있다. 이처럼 이 그림은 해외 교육봉사활동에 대하여 의사소통하는 데 유용한 도구로 쓸 수 있다.

이 그림은 해외 교육봉사활동의 전체 체제를 보여주므로, 향후 봉사활동을 계획하거나 준비할 때 점검표로 기능할 수도 있다. 봉사활동을 정리하여 백서를 만들기도 하는데, 방대한 백서를 보는 것보다 이 그림의 내용을 하나씩 점검하는 것이 편리하다. 물론 봉사활동을 정리하는 데에도 이 그림을 쓸 수 있다. 실제 이 책은 이 그림을 중심으로 구성된다. 2장에서 7장은 그림의 6가지 요소에 대해 다루며, 추가로 8장은 커뮤니티, 9장은 역할 분담, 10장은 도구를 다룬다.

2. 주체

2-1. 진정한 봉사활동 스펙이란?

해외 교육봉사활동의 주체는 한국의 예비 교사, 현직 교사, 대학교수로 구성된다. 예비 교사는 국립국제교육원의 사업 공고문에서 명시한 대로 사범대학, 교육대학, 교육대학원에 재학하는 학생과 일반 대학에서 교직과정을 이수하는 학생을 말한다. 이 사업을 통해 해외 교육봉사활동을 짧게라도 한번 경험한 예비 교사는 향후 현직 교사가 되어 여러 기관에서 운영하는 중기(5~6개월)나 장기(1~2년) 해외 교육봉사활동에 참여할 가능성이 높아질 것으로 예상한다. 해외 봉사활동은 한번 나가기가 어렵지, 두 번째부터는 쉬워진다.

예비 교사는 대부분 임용시험을 통해 현직 교사가 되기를 희망하는데, 이 해외 교육봉사활동은 교사가 되는 관문인 임용시험을 보는 데 거의 도움이 되지 않는다. 예로, 교육봉사활동 2학점(60시간)도 예산 지원을 받는다는 이유로 인정받지 못했다.

> [학생 대표와 얘기한 내용] 준비가 힘들고, 시간을 내기 어렵다. 임용고시를 생각하면 봉사활동 준비를 할 마음의 여유가 없다. 1기에는 여유가 있는 학생이 조금 있어 조별 활동을 이끌었는데 2기는 그렇지 못하다.[1]

즉 이 봉사활동은 대학생들이 '스펙'을 쌓기 위해 하는 봉사활동이 아니므로, 봉사단원의 봉사활동에 대한 목적 차이로 인해 발생하는 갈등(예, 허창수와 고권혁, 2014)은 일어날 소지가 적다. 반면 향후 중기나 장기 해외 교육봉사를 진로로 생각하는 학생들에게는 해외 봉사활동에 진입하는 장벽을 낮출 수 있다는 점에서 진정한 의미의 스펙이 될 수도 있다. 실제로 2016년에 처음으로 니카라과 봉사활동을 나갔던 BH 단원은 졸업 후 국립국제교육원의 지원을 받아 아프리카로 장기 파견 교사로 2년간 근무했다. 아래는 장기 파견 중 잠시 귀국한 이 단원이 후배 봉사단원에게 해 주는 특강을 저자가 들으며 적은 글이다. BH 단원은 이후 한국 교사자격증과 외국 교사자격증을 동시에 얻을 수 있는 대학원으로 진학하고 외국에서 교사 생활을 이어가고 있다.

> 현시에 가서 진로를 찾는다는 말이 가장 인상 깊다. 부부가 함께 장기 파견을 나가기도 하네.

---

[1] 저자나 단원의 일지 등에서 인용하는 글은 원문에 충실하되, 맞춤법은 일부 수정했다.

사범대 학생이 진로를 바꾸는 과정은 몇 가지로 범주화할 수 있다(유기웅, 2012). 예로, 교직에 대한 의지 부족, 교육 현장에 대한 현실 직시, 임용시험의 어려움, 대안적 진로 탐색 등으로 교사 이외의 길을 가게 된다. BH 단원은 교육 전공을 살리며 본인의 적성을 찾아 자신을 재발견하는 좋은 사례다. 이 봉사활동은 예비 교사를 대상으로 하므로 대부분 교직을 생각하지만, 다양한 진로 교육이 필요하다(이지연, 연경심, 2017).

장기 파견이 아니더라도 해외 봉사활동을 나갈 기회는 점점 늘어나고 있다. 각 지역 교육청별로 교사의 해외 교육봉사를 지원하는 프로그램이 생겨나고 있으며(COVID-19 이전), 국립국제교육원의 인솔 교사로 지원할 수도 있다. 또한 외부 지원 없이 자비로 방학 때 해외 봉사를 나가는 교사 모임도 있다. 진정한 스펙이란 다른 사람에게 보여주거나 내세우는 게 아니라 본인의 삶에 밑거름이 되며 동시에 타인에게도 도움이 되는 경험이어야 하지 않을까? 실제 이 봉사활동에 1회 이상 참여한 기존 봉사단원은 대표나 조장 등의 역할을 맡아 봉사활동 수행에 크게 이바지한다. 이 봉사활동 경험은 든든한 일꾼, 진정한 스펙을 만든다.

엘살바도르에 갔을 때 현지 한국 대사님께 의외의 질문을 받았다. 봉사활동은 주기보다 받는 것이 더 큰 것은 공공연한 비밀이다.

> 봉사활동의 목적이 수혜국에 도움을 주기보다 봉사단에 도움을 주려는 목적이 아니냐는 질문이 인상 깊었다. 나는 부정했지만 물론 그렇다. 장기 파견 교사로 나갈 자원을 개발하는 목적이 중요하다는 걸 잠시 잊고 있었다. 같이 간 대표, 부대표에게 봉사활동을 하면서 어떤 좋은 점을 느껴서 다시 오게 되었냐고 질문을 한다. 말로 설명할 수 없다는 대답, 수업으로 인해 과학자가 되고 싶다는 학생의 반응, 감동, 보람 등.

교육은 애착을 위한 교육과 발전을 위한 교육으로 구분할 수 있고, 이 둘은 서로 대립한다(피트 데이비스, 2023, 280). 발전을 위한 교육에서는 명성을 얻거나 출세를 위해 노력하는 반면, 애착을 위한 교육에서는 특정 직업이나 공동체에 정착하여 그 일에 전념하게 한다. '스펙'을 쌓기 위해 중미 봉사활동을 하는 예비 교사는 거의 없었다. 따라서 봉사활동은 애착을 일구는 교육과정이 될 수 있다.

2-2. 봉사단 인솔은 미친 짓

이 봉사단에서는 대학교수가 봉사단장을 맡는다. 첫 니카라과 봉사단을 이끈 저자는 사업 제안서 작성에서부터 사전교육, 현지 연결, 봉사활동 운영, 결과 보고서 작성까지 전체 업무를 담당하면서 매우 힘든 첫 해를 보냈다. 그 경험에 대해 국내의 학술대회에 발표를 하면서 "내가 미쳤지 이걸 하겠다고 하다니!"라고 표현하기도 했다(한재영, 차정호, 홍준의, 2017). 둘째 해에는 아래처럼 일을 줄이려 했지만 제대로 되지는 않았다.

> 학생들이 역할을 제대로 하고 있지 않지만, 별로 말하고 싶지 않다. 사진 찍는 것, 인원 파악하는 것 등. 이번 봉사활동에서는 내가 말을 조금 하는 것으로 방향을 정해야지(잘 될까?). 학생들이 말하고 교사가 말하고 직원이 말하도록 해야지.

저자는 동티모르에서 교육봉사활동을 한 경험이 있다. 하지만 봉사활동을 해본 경험이 있다고 하여 봉사활동 인솔이 쉬운 것은 전혀 아니다. 직접 봉사활동을 하는 것과 전체 봉사단을 이끄는 것에는 매우 큰 차이가 있다. 단장은 맨 위에 있으니 항상 혼자다. 그 혼자 자리에 익숙해져야 한다.

> 동티모르 봉사활동에서 전체 총괄 진행하는 사람은 수업을 하지 않도록 한 것이 부러웠는데, 지금 운영진이 되어 일을 하니 너무 할 일이 많다고 P샘이 말한다. 동감이다. 자잘한 일을 처리하며 봉사활동 전체를 진행하는 것에 비하면 자기가 맡은 수업만 딱 하는 것은 정말 마음 편한 일이다.
> 니카라과에 온 지 10일 되었지만, 한 달도 더 된 것 같은 느낌이다. 어제 11시에 일찍(!) 잠에 들었고 6시가 안 되어 눈이 저절로 떠졌다. 한국에서는 10에 자서 7시에 일어나는데, 니카라과에 와서 잃어버리는 것이 잠인가보다.

그럼에도 매년 이 사업을 수행하기 위해 제안서를 준비하는 것은 이 해외 교육봉사활동이 본인이나 예비 교사에게 주는 시사점이 매우 크기 때문이다.

봉사활동은 하면 할수록 더 어려워지기도 한다. 모르는 사람이 용감한 거다. 처음으로 엘살바도르에 가서 머물렀던 곳은 현지에 사는 한국인들은 위험해서 자동차로도 한 번도 가본 적 없다는 곳이었다.

> P대와 S대 봉사단 단장 교수가 카톡에 적은 말이 생각난다. 봉사활동을 여러 번 하다 보니 위험하거나 문제가 생길 것들을 많이 알게 되어 걱정이 앞선다고. 처음에는 잘 몰라 용감하게 일을 추진했지만, 지금은 걱정만 한 보따리라고. 작년 엘살바도르에 갈 때 나도 그런 느낌이었지. 작년과는 달리 현지에 우리를 도와줄 한국인이 많고 현지 대학 직원도 바로바로 연락을 주고 그래서 올해는 마음이 비교적 편하다. 올해 길을 잘 닦아 놓으면 내년에는 눈 감고도 봉사단 인솔할 수 있겠지.

봉사단 인솔과 단원 지도는 무한한 기다림의 과정이다. '이 정도 얘기했으면 알아들을 만도 한데.' 하지만 사전교육에서는 기다림이 결과를 내는 경우가 별로 없고, 해외에 나갔다 와야 어느 정도 변화가 보인다.

> 기다림에 익숙해지는 것 같다. 성격 급한 것이 좀 고쳐지려나? 논문 투고 사이트에서 회원 확인이 늦어지는 걸 보면서 그렇게 많이 화가 나지 않는다. 중미 국가들에서 워낙 답이 늦게 오는 게 여러 번 있다 보니.
> 사범대 체육대회 일정 확인하고 바자회 날짜 정해서 공문 보내라고 지시함. 늦어 답답하네. 이유가 있겠지? 학생들하고 얘기가 덜 끝난 것이다. 학생들이 주도적으로 일하도록 하는 건 좋은 점이 있지만 이렇게 일이 더디게 진행되는 측면이 있다. 이것도 참고 기다려야 하는 것이겠지.

봉사단 인솔자는 최종 책임을 지는 자리라 걱정이 많아진다. 보고받는 위치가 되어보니 보고의 중요성을 알게 된다.

> 오메떼뻬 팀은 10시가 다 되어도 전화 연결도 잘 안되고 카톡도 안 보고 답답하다. 혹시 무슨 일이 생긴 것은 아닐까? 고등학교 수학여행을 인솔해 가면서 그때그때 학교에 전화로 보고하는 것을 참 귀찮고 불필요하다고 생각했는데, 보고를 받는 처지가 되니 보고가 없으면 걱정이 많이 된다.

현지에 나가서는 잠시도 긴장을 늦추기 어렵다. 어떤 때는 꿈속에서도 계속 일하기도 한다.

> 새벽 2시에 잠에서 깨서 메모를 남겼다. 한국 음식 배달을 시켰다고 하는데 너무 비싸지 않을까 걱정하다 적은 것이다. 그런 꿈을 꾸다가 깨서 적은 것인데, 이렇게 잠결에라도 적어두지 않으면 계속 그 꿈을 꾸게 된다. 메모하고 나면 그 일을 잊기 때문에 다른 꿈을 꾸거나 푹 잘 수 있다.

봉사활동 사전 준비 일을 분담하기 위해 현직 교사와 함께 운영진 회의를 시도했다. 하지만 아는 사람은 알지만, 현직 교사는 너무나도 바쁘다. 학기 중 평일 저녁 7시 사전교육 전에 6시에 모여 식사하며 운영진 회의하려 했지만, 만나는 것조차 쉽지 않았다. 회의에 참석하기 위해 중등학교에서 조금이라도 일찍 나오려면 공문이 있어야 한다. 현직 교사나 대학 직원과 일할 때는 근무 상황 관련 공문 처리가 매우 중요하다. 학기 중은 물론이고 방학 때에도 근무조가 있어 공문이 필요하다.

3번째 봉사활동부터는 부단장을 두고 현지에서 2주간 같이 활동하였다. 부단장이 있어 좋은 것은 단장으로서 혼자 결정하기 어려운 일을 상의하거나 감정적인 어려움을 얘기하는 상대가 될 수 있다는 점이다.

2-3. 현직 교사는 꼭 필요하다

현직 교사는 추천이나 공개 모집으로 선발한다. 현직 교사를 선발할 때는 해외 봉사활동 경험 유무가 큰 요인으로 작용한다. 해외 봉사활동을 나가는 국가 현지에서 활동했던 경험은 매우 큰 도움이 된다. 현지 학교 섭외, 숙소 섭외, 교통, 문화 등 현지 정보를 알고 있는 사람은 교육봉사활동 및 생활 전반에 걸쳐 중요한 역할을 담당하게 된다. 봉사활동을 두 번 같이 갔던 대학생이 졸업 후 교사가 되고 나서 인솔 교사로 같이 가 다양한 역할을 소화한 적도 있다.

니카라과에서는 예비 교사들이 현지 학교에서 유치원생에서 고등학생까지 여러 과목의 수업을 진행하므로, 다양한 상황에서 예비 교사의 수업을 지원하고 피드백해 줄 수 있는 현직 교사가 필요하다. 이러한 점에서는 중등 교사보다는 초등 교사가 더 적합할 수 있다. 그런데 4주 이상 해외에 출장을 가면서 학교 업무에 공백이 생기기도 하므로, 적합한 현직 교사를 찾기 어려운 경우도 종종 있다. 물론 교사 모집 홍보가 잘 된 해에는 1명 모집에 13명이나 지원하기도 했다. 교사가 방학 중 4주간 해외에 나가려면 41조 연가(자율연수)를 써야 한다.

만약 재원이 있다면(또는 자비를 투자할 수 있다면) 현직 교사나 외국어 고등학교 학생(통역)과 함께 연합하여 봉사활동을 나가면 매우 효율적인 활동이 될 수 있다. 이렇게 봉사활동을 확장하는 방법을 찾기 위해 지역 교육청에 가서 논의했지만 그리 쉬운 일이 아니다. 봉사활동에 대한 좀 더 큰 연구 사업에 선정되어 이것을 실현할 수 있으면 얼마나 좋을까!

단원 20명 중 현직 교사는 항상 2명을 뽑았다. 현직 교사 두 명 중 한 명은 차분하고 다른 한 명은 활발한 경우가 좋았다. 둘이 사이좋게 지내야 함은 물론이다. 한 명은 수업 조율, 다른 한 명은 예산을 중심으로 역할을 배분한다. 단장도 바쁘고 할 일이 많지만, 현직 교사도 그에 못지않게 바쁘다.

봉사단 20명 인솔에 현직 교사 필수다.

2-4. 봉사활동을 하면서 봉사관 형성하기

해외 봉사활동을 나가면 주는 것보다 받는 것이 많은데, 이 봉사활동 역시 그렇다. 예비 교사들은 자의로든 타의로든 국내 봉사활동은 많이 했지만, 해외 봉사활동은 대부분 처음이다. 어떤 봉사단원은 해외에 나가는 것도 처음이라, 봉사활동보다 여행에 더 관심을 가질 수도 있다. 하지만 이 해외 교육봉사활동은 우리나라를 대표하는 일로 개인적인 여행이 아님을 명심해야 한다. 봉사단원들은 첫 해외 봉사활동을 통해 봉사활동의 의미를 새롭게 한다. 현지 학교의 환영식에서 봉사단장이 아래와 같은 인사말을 했다.

> 우리는 한국의 선진 교육을 자랑하러 온 것이 아닙니다. 한국에서 하는 교육을 조금 소개하며 … 여러분에게 많은 것을 배우게 될 것입니다.

이 말을 들으며 현지의 교육에 대한 존중이나 동등한 입장에서 만남, 교류를 통한 상호 배움 등의 의미를 배우게 된다. 실제로 이 말을 듣기 전에 '선진 교육 전파'를 하려고 마음먹었던 단원들이 많은 생각을 했다고 한다. 봉사(奉仕)는 '아래에 서는 일(under-stand)'로 이해해야 한다(박공식, 전현욱, 2018).

이러한 봉사활동의 의미나 가치를 책이나 강의를 통해 미리 공부할 필요가 있다(예, 다나카 유, 2013; 국제개발협력의 이해, 송양훈, K-MOOC). 특히 대학생 때 봉사활동을 많이 한 현직 교사가 쓴 책인 '방학에 뭐 하니? 봉사여행 어때?'라는 책(심고은, 2018)은 권할 만하다. 엘살바도르에서 했던 이 해외 교육봉사활동을 정리한 책(한나영, 김진수 등, 2019)은 필독해야 한다.

하지만 책이나 강의를 통한 간접 경험과 직접 경험하며 얻는 것은 매우 다르다. 예비 교사들은 외국의 학생들과 직접 만나 서로 관심과 사랑을 주고받는 경험을 하며 많은 생각을 한다. 예로, 해외 봉사활동에 두 번 참석한 어떤 단원은 '첫 봉사활동에서는 내 꿈(교직)을 찾았는데 올해에는 다른 사람의 꿈을 만들어 주는 경험을 가졌'다고 말하며 봉사의 의미를 확장(김준성, 임용석, 2015)해 나갔다. 실제로 교육봉사활동 수업 후 현지 학생이 처음으로 한 과학 실험에 흥미를 갖고 과학자가 되겠다는 꿈을 가지게 되었다고 하는 등, 교육봉사활동은 현지 아동의 꿈을 심어주는 역할(김준우 등, 2012; 윤수진, 2020)을 하며, 예비 교사는 이 과정을 체득하게 된다.

> 해외 봉사활동은 다른 사람의 꿈을 이루어주는 일이기도 하다. 니카라과에서 초청한 다니엘라나 빌손이 그랬고, 한국에 오기로 한 뻬드로가 그랬다. … 처음에는 서로 잘 모르고 있다가 이 봉사활동을 지원하면서 친구가 되고 가족이 된 봉사단원들과 엘살바도르 코티처 중에도 평생 잊지 못할 꿈을 이룬 사람이 있을 것이다.
>
> 디아나의 친구인 춤꾼 남자애가 와서 HS와 춤을 추는 것을 동영상으로 찍어 주었다. 동양인과 같이 춤을 추는 영상을 찍는 것이 올해 꿈이었다고 한다. 다른 사람의 꿈을 이루어주는 경험은 하기 참 어려운데, HS가 잘했다.

사범대학, 교육대학, 교육대학원을 다니거나 교직과정을 이수하고 있는 예비 교사는 모두 미래에 교사가 되는 것을 꿈꾸는 학생들이다. 하지만 현재 한국의 높은 임용시험 경쟁률이나 현장 교육 붕괴와 같은 문제(유기웅, 2012)는 예비 교사가 자신의 꿈에 대해 회의하도록 만들기도 한다. 그래서 예비 교사 교육에서는 끊임없이 교직에의 동기화를 강화하며 교사로서 정체성 형성을 도울 필요가 있다(한재영, 2012).

그런데 이 해외 교육봉사를 마친 후에 교직에 대한 꿈을 되찾았다거나 좀 더 강한 의욕을 가지게 되었다는 단원이 종종 있다. 이 봉사활동은 같은 꿈을 가지고 있는 예비 교사들이 동료와 많은 교류를 하며 자신의 꿈을 가꾸어 가는 장이 된다. 어떤 단원은 '내가 하고 싶은 일과 내가 필요한 곳이 만나는 지점을 찾았다'라고 말하며 해외 교육봉사가 자신이 나갈 길이라고 평가하였다. 또한 어떤 예비 교사는 봉사활동의 필요성에 대해 '봉사활동은 의무다'라고까지 표현하기도 하며 지속적인 봉사 실천(손승현 외, 2011)을 강조하기도 하였다. 즉, 4~5주 정도의 단기 해외 교육봉사를 통해 교육과 봉사에 대한 지속 의지와 열정(김민정, 2014)이 형성되는 것을 볼 수 있다. 국내에서 하는 교육봉사활동에서 예비 교사는 교육에 대한 성찰은 많이 하지만 봉사활동으로서 의미는 크지 않다고 한다(김병찬, 2010). 이에 비해 해외 교육봉사에서는 교육과 봉사 두 가지가 모두 의미를 부여한다.

봉사활동을 수행하면서 생각해 볼 만한 질문은 아래와 같다. 이 질문들은 사전교육에서 단원들의 '정신교육'을 위해 사용하기도 했다.

※ 정신교육: 봉사활동에 대한 마음가짐

- 봉사활동은 왜, 누구를 위해서 하는가?
- 교육봉사 학점 인정을 받지 못해 기분이 나쁜가? 봉사활동의 목적이 무엇인가?
- 스스로 원해서 하는 봉사활동이라면 준비가 힘들어도 기쁘게 해야 하는 것 아닌가?
- 모든 순간이 배움의 과정이다. 합숙 교육, 바자회, 주제 선정 등.
- 왜 그렇게 멀리까지 가서 봉사활동을 하는가? 그런 많은 돈을 들여 외국에까지 가서 봉사활동 하는 것은 사치 아닌가?
- 수업 준비에 최선을 다해야 하는 이유는? 힌트, 이 봉사활동은 개발이나 보건 봉사활동이 아닌 교육봉사활동이며, 여러분은 모두 예비 교사다.
- 봉사활동을 통해 나는 어떤 능력, 마음가짐, 태도 등을 기르고 싶은가?
- 단원에 선발된 날, 그날의 초심을 잃지 않으려면 어떻게 해야 할까? 초심은 무엇이었는가?
- 봉사활동 준비는 매우 힘들다. 이 힘든 일을 즐겁게 하는 사람도 있다. 그 비결은 무엇일까? 카톡에 공유하는 것 권장한다.
- 당신은 직장인입니까, 장인입니까? 직장인은 하던 일을 하던 대로 반복하지만, 장인은 어제보다 조금이라도 나아지기 위해 어제와 다른 방법으로 애를 쓰는 사람입니다. (유영만 교수 발표문에서 인용)
- 봉사활동 준비에 게을러질 때 나를 다독이는 것은?
- 봉사활동 중 건강관리를 어떻게 할 계획인가? 아플 경우 즉시 옆 사람에게 알리고 보고해야 하는데, 이는 단체 활동에서 필수이다. 왜 그럴까? 건강관리를 아무리 잘해

> 도 몸은 아플 수 있다. 몸이 아프면 당당하게 의무적으로 알리도록 한다. 강조! 강조! 강조!
> - 중미 현지 대학생들에게서 무엇을 배울 수 있을까? 그들과 무엇을 주고받을 것인가?
> - 해외 봉사활동을 시작하는 지금의 기분을 표현하는 형용사 5개는?
> - 봉사활동에 있어 트렌드는 무엇일까?
> - 올해 1년 대학 생활 중 이 봉사활동은 몇 %의 비중을 가질까?

아래는 봉사활동을 두 번 간 단원이 봉사활동에 대해 반성한 글이다. 봉사활동은 이타적이면서도 이기적인 행동이며, 특히 이 봉사활동은 국가의 지원을 받아서 하는 사업이다. 그러나 그렇게 이성적인 생각이 아닌 마음으로 봉사활동을 생각한다면 봉사활동의 가치는 매우 소중하다.

> 이타적 행동 역시 이기적이다. 말 그대로 남을 돕는다고 한 일들은 결국은 자신에게 도움이 되기에 이타적 행동을 하는 것이다. 잠정적 도움을 받을 수 있거나, 나에게 경제적으로 도움이 되거나, 나중 일을 위해 밑거름이 될 신뢰를 얻거나, 개인적인 내적 만족을 느끼거나. 이렇듯 모든 이타적 행동은 이기적 행동으로 설명이 가능하다. 마음 아프지만 우리 한라봉 프로그램을 이에 적용하면 기가 막히게 떨어진다. ODA 사업 활동이 필요한 나랏님들. 봉사 프로그램을 계획하는 교수님, 1달간의 특별한 경험(여유를 원하던, 교사로서 스스로 테스트하던, 그냥 경험을 가치 있게 보던)을 원하는 대학생들, 평소 관심 있는 나라의 자기 또래 친구들을 만나고 싶은 코티처들, K학교, E학교 역시 어쩌면 우리의 활동이 이들이 국제학교로 활동하는데 혹은 허가를 받는 데 굉장히 중요하게 작용할 수도 있다. 남을 돕는다고 모인 봉사단이 조직되고 운영되는 데는 이타적 이유보다 지극히 이기적인 이유로 설명하기 쉽다. 그래서 나는 이 프로그램을 봉사라고 생각하지 않는다. 지극히 사업이다. 그래서 우리의 활동이 보고서가 되는 게 아니라 보고서를 위해 활동한다는 생각이 들어도 어쩔 수 없다. 그래서 내가 지원받은 500만 원은 지원이 아니라 사업에 참가하는 품삯이라 생각할 수도 있다. 그래서 내일의 수업을 위해 나는 더 철저히 준비해야 한다. 마음을 나누면 되는 봉사가 아니라 사업이고 일종의 계약이기 때문에.
> 하지만 이렇게 설명하기에 힘든 것들이 있다. 아니 설명할 수 있어도 설명하기 싫은 것들이 있다. 아픈 손으로 마사지를 해 주신 선교사님, 나를 떠나보내기 싫어하던 다니엘의 눈빛, 코티처와 즐거운 대화, 더 좋은 수업을 위한 서로의 코멘트, 학예회를 위해 휴식을 반납하고 모두 달려 붙던 순간들. 마음과 마음이 전해지는 그 순간들은 위의 논리로 설명할 수 있대도 그러고 싶지 않다. 설명하는 순간 우리의 따뜻한 마음은 낮은 가치로 저평가되기 때문이다. 어쩌면 작년의 나는 모든 순간을 마음으로 대했기 때문에 다시 한번 니카라과에 올 수 있었을 거로 생각한다. 그래서 올해는 아쉽다. 다시 또 니카라과에 올 수 있을까. 지나가는 하루하루를 아쉽다고 느끼는 내가 될 수 있을까.

다시 읽어도 감동적인 글, 처음엔 이기적인 봉사활동도 좋다. 단, 봉사활동을 할 때 아무 생각 없이 하는 게 아니라 끊임없이 고민이 하는 것이 필요하며, 그렇게 각자 자신의 봉사관을 정리해 나가야 함을 잊지 말아야 한다.

간이 현미경을 보며 미래 과학자 꿈꾸는 학생

2-5. 세계와 타인을 생각하는 시야가 어떻게 생길까?

해외 봉사활동을 나가면 현지에서 많은 한국인을 만나게 된다. 현지 주재 대사관 직원, 코이카 사무소 직원이나 다른 봉사단원, 현지 교민, 기업인, 한글학교 학생 등을 만나며, 진로에 대해 폭넓게 탐색하는 기회가 된다. 코스타리카에 있는 UN 평화 대학(University for Peace)과 충북대가 MOU를 맺었다는 말을 듣고 국제기구 활동에 관심이 있는 사람에게 대학원 공동학위제를 소개해 주기도 하였다. 이러한 진로 탐색의 기회는 '우물 안 개구리'처럼 임용시험에만 매진하는 한국의 예비 교사 교육에서 좀처럼 찾기 어려운 일이 된다.

국립국제교육원의 이 단기 해외 교육봉사 사업의 목적 중 하나는 장기 파견에 대한 마중물을 붓는 것이다. 장기 파견이 양적으로 갑자기 늘어나면서 지원자의 질이 낮아지고(예, 현실도피 목적) 현지에서 종종 사고가 나는 문제가 있다고 한다. 단기 봉사를 다녀온 후 정말 사명감과 책임감을 느끼며 중기나 장기 파견을 나가는 것이 바람직하다. 예비 교사들은 해외 봉사활동을 통해 다양한 진로를 탐색(이지연, 연경심, 2017; Khasanzyanova, 2017)하면서 향후 교사가 되어서도 해외 봉사활동에 대한 두려움을 극복하고 자신감 있게 도전하겠다는 마음을 가지게 된다.

> 단원들이 하는 얘기를 들으니, 한글학교에 파견되어 있는 사람과 얘기한 것이 좋았다 한다. 국제 식량 기구에서 파견한 한국인인데 그런 진로가 있다는 것을 처음 알았다 한다. 나도 이런 사례는 처음 들었다.

분명 이 해외 교육봉사는 소위 말하는 대학생의 '스펙'을 쌓기 위한 도구가 아니라 봉사활동 그 자체로 목적을 가지는 활동이다(한재영, 서혜애 외, 2019). 예비 교사는 진정한 봉사활동을 통해 많은 사람과 진솔한 만남을 가지며 건전한 봉사관을 세우게 된다. 예를 들어, "우리는 ODA 수원국에 가난을 관광하러 가는 것이 아니며, 그를 통해 상대적인 행복감을 느끼러 가는 게 아님"을 배우며, "현지의 학생들은 한국의 학생들과 '비교'당하기를 바라지 않고 봉사단원들과 대등한 인간으로서 또는 동료나 친구로서 만나기"를 원하는 것을 알게 된다. 한 인솔 교사는 현지인들을 '불쌍하게 쳐다보지 말라'고 하며 봉사단과 현지인이 동등한 관계에서 나누는 태도를 가져야 한다고 말하기도 하였다. 또한 ODA 공여국인 한국에 살고 있는 예비 교사는 "해외의 사람들에게 '미안함'을 느끼며 봉사활동"에 임해야 함을 배우게 된다.[2] 이렇게 예비 교사는 빈곤, 폭력, 인권 등의 지구적 문제를 이해하고(권상철, 2016; 하란, 김진희, 2020), 세계의 상호의존성이나 공동체적인 삶에 대한 인식을 높이게 된다(조혜영, 2015).

해외 봉사활동을 갔다 오면, 해당 국가에 대한 소식에 민감해진다. 니카라과의 반정부 민주화 시위 소식, 엘살바도르의 비트코인 통화 정책, 과테말라의 국악 공연 소식[3] 등등. 이 책을 쓰면서도 신문 기사 검

---

[2] 이 문단에 기술한 봉사관은 충북대학교에서 2019년도에 봉사활동을 나간 과테말라의 '천사의 집' 홍승의 신부가 봉사단원에게 말해 준 것 중에서 발췌하였다.
[3] https://n.news.naver.com/article/001/0010997685

색에서 과테말라 대학생 봉사단 후원에 대한 글을 눈여겨보았다.4) ODA 콘퍼런스에 가서는 동티모르에 갔다 왔다는 사람을 만나 반갑게 얘기를 했다. 또한 그 전엔 별로 관심이 없었던 유학생 축제에도 가보게 되었다. 네팔에서 온 박사과정 학생의 소개로 갔는데, 여러 나라 음식도 맛볼 수 있고 공연도 볼 수 있었다. 해외 봉사활동은 세계시민 의식을 높인다(강혜라, 2015; 석류, 2012).

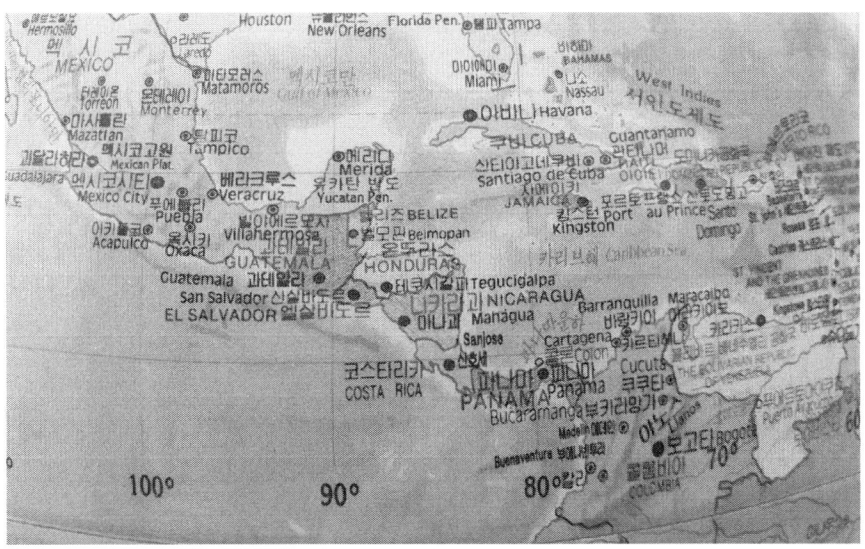

봉사활동을 다녀온 나라의 소식에 민감해진다.

---

4) http://www.apparelnews.co.kr/news/news_view/?idx=147035

2-6. 봉사활동 한 번 하는 데 5개월이나 걸려?

국립국제교육원에서 지원하는 해외 교육봉사활동의 제1 주체는 대학교수이다. 봉사단 인솔 교수는 이 봉사활동을 시작하며 마무리하는 핵심 주체다. 그림은 봉사활동을 소개하는 ppt 자료에서 1회의 봉사활동 진행 과정을 정리한 슬라이드이다.

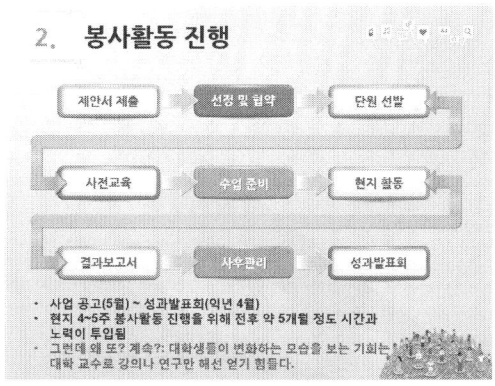

봉사활동 소개 ppt 자료

매년 5월 사업공고가 나면 제안서를 제출하고 발표 평가를 받은 후 선정된다. 그러면 봉사단원을 선발하고 사전교육을 하며 수업을 준비한다. 여름방학이나 겨울방학 중 해외에 나가 봉사활동을 수행하고 귀국한 다음에 결과 보고서를 쓰고 사후관리를 하며, 최종 성과발표회(이듬해 4월)에 참여한다. 그러면 다음 해 사업공고가 또 난다. 실제 해외 봉사활동은 방학 중 약 4주 동안이지만, 그 전후 과정을 모두 합치면 대략 5개월 정도가 소모된다(한재영, 서혜애 외, 2019).

> [봉사활동 공고가 난 날, 학장, 학생처장, 국제교류본부장, 총장과 얘기하고 적은 글] 요이~땅. 봉사활동 경주 시작. 긴장감이 들어 점심은 컵라면과 초코파이로 때우며 일함.

제안서를 작성하는 것은 참 손이 많이 가는 일이다. 새로운 국가로 나갈 때는 현지 정보를 얻는 것이 가장 힘들고, 같은 국가일 때는 이전 활동 내용과 차별되게 쓰는 게 어렵다. ODA 사업은 현지의 요구를 반영하는 것이 중요하므로 그 내용을 포함하도록 한다. 물론 유아교육이나 합창단 교육 등 현지의 요구를 모두 담기는 어렵다. 수업 내용은 단원 선정이 끝난 후 결정되기 때문이다.

사업 제안서 심사 결과를 기다릴 때의 마음은 참 이중적이다. 선정이 안 되면 아쉬울 것 같으면서도 선정되면 너무 힘들어질 것이 분명하기에, 안 되기를 바라기도 하고 되기를 바라기도 한다.

2-7. 봉사활동을 시작한 이유는?

저자가 이렇게 힘든 봉사활동을 하는 이유는 무엇일까? 봉사활동을 시작한 계기는 현실도피였다. 원하지 않았던 2년간의 부학장직을 마치기 직전에 도망치듯 갔던 동티모르 봉사활동이 내 삶을 흔들었다. 그 첫 동티모르 봉사활동은 '불혹의 나이에 겪은 매우 강렬한 경험'이었고(한재영 외, 2015), 그러한 경험을 대학생들에게 제공하기 위하여 이 사업을 시작하였다.

하지만 이 사업의 첫 제안서를 쓸 때 고민을 참 많이 했다. 사범대학 학장이나 다른 교수, 국제교류본부장 등과 얘기를 했지만 결국 나 혼자 제안서를 써야 했다. 제안서를 쓰면서 받은 스트레스와 피로가 겹쳐 두드러기가 났었다. 1달 넘게 지속된 두드러기로 인해 해외에 못 나가는 것 아닐지 걱정이 많았다.

> 교수에게는 남는 것 없는 사업. 대학생을 위해서, 그리고 외고에서 스페인어를 전공하고 있는 큰 애를 위해서 ...
> 하루 종일 제안서를 작성했다. 큰애가 대입 논술 시험을 보러 갔는데, 끝나는 시간에 맞춰 전화하는 걸 잊어버릴 정도로 집중했다.

즉, 이 사업의 시작은 다른 사람을 위해서였고, 처음부터 혼자 모든 일을 하게 되었다. 제안서 인쇄, 쪽수 매기기, 복사, 목차 작성, 제본, 등기우편 우송까지 내가 다 했다. 물론 나중에 가서는 이 사업이 결국 본인을 위한 일이 되었고, 일을 나누는 법을 알게 되었다. 하지만 첫해 봉사활동 준비는 정말 너무 힘들었다.

> 3일 내내 수시 면접하고 틈나는 대로 봉사활동 준비를 하느라 피로가 누적되어 있다. 점심을 먹고 나서 연구실에서 1시간을 엎드려 잤다. 예전 같으면 좀 더 누워 있었겠지만, 지금은 알람 소리 듣고 바로 일어났다.

물론 4년째 했던 준비도 힘들긴 마찬가지였다.

> 교육대학원 강의, 1정 연수 강의, **샘 접대 등을 하고 사전교육까지 마치니 너무 피곤하다. 다리에 쥐가 나며 아프다. 강남스타일 연습은 하지 못하고 집에 왔다.

사업 제안서를 내고 첫 발표 평가를 받을 때가 가장 기억에 남는다. 동티모르 봉사활동에 대한 논문을 심사위원들에게 배부했는데, 발표 뒷부분에 가서는 내 말을 듣지 않고 논문을 이리저리 살펴본다. 심사위원은 봉사활동 베테랑이라 활동 계획 질문이 매우 예리했다. 하지만 논문 덕분인지 그 날카로운 질문 뒤에 발표 준비를 많이 해 온 것을 인정해 주는 분위기가 묻어났다.

2-8. 봉사활동을 계속하는 이유는?

해외 교육봉사활동을 처음 나갔다 온 사람은 두 부류로 나뉜다고 한다. 너무 좋아서 계속하려는 사람과 너무 힘들어서 앞으로 절대 하지 않겠다는 사람인데, 나는 전자이다. 다른 교수 1명을 부단장으로 하여 같이 활동한 적이 세 번 있다. 두 교수는 봉사활동을 경험한 후 봉사단 인솔이 너무 어렵고 시간이 많이 드는 일이라 말했고, 한 교수는 많은 것을 느끼며 계속하겠다 말하였다. 부단장 교수를 섭외하는 게 매우 어려웠는데, 많은 교수와 얘기하면서 봉사활동에 대한 홍보는 톡톡히 한 셈이 되었다. '실패해도 홍보를 한 셈이니 성공' 어떤 교수는 '난 돈을 10억을 준다고 해도 못 해'라고 하고 또 다른 교수는 '(어려운 일을 대신 해주어) 오히려 제가 고맙습니다'라고 말하기도 했다. 대학생을 인솔해서 한번 해외에 나가본 사람은 그 어려움을 안다.

봉사활동이 왜 좋은가? 봉사활동을 통해 대학생이 성장하고 인성과 가치관을 갖추어 가는 모습을 보는 기쁨이 크다. 보통 대학교수는 별로 관심이 없거나 힘들어서 피하는 봉사단 인솔을 기꺼이 하는 이유는 본인뿐 아니라 대학생 봉사단원이 이 해외 교육봉사를 통해 정말 많은 것을 배우며 성장하기 때문이다. 즉 인솔 교수는 봉사자로서의 기쁨과 교사 교육자로서의 기쁨을 모두 느끼게 된다. 교수와 대학생 간 상호작용의 질이 감소하는 한국의 대학 상황(장덕호, 2021)에서 이러한 기쁨과 보람을 느끼는 기회는 흔하지 않고 정말 소중하다.

> 대학생들이 확 변하는 모습을 보는 기회는 대학교수로 강의나 연구만 해서는 얻기 힘들다.

하지만 봉사활동 준비가 너무 힘들 때는 그만하고 싶은 생각이 들 때도 있다.

> 약간 슬럼프. 내가 왜 이렇게 고생해야 하나. 교수로 이 정도 (경력이) 되었으면 편하게 살 수 있는데. 하지만 바로 생각을 바꾼다. 중미가 기다리고, 봉사단원이 나를 필요로 한다.

첫 봉사활동이 끝난 날 밤에 생각한 내용이다.

> 호텔 로비로 자리를 옮겼다. 니카라과 봉사활동을 또 올 것인가? 나는 오고 싶지만, 재가를 받아야 한다. 봉사활동을 왜 왔냐는 질문에 나는 '안전하게 되돌아가기 위해서 왔다'라고 대답했다. 가장 피상적인 대답이 그거고, 한 껍질 속에는 '내가 동티모르 봉사활동에서 겪은 경험을 학생들이 경험해 보게 하려고'가 있다. 그래서 그 경험은 정말 무엇인가? 새로운 만남, 서로 주고받음, 웃음 되찾기, 일상 탈출과 도피, 새로운 길의 개척, 교육의 의미 재확인, 예비 교사 교육, 문화 교류, 여행, 부의 분배, ODA 사업, 시야 넓히기, 자아실현, 자신 찾기, 버리기 또는 비우기, 쉼, 전환점, 경력, 노후 준비, 자녀 교육, 감동 느끼기, 타인 배려, 여러 가지 가능성의 확산, 고생 사서 하기 … 등의 의미가 떠오른다. 그래서 나는 어떤 의미를 가지고 왜 또 오려고 하는가?

약 2시간 넘게 서성이다 나는 결론을 얻었다. 결국 나도 이상한 교수였다. 봉사활동 인솔은 누가 하더라도 할 수 있는 일이었다. 내가 다른 봉사활동 인솔자에 대해 피상적으로 판단 내리는 이유가 그대로 나에게도 있었다.

두 번째 중미로 봉사활동을 나간 첫날 느낌을 '작년과 반복되지만 서로 다르다'라고 적었다. 즉 차이의 반복이다. 비슷한 일이 일어나고 비슷한 이야기가 오고 가지만, 그걸 겪는 사람이 다르고, 시간이 다르고, 생각도 다르다. 봉사에서 느끼는 행복감은 같으면서도 다르고, 다르면서도 같다.

이 봉사활동뿐 아니라 충북대 자체 사업비(국립대재정지원사업비)로 하는 봉사활동도 사범대에 제안해서 선정된 후 네팔에 봉사활동을 나가기도 하였다. '역시 원하는 것이 있으면 계속 두드려야 이루어질 가능성이 높다.' 이러한 사업 실적은 교원 양성기관 평가에 긍정적인 비교과활동실적으로 활용되기도 한다. 한편, 한 나라에 한 번만 가고 끝나는 일회성 봉사활동은 참 아쉽다. 엘살바도르 봉사활동이 그랬다.

> 물품을 모두 챙겨 나오면서 하는 adios (안녕) 인사말이 조금 뭉클했다. 앞으로 이 학교 이 운동장에 또 올 날이 있을까? 엘살바도르에 또 오지 않을 거라고 하며 일부러 눈에 담지 않으려 한 것은 잘못이 아닐까? 오히려 그럴수록 더 오래 기억해 주려 노력해야 하지 않을까? 아, 매점 주인 아이에게 작은 선물 하나 주고 온다는 걸 잊었네. 단원들이 수업하는 동안 내가 유일하게 사귄 이 학교의 아이인데, 오늘도 지나가면서 만나니, 자기가 먹고 있던 과자를 내 손에 조금 쥐여 주었다. 아무래도 설문지 받으러 갔을 때 선물 하나 줘야겠다.

Q. 봉사활동을 통해 국위 선양을 하고 있다는 자부심을 느낀 경우가 있는가?
A. 니카라과 첫 봉사가 모두 끝나는 날 환송식에서 애국가가 나올 때 눈물을 멈출 수 없었다. 첫 봉사에서 힘든 일들이 마무리되는 순간이라 생각하니 그동안 쌓였던 것이 폭발했다. 처음 봉사활동 환영식에서 애국가 음원이 4절까지 있는 것이 나왔다. 몇십 년 만에 애국가 4절을 들으며 현지의 한국인은 감동했다고 하지만, 중미 현지인은 매우 지루했을 것이다. 그 뒤로 1절만 있는 음원을 준비해 간다.

Q. 외국에 나가면 모두 애국자가 된다는데?
A. 중미 국가의 교과서에는 동해가 일본해로 적혀 있다는 것을 알고 다음 해부터는 동북아역사재단, 국토지리정보원, 지리교육과 등에 연락하여 동해 표기 지도를 후원받아 가지고 가서 현지 학교에 전달하였다. 동해뿐 아니라 독도 문제에도 더 관심을 가지게 되어, 외교부에서 만든 독도 동영상의 조회수를 늘리는 일도 단원들에게 홍보한 적이 있다.

봉사단원은 필연적으로 한국을 대표하는 사람이 된다. 그래서 가능하면 한국에 대해 좀 더 많이 알아가는 것이 필요하다.

> 코티처들과 점심을 먹으며 이야기를 나눴다. 매번 나오는 K-pop 이야기. 나는 코티처들보다도 잘 모른다 …ㅎ

Q. 현지 사람들과 심도 있는 만남을 하면서 인간적인 만족감과 유대감이 생긴 경우는?
A. 단장의 위치는 특정 사람과만 심도 있게 교류하기보다, 전체 단원과 주변의 모든 사람을 챙겨야 한다. 그래서 인간적인 유대감이 생길 정도로 오래 이야기를 나누는 사람은 많지 않다. 그나마 현지 학교의 대표자와 얘기를 많이 나눈 셈이고, 니카라과 그라나다에서 봉사단을 이끌어 준 제리카와 가장 얘기를 많이 했다.

니카라과 작은 공립학교의 환송식에서 4절까지 울려 퍼진 애국가가 여전히 들리는 듯하다.

2-9. 봉사활동으로 삶이 어떻게 변했나?

저자는 이 봉사활동을 하면서 삶의 모습이 조금씩 바뀌게 되었다. 대학교수가 하는 일은 교육, 연구, 봉사, 개인 일로 나눌 수 있는데(한재영, 2012), 이 네 가지 영역에 모두 변화가 있었다.

교육 영역에서, 대학 강의나 1정 연수 중 봉사활동을 언급하며 삶의 방향성이나 가치관을 강조하기도 하는데, 이런 모습은 해외 봉사활동을 경험한 교사에게서도 나타난다(정보람, 2013). 봉사활동에 적절한 실험 활동을 개발하는 과제를 내어 대학생들이 저개발 국가의 교육 상황에 관심을 가질 것을 권하기도 한다. 또한 스스로 봉사활동에 사용할 만한 수업 자료를 탐색하는 데 관심을 가지고 그런 자료 목록을 만들고, 간이현미경이나 홀로스펙스 필름 등 일부 자료는 미리 사 두기도 한다. 이 책을 쓰면서도 지난 자료를 보며 봉사활동에 좋은 소재를 찾아 정리했다.

> 신과람에서 과테 아이디어 하나 더: *** 샘 주기율표 퍼즐 맞추기 – 이것은 사가서 맞추게 한 다음에 기증하고 오면 좋을 만한 아이템이다.

심지어 연구 분야도 봉사활동으로 바뀌었다. 이미 동티모르 봉사활동 관련 연구 프로젝트를 수행했고, 2016년 처음으로 니카라과 봉사활동을 준비하면서 그 당시 이 사업에 선정되었던 대구대, 부산대, 서원대 인솔 교수와 같이 공동연구를 해보자고 단톡방을 개설했다. 이후 공동연구 제안서를 몇 번 냈지만 탈락했고, 대신 개인 연구에 선정되어 이 책을 쓰게 되었다. 봉사활동 연구가 아닌 다른 연구에는 이제 관심 없다. 좀 더 정확히 말하면 이 봉사활동 사업에만 관심이 있다. 더 큰 규모의 ODA 사업이 많이 있다고 권고받기도 했지만(예, 코이카의 인적자원개발 사업인 씨앗(CIAT), 국제협력선도대학육성지원사업) 엄두가 나지 않는다. 내 깜냥은 이 정도인가 보다.

> *** 교수는 대학원생이 있어서 공동연구 등 프로젝트를 여전히 한다. 나는 봉사활동을 하면서 연구에 관심이 줄어들어 누가 어떤 프로젝트에 선정되었는지 살펴보지 않는다. 그전에는 매번 [제안서를] 내고 선정 결과를 봤었는데, 그게 무슨 소용인지.

봉사 영역에서는 진정한 봉사의 중요성을 알게 되었다. 봉사자와 수혜자에게 모두 의미 있는 봉사활동이 무엇인가에 대한 고민도 시작하였다. 봉사활동이 1년에 700시간 이상이 되면 일상을 침해당하며 오히려 행복감이 감소한다고 한다(김형철, 2015, 정진경, 2012). 하지만 오랜 시간 봉사활동으로 인해 행복감이 감소한 적은 없고, 오히려 봉사활동을 하거나 생각할 때 행복하다. 2020년 코로나로 인해 해외 봉사활동을 하지 못할 때는 우울해지기까지 했다.

봉사활동을 시작할 당시 카카오톡에 'buscando por mi(나를 찾는 중)'라고 적었었다. 봉사활동을 하며 인생의 새로운 방향을 찾은 느낌이다.

저개발 국가에 사는 사람들의 삶의 모습을 보면서 한국에서 일상생활에 감사함을 느끼게 된다. 아래는 봉사활동을 위해 해외에 나가 있어 제사를 지내지 못한 미안함의 전화이다.

오늘 할머니 제사일, 제사 준비 상황을 묻고 제사 잘 지내도록 전화했다.

사범대학 교수로서 본인이 잘할 수 있는 분야(교육)를 통해 다른 사람을 도울 수 있다는 점은 봉사활동이 삶의 한 부분으로 정착하게 되는 계기가 되었고, 극단적으로는 삶의 대부분이 봉사활동을 중심으로 움직이는 경우도 나타났다. 예로, 꿈에서 봉사활동 준비물로 좋은 것을 보고, 자다 일어나 카톡에 정리하기도 했다. 이러한 삶의 변화는 봉사활동을 경험한 중고령자 세대에서 찾아볼 수 있다(이발희, 윤현숙, 2015).

이렇게 봉사활동에 '올인'하면서 삶이 단순해지는 계기가 됐다. 외부에서 많은 일 섭외(예, 학회 임원 활동)가 오는데, 봉사활동과 일정이 겹치거나 봉사활동 수행에 방해가 되면 그 일을 거절했다. 초중등 교과서 심의는 하고 싶었던 일인데 일정이 겹쳐 아쉽지만 포기했다. 사범대 교수로서 매우 중요한 일인 임용시험 출제까지 포기한 해도 있다. 국외 학회 참석은 1년에 1회 대학의 지원을 받아 나갈 수 있는데 이것도 포기했다. 봉사활동 첫해에는 그동안 해 오던 일을 모두 하면서 생활했지만(예, 그 바쁜 와중에 논문을 정리하여 투고하기도 하고, 학술대회 발표 초록도 내기도 했다.), 해가 갈수록 봉사활동 이외의 일이 줄어들었다. 그렇게 되기 전에는 정말 바빴다.

출발 전날과 전전날은 엄청 바빴다. 연차 보고서를 미리 해놓지 않고 미룬 것이 패인. ODA 관련 미팅(다른 사업), 센터 업무(교수학습센터장을 맡음), 준비물 점검, 보고서 제출(연구재단 온라인 입력이 KRI 연구원 등록과 연동되어 복잡)은 그나마 전날 밤에 11시까지 작성해 놓아서 가능했다. 센터 공문 결재, 연말정산 준비, 짐 싸기, 자동차 계약 건, 그 와중에 논문 심사도 하나 등등.
(합숙 교육을 가는 길에 *** 선생님이) 어디 어디 가봤냐고 묻는데 내가 가본 곳이 거의 없네. 내 삶의 모습이 나타난다.

그런데 이렇게 다른 일을 줄여도 내 삶은 항상 바빴다.

왜 이리 바쁘게 살아야 하는지, 한국은 워낙 바쁜 곳인지, 얼마 전 신세 한탄을 하기도 했는데, 그래도 요즘 내가 바쁜 것은 조금 방향이 정해진 바쁨이다.

자연스럽게 연구 실적이 화~악 감소했다. 매년 논문을 몇 편씩 썼지만, 지금은 1년에 한 편 내기도 어렵다. 지금은 '논문 한 편 더 쓰는 게 무슨 의미가 있나!'라 생각한다. 다행히 저자가 근무하는 대학에서는 교수들에게 논문 실적을 강하게 요구하지 않는다. 봉사활동을 하면서 연구논문을 많이 쓰지 못하는 것에 대해 교수의 본분인 연구를 소홀히 하는 게 '옳지 않다'라고 주장한 사람이 있었다. 정말 생각이 이렇게 다른 사람이 있다는 게 놀랍다. 논문보다 더 중요한 가치를 찾았으니, 누가 뭐라 하든 나는 상관하지 않는다. 1년에 몇 편의 논문을 쓰지 않으면 안 되는 대학에 있는 교수는 이 사업을 계속하기 어려울 것이다.

> 논문 수정은 포기하련다. 공동 저자 중 한 명이 수정해 보겠다 했지만, 본인이 주도적으로 쓴 논문이 아니라 수정하기 어렵다 한다. 당연히 그렇지. 현지에서는 봉사활동 운영 이외에 다른 일을 거의 할 수 없으니, 포기할 수밖에 없는 상황이다. 이 논문을 2월 이전에 내야 300만 원 지원금을 받을 수 있고, 그 정도면 해외 봉사활동에서 정말 큰 도움이 되는 금액이지만, 올해도 작년에 이어 포기한다. 내년에는 좀 더 일찍 논문을 써서 봉사활동 기간과 겹치지 않게 해야지.

한 해에 봉사활동을 두 번 진행하기도 했다. 여름엔 동티모르나 네팔에 가고, 겨울엔 중미로 갔다. 그러면 정말 다른 일은 하기 어렵다.

> 네팔 봉사활동 준비하느라 과테말라 봉사활동에 대해서는 신경을 쓸 틈이 없네. 네팔이 아니었다면 그 시간에 계속 과테말라 봉사활동에 대해 생각하고 마음 쓰고 그랬겠지? 나도 내 생활을 좀 해야겠다. 봉사활동에 올인한다고 모든 일을 안 하는 것은 핑계가 될 수도 있다. 일 안 해도 봉사활동은 굴러갈 수 있으니.

해외 봉사활동을 해보거나 봉사단을 인솔한 사람과 만나면 바로 친해진다.[5] 봉사활동 관련 얘기가 시작되면 멈출 줄을 모르고 밤새도록 얘기할 수 있다.

> [한국과학교육학회에 출장 가서] 저녁 먹으면서, 맥주 한잔하면서 계속 봉사활동 얘기를 했다. 이 얘기를 하려고 하루 전에 온 것이니 목적에 충실해야지. 술 마시는 교수들 나이 구성이, 70년대 학번 1명, 80년대 3명, 90년대 2명, 00년대 2명, 내가 두 번째로 나이가 제일 많았다. 나보고 사회성이 많이 늘었다고 한다. 저녁 먹으면서 말을 많이 했더니 바로 평가가 들어오네.

퇴임 후에까지 봉사활동을 계속하고 싶은 마음이다. 그러려면 건강관리가 제일 필요한데 그게 쉽지 않다. 나이가 들면서 시차 적응이 오래 걸려, 귀국 후 올빼미족이 되는 기간이 길어진다. 1년에 한 번 여름에 퇴임한 학과 교수님들과 식사하는 자리가 있다. 퇴임한 교수님들은 더 이상 화학 내용을 볼 일이 없어 전공 서적을 다 버렸다 한다. 내가 가진 봉사활동 관련 서적은 그런 신세가 되지는 않을 것 같다.

---

5) 한국 참 좁다. 진주교대 봉사단을 인솔했던 모 교수는 내가 아는 **대 교수의 남편이라고 한다. 동티모르에 처음 간 PK 선생님은 내가 박사 논문을 지도한 한 학생의 중학교 때 선생님이었다고 한다.

대통령 선거 기사를 검색하다 한국 글로벌사이버대학교 총장이 엘살바도르에 뇌 교육을 보급한 공로로 작년 9월 국가 최고상을 받은 기사를 보았다. 2011년부터 시작한 사업이 8년 만에 작은 결실을 보는 것이다. 여러 국내외 지원기관의 후원을 받아 계속 봉사활동 사업을 한 것이 비결이다. 내가 국립국제교육원 사업에만 의존하는 것과는 차원이 다르다. 니카라과, 엘살바도르, 과테말라 이렇게 돌아다니는 게 좋을까, 아니면 한 우물을 파는 게 좋을까? 봉사단원 몇 명이 진로를 어떻게 할지 고민하고 있는데, 나도 아직도 내가 무얼 할지 생각이 많다.

봉사활동을 마치고 귀국한 뒤에는 항상 몸이 아팠다. 특히 5주간 봉사활동을 하고 돌아오는 해에는 비행기에서부터 너무 힘들었다. '지금까지 비행기 탄 것 중에 가장 힘든 비행이다.' 몸이 아프니 잠도 잘 못 자고 악몽을 많이 꾸었다.

체력이 바닥난 상태에서 들어온 감기, 시차 적응 어려움이 겹쳐 이후 10일 넘게 앓았다.
꿈꾸며 자다가 일어나면 문득 여기가 어딘가 하고 살피게 된다. 안방 장롱을 보며 몇 초 지나야 한국임을 깨닫게 된다.
한 달 치 밀린 신문을 볼까 말까? 볼 때는 재미있지만, 장기 출장 후 그렇게 보는 신문에서는 남는 게 별로 없었다. 그렇다고 안 보면 조금 허전하고. 대체 매일 신문을 보는 이유는 뭘까?

나는 성격상 내가 할 일을 포기하거나 다른 사람에게 부탁하는 일을 어려워한다. 두 번째 봉사활동에서 사고로 다리를 다치면서 잘 걷지 못하게 되고, 니카라과에서 다른 ODA 사업을 할 준비를 도와주지 못하게 된 적이 있다.

우난대 사진 찍으러 가는 것은 결국 못하겠다고 연락했다. 대학에서 대신 사진을 찍게 부탁해 달라고 하고 사진을 어떻게 찍어야 하는지 알려달라고 했다. 이렇게 포기하면 마음이 편할 걸 괜히 붙잡고 있었다. 학생들에게 도움을 요청하는 법을 배워야 한다 말하지만, 나도 아직도 일단 내가 할 일이라고 생각한 것에 대해서는 놓는 법을 잘 모른다.

봉사활동을 하면서 삶이 변화한 과정은 천천히 진행되었다. 바쁜 한국과 느린 외국을 오가며 어떤 삶이 좋은가를 계속 비교하게 되었다. 해외에서 느린 눈으로 보면 답을 찾을 수 있다.

일정 관리 파일 중에는 '연구논문 쓰는 것 고려: 주말 시간 많을 때 - 약 2주 후에'라고 적혀 있었다. 그걸 보고 뒤에 '꿈도 꾸지 말자. 일지 쓰면서 자료 수집하는 것만으로도 충분하다, 그렇게 살지 말자'라고 적었다. 한국에서 보내는 바쁜 삶을 느린 엘살바도르의 눈으로 보니 좋은 답이 나오네.

2-10. 인사가 만사인데, 사람 속은 참 알 수가 없다

이 봉사활동의 또 다른 중요한 주체는 단원인 예비 교사 대학생과 현직 교사다. 이들 봉사단원을 잘 선발해야 하는데, 그것이 항상 쉬운 것은 아니다.

첫 봉사활동의 단원 모집 설명회는 정말 대박이었다. 4대 1 이상이 왔는데, 델레 자격증을 가진 학생도 있고, 교직과정이 아닌 학생도 가고 싶다 하고, 4학년 임용이 되고 나서 가고 싶다는 학생도 있었다. 나중에 선발할 때도 너무 우수한 학생이 많아 가능하면 다 데리고 가고 싶었다.

단원을 뽑을 때는 지원자의 봉사 경력, 참여 동기, 전공, 성별, 언어 능력, 성적 등을 두루 고려한다. 하지만 면접과 서류심사로 미래의 행동을 모두 예측할 수는 없어 나중에 문제가 생기기도 한다. 서류에는 지도교수의 추천서가 포함되어 있는데, 추천서라는 말 그대로 학생의 장점만 강조하고 있어 제대로 된 변별 근거로 쓰기 어렵다. 반면 면접 심사에서는 약간 변별이 가능하다. 정말 열의를 가지고 면접 준비를 잘해 온 학생이 있는가 하면 반대로 무성의한 답변과 무례한 태도를 보이는 학생도 없지 않다. 제사보다 젯밥에 관심이 많은 사람을 배제해야 하는데, 그게 참 쉽지 않다. 코이카 봉사단원의 선발에서도 외재적 가치가 내재적 가치보다 우세한 경우가 많다(김영국, 2017). 사범대학 학생보다 교직과정 학생이 좀 더 적극적이고 간절하게 원하는 모습을 종종 볼 수 있다. 기존 참가자나 같은 학과 학생들은 따로 모아서 면접하는 것이 좋다.

한국 대학생들은 매우 바쁘다. 단원을 선발할 때 오리엔테이션, 합숙 교육, 정기교육 등의 날짜를 미리 공지하고 불참 시 합격 취소를 하는 것이 좋다. 단원 합격 포기서를 받은 다음에 새 단원을 뽑는다. 모집 공고문에 있는 내용을 원칙대로 지키지 않으면 문제가 생긴다. 교육 날짜가 미리 정해져야 학생들도 아르바이트 등 일정을 조율할 수 있다. 물론 시험, 학과 행사 등 학생이 정할 수 없는 일정이 끼어드는 건 어쩔 수 없다. 봉사활동 준비를 위해 공결 협조 공문을 띄우기도 하지만, 해당 교수가 인정하지 않으면 공결로 인정받지 못한다. 합숙 교육에 전원이 제때 참석하지 않아 열심히 준비한 프로그램이 무산된 적이 있다. 준비한 교사에게 '마음을 비우자'라고 얘기했지만 씁쓸했다. 학기 중에는 수업을 듣느라 바쁘고, 방학하면 계절학기를 듣거나 기숙사를 나가 숙소와 교통 문제가 생기기도 한다.

다른 대학에서 단원을 매우 엄밀하게 선발한다는 얘기를 들었다. 원어민이 영어 심층 면담을 몇 단계로 나누기도 한다. 1차 선발 후 어느 정도 시간을 가지고 지켜보면서 사전교육 참여도, 성실성, 인성 등을 평가하여 부적격자를 교체하고 단원 선발을 확정하는 방안도 고려해 볼 필요가 있다. 방학 중에 스페인어 공부를 해 오도록 하고, 중간에 계속 점검하고, 개학 후 시험을 봐서 최종 합격 여부를 정하는 방식, 조금 잔인해도 그 정도 노력은 해야 하지 않을까?

봉사활동 준비가 어렵고 힘들어 중도 포기하려는 단원[6], 단체 활동에 잘 어울리지 못하는 단원, 다른

---

[6] 첫해에는 단장뿐 아니라 단원들도 봉사활동을 준비하는 게 너무 어려워 중간에 포기하려는 경우가 있었다. 잘 다독이며 같이 가게 하려고 단장으로서 마음을 많이 썼다. 다음 해

사람을 배려하지 않고 불편하게 만드는 단원, 솔선수범하지 않고 비협조적인 단원, 그 소중한 평가회를 싫어하는 단원, 연애나 과도한 음주7) 등의 문제 행동을 보이는 단원 등을 모두 아우르며 봉사활동을 진행하는 건 참 어렵다. 이러한 단원에 의해 어려움을 겪으면서 봉사단장은 단체 활동을 이끄는 것이 매우 어렵고 인사가 만사임을 처절히 경험하게 된다.

> 한 달 넘게 같이 준비한 것도 인연이니, 앞으로 학교에서 오며 가며 ***(중도 포기 단원)을 만났을 때 반갑게 인사해 주면 좋겠죠?

물론 좋은 단원도 많다. 너무 모든 일에 솔선수범을 하면서 일을 몰아서 하는 단원도 있고, 이해심이 많으며 다른 사람을 항상 배려하는 단원도 있고, 힘들어도 항상 웃는 행복한 얼굴의 단원도 있고, 묵묵히 자기 할 일을 열심히 하는 단원도 있다.

어떤 해에는 현지 상황이 험악하여 일부러 기존에 봉사활동 경험이 있는 단원을 많이(6명) 뽑은 적이 있다. 하지만 그것이 전체 단원이 단합하는 데 조금 방해되기도 했다.

> (합숙 교육에서) 대부분 학생이 잘 어울려 놀고 있는데 한 학생은 아파서 누워 있고 다른 학생은 왠지 얼굴이 밝지 않더니만 숙소에 가서 따로 있다. 무슨 이유가 있느냐 하니 작년 봉사단과 올해 봉사단 사이에 분위기가 조금 달라 낯가림하는 것 같다고 한다. 그럴 수 있겠다. 작년에 봉사단끼리 너무 친해져서.

또 한 해에는 스페인어를 전공하고 있는 저자의 딸과 그 친구가 봉사단에 2주간 합류했다. 그런데 그렇게 두 명 더 추가되는 것이 손이 참 많이 가는 일이었다. 공대생으로 구성된 봉사단과 함께 연합 봉사를 다니는 다른 대학의 단장이 참 힘들었겠다고 생각했다.

단원 선발 기준에 '해외여행 결격 사유'가 없어야 한다는 항목이 있다. 그런 사유에는 건강이나 식사 습관도 포함된다. 해외에 나가 음식을 가리지 않고 먹을 수 있어야 한다. 한국에서도 음식을 가려 먹는 사람은 해외에 나가서 하는 강행군을 버틸 수 없다.

> 식사를 많이 가리는 학생이 있어 고생이 많다. 마트에서 시리얼을 사 왔지만, 그걸로 계속 버티기는 어려울 것이다. KO선생님이 식당에 얘기해서 달걀을 10개씩 삶아 달라고 해 주셨다. 내년 봉사단원 선정할 때 이 점을 고려해야 하겠다.

이것은 코티처에게도 적용되는데, 외국 학생 중에는 채식하는 경우가 가끔 있다. 코티처를 선발할 때 이

부터는 개인 사정(유학, 다른 활동과 중복)으로 포기하는 학생이 한두 명씩 생겼고, 대체된 새로운 단원을 교육하는 것이 쉽지 않았다.
7) 첫해에 음주로 인해 문제가 생긴 후(다음 날 아침 술 냄새가 날 정도로 마셔 수업에 들어가지 못하게 함) 나 둘째 해부터는 철저히 관리를 했다.

러한 문제를 고려해 달라고 할 수 있지만, 채식을 이유로 빼 달라고 할 수는 없다.

저녁은 새우튀김과 채소와 밥이 나와 또 맛있게 먹었다. 먼저 빨리 먹고 학생들 잘 먹고 있는지 돌아보았다. 새우 알레르기가 있는 학생 메뉴는 치킨이었다. 그런데 밥을 다 먹고 나니 JJ가 와서 코티처 중 채식을 하는 학생이 한 명 있다고 한다. 이 얘기를 듣기는 했는데 적어두지 않아 잊어버리고 미처 챙기지 못했네. CY선생님께 저녁 메뉴 해결해 달라고 말했다. 점심도 일괄 메뉴로 주문이 되어 있는데 어떻게 해야 할까? 달걀을 먹는다는데. 이 문제는 산살바도르에 돌아갔을 때도 고려해야 한다. 더 많은 기간 활동이 남아있고 매번 점심 먹을 때마다 채식 학생은 힘들겠지.

니카라과 도시락. 거친 음식도 잘 먹을 수 있어야 한다.

2-11. 봉사활동은 힐링이다

인솔 교수로 봉사활동을 한 차례 수행하면 희로애락의 다양한 감정을 모두 경험한다. 우선 성공적인 수업을 하며 성장하는 봉사단원을 보는 기쁨, 순수한 현지 학생들의 배움에 대한 열정을 보며 느끼는 사랑스러움, 한국과 현지의 문화를 교류하며 느끼는 즐거움 등 많은 좋은 느낌이 봉사활동을 둘러싼다. 즉 봉사활동을 하며 힐링을 느낀다(정보람, 2013).

> [1회 봉사활동 일지] 교장 샘과 오후 수업 학급 배정을 하고, 점심 후 이곳저곳에서 휴식을 취한다. 건물 뒤쪽 나무 아래 의자에 앉아 일지를 정리하고 있자니 너무 여유롭고 시원하다. 한국에서는 왜 이런 여유를 찾기 어려운 걸까?
> … (현지 초등학생이) 쓰레받기를 거꾸로 해서 균형 잡으면서 되돌아온다. 초등학교 때 운동장 청소하고 빗자루를 거꾸로 세워 손 위에 올려놓고 걸어가던 때가 기억난다.
> [다른 사람이 해 준 말] 봉사활동 사진에서 교수님이 행복한 표정이 보여요.
> 동영상 중에 내가 gracias, muchas gracias를 외치는 장면이 나온다. 나에게서 그렇게 환한 얼굴이 나올 수 있다니!

하지만 이런 긍정적 측면 외에도 봉사의 취지에 어긋나는 봉사단원의 행동에 대한 노여움, 지속적인 긴장과 걱정, 외로움과 우울함도 경험한다. 사실 봉사활동 중 작성한 일지를 보면 긍정적인 감정보다는 부정적인 감정이 더 많이 나온다. 인솔 교수로서 봉사활동에서 열정을 태우는 감정 노동은 극심하다.

그런데 가장 최근에 다녀온 과테말라 봉사활동에서는 이러한 우울한 느낌을 거의 느끼지 못했다. 과테말라의 폭력 피해 아동이 모여 사는 '천사의 집'에서 봉사활동을 하며 크나큰 아픔을 경험한 아이들을 만나고 난 후에는, 이러한 우울함의 느낌마저 '사치'라는 생각이 들었다.

이 해외 교육봉사활동에 관한 책을 쓰는 것도 힘들면서도 행복한 참살이 경험이다.[8] "아! 그때 저 일을 어떻게 다 했을까? 되돌아보는 것조차 힘들고 아프구나." 그 힘들고 어려웠던 일들이 객관화되면서 행복한 순간들로 재정리되는 것을 경험한 것이다. 즉 나를 분석해서 글을 쓰는 것은 나를 이해하는 과정이며, 앞으로 더 잘 살기 위해 필요한 일(임상희, 2020)임을 알게 되었다. 자신을 아는 것은 자신을 돌보는 것(임상희, 2020)임을 고려하면, 이 책의 집필은 본인에 대한 돌봄의 기능을 하였다. 이러한 자기 이해는 자기 수용과 자기 성장, 변화로 이어질 수 있다(임상희, 2020). 또한 만족과 행복감은 봉사활동 관리자로서 갖추어야 하는 역량인 소명 의식으로 이어질 수 있다(조영아, 이재은, 2017).

'대학생 봉사단을 인솔하는 일은 육체적으로나 정신적으로 매우 힘들고 어려울 텐데 그 일을 해 주어 고맙다'라는 말을 들을 때도 있고, '대학생들은 스스로 봉사활동을 잘 수행할 것이니 인솔 교수가 할 일이

---

[8] 이와 비슷하게 '연구도 나를 찾아가는 행복 여정이어야 한다'라고 말하는 사람이 있다.
https://webzine.nrf.re.kr/nrf_2108/webzine/20211/id/652

별로 없지 않으냐?'라는 질문을 받을 때도 있다. 전자는 대학생을 인솔하여 해외에 다녀온 경험이 있는 사람이 주로 하는 말이며, 후자는 그러한 경험이 없는 사람이 주로 하는 말이다. 이 책을 읽으며 봉사단 인솔 경험이 있는 사람은 많은 부분에서 공감하고, 경험이 없는 사람은 봉사단장의 삶을 조금이나마 들여다보고 이해할 수 있기를 바란다.

나는 나를 위해 아끼지 않고 투자하거나 구매하는 게 무엇일까? 현지의 기념품 가게를 둘러보는 것은 좋아하지만 그 나라를 상징하는 마그넷 외에는 좀처럼 지갑을 열지 않는다. 가족을 위한 기념품이나 선물을 한두 개 사는 게 전부이다. 남자가 50대가 되면 사고 싶은 게 별로 없다. 무엇인가를 사서 가지는 것보다 봉사활동을 나가는 것 자체가 가장 큰 투자이자 사치 아닐까? 두 번째 봉사활동에서 다리를 다쳤을 때는 휠체어를 사서 쓰고 기부하고 왔다.

티피따빠에 있는 KCA 학교에는 강당 주변으로 둥글게 돌아 나갈 수 있는 길이 있다. 밤에 회의가 끝난 후 별을 보기도 하고 이런저런 얘기를 하면서 단원들이 그곳을 걷곤 했다. 마치 충북대 대운동장에 밤이 되면 사람들이 나와 걷기 운동을 하는 것처럼.

봉사활동은 생각을 많이 하게 해 준다. 봉사활동 준비를 마치고 해외로 출발하기 전날 단원들의 느낌을 표현하는 형용사를 모아 보았다. 걱정(7), 설렘(6), 떨림(5), 기대(4), 두려움/무서움(4), 궁금(1), 두근두근(1), 불안(1), 빨리 가고 싶은(1), 신남(1), 믿기지 않는(1), 실감 안 남(1), 초조(1), 해탈(1), 흥미로움(1), 희망(1). 다양한 생각을 통해 본인의 삶을 정리해 나간다.

> 작년 봉사활동에서 기억이 많이 나는 일 중 하나는 단원들이 클럽에 가서 늦게 돌아올 때까지 기다리면서 혼자서 이런저런 생각을 한 것이다. 올해에도 그런 시간이 있겠지.
> [단원 일지] 저녁에는 대사님, HS기업 이사님, 니카라과 단원들, 선생님들, 교수님과 함께 맛있는 식사를 하며 많은 이야기를 나누었다. 자리 선정을 잘못해서 사실 어떤 말씀도 제대로 들은 바가 없지만, 학생들의 말을 경청해 주시며 따뜻한 눈빛을 보내주신 대사님과 아직은 어린 우리에게 열정 어린 이야기를 해주신 이사님께 감사한다. 기억에 남는 말씀은, 하고 싶은 것을 하라는 것이었다. 내가 행복을 느끼기 위해서는 내가 일에 대해서 하고 싶은 마음을 가져야 한다고 이해했다. 어려서부터 국어 선생님이 되어야겠다고 마음먹어서, 그러니까 국어 선생님이 하고 싶어서 사대에 왔는데, 지금 나는 하고 싶은 길을 가고 있는지, 행복으로 향하고 있는 것인지 혼란스럽다.
> [KJ 단원의 일지] 숙소로 돌아와서 평가회를 하는데 K선생님이 6년 연수 얘기를 해 주셨다. 내가 경험한 니카라과는 나를 몇 년 동안 버티게 해 줄지 생각했다. 평생 잊지 못할 것은 확실할 거 같다. … 오늘 하루도 감사함으로 가득했다. 교육봉사를 계기로 내가 받은 감사함을 나눌 수 있는 큰 그릇으로 성장하고 싶다.

봉사활동은 행복을 찾는 데 도움을 준다.

> [HS 단원의 일지] 카약을 타고 나서 햄버거를 먹는데 사이드 디쉬가 남아 포장해 왔다. 호텔로 돌아오는 길에 휠체어에 앉은 남편을 끄는 할머님에게 너무 작지만, 포장한 음식을 드렸다. Y와 얘기하면서 답답함

과 안타까움을 느꼈다. 음식을 드린 할머니 할아버지가 아닌 스스로에 대한 갑갑함과 안타까움, 내가 큰 도움이 안되기 때문에, 그리고 휠체어를 꼭 쥐신 할머님의 모습이 너무 아름답고 행복해 보였다. 저분들의 행복은 무엇일까, 어떻게 나에게는 저분들이 아름답고 행복하게 보일 수 있을까 ...

다니엘라의 선물을 뜯었는데 눈물이 쏟아졌다. 작년에 함께 놀러 간 나비 정원 사진과 시험 볼 때 메라며 넥타이를 선물해 주었다. 니카라과 처음부터 아니 오기 전부터 행복이란 무엇인지 찾기 위한 여정이었는데 오늘 알았다. 6만 평과 호수 별장을 이기는 것은 마음과 마음으로 대하는 것이고 서로를 아껴주는 사람에 대한 고마움이 행복을 만든다고 느꼈다. 니카라과의 풍경도, 여유로운 삶도, 휴식도, 귀여운 학생의 몸짓도, 수업의 만족감으로도 부족했던 행복함이지만, 나를 생각하는 3장의 편지는 나에게 행복을 충분히 채웠고 벅차 넘쳐 눈물을 흘리게 하였다. 여정의 마지막 날에 비로소 여정의 이유를 찾았다.

[YY 단원의 일지] 내가 누군가의 웃음에 지금처럼 이렇게 행복했던 적이 있었나? 잘 모르는 나에게 저렇게나 예쁜 웃음으로 달려와 안아주는 아이들의 모습을 오랫동안 기억하고 싶다.

봉사활동은 수업을 위해 가지고 간 짐을 비우면서 대신 마음을 채우는 과정이다.

현수막을 챙기는 것을 모두 잊고 있었는데 KO선생님이 잘 생각해 내셨다. 방에 있는 구충약도 한 박스 챙겼다. MOU 맺을 때 줄 충북대 선물(직지 인쇄본, 꽤 고풍스럽고 고급스럽다.)도 미리 챙겨 꺼내 놔야지. 이렇게 가져온 짐을 사용할 날짜별로 분류해 놓는 것이 필요하다. 이제 꽉 채워 온 트렁크가 비어가는 시작이다. 트렁크가 비는 만큼 마음과 가슴이 채워져 가겠지.

니카라과 아이들의 맑은 미소

2-12. 봉사활동은 진정한 만남이다

교육봉사의 의미는 학생이나 수업과 만남으로 정의할 수 있다(임지선, 2012). 여기에 해외 교육봉사는 단원끼리의 만남이 추가된다. 봉사활동을 하며 몇 개월을 같이 지낸 단원끼리는 정말 소중한 관계가 형성된다. 대학 생활 중 그렇게 오랜 기간 함께 생활하는 사람이 얼마나 될까? 이 단체 봉사활동은 소중한 사람을 만나는 기회가 된다. 아래는 두 번째 봉사활동 출발 전에 첫 번째 봉사단원들이 응원해 주는 장면이다.

> PG, YY, JK, HS, JS와 KO 샘, IC 샘, CH 샘 등 이전 봉사단 멤버가 와서 배웅해 준다. 멀리 가는 길이라고 과자, 사탕, 컵라면, 안대, 물티슈, 모기 기피제, 냉찜질 팩, 생수 등을 후원해 준다. 어떤 단원은 포스트잇에 정성 들여 왜 이걸 샀는지 설명을 써 주고(예, 혹시 화상 입으면 냉찜질에 쓰도록, 노트북 너무 많이 하면 눈이 피로하니 붙이도록 등), 잘 다녀오라는 카드까지 적어 주었다. 작년 봉사활동의 여운이 지금까지 남아, 끈끈한 정이 느껴진다.

봉사단원끼리 끈끈한 관계가 만들어지는 것은 서로 많이 상호작용하며 마음이 열리기 때문이다. 봉사활동은 대인관계의 고마움을 실감하게 해 준다.

> 나는 예전부터 생각했다. 친해질 사람은 저절로 친해진다고, 내가 노력을 해도 안친해질 사람은 안 친해지고 노력을 하지 않아도 친해질 사람은 친해진다고. 물론 이것은 남들에게 잘 다가가지 못하는 나의 성격을 합리화해서 하는 말이기도 한 것 같다. 나이가 가장 많다는 것 또한 불편함으로 다가왔다. 그런데 이 착한 봉사단 동생들은 나에게 먼저 다가와 주었다. 어떻게 고마움을 누구 하나에게만 전하겠나. 정말 오랜만에 많은 사람들이 한 번에 내 마음의 문을 열고 들어왔다.

현지에서 함께 먹고 자며 생활하면서 봉사단원은 친해질 수밖에 없다. 아래는 어느 주말 오후에 봉사단원끼리 서로 안마해 주는 장면이다.

> CY선생님 주위를 4명이 둘러싸더니 비명이 들린다. YY, PG, HS, JS가 안마해 드린다. 참 시원하시겠다고 생각하며 카톡에 일지를 올리고 나니, CY선생님까지 5명이 나에게 와서 어깨와 팔을 안마해 준다. 돌덩이처럼 딱딱한 어깨가 심각하다고 한다. 그다음 순서는 KM선생님, 나까지 6명이 가서 안마해 드렸다. 이 얘기를 추가하기 위해 먼저 올렸던 일지를 지우고 다시 올린다. 다음 봉사활동 나올 때는 어깨 마사지기를 가져와야겠다.

봉사활동이 끝날 때쯤 한국 대학생과 현지 코티처는 선물을 주고받는다. 그런데 봉사단장은 선물을 별로 못 받는다. 그걸 알고 봉사단원들이 롤링 페이퍼를 적어 준 적이 있다.

마지막 평가회에서 가장 많이 나온 말은 '감사함'이다. 어느 순간 KJ가 자리에 없는 것을 보고 이상하게 생각했는데 그 이유는 곧 알게 되었다. 나를 위한 케이크, 각자 한 글자씩 그린 감사 카드, 봉사활동 4년 만에 처음 받아보는 롤링 페이퍼, 잘 나온 사진도 인화하여 받으며 서프라이즈를 기분 좋게 당했다. 케이크와 같이 양주 남은 것을 나눠 마셨고(술이 달았다), 호텔 직원에게도 안주와 같이 주니 매우 좋아한다.

봉사 단원끼리 인연은 봉사활동이 끝나고 나서도 이어진다. 네 번째 봉사활동을 나갔을 때, 한국에서 과테말라와 사업하고 있는 첫 번째 봉사단원을 현지 대사와 기업인에게 소개해 주기도 했다.

대사님께 1기 봉사단원 SY 이야기를 드렸더니 기특하다며 매우 좋아하신다. 봉사활동을 하러 중미에 왔다가 졸업 후 중미 관련 사업을 하는 사례를 처음 접하고, 대사님은 니카라과에서 첫 봉사활동을 지원해 준 보람을 느끼시는 것 같다. 선배님도 SY 사업에 관심을 가지며 연락하라고 하신다. 선배님은 교민 1세대로 든든한 재력과 네트워크를 가지고 있으니, SY가 잘 연결되면 좋은 기회가 될 것이다. 바로 명함을 사진 찍어 SY 카톡으로 보내 잘 준비해 연락드리도록 했다.

봉사활동이 결혼에 다리를 놓기도 한다. 2번의 봉사활동에서 단원으로 만나 졸업 후 결혼하는 모습을 보는 내 마음이 매우 뿌듯했다. 그리고 어떤 단원은 인간관계에서 싫증을 느끼고 결혼을 주저하고 있었는데, 봉사활동을 하며 새로운 인간관계를 경험하고 나서 혐오적 인간관을 극복하고 결혼에 성공하기도 했다.

봉사단원 1호 부부

2-13. 현지 생활

나는 잠이 많아 하루 8~9시간 자는데, 봉사활동 기간에는 잠이 확 줄어든다. 거의 반토막 나거나 2/3 밖에 못 잔다. 단장으로서 항상 긴장하고 집중하기 때문에 그렇다. 첫 봉사활동에서는 그렇게 1주일 정도 달리고 나니 몸에 이상이 생겼다. 수면 부족으로 건강에 문제가 생기는 것은 당연하다(매슈 워커, 2019). 그럴 때는 모든 일을 멈추고 쉬어야 4주간 봉사활동을 버텨낼 수 있다.

개인적으로 처음 해외 봉사활동을 나간 것은 동티모르로, 그때를 생각하면 저절로 미소가 지어진다. 동티모르는 '나에게 웃음을 되찾아 준 봉사활동' 이것은 정말 사실이다. 특히 젊은 대학생들과 함께 있으면 미소를 짓는 것을 배우게 된다.

수학 수업 재료를 모여서 같이 준비하고 있는데, 가위질 하나 하면서도 웃음이 끊이지 않는다.

동티모르 꼼비치 해변(2016)

저개발 국가는 대부분 물이 귀하고 전기도 비싸다. 동티모르에서는 건기에 물차가 돌아다니는 것을 본 적이 있다. 중미에도 물차가 있다.

[과테말라] 물 아껴 쓰기(물 없이 2년을 지내기도), 전기를 멕시코 사기업에서 하면서 매우 비싸다. 태양열로 온수를 데우는데, 가열이 오래 걸리기도 한다. 펌프 과열을 막기 위해 밤에 꺼둔다. 오후 4~5시는

아이들이 샤워하는 시간이라 수압이 낮을 수 있다. ... 간단히 샤워하고(온수가 왼쪽인 줄 알고 틀었다 찬물만 계속 나왔다. 오른쪽이 온수) 머리 감고 발을 씻었다.

현지 시장이나 관광지를 가면 해먹을 많이 판다. 더운 지역이라 야외 그늘에 해먹이 매우 유용하다.

해먹에 누워 바람이 부니 매우 시원하다. 해먹은 엉덩이와 등 시원해지라고 만든 거구나. 휠체어나 침대에 많이 누워 있으니, 뒤쪽에 땀이 많이 난다.

해외에 나가면 동물 울음소리를 많이 듣게 된다. 동티모르에 갔을 때 닭 우는 소리가 참 컸는데, 니카라과도 그렇다. 한국에서도 예전에 그런 소리를 들으며 잠에서 깬 적이 있었지.

[KJ 단원의 일지] 오늘도 동물들의 무료 모닝콜 덕분에 무거운 몸을 일으키며 하루를 시작한다. 아침 6시 30분에 맞춰 식당으로 보이는 사람들, 종소리 대신 닭 울음소리, 염소 울음소리를 들었다.

니카라과에 가면 여유를 참 많이 느낀다. 물론 바쁜 한국을 벗어나면 어느 나라를 가도 여유를 느낄 수 있기는 하다. 4주는 여행이라기보다는 생활에 가까운 기간, 여유 있는 삶을 즐길 수 있는 기간이다.

[MH 단원의 일지] 니카라과에 와서 가장 크게 변한 것은 두 가지인데, 첫 번째는 알람이 없이도 눈이 떠진다는 점이고, 두 번째는 핸드폰을 잘 보지 않게 되었다는 점이다. 니카라과만의 여유가 좋아서 한국에서 오는 연락이 반갑지는 않다.
[KN 단원의 일지] 1시간 40분 만에 빨래가 끝나 뒷마당으로 나갔다. 큰 JJ가 야외식당에서 커피 한잔을 앞에 두고 독서삼매경이다. 아이들 뛰어노는 소리와 바람 소리, 그리고 그 옆에서 책을 읽은 저 여유로움이 정말 부럽다. 얼마 안 남았지만 나도 즐기자. 이 여유를 ...

외국에 이렇게 몇 주 머무르고 나면 그곳 생활에 익숙해진다. 아래는 살인율이 높은 위험한 나라인 엘살바도르에서 귀국하면서 마지막의 느낌을 표현한 글이다.

공항으로 가는 길이 어둡지만 밝다. 엘살바도르에 처음 도착해서 버스 타고 오던 길은 매우 어두웠다. 새로운 장소에서 겪을 어려움에 대한 온갖 걱정과 두려움을 가지고 보니 창밖에 보이는 산 위 불빛마저 위협적이었다. 하지만 지금은 그 반대다. 아무런 걱정 없이 길가에 간간이 보이는 집들을 감상하며 지나간다. 학생들도 밝게 웃으며 얘기하며 처음 왔던 그 길을 돌아가고 있다.

현지 모습에 익숙해지면서 긴장이 풀어지게 되는데, 그런 때 사고가 날 수 있으니 조심해야 한다.

3. 객체

3-1. 봉사활동 준비를 그렇게 많이 해야 하나?

이 해외 교육봉사가 다른 국내외 봉사활동과 다른 가장 중요한 특징은 언어, 사회, 문화가 서로 다른 학생들을 가르치기 위해 많은 준비와 사전교육이 필요하다는 점이다. 인솔 교수는 이것을 모르는 봉사단원에게 철저한 준비를 계속 강조하고 안내해 주어야 한다.

> 봉사단에 선정된 후부터 이미 봉사활동이 시작된 것이니, 전원 자신의 시간과 노력을 기꺼이 기부하길 바랍니다.

그러한 교육봉사활동의 사전 준비와 교육은 매우 지난하고 지루한 과정이다. 학불권 교불염(學不倦 敎不厭)이라 했다. 배우는 것을 지겨워하지 말고 가르치는 것에 염증을 내지 말라. 봉사활동을 처음 나가는 대학생에게는 이것이 본인의 삶에 중요한 이정표가 될 수 있으니, 최선을 다해 가르쳐야 한다.

> 봉사활동은 준비하면서 진이 빠진답니다. 학생들도 힘들고, 다른 대학교수들도 모두 그렇답니다.
> 본인 주위에 봉사단원 중 힘들어하는 사람이 분명히 있을 테니 서로 격려하면서 준비해 나가도록 합시다.

사전교육에서는 오리엔테이션, 조 편성, 역할 배분, 수업 준비 점검, 안전교육(안전 매뉴얼 제작), 성인지 성폭력 교육, 언어 교육, 현지 정보 공유, 정보 교육(조별 주제 발표), 세계시민 교육, 봉사단 이름 짓기, 로고 제작, 단복 제작, 배지 제작, 영상 촬영 교육, 현지 문화 교류 준비(예, 현지 노래 연습), 수업 시연, 봉사활동 자료집 제작, 각종 서류나 문서 정리 등 많은 일이 진행된다. 니카라과로 가면서 지은 이름인 '한라봉(한국 니카라과 교육봉사단)'은 한라봉 로고와 함께 참 마음에 들었다. 나중에 과테말라로 갈 때에 한라봉´으로 프라임을 붙여 썼다(이름 짓고 로고 만드는 것도 시간이 소모되는 일이다). "(로고와 함께 적었던) Eres mi media naranja(당신은 나의 반쪽)라는 말을 니카라과에서도 하고 과테말라에 가서도 하기는 조금 쑥스럽기는 하다."

많은 사전교육을 위해 방학 기간이나 주말을 활용하여 합숙 교육이나 집중 교육을 하고, 학기 중에도 매주 또는 격주로 정기교육을 한다. 2016년에는 약 1달 반 동안 9번 모였고, 2017년에는 5달 반 동안 23번 모였다. 한 번 모임에 2~3시간이 소요되므로, 3학점짜리 과목을 수강하는 것보다 더 많은 시간이 소요된다고 할 수 있다. 봉사단장은 매번 사전교육 유인물을 만들고 할 말을 생각해 놓는 데 시간이 많이 쓴다. 준비할 것이 매우 많기는 하지만, 사전교육을 너무 많이 하는 것도 그리 좋지는 않다. 시간을 절약하기 위해 과감하게 카톡으로 회의자료를 올리는 것으로 회의를 대신하는 것, 모든 사람이 좋아하는 일이다. 이러한 모든 교육의 시간과 장소를 정하고, 교육 내용을 배분하며, 강사를 섭외하는 등 다양한 일이 빠짐없이 잘 진행되도록 인솔 교수는 많은 시간과 노력을 관리 감독을 하며 '감정 노동'을 하게 된다.

> 사전교육이 지겹고 귀찮아진다. 학생들에게 실망을 많이 해서 그런가보다. 준비 기간이 기니까 지친다. 빠르게 준비해서 여름에 갔다 오는 것이 효율적이다.
> 준비 과정이 지루하고 힘들다. 모든 게 빨리 결정되면 좋을 것을.
> 번역 검토 파일이 제대로 전달되지 않았고, 읽기 연습을 위해 조원 명수 +1부를 준비해 오라고 했는데 그것도 잘 안되었다. 이제야 부랴부랴 파일을 전달하고 복사를 하러 가는 학생들. 기말고사 기간 중이라 카톡에 적어도 대충 넘겨보는 것 같다. 그래서 약간 짜증을 내면서 기운 빠지는 소리를 했다. 그게 마음에 걸려, 집에 돌아와서 밤늦게는 기말고사 기간에 잘 나와 주어 고맙다는 글을 올렸다.

수업 준비 지도는 저자의 전공인 교과교육 강의에서 하는 일과 유사하지만, 봉사활동 수업을 준비할 때는 좀 더 책임감을 느끼게 된다. 외국 학생과 교사 앞에서 한국 대표로 하는 수업이기 때문인데, 그래서 더 힘들다. 예비 교사가 수업 준비에 소홀하거나 잘 못할 경우, 전공 강의에서는 '본인이 부족함을 깨닫고 나중에 잘하면 되지'라 생각하며 그러려니 하지만, 봉사단원이 그럴 때는 참 갑갑하고 화가 나기까지 한다. 봉사단원들은 인솔 교수가 관리하는 교육을 받으며 해외에 나갈 준비를 직접 수행한다. 조별 또는 개인별 수업을 준비해야 하는데, 여기에는 주제 선정, 교수 학습 지도안 작성, 난이도 조정, 대본 작성 및 번역, 수업 시연, 교과서 작성 및 번역, 활동지 작성, 준비물 목록 작성, 예산 조율 등이 포함된다. 바쁜 대학생들에게 이 준비 과정은 매우 힘들지만, 예비 교사로서 수업을 준비하고 검토받는 과정은 많은 배움이 일어나는 과정이다.

인솔 교수는 단원이 해외 교육봉사활동을 실천하는 데 필요한 지식과 능력을 함양한다는 명확한 목적을 가지도록 도와야 한다. 그런 목적의식이 분명해야 적극적인 태도를 보인다. 이때 선배 봉사단원의 경험담이나 조언은 힘든 봉사활동 준비 과정에 힘이 된다.

> (나는 니카라과 봉사활동이) 정말, 정말, 정말 … 좋았다.
> 봉사활동이란 자신의 시간과 노력을 들여 남을 돕는 것이죠. 실제 니카라과 현지 활동도 그렇지만 준비 과정 또한 마찬가지입니다.

3-2. 합숙 교육과 집중 교육

합숙 교육은 가능한 한 일찍 한다. 봉사단원은 서로 잘 모르기 때문에 1박2일이라도 함께 하며 친해질 필요가 있다. 합숙 교육할 때는 조 구성을 여러 번 바꿔 수업을 같이하는 조원이 아닌 다른 단원과 교류할 수 있도록 안배한다.

봉사활동 첫 해, 분당에 있는 국립국제교육원에 가서 1박2일 합숙 교육을 한 적이 있다. 늦은 밤, 새벽까지 술이나 차를 마시며 얘기하고 노는 대학생, '이런 대학생들을 데리고 4주를 해외에 가야 한다니' 하고 걱정했었다. 하지만 이렇게 밤늦게까지 함께 시간을 보내는 것은 서로 친해지는 데 제일 좋은 방법이기도 하다. 학교 수련원으로 합숙 교육을 간 적도 있다.

> 삼겹살과 목살 바비큐 숯불에 직접 불을 붙여 피워 구워 먹기, 묵은지, 파무침, 나물1, 나물2, 샐러드, 마늘종, 상추, 깻잎, 고추, 마늘, 된장찌개, 맥주, 소주, 음료수. 슈퍼를 하는 계약직 직원이 푸짐하게 준비해 주고, 직접 키운 채소도 따다 주었다. 청양고추를 먹며 매운 걸 버티는 객기를 부리고 있는 대학생들. 토치에 불붙이는 것도 처음 해봤을 것이고, 불을 어떻게 빨리 피우는지도 알았고, 바비큐 굽는 것도 배웠을 것이다. 모기향 대를 소주병과 젓가락으로 만드는 법도 배웠고.

물론 합숙 교육을 진행하는 것도 만만치 않은 일이다. 전원 참석 일정 정하기, 교육계획 공문 및 결과 공문, 장소 섭외 및 예약, 장소 안내 및 숙소 배정, 식사 계획, 교육 자료 등 필요 물품 지원, 강사 일정 조율, 교육 프로그램 구성, 교통편 섭외 등 일이 많다.

합숙 교육에서는 특강(현직 교사, ODA 소개, 안전교육 등), 조별 주제 발표, 수업 시연 등의 프로그램을 진행한다. 현지에서 온 코티쳐나 현지에서 살았던 이전 단원에게 궁금한 내용을 묻고 대답을 듣는 것도 매우 좋았다. 다음 날 아침에 일찍 일어나 함께 체조와 보물찾기(설거지 담당 정하기) 등 신체활동을 한 것도 좋았다. 특강에서 다양한 액션 러닝과 팀 빌딩 활동을 하며 서로 친해진 것도 유용하다.

> 학생 지목할 때 노래 부르면서 시키고 싶은 사람을 골라 시키는 방법, 사진을 주고 강제 연상하기(봉사는 ---이다. 왜냐하면 ---이기 때문이다), 진진가, 초성 퀴즈, 노래 제목 맞추기, 교사로서 자신의 이미지 찾기 ...

학기 중에 봉사활동 준비하는 게 쉽지 않아, 2학기 개강 전에 5일간 매일 모여 집중 교육을 하고 함께 봉사활동을 준비한 적이 있다. "학생들과 같이 앉아서 준비하면서 일하면서 지시하면서 조정하면서 … 이렇게 일하는 방법도 있구나. 지도안 검토, 수업 아이디어 제공, 합숙 준비, 역할 배분, 바자회 준비 등" 나는 간식을 별로 먹지 않는 편이지만, 다른 사람은 그렇지 않다. 종일 같이 있을 때는 간식을 준비해야 한다.

3-3. 스파게티 면은 먹는 것이지 수업 재료가 아니다

해외 교육봉사의 주된 활동은 현지 학생들을 대상으로 한 수업이다. 니카라과에 처음 갈 때 현지의 교사를 대상으로 연수를 해 달라는 요청이 있었으나, 예비 교사가 현직 교사를 가르치는 것은 상당히 어색하다는 생각에 그 요청을 거부했다. 하지만 예비 교사라도 충분히 잘 준비하면 현직 교사에게 도움이 되는 수업을 얼마든 할 수 있으며, 다른 대학에서 그런 사례가 있다.

현지의 초중등 학생들에게 수학, 과학, IT 등의 수업을 하는 것이 이 봉사활동의 목적이므로, 예비 교사는 개별적으로 또는 조별로 수업할 주제를 선정하는 가장 중요하고 어려운 일부터 해야 한다. 현지 학교의 교과서나 교육과정을 분석하거나 참고하여 수업 주제를 정하는 것이 바람직하기는 하지만, 대부분은 현지의 요구보다는 단원의 전공, 흥미나 관심에 따라 주제를 찾게 된다. 주제 선정은 단장과 현직 교사의 검토를 받으며 계속 조율해 나가는 과정이다.

> [학생 대표의 안내] 개인별, 조별 수업 주제 정하기: 오늘입니다. 어차피 수정하고 보완해 나가니깐 처음부터 완벽히 하려고 부담 가지지 말고 편하게 정해주세요~ / 서로 하고 싶은 수업이 같은 경우가 발생할 수 있으니 PLAN B(차선책)도 생각해 두시기를 바랍니다!
> [단장의 안내] 완벽한 주제를 찾아 올리려 하지 말고, 몇 가지 아이디어를 대략적으로라도 적어서 다른 사람 피드백 받으며 수정하는 것이 좋겠습니다.

봉사활동 첫해에는 단장이 수업 내용까지 모두 마련하려 줄 생각으로 동료 교수에게 수업 프로그램을 좀 만들어 달라고 부탁하기도 했다. 그러다 단장이 수업까지 꿰차고 있으면서 할 일이 많아 미루고 미루다 출발 몇 주 전에야 학생들에게 수업을 개발하라고 넘기는 실수를 했다. 수업 준비가 가장 중요한 일이었는데, 이런저런 일에 밀려 가장 뒷전이 되었다. 지금 생각하니 참 어리석었다. 일지에는 이것을 '원죄'라고 적었다. 처음부터 내 잘못으로 벌어진 일로, 이후 현지 수업이 부실해지는 결과를 낳았다.

> 한국어 프로그램을 개발할 때 참고할 만한 한국어 교재를 대출했다. 기말고사 기간이어서 내가 개발하려고 책을 대출했지만, 나도 바빠서 결국 하지 못하고 나중에 기말고사 끝난 후 학생에게 프로그램 개발하라고 하며 책을 주었다. 아예 처음부터 학생들에게 맡기는 것이 좋았다. 물론 부담은 되었을 테고, 프로그램을 직접 개발하지 않는 다른 학생들과 형평성 문제가 있기는 했다. 그래도 일이 진행되는 것을 생각한다면 어느 정도 학생들에게 주인의식을 가지게 하려면 프로그램 개발을 처음부터 이양해 주었다면 좋았을 것 같다.

이때 모든 주제가 해외 교육봉사활동에 가능한 것이 아니며, 현지의 상황(예, WIFI나 프로젝터 유무, 운동장 유무)이나 제한된 예산, 수화물의 부피와 무게, 교육 대상의 학년과 수준을 고려해서 매우 조심스럽게 주제를 찾아야 한다(윤희주, 2017). 예를 들어 음식 재료를 가지고 수업을 진행하는 것은 봉사활동의 대상인 ODA 수원국의 정서에는 맞지 않으므로 지양해야 한다. 한 예비 교사가 실생활에서 쉽게 구할 수 있는 소재인 '스파게티 면'으로 튼튼한 다리를 만드는 수업을 하고자 했으나, 검토 과정에서 우리나라와 다른 현지의 상황을 고려하지 못했음을 깨닫고 다른 활동으로 바꾸었다. 니카라과 교육과정에는 음악과 미술이 없다. 그래서 악보를 읽으며 연주하는 활동은 하기 어렵고 미술도 간단한 수준에서 해야 한다. 현지 학교에서 가르치지 않는 예능 교육은 의미가 있다(박유선, 2015). 현지 학교가 2부제로 운영되어 오전 오후에 수업해야 하면 시간이 두 배로 늘어나 재료가 부족하게 될 수도 있으니, 미리 확인해야 한다.

화학 실험에서는 유리 기구나 가열 기구를 쓰는 경우가 많은데, 이것을 가져가기는 어렵다. 대신 현지 대학에서 기구와 화학 시약을 구하는 것도 불가능하지는 않다. 비누 만들기는 좋은 활동이 되는데 수산화나트륨을 현지에서 구할 수 있는지 미리 알아봐야 한다. 대부분의 화학 시약은 현지에서 생산되지 않고 수입해야 하니 비싸고 구하기도 어렵다. 한국에서는 쉽게 구할 수 있지만 현지에서는 구하기 어려운 것들도 있다. 예를 들어 니카라과는 물론 외국에는 종이컵이 거의 없다. 월마트가 있어 웬만한 공산품을 살 수는 있지만 한국보다 비싸다. 니카라과에서 파는 페트병은 매우 얇아서 잠수함 만들기 실험에 사용하기에 적절하지 않다.

IT 수업은 이 사업의 공고문에도 명시되어 있는 과목이지만 실제로 ODA 수여국의 학교에서 이 수업을 하는 것은 쉽지 않다. 현지 학교에 컴퓨터실이 있는 경우는 거의 없으며, 사업 예산으로 컴퓨터를 사는 것도 불가능하다. 첫 봉사활동에서는 언플러그드 IT 수업을 준비했지만, 실제로 컴퓨터를 써본 적 없는 학생들에게 이 교육은 효과가 떨어진다. 그 이후에는 간이 로봇이나 저가의 스마트기기를 활용해서 수업을 진행했고, 수업을 마치고 현지 학교에 기부하고 왔다. 다른 주제의 수업을 하면서 IT 기기를 일부 활용하는 방식으로 수업을 준비해도 좋다.

간이 로봇 코딩 활동

수업 주제를 선정하기 전에 조 편성을 먼저 하는 것이 좋다. 조 편성은 성별, 전공, 경험 등이 고르게 배분되도록 한다. 각 조에서 수학, 과학, IT 주제를 의무적으로 정하게 하고 문화 수업을 나중에 배치한다.

수업 주제를 찾아보고, 적합성을 따져 피드백을 주고, 적절하게 수정해 나가고, 포기하게도 되는 일련의 과정은 특히 예비 교사에게 매우 소중한 경험이 된다.

> 네팔 출장 중에도 계속 주제 선정에 대해 피드백해 준다. - 주제 선정 과정에서 어떤 것을 주의하고 어떤 지도를 했는지도 잘 정리해 둘 필요가 있다.

단원 개인이 주도적으로 준비하여 다른 조원의 도움을 받는 수업뿐 아니라 조원 전체가 함께 진행하는 수업도 있다. 주로 한국문화 수업을 그렇게 진행하도록 했다. 현지 봉사활동 수업은 조별로 진행되므로, 준비 단계에서부터 조별 모임을 활성화하는 것이 매우 중요하다.

예기치 못한 문제로 인해 준비된 수업을 하지 못하는 경우도 고려해야 한다. 예를 들어 단체줄넘기를 준비했는데 긴 줄이 돌아갈 만한 공간이 없을 수도 있다. 그런 경우 긴급 대체할 수 있는 활동(예, 명함 만들기 등)도 준비해 가는 것이 좋다. 수업 주제 중 커팅 프린터(종이공예에서 쓰는 프린터로, 복잡한 도안을 잘라주는 프린터)를 이용해서 자른 색종이를 엮어 짜면서 하트 모양이나 판다 모양을 만드는 활동이 있다. 이것은 종이만 있으면 되는 실험으로 도안을 많이 잘라 가서 유용하게 활용했다.

커팅 프린터로 잘라 만드는 하트와 판다

수업 시간이 남을 때 할 만한 활동도 간단히 준비해 놓는 것이 좋다. 현지 학생들이 수업 시간에 떠들지 않고 말을 잘 들어 의외로 수업이 빨리 끝날 수 있다. 보통 봉사단원이 여러 명 같이 수업을 진행하고 학급의 담임교사도 있으면 수업 시간에 떠드는 일은 거의 없다.

현지 교사를 대상으로 하는 봉사활동(한재영 외, 2015)에서는 수업 재료를 현지화하여 교사가 향후 수업 활동을 진행할 수 있도록 돕는다. 예비 교사들도 가능한 현지에서 얻을 수 있는 재료로 수업하는 것을 구상하지만, 이렇게 수업 재료를 다양하게 변형하거나 상황에 맞게 조정하는 과정은 수업 경험이 많지 않은 예비 교사에게 쉬운 일이 아니다. 예비 교사가 참고할 만한 자료를 현직 교사 모임(신과람, 재과만 등)

에서 얻어 제공해 주는 것이 필요하다. 수업을 선정하는 과정에서 고려할 사항, 수업을 조정하는 과정에서 예비 교사에게 배움이 일어난다. 특히 주어진 교육과정에 따라 수업하는 게 아니라 본인이 스스로 주제를 찾아 선정하는 경험은 일반적인 교육실습에서는 겪어보기 힘든 독특한 경험이다.

> 여러분 수업 주제 찾느라 고생 많습니다. 교육봉사 주제 선정은 경험 많은 교사도 쉽지 않은 일입니다. 주제 선정이 어려울 때 나나 선생님들께 적극적으로 도움을 요청하세요. "관심이 있는 내용이 ~~인데 적절한 주제가 무엇이 있을까요?"라고, 도움을 요청하고 도움을 주고받는 것도 이번 해외 교육봉사에서 서로 배우게 될 중요한 '능력'이나 '경험'입니다.

봉사활동을 여러 번 수행하면서 현지에서 하기 어려운 수업에 대한 정보가 쌓인다. 예를 들어 각도기로 하트를 그리는 활동은 초등학생에게 어려웠고, 천연 지시약과 표면장력은 준비물이 너무 많아 번거로웠다(표면장력의 경우 준비물을 최소화하는 방향으로 수정하여 다음 봉사활동에 활용함). 또한 분무기로 물을 뿌려 쌍무지개를 관찰하는 것은 현지에 항상 바람이 많이 불어 성공하기 어렵다.

봉사활동을 같은 국가에서 여러 번 하면 수업 프로그램을 계속 개발해야 하는 단점이 있다. 봉사단을 둘로 나눠 두 학교에서 수업하도록 하면 같은 수업을 두 명이 함께 준비하는 방식도 가능하다. 국가나 학교가 바뀌면 이전에 했던 수업을 또 해도 되는데, 그럴 경우를 대비하여 수업 자료를 잘 정리해 두는 것이 필요하다. 가장 좋은 것은 수업의 핵심 부분(예, 실험 과정)을 영상으로 찍어 두는 것이다.

어떤 수업 주제를 정하더라도, 수업 방식은 가능한 학생 활동을 많이 하는 방향으로 계획하는 것이 좋다. 즉, 활동이 많은 수업 주제가 좋다. 한국의 수업을 보여준다는 의미에서 전통적인 강의 위주의 수업보다는 학생 중심 수업을 준비하도록 계속 강조해 주어야 한다.

3-4. 지도안은 다양한 수준으로 만든다

　수업 주제를 선정한 후 내용을 현지 학생들의 수준에 맞춰서 조정하는 과정이 필요하다. 하지만 외국에서 수업을 진행할 학생들의 학년이나 수준을 사전에 알기 어려운 경우가 종종 있고, 일부 수업 내용에 따라 학생의 성별이나 배경에 따라 흥미도가 달라질 수도 있다. 실제로 ODA 수원국에 가면 사정에 따라 유치원생, 초등학생, 중학생, 고등학생, 대학생, 심지어 교사나 일반인을 대상으로 수업하기도 한다. 니카라과의 경우 한 학교에 유치원생부터 고등학생까지 모두 있는 경우가 많다. 과테말라 천사의 집에는 어린아이들이 많아 유치부나 초등학교 저학년용 프로그램이 필요하다. 따라서 하나의 주제에 대해 다양한 수준의 학습자에게 수업을 진행하는 방법을 준비하는 게 필요하다. 예로, 수업 내용을 난이도에 따라 작은 활동 단위로 쪼개 놓으면, 수업 대상에 따라 활동 단위를 적절히 배분하여 수업을 진행할 수 있다. 학생의 수준을 고려하여 수업을 준비하는 것은 예비 교사가 교육실습을 나가서 배우는 대표적인 내용인데, 이러한 것을 이 봉사활동에서도 배우게 된다.

공룡 뼈 맞추기 추리 활동. 수준을 학년에 따라 조정한다.

　수업하기 전에는 지도안을 작성하는데, 같은 수업 주제라도 어떻게 수업을 전개하느냐에 따라 전혀 다른 수업이 된다. 스페인어로 수업할 때는 한국에서처럼 많은 설명을 제공하기 어렵다. 따라서 교사의 강의보다는 학생의 활동에 초점을 두는 학생 중심 수업이 되도록 지도안을 만든다. 그런데 ODA 수원국은 교육 문화가 한국과 달라서, 학생들이 교사 중심 수업에 익숙한 경우가 종종 있다. 하지만 봉사활동을 통해 한국의 교육을 소개한다는 목적을 고려하면, 이러한 지도안은 한국의 교육 문화를 현지 학교 학생과 참관 교사에게 맛보이는 시도가 된다.

예비 교사가 작성한 지도안은 봉사단을 인솔하는 현직 교사와 대학교수가 검토하고 수정 보완하는 과정을 거쳐 완성된다. 수업 내용에 맞는 전공을 가진 사람이 검토하는 것이 좋기는 하지만, 봉사활동 상황을 고려한 검토는 현지 경험이 있는 사람만이 가능하다. 교육봉사에서는 2인~4인이 한 조가 되어 수업하는데, 같은 조원들이 지도안을 수정 보완하거나 수업 아이디어를 내기도 한다. 아직 교육실습을 나가지 않았거나 저학년인 예비 교사 중에는 지도안을 처음 쓰는 때도 있는데, 이 경우 지도안을 작성하고 수정하는 과정은 예비 교사의 전문성을 신장하는 좋은 기회가 된다. 따라서 지도안 작성 방법을 짧게라도 설명해 주는 것이 좋다. 약안 양식을 제공하며 1쪽 이내로 간단히 작성하며, 학예회 문화 수업의 경우에는 25분에 맞춰 계획을 세운다.

학생 중심 수업에서는 특히 안전 문제에 관련된 내용을 조심해야 한다. 어린아이들은 가위를 쓰다 다칠 수 있다.

> 아이들이 책자 만드는 도중에 두 명이나 가위에 손이 베였다. 수업 진행에 급급해서 제일 중요한 안전 부분에서 안일했던 것 같다. 주의 사항을 강조했어야 했는데 … 크게 다치지 않아서 정말 정말 다행이지만 오늘 하루는 계속 아이의 다친 손이 생각날 것 같다. 아이들의 가위를 바로 걷고, 내가 맡은 모둠 아이들의 종이를 다 잘라주었다. 다쳐도 너무 태연한 아이 모습에 마음이 아프다.

여러 단원의 수업은 제각각 다양한 특색을 가지지만, 통일하는 게 필요하기도 하다. 아래처럼 칠판에 봉사단원의 이름을 적는 것도 좋고, 활동 중인 학생들을 집중하는 데 필요한 신호나 구호를 정하는 것도 좋다.

> 작년에 수업했던 KJ가 칠판에 수업 내용과 봉사단 이름을 적어 놓은 것을 보고, 다른 조에도 말해 주어야겠다고 생각했다.

3-5. 교과서를 만들어 보는 경험

지도안을 만드는 것과 함께 수업에 쓸 교재인 교과서도 제작한다. 현지의 교과서를 쓰지 않는 경우 교과서 제작은 필수이다. 교과서는 제목, 학습 목표, 배울 내용, 도입, 전개(학생 활동), 정리(복습), 자료 등으로 구분된 양식으로 개발하며, 글과 그림을 적절히 조화하여 구성한다. 교과서는 비용을 줄이기 위해 흑백으로, 무게를 줄이기 위해 양면으로 인쇄한다. 특별히 색을 제시할 필요가 있을 때는 컬러 인쇄 자료를 따로 준비한다.

한국에서는 국가 교육과정을 따라 개발된 교과서를 수업에 활용하므로, 예비 교사가 교과서를 직접 만들어 볼 기회는 거의 없다. 그래서 단원들은 교과서를 처음 만드는 데 어려움을 종종 겪는다. 즉 이 해외 교육봉사에서 수업에 쓸 교과서를 제작하는 경험은 예비 교사로서 흔히 경험하지 못하는 의미 있는 활동이 된다.

교과서는 한글로 만든 뒤 현지 언어로 번역한다. 예비 교사들은 번역 전문가가 아니므로 인터넷 등의 번역기를 활용하여 번역하는데, 한국어를 스페인어로 바로 번역할 때는 오류가 많이 나온다. 그래서 한국어 → 일본어 → 영어 → 스페인어로 순차적으로 번역하며 중간(영어)에 의미를 점검함으로써 오류를 줄일 수 있다. 예를 들어 '종이를 풀로 붙인다'를 번역하면 풀이 grass로 번역되기도 하는데, 이것은 영어를 확인하면 고칠 수 있다. 한국어를 영어로 번역할 때는 주어와 조사(을, 를)를 생략하지 않는 것이 좋다. 하지만, 아무리 점검해도 부자연스럽거나 말이 안 되는 스페인어가 되는 경우가 있어 원어민의 검토를 받아야 한다. 스페인어를 전공한 한국인이 검토하면 가장 자연스럽게 번역된다. 중미 코티처의 도움을 받으려면 영어로 번역해야 의미를 알 수 있는데, 영어 번역이 부자연스럽게 될 수 있기 때문이다.

수업 내용을 보여주는 교과서는 개발되는 대로 바로 현지에 보내주는 게 좋다. 현지 대학생이나 교사들은 같이 수업하기 때문에 어떤 수업을 할지 궁금해한다. 대본도 같이 보내 스페인어 표현을 검토받는데, 이때 영문본도 함께 보낸다.

Haciendo abanicos (부채만들기)

교과서 활용 수업

3-6. 수업 대본은 무조건 짧은 문장으로

지도안이나 교과서와 함께 수업 시간에 쓸 대본을 만들고 이것도 번역한다. 한국어로 대본을 만든다면 길고 자세하게 설명하는 문장을 쓰겠지만, 현지 언어를 사용해야 하므로, 대본은 가능한 짧고 간결한 문장으로 작성해야 한다. '~인데, ~해서, ~이나' 등으로 이어지는 긴 문장은 외우기도 어렵고 잘 알아듣지도 못한다. 단문으로 끊어내고 두 문장 사이에 연결어를 넣는다.

> 다니엘라의 말을 전합니다. 대본에 너무 길거나 어려운 단어가 종종 있어서, 니카라과 학생들이 알아듣기 어려울 수 있다고 합니다. 그래서 시간이 되는대로 대본 읽는 것을 들으며 고쳐 주고 싶답니다.

대본 번역을 위해서는 한글 한 문장, 스페인어 한 문장, 한글 한 문장, 스페인어 한 문장, 이런 식으로 배치하는 것이 점검하는 데 좋으며, 한글과 스페인어 사이에 영어 문장을 넣어도 좋다. 대본을 검토받을 때는 빨간 펜 준비 필수다.

현지 학생들과 의사소통을 자유롭게 하기 어려우므로 대화식 대본은 최소화하며, 학생들의 학습 활동을 안내하기 위해 말과 함께 몸짓이나 그림을 많이 쓰도록 준비한다. 예를 들어 과학 실험이나 만들기 활동할 때 단계별로 하나씩 교사의 말과 몸짓을 따라 하도록 대본을 만든다. 이런 과정을 통해 예비 교사는 수업의 진행을 간결하고 명확하게 만드는 방법을 배우게 된다.

대본이 완성되면 원어민에게 녹음을 부탁하는 것이 좋다. 이전 봉사활동에서 도움을 주었던 코티처에게 부탁하면 기꺼이 해 준다. 중미에 대본을 보낼 때는 한글 파일을 보내면 안 되고 워드나 pdf로 변환하여 보내야 열어볼 수 있다. 스페인어는 발음이 어렵지 않지만, 영어와 혼동되는 경우가 있고 강세가 중요하기 때문에 대본을 들으며 '따라 말하는' 연습을 많이 해야 한다.

> 스페인어 대본 읽기 연습 – 글자 보고 읽는 것이 아니라 스페인어 선생님께서 녹음해 준 것 들으면서 대본 보고 따라 말하기 과정으로 연습하세요. 그냥 보고 따라 읽기 연습하지 마세요.

단장이나 단원의 인사말도 대본으로 준비해 둔다. 행사에서 인사말을 할 때는 내외빈 참석자를 언급하며 감사의 말을 전하는 게 필요하다. 일부러 시간 내어 환영식에 온 것일 수도 있고, 그렇게 하는 것이 현지 학교에도 도움이 되기 때문이다.

3-7. 수업 시연은 필수

지도서, 교과서, 대본을 작성한 후 예비 교사는 수업 시연을 직접 하며 본인이 계획한 수업을 점검한다. 첫 수업 시연은 혼자 하면서 흐름이나 시간 점검을 할 수 있지만, 두 번째 수업 시연부터는 조원이나 전체 봉사단원 앞에서 하며 피드백을 받도록 한다. 다른 사람은 학생 역할을 맡아 직접 활동하며 문제점을 찾거나 개선점을 제안하는데, 특히 같이 수업을 진행할 조원은 꼭 수업 시연에 참여해야 한다. 수업을 조별로 진행할 때 다른 사람의 수업을 돕기 위해서는 그 수업을 경험해 보아야 하기 때문이다. 수업을 진행하는 사람도 언제 어떻게 조원의 도움을 받을 것인지, 수업 진행에서 어떻게 역할 분담할 것인지 계획 세우고 연습해야 한다. 또한 다른 사람이 어떤 수업을 하고 있는지 알고 있으면 자신의 수업에 추가할 내용을 찾거나 현지에서 준비물이 갑자기 필요할 때 생각해 낼 수도 있다.

> 하드보드지를 가져올 때 접어서 오면 가운데가 불규칙하게 찢어져 보기 안 좋다. 반이나 1/4로 잘라서 가져오고 테이프 등으로 이어 붙이면 된다. 판서 내용이 반복될 때는 스케치북을 사용해서 넘기며 보여 줘도 된다. 수업을 실제로 해보고 다른 사람의 의견을 받으면 이러한 사소한 준비 사항이 계속 나온다. 평가회에서도 나온 말이지만, 한국에서 수업 시연은 선택이 아니라 필수여야 한다. 그것도 전체 학생들 대상으로 수업 시연하는 것이 좋다.

수업 시연은 한국어뿐 아니라 현지어로도 해보며 시간을 점검해야 한다. 시간이 모자라는 것보다 남는 것이 더 문제다. 모자라면 일부 수업 내용을 생략할 수 있지만, 남을 때는 말이 통하지 않는 학생들 앞에서 춤을 추거나 노래를 부를 수도 없는 일이다. 시연 과정을 동영상으로 촬영하고 자신의 수업 영상을 되돌려 보면서 반성해 보는 과정도 꼭 필요하다. 저자는 강의에서 학생들에게 수업 시연을 많이 시키고 그것을 모두 촬영하게 한다. 하지만 다른 학과나 전공 학생들은 수업 시연을 촬영하고 되돌려 보는 것에 익숙하지 않다.

수업 시연을 할 때는 말로만 하는 것이 아니라 모든 학생 활동을 그대로 다 수행하는 것이 필요하다. 특히 과학 실험의 경우에는 실제로 실험해 보아야 실험의 성공 여부와 위험성, 난이도, 소요 시간 등을 점검할 수 있으며 추가로 필요한 물품을 빠짐없이 점검할 수 있다. 로봇 수업을 할 때 블루투스 모듈이 작동 안 하는 것을 출발 며칠 전에야 발견하여 결국 코딩 수업은 하지 못하게 된 적이 있다.

> 블루투스 모듈 문제를 해결 못해서 코딩은 못하게 됨. 테스트를 늦게 해서 발생한 일, 괜찮다고 위로해 주었지만, 본인이 힘들 거다. 본인이 가장 많이 배웠을 것. 조원에게 알리도록 함.

물론 수업 시연은 실제 수업과 느낌이 다르다. 멸치 해부 실험에서 멸치 모형을 크게 만드는 게 매우 좋았다고 강조하며 다른 수업에서도 그렇게 수업 보조 모형을 만들도록 권했지만, 수업 시연 단계에서 큰 모형을 만들어 현지에 가져간 적은 없다. 현지에 가서 직접 수업하면서 필요성을 느껴야 교구를 제작하게 된다.

해외 교육봉사에서 수업을 준비하는 과정은 매우 복잡하며, 서로 연관되어 순환적으로 끊임없이 진행된다. 예를 들어 수업 주제를 선정하여 지도안과 대본을 작성한 후에라도 실제로 수업 시연을 하면서 문제가 발생하면 내용을 수정하거나 주제 자체를 바꾸는 일도 발생한다. 이러한 수업 준비 과정은 예비 교사로서 전문성을 기르는 중요한 부분을 차지한다. 그런데 기존의 예비 교사 교육에서 이 일은 예비 교사가 개별적으로 수행하는 반면, 이 해외 교육봉사에서는 조원과 함께한다. 이렇게 수업을 같이 준비하는 경험은 현직 교사들도 좀처럼 하기 어려운 일이다. 최근 융합인재교육을 하거나 교사 배움 공동체 등을 하는 경우 공동 수업을 준비하기도 하는데(정경화, 신영준, 2018), 이러한 경험을 예비 교사들이 미리 해볼 수 있다는 점에서 이 해외 교육봉사의 가치가 더 높아진다.

딱지치기와 공기놀이를 조별 활동으로 하기로 했는데, 한국에서 그걸 미리 해보지 않아 문제가 된 적이 있다. 딱지를 어떤 재질 어떤 두께의 종이로 만들어야 잘 넘어가는지 모르고 있고, 공기놀이를 전혀 못 하기도 한다. 한국 전통 놀이라고 해서 한국인이 모두 다 할 줄 아는 게 아니다. 제기차기도 마찬가지다.

> 공기에 쓸 만한 둥근 돌을 찾기가 어렵다고 하니, 작은 돌을 주워서 포일을 감아 동글게 만들자는 아이디어가 나왔다.

현지에 가서 하는 수업 시연도 매우 중요하다. 코티처와 현지 대학생 앞에서 수업하는 것인데, 모든 수업을 다 해야 해서 시간이 꽤 걸린다. 코티처가 충분히 확보된다면 동시에 여러 조가 수업을 진행하는 것도 가능하다.

> (현지) 수업 시연을 하며 느낀 점을 돌아가며 말하는데 모두 주옥같은 말들이다. 사전교육에서 내가 중요하다고 말했던 것을 이제야 경험하고 그 의미를 알게 되는 경우가 많다. 새로 수업 준비를 해야 했던 YS가 처음으로 울음을 터뜨렸다. '미쳤나 봐!' F조 수업도 새로 만들면서 무리를 해서 몸이 아픈 거겠지.

수업 시연을 보는 코티처의 표정은 어떨까? 외국인이 한국어를 떠듬떠듬 말하며 수업하는 걸 볼 때 어떤 느낌이 들지 상상해 보자.

> 한번 해본 사람은 조금 더 잘하고, 처음인 사람은 나처럼 심하게 긴장하고 있다. 한국말을 5개월 공부한 외국인이 한국의 학교 교실에 들어와 한국어 대본을 들고 수업을 처음 진행한다고 생각해 보라. 그 사람이 과연 수업을 잘할 수 있을까? 못하는 건 당연하다. 긴장한 봉사단원에게 수업 연습은 매우 힘든 시간이었지만, 그 수업을 듣는 엘살바도르 코티처의 표정을 본 사람이 있는가? 그렇게 행복해할 수가 없었다.

3-8. 배우며 가르치며 상호작용

교육봉사활동을 나가면 봉사단원은 현지에 무엇인가를 주고 가르치는 것보다 본인이 받고 배우는 것이 많음을 알게 된다. 이것은 대부분의 해외 봉사활동에도 적용되는 말인데, 해외 봉사를 나가기 전에는 느끼기 어려운 말이다. 봉사단원이 해외 교육봉사 경험이 있는 현직 교사의 특강을 듣고 난 소감을 아래처럼 적었다.

> 저는 이번 봉사활동 가는 것이 학생들에게 무엇인가를 가르치러 간다기보다 오히려 배우러 가는 것이라고 말씀해 주셨던 것이 가장 인상 깊었습니다.
> 베테랑분들도 매사 현장에서 배워가고 있다는 점이 조금 놀라웠고 앞으로 제가 이 기회를 통해 어떤 변화들이 있을지 한 번 더 생각해 보는 계기가 되어 좋았습니다.

교육활동은 교사가 학생에게 일방적으로 무엇인가를 전달하는 것이 아니라 교사와 학생 사이의 상호작용으로 만들어 가는 것이다. 교사가 학생과 상호작용하려면 학생에 대해 알아야 하는 건 당연하다. 그런데 특히 처음 가는 국가의 경우 현지 정보가 부족해 준비하는 게 막막하고 결국 현지 학생들의 요구에 정확히 부응하지 못할 수도 있다.

특히 면대면 수업에서는 교사와 학생 사이의 상호작용이 중요하다. 교사는 질문과 대답을 주고받거나 학생들과 눈을 마주치며 공감하는 등 다양한 상호작용을 하며 수업을 이끌어 가는데, 해외 교육봉사에서는 이러한 일이 종종 어려워지곤 한다. 스페인어로 수업을 진행하면서 대본을 미처 다 외우지 못했거나 학생들의 질문을 알아듣지 못하면서 교사-학생 상호작용이 제한되는 것을 경험한 예비 교사들은 수업이 끝나고 아쉬움을 토로하곤 한다.

또한 학생 중심 수업에 학생들이 적극적으로 참여하도록 지도하는 것도 쉽지 않은 경우가 있다. ODA 수원국 중에는 교육을 중요시하지 않는 사회 분위기(예, 하루 수업 시간을 5시간으로 제한)로 인해 학생들이 학업에 대한 적극성이 떨어지고 흥미와 호기심이 부족하며, 학생 중심이나 활동 중심 수업에 익숙하지 않아 소극적으로 참여하기도 한다. 따라서 예비 교사는 학생을 수업에 집중시키는 방법을 찾거나 학습 동기를 유발하고 유지하는 방법을 찾기 위해 노력한다(류민정, 2017). 교사의 행복은 학생과 함께 하는 것이다.

> [KN 단원의 일지] 국립국제교육원 세 분이 수업 참관을 하셨다. 오늘은 두 시간 모두 온전히 학생들 수업에 참여했다. 칼레이도 수업에서는 알리손과 깔로르를 도와주었고, 코딩 수업에서도 보조교사의 역할을 완벽히 했다. 역시 교사는 아이들과 함께해야 행복하다. 수업을 마치고 나오면서 'Te echare de menos (네가 보고 싶을 거야)'라도 해 주었다. 아이들이 허그를 해 준다. 정말 보고 싶을 거야 ...

이렇게 예비 교사들은 이 봉사활동을 하면서 모든 학생을 아우르며 활발히 상호작용하는 수업이 중요함을 깨닫고 그 방법을 찾아가며 교사 전문성을 키워 나간다.

　한편, 상호작용에 도움을 주기 위해 봉사단과 코티처는 수업 중 명찰을 착용한다. 명찰에는 한글 이름뿐 아니라 스페인어 이름도 적는 것이 좋다. 한글 이름을 그대로 발음하는 스페인어를 적어도 좋고, 아예 본인의 스페인어 이름을 지어도 좋다. 저자의 스페인어 이름은 Jacinto 이다.

이름표에 스티커를 붙여준다

3-9. 강제 단축 수업

현지의 갑작스러운 상황 변경으로 인해 봉사활동이 제대로 이루어지지 못하는 경우가 종종 있다. 한번은 수업 도중에 학교의 모든 학생이 갑자기 우르르 교실 밖으로 나갔는데, 지진이 발생했다고 한다. 그리고 약 20분 정도 지나서 교실로 들어왔다. 1시간 분량에 맞춘 활동이 제대로 될 리가 없다.

이처럼 해외 봉사활동을 할 때는 현지의 문화적 특성(예, 시간을 지키지 않음), 지리적 특성(예, 지진 발생), 기후(예, 홍수로 길이 끊김), 교실 환경(예, 수도와 전기 시설 고장), 의사소통 오류(예, 시간표 변경 공지 오류), 학교의 사정(예, 갑자기 일정 변경), 수업 준비 부족(예, 수업에 필수 물품 준비 누락), 건강 문제(예, 봉사단원의 질병) 등 다양한 사유로 수업 시간이 변경되는 경우가 종종 있다. 이 경우 대부분 수업 시간이 줄어들어 마무리를 제대로 못 하므로, 이에 대한 대비가 필요하다. 이런 일이 반복되면서 수업 내용이나 활동을 작은 단위로 구분해 놓고, 상황에 따라 적절히 변형하거나 생략하며 가장 핵심적인 것만 뽑아 수업을 융통성 있게 진행하는 능력(김민정, 2014)도 기르게 된다.

> 꼬마 부메랑을 자르고 있으니 여러 명이 와서 도와준다. 그런데 갑자기 학생들이 몰려나오면서 지진이라고 말한다. 자르는 걸 멈추고 집중해 보니 건물이 흔들리고 있다. 5cm 정도 진폭을 느낀 것 같다. 자르던 것 그대로 두고 대피해서 운동장에 서 있었다. 현지 학생들, 교사, 단원, 코티처 모두 모여 지진 대비 실전 훈련하다니. 학생들은 이 기회를 놓치지 않고 사인받으러 다니거나 봉사단에게 말을 건다. 1교시 시작해야 하는데, 오늘은 지진이 방해해서 또 늦게 시작하겠네. 여기는 가끔 이렇게 지진이 나서 대피한 다음에 여진이 끝날 때까지 기다렸다 수업한단다.

현지 교실 환경은 반드시 미리 점검해야 한다. 빔프로젝터를 사용하려면 교실이 어두워야 하는데 커튼이 없는 창문으로 햇빛이 많이 들어오는 경우가 많다. 발생할 수 있는 모든 가능한 상황에 대비한 수업 준비가 필요하다.

> 멸치 수업을 위해 구글 번역과 멸치를 들고가 손짓발짓하며 멸치를 삶아달라고 하고, … K가 뛰어와 교실을 가보는 게 좋을 거라고 해줬다. 수업이 예정인 마 반으로 가보니, 왜 K가 뛰어왔는지 알겠다. 너무 좁은 교실. 너무 많은 책상. 이 상태로는 바로 수업을 시작할 수 없었다. 환영회 시간을 맞추기 위해 부랴부랴 책상을 빼고 옮겨 그룹을 만들었고 뒤이어 Y랑 P가 도와주었다. K가 아니었다면 오늘 수업은 망했다.
> 수업 준비는 모든 상황에 대비해서 철저히 해야 한다. 외국에 학회 발표를 나갈 때, 캐나다의 지도교수는 ppt를 USB에 담아가고, 웹하드에도 올리고, 개인 노트북도 가져가고, 심지어는 ppt 없이 발표하게 될 것을 대비해 유인물도 인쇄해 간다고 한다. 어렵게 준비한 발표를 현지 사정으로 못 하게 될 것을 대비하는 것, 이것을 배우라고 했었다.

니카라과의 E학교는 분위기가 매우 엄격했는데, 이런 엄격한 분위기는 활동 위주의 수업에 좋지 않은 영향을 주기도 하였다.

> 수업하는데 애들이 말을 잘 듣는다. K학교에서는 내 설명을 안 듣고 계속 관찰하려고 해서 통제가 안 돼서 화났는데 E학교 애들은 말을 너무 잘 들어 씁쓸하다. 더 현미경을 이용해 관찰하고 싶어 했으면 좋겠다.

어떤 면에서는 봉사활동이 그러한 엄격한 학교 분위기를 깨트리는 역할도 할 수 있어 조금 조심스럽다.

> 산·염기 수업에서 학생들과 스페인어로 소통하며 수업하는 게 자연스러웠다. 수업이 끝나고 다니엘라도 학생들이 어려운 내용을 다 이해해서 기분이 좋았다고 한다. 다른 수업도 분위기 좋고 잘 진행되고 있었다. 그런데 수업을 참관하거나 도와주는 현지 담당 교사들의 표정은 그리 밝지 못하다. 엄격한 규율의 학교라 일부러 근엄한 표정을 풀지 않는 것인지도 모르겠다. 반면에 매우 재미있고 즐거워하는 학생들, 그 얼굴 순간을 사진에 담아내지 못해 아쉬웠다. 눈에 간직해야지.

야외 수업

3-10. 현지에서 요청하는 활동

　봉사활동에서는 미리 준비해 간 수업 이외에도 현지에서 요구하는 수업이나 교육활동을 수행하기도 한다. 물론 현지의 요청을 모두 들어주지는 못한다. 예로, 책상과 걸상을 수리하거나 제작하는 활동을 요청받았으나, 그런 일에 익숙하지 않은 단원이 부상할 우려가 있어 하지 않았다. 유치원 아이들 수업도 해 달라고 하였지만 준비해 간 수업은 수준이 맞지 않아 못했다. 엘살바도르에서는 직업교육을 해 주거나 그런 사람을 파견해 주기를 원했지만 그건 우리 봉사단에서 하기 어렵다.

　봉사활동 첫해에는 추가 활동을 할 여유가 없었고, 두 번째 해에는 한국어, 영어, 음악 수업에 보조교사로 활동하기도 하였으며, 초등학생에게 인기가 많았던 태권도는 보충 수업을 했다. 또한 현지 교사의 요청으로 한 학급의 환경미화를 해 주기도 하였다. 이렇게 추가로 하는 활동은 단원이 자원하여 진행한다. 그런데 추가 활동은 체계적으로 준비된 것이 아니라 수업을 진행하기가 쉽지 않다. 아래는 단원이 한글과 영어 수업의 어려움을 적은 글이다.

> 한글 수업 교실로 이동하였다. 라 반 아이들은 역시나 정신없었다. 한라봉의 보살이라 불리는 K가 조금 힘들어할 정도면 말 다 했다고 생각한다. 나 또한 아이들이 학습보다는 외국인과 대화하는 재미를 위해 앉아 있다는 것을 느낀 후로는 마음이 싱숭생숭해졌다.
> 선생님께서 학생들에게 나의 이야기를 들려주면 좋을 거 같다고 하시고 아이들을 맡기고 자리를 비우셨다. 조금 당황스러웠지만 천천히 이야기를 진행했다. ... 한 10여 분이 지나고, 이야기를 끝냈다. 선생님이 아직 오지 않으셨다. 큰일이다. 뭘 해야 할까. 머릿속이 하얘질 뻔했지만, 나를 바라보고 있는 30여 명의 눈동자가 말했다. ... 평소에 한국이나 봉사단원들에 대해 궁금한 점이 있었는지 물어보았다.

교실 환경미화도 시간이 매우 많이 걸렸다. 하지만 결과물은 매우 만족스러웠다.

환경미화 자원한 단원들

과테말라 천사의 집에 갔을 때는 오전에는 수업하고 오후에는 아이들과 놀아주는 시간을 가지니 매우 힘들었다. 안 그래도 봉사활동 후반부에는 체력이 떨어지는데 하루 종일 움직이는 것은 무리였다. 단원의 피로도를 고려하여 적당히 활동 시간을 줄이는 것으로 조율했다.

현지에서 요구하는 활동을 무조건 수용하는 것은 지양해야 한다. 니카라과의 한 공장을 방문한 적이 있는데 현지 직원들에게 Kpop을 보여달라고 하여 단원들이 춤을 춘 적이 있었다. 그런데 그 자리는 현지인들에게 전도하는 집회였고, 그런 종교적인 목적을 봉사단에게 미리 말하지 않은 것이다. 한국을 소개하기 위해 춤춘 것이 전도에 이용되었다는 비판이 평가회에서 바로 나왔다. 단원들의 종교가 다양하니 신앙에 관련된 문제는 조심해야 한다.

그다음 해 E학교에서는 주말 예배에 봉사단원이 전원 참석하여 소개하기를 바랐지만, 종교 활동에 전원 강제 참석은 아닌 것 같아 원하는 사람만 참석하도록 했다. 예배가 끝난 후 유치원 아이들을 데리고 노는 활동도 요청하였는데, 단원이 따로 프로그램을 만드는 것이 어려우니 내가 꼬마 부메랑을 가지고 놀기로 했다. 유치원 아이들과 놀면서 저자가 부메랑 날리는 쉬운 방법을 유치원생에게 배우기도 했다. 그리고 보니 봉사단에 유아교육 전공자가 뽑힌 적은 한 명도 없다. 만약 전공 학생이 선발된다면 천사의 집에서 유아들 교육도 할 수 있겠다.

> 성인 설교 시간 동안 유치원 아이들을 데리고 꼬마 부메랑 색칠하고 날리기를 했다. 부메랑을 던집시다는 Vamos volar boomerang이라고 현지 교사가 말해 주었다. 유치원 아이들은 정말 귀엽다. 날리는 법을 가르쳐 주니 얼굴을 가져다 대면서 안긴다. 손가락 끝에 부메랑을 올리는 동작이나 손을 튕기는 동작이 어린아이들에게는 어려워서 잘 하지 못하지만 그래도 재미있게 가지고 논다. 부메랑을 손끝에 올리지 않고 주먹을 쥔 다음에 거기 올려놓으니 더 치기 좋다. 한 아이가 찾아낸 방법이다. 유치원 아이를 가르치면서도 아이에게 배우게 되네. 어떤 아이는 여분으로 가져간 부메랑을 모아서 자기 것으로 만드는 데 열중이고, 어떤 아이는 부메랑을 날리지 않고 색칠만 하고 있고, 어떤 아이는 자기 손바닥에 네임펜을 마구 칠하다 제지당했다. 그런 아이들은 수업 목적을 달성하지 못하였으니, 수업에 실패한 것일까? 아니, 자기가 하고 싶은 것을 재미있게 하며 경험을 넓혀 갔으니, 그것도 성공한 수업이다. 마지막에 전체 사진을 찍어 주었다.

엘살바도르의 고등학교에서는 전교생이 모여 축구 시합을 한 적이 있었다. 해외 생활로 체력이 떨어진 봉사단원과 현지의 건장한 고등학생의 축구 시합은 참 힘들었지만 흥미진진했다.

> 축구 시합. YH가 유난히 힘들어하는데, 아침에 배가 아파 밥을 거르고, 수업 두 시간 하고, 점심도 먹기 전이니 전혀 잘 될 수 없었겠지. 홈그라운드에 최적화된 정예 고등학생들을 이기기는 어려웠다. 후반부로 가면서 고등학생들이 조금 천천히 뛰는 게 보인다. 그래도 우리 학생들 작전대로 아슬아슬하게 져주었다.

배구를 같이한 적도 있다. 현지 학생들은 봉사단과 그저 같이 활동하는 사실만으로도 좋아했다.

운동장의 체육 샘이 와서 뭐 도와줄 것이 없냐고 묻는다. 지금은 괜찮다고 하니, 그럼 자기 수업하는 데 와서 인사를 좀 해 줄 수 있냐 한다. 매우 좋아하는 아이들과 인사를 하고 사진을 찍고 나오며 보니 토스 연습을 하고 있는데 잘 못한다. 고등학교 내내 했던 배구. (중략) 교사가 그러면 게임해 보자고 하는데, 이건 게임 룰도 없고 선수 배치도 없고 그냥 공 던지고 치며 넘기는 수준이다. 혼자 이리 뛰고 저리 뛰고 하려니 너무 힘들어 다른 단원을 좀 데려오겠다고 했다. 여학생들이 환호성을 지른다. (중략) 게임을 시작했는데, 역시 게임이 되지 않는다. 하지만 학생들은 봉사단과 같이 배구하고 있다는 것만으로도 즐거워했다.

배구 같이 하기

현지 학교 시설을 이용할 때는 항상 준비가 필요하다. 운동장에서 마이크 연결에 어려움을 겪은 후, 다음 봉사활동부터 블루투스 스피커를 가지고 다녔다.

학교 교사 요청으로 Kpop을 가르치는 수업에 같이 간 학생은 10명, 나머지 10명은 천천히 출발해 온다. 춤 배울 학생들은 이미 와 있고, 디아나 친구 2명도 와 있었다. 그중 남자가 입고 온 복장이 심상찮다. 노래를 크게 틀어야 하는데 그것이 준비되어 있지 않다. 카세트테이프에 USB도 꽂아보고 스마트폰도 연결해 보고 했지만 실패하고, 방송용 마이크를 준비해야 하는데 열쇠로 열어야 한다. 이걸 미리 확인하고 점검했어야 하는구나.

중미 사람들이 춤추는 걸 좋아할뿐더러, 춤은 말이 잘 안 통해도 함께 하기에 매우 좋은 활동이다. 나도 함께 춤을 추었다.

춤 경연대회는 우열을 가리기보다 방별로 함께 만든 몸짓을 보여주는 시간이다. 상품도 없고 그저 모두 같이 춤추며 서로 보며 즐기는 자리다. 만삭인 알바도 저쪽 구석에서 흥겹게 춤춘다. 아이들과 단원들 얼굴에 모두 미소가 만발한다. 끝나고 성당 밖으로 나와서 같이 사진을 찍는 행복한 모습들. 한번 잘 놀았다. (나중에 내가 아이들과 같이 맨발로 춤을 춘 것에 대해 놀랐다는 후문)

어떤 경우에는 현지 학생들에게 봉사단원이 배우기도 한다. 현지 학생들에게도 외국인에게 무엇인가를 가르치는 경험은 매우 소중하다.

로봇 클럽 학생들과 3개 조를 만들어 현지 학교에 있는 로봇을 처음부터 끝까지 만들어 보는 활동을 했다. 단원과 코티처가 로봇을 만드는 걸 현지 학생들이 지도해 준다. 학생들은 대학생을 지도하면서 뿌듯함을 느낄 테고, 현지 교사는 그 장면을 사진으로 남긴다. 만든 로봇이 잘 작동되지 않아 리모컨을 누를 때마다 정석이가 로봇 춤을 추며 웃었다. 춤을 추고 나니 여학생이 한마디 한다. Muy bien!

중미 국가들에 필요한 건 학생 교육보다 교사 연수인 것 같다. 과테말라에서도 비슷한 말을 들었다. 교사들이 실력이 좋지 않고, 잘 가르치려는 의지가 부족하며 새로운 교육 방식을 시도하지 않는 것으로 보인다. 니카라과나 과테말라는 한국의 70년대 수준이다. 우리나라도 그때는 교사가 주어진 대로만 가르쳤고, 스스로 자료를 찾아 개발하고 연구한 것은 90년대 들어서 시작되었다.

수녀님은 교사 연수를 하는 것도 필요하다고 하셨다. 교사들이 주어지는 대로만 수업하고 무언가 받아서 수업하려고 할 뿐, 새로운 수업 방법을 찾으려는 노력을 하지 않는다고 하신다. 그런데 그게 말로는 쉬워 보이지만 매우 어려운 거다.
첫 수업이 끝날 때쯤 HS 신부님이 오셨다. 저학년은 쉬는 시간이 10시부터 30분 동안인데 종을 쳐도 교실에 들어가지 않고, 교사도 학생들을 교실에 들어오라고 하지 않는다. 교사가 교육하려는 의지가 없다고 한다. 어떤 경우에는 학생들을 계속 놀리다 집에 가게 하거나, 교실에 들어가도 학생들 자습을 시키고 교사들끼리 모여 놀고 있다고 한다. 과테말라에서는 최근 교사가 되려면 대학에서 자격증을 따도록 만들었지만, 지금 천사의 집 교사들은 고등학교만 졸업한 사람들이다. 그래서 자기가 배운 대로만 가르치고 새로운 것을 말해주지 못한다고 한다. (귀한 종이를 찢어 숫자를 만드는 대신 흔한 돌멩이로 하라고 말해도, 그냥 책에 나오는 대로만 한다) 내년에 오면 교사 연수를 하는 것도 필요하다 하신다.

교사 연수의 필요성은 계속 있었지만, 실제로 한 적은 별로 없다(11-2-3절 참고). 교사 연수를 하는 동안 현지 학교 학생들을 관리하는 문제도 해결해야 하니, 일이 많아진다.

내년(2018년도)에 니카라과 교육봉사 사업을 또 신청한다면 무엇을 특화할지 생각하다 교사 연수를 병행하는 방안이 떠올랐다. 선교사님은 교사 연수가 많이 필요하다고 하신다. 지금 교육청에서는 매달 한 번씩 모든 교사를 불러 교육하며 엄격하게 관리를 한다고 한다. 한국 예비 교사가 니카라과 현직 교사를 가르치는 것이 적절하지 않을 수도 있는데, 니카라과 교육부에서 처음 요구했던 것이 그거였다. 교사 연수 반, 학생 교육 반. 교사 연수를 하려면 인솔 교수나 현직 교사가 진행하고, 예비 교사가 보조교사가 되는 방식으로 되어야 하겠지. 운영진의 부담이 커지는 방안이지만, 한번 해볼 만하다. 활동 위주의 수업,

준비물을 니카라과 현지에서 모두 구할 수 있는 수업(예, 부메랑)을 교사들에게 연수한다면 그 파급효과가 훨씬 더 클 것이다.

과테말라 천사의 집과 같이 봉사단을 많이 받아본 곳에서는 나름 자체 프로그램이 준비되어 있기도 하다.

주말이나 오후에 아이들과 놀 수 있는 프로그램으로 주변 시장을 나가는 것이 있다. 아이들에게 15께찰씩 주고 그것으로 점심도 사 먹고 간식도 사 먹고 그러는 것인데, 거기에 우리가 초청받아 같이 가는 거다. 단, 우리는 돈을 쓸 수 없다. 우리가 돈을 쓰면 시장 놀이 규칙이 깨진다. 아이들과 아이스크림 같이 사 먹으면 좋겠다고 하시기에, 얼음을 믿을 수 없어서 아이스크림은 금지했다고 말씀드렸다. 외부 손님과 같이 시장에 나가면 아이들이 손님을 철저히 보호해 주며 다른 사람이 접근하지 못하게 감싸 준다고 하신다. (이 대목에서도 잠깐 울컥)

어떤 측면에서는 현지에서 우리 봉사단을 받아주고 있는 것이기도 하다. 봉사단의 방문에 익숙한 아이들은 말이 통하지 않아도 봉사단과 잘 논다. 봉사단이 현지 아이들과 놀아주는 게 아니라 현지 아이들이 봉사단과 놀아주는 것이다.

오후 2시부터 방별로 놀아주러 가기로 했다. 스페인어도 통하지 않는 단원들이 상처 입은 아이들과 잘 놀아줄 수 있을까 걱정이 많이 되었다(사실 어제부터 신부님 말씀을 들을 때부터 걱정이 많았다). 단원들이 실수하여 천사의 집 아이들에게 더 상처를 주거나 규칙을 깨트리지는 않을까. 한국에서는 이런 시설에서 봉사자를 함부로 받지 않는다. 4번 방에 들어가 2층에 올라가 아이들과 조금 얘기를 하며 구조를 살펴보았다. 나도 스페인어로 몇 마디밖에 못 하는데, 학생들은 어떻게 뭘 하고 놀 것인가? 내정으로 나오니 공을 차는 방, 게임을 하는 방, 춤을 가르쳐주는 방, 나름 잘 활동하고 있다.
시내까지 걸어가는 길은 상당히 멀고 오르락내리락 힘들었다. 어린아이들이 이 길을 걷기는 어렵겠다. 덕분에 이 길을 오가며 YY 교수님과 깊은 대화를 나눌 수 있었다. 처음에는 아이들이 모두 시장까지 걸어가지만, 두 번째에는 나가지 않는 아이도 있다고 한다. 이 말을 들으니 오늘 아이들이 우리를 위해서 힘들어도 같이 가준 것임을 알게 되었다.
시장 나들이는 처음에는 별로 매력적이지 않았지만, 정말 독특하고 좋은 경험임을 모두가 이야기한다. 7살 아이가 대학생에게 너무 걸어서 피곤하지 않냐고 묻는 행사. 우리를 아이 돌보듯 하라는 미션이 있었다고 한다. 천사의 집 아이들에게도 좋은 교육의 기회가 되네.

현지에서 요청하는 활동은 봉사단을 위해 미리 준비된 것이기도 하다. 천사의 집 신부님께서는 봉사단원에게 정말 큰 교육을 해 주신 점에 감사를 드린다.

신부님은 우리를 맞이하기 위해 생각을 많이 해 주셨다고 한다. 천사의 집 운영진들이 많은 얘기를 하며 봉사단 대학생들의 삶에 어떤 것을 남겨줄 수 있을지 고민 많이 하셨다고 한다. 그렇게 어제저녁에 해

> 주신 신부님의 말씀은 그 일환에서 준비된 것이다.
> 7시 30분 시작된 신부님 말씀은 참 주옥같은, 삶이 녹아있는 말씀이다. … 스마트폰 없이 지내는 2일을 제안해 주셨는데, 그것을 지원하기 위해 봉사단 운영/연락 방식을 조정하기로 했다. 조장이 아니라 숙소 방장에게 연락. … 파일을 보내거나 숙제하는 것 등에 사용하는 것 말고 개인적인 시간을 스마트폰에 보내는 것을 멈추라는 것이다. 별로 남지 않은 시간을 아이들에게 집중해 보는 것, 지금까지 봉사활동에서는 여유 시간이 많이 생기는 후반부에는 주로 개인적으로 시간을 보냈었는데, 그것을 그 대신 해보라는 것이다.

현지 학생뿐 아니라 현지 교사도 봉사단원을 가르친 적이 있다. 봉사활동 계획은 우리가 일방적으로 준비하지 말고 현지 학교와 협의를 하는 것이 필요하다.

> 현지 교사가 운동장에서 무용 수업을 하고 있기에 몇 명 단원과 같이 가서 춤을 따라 하니, 무용 담당 교사가 봉사단원에게 언제 시간을 내서 춤을 가르쳐 주고 싶다고 한다. … 수업을 연속해서 3번 한 조는 피곤하고 힘들겠지만, 30분 정도만 배우자고 했다. 현지 학교 교사가 나름 생각해서 가르쳐주겠다고 하는 것이니 성의를 봐서 열심히 배워야지. 남녀 쌍이 되어 추는 수하까라는 엘살바도르 전통춤이다. 진정한 우정? 이라는 뜻이다. … 운동장에서 3시부터 학교 행사가 잡혀 있다고 하는데, 우리가 춤을 추고 나서 쉬고 있으니 3시가 다 되어가도 아무도 뭐라 하지 않는다. 우리가 운동장에서 나오니 바로 방송하며 행사를 시작한다. 3시 행사를 내가 알지 못해 가자고 하지 않았다면 아마도 우리가 갈 때까지 기다리고 있었을 것이다. 여기는 이런저런 이유로 기다리는 것에 대해 매우 관대한 것 같다.

심지어는 현지의 일반인에게 봉사활동 도움을 받기도 한다. 한국에서 봉사단이 와서 Kpop을 춘다고 하니, 코티처의 친구 중에 춤에 관심이 많은 사람이 와서 함께 하기도 하였다.

> 처음에 보여주는 춤이 복잡해 언제 다 따라 배우나 했는데, 시간 안에 다 따라 하게 시킬 수 있었다. 춤을 배우러 온 2명은 너무 잘 추어서 앞에 나와 시범을 보이기도 했다. 배우러 왔다 가르치게 된 입장. 담당 교사가 잘 추는 학생 8명을 뽑아서 내일 환송식에 춤을 추게 한다고 한다. 이 학생들에게는 2교시 수업이 시간에 추가로 연습을 시킬 기회가 있어 좋았다고 수정이가 말한다.

3-11. 한글학교

　현지 교민이 운영하는 한글학교에 가서 한국인 2세나 3세를 가르친 적도 있다. 한글학교 수업 요청은 주로 대사관을 통해 들어왔다. 대사관으로서는 현지 교민과 원활한 관계를 유지하는 게 필요한데, 모처럼 한국에서 대학생들이 오니 교포 자녀와 만남을 주선하는 것이 필요했을 수 있다. 한글학교는 주말에 운영하므로, 봉사단은 주말에 쉬지 못하고 활동해야 한다. 첫 봉사활동 한글학교 수업을 할 때 학교 교감 선생님이 단장과 학생들 모두 피곤해 보인다고 한 것이 기억난다. 전체 단원이 모두 한글학교 수업을 하기도 하고, 자원한 일부 단원만 활동하기도 하였다. 봉사활동을 나가는 시기는 구정과 종종 겹쳤는데, 한글학교에서 떡국을 마련해 주어 모처럼 한국 음식을 먹을 수 있기도 했다. 오래간만에 먹은 깍두기가 특히 맛있었다.

> 설날 행사이므로 점심은 역시 떡국이 나왔다. 스티로폼 대접에 담긴 떡국과 김치를 먹는 단원들이 너무 행복해한다. 한국에서는 떡국이나 김치를 잘 먹지 않는데 여기서는 꿀맛이란다. 현지 학생들은 김치를 거의 손대지 않아 우리에게 가져다가 주었고, 더 먹으라고 떡국 두 그릇 더 준다. 현지 아이들은 떡국은 남기고 디저트로 나눠준 초코파이는 다 먹는다.

엘살바도르 한글학교 활동

　교포 2~3세는 한글을 잘 모르는 경우가 많아 초등 국어를 가르치거나 매우 쉬운 단어를 써서 말해야 한다. 한국문화나 전통 놀이, 태권도 수업은 이미 한글학교에서 많이 해서 그런지 별로 호응이 좋지 않았고, 봉사단에서 개발한 새로운 수업을 하는 것이 좋다. 예로 태권도 수업에서 바닥에 뒤돌아 앉아있던 한 여학생이 멸치 해부를 한 마리 더 해도 되냐고 묻는다. 니카라과에 처음 갔을 때 한글학교 프로그램을 체계적으로 준비하지 못했고, 첫 봉사활동 수업 내용은 그리 잘 다듬어진 것이 아니었다. 그래서 그런지 두 번째 니카라과에 갔을 때는 한글학교 수업 요청이 없었다. 반면 과테말라에서는 엄선된 수업을 하여 좋은 평가를 받았다. 우리는 교육봉사를 하러 나간 것이니, 교육 내용과 방법에 있어 최고의 실력을 발휘해야 한다.

> 처음에는 우리 봉사단의 수업을 반대했는데, 그 이유는 봉사단 일정이 틀어지는 것을 원하지 않기 때문이라 하신다. 하지만 우리가 수업할 내용을 보고 수업을 허락했다 하신다. 이건 기분 나쁜 게 아니라 칭찬이라 생각해야겠지? 봉사단 일정을 잡을 때 어느 정도 여유를 두고 짠다고 말씀드렸다. 한글학교에 초청해 주어 봉사단원들이 좋은 경험을 하게 되어 감사하다고 말씀드렸다.

그런데 교포 2~3세를 가르칠 때는 다소 버릇이 없고 산만한 학생과 수업 분위기를 종종 접할 수 있다. 교포 자녀의 이러한 태도에 대해 '자기 의사를 명확히 표현하는 모습'이라고 평가하기도 한다. 현지 국가 학생은 거의 처음 만나는 한국인의 존재 자체만으로 관심을 많이 보이지만 교포 학생들은 한국인 봉사단을 보아도 아무런 반응을 하지 않는다. 그래서 수업 시간에 너무 자유롭게 말하거나 돌아다니는 어린 한글학교 학생들에게 수업하는 것은 전혀 쉽지 않다.

반면 학부모 교포는 수업을 매우 소중하게 여겼다. 한 단원은 수업 준비를 철저히 하지 못한 미안함과 부모의 교육열에 대한 감동으로 평가회 때 눈물을 보이기도 했다.

> 평가회 때 한글학교 어머니들의 마음을 느낄 수 있었다 한다. 준비물 중에 모기향을 빼먹었는데, 없는 대로 그냥 하겠다고 하니 한글학교에서 학생들에게 보여줘야 한다며 바로 사 오겠다고 하였단다.

한글학교에 가면 한국인의 정을 느낄 수 있다.

> 우리가 봉사활동으로 준비해 온 수업을 해 주지는 못했지만, 이렇게 모국에서 온 대학생 언니 오빠 형들과 같이 어울려 노는 것은 현지 한국인 자녀들에게 매우 드문 일이고 좋은 기억으로 남을 것이다. 같은 동포인 한국인의 정을 느낄 수 있는 시간이기 때문이다. 역시 인지적 교류보다는 감성적 교류가 먼저이고 더 큰 여운을 준다.
> CY 선생님은 한글학교 여자 선생님들과 얘기를 나누었는데, 말씀을 잘하셔서 다음에 한글학교 학부모들이 한 번 김밥 등을 만들어 가져다주시겠다 한다. 마지막 날 대사관저 파티에는 떡볶이 김밥뿐 아니라 맛있는 것 더 만들어 달라고 조언하기도 한다. 한국인의 정을 느낄 수 있는 대목이다. 아이들과 너무 잘 놀아주어 고맙다며 한글학교 텀블러도 20개 선물해 주었다.

한글학교에 갈 때는 어린아이들과 잘 놀아주는 단원이 큰 역할을 한다.

> 떡국 먹은 다음에 조금 쉬었다가 끝나는 일정인데, JJ가 주도해서 아이들과 놀아주기 시작한다. 잔디밭에서 뛰어다니며 잡기, 무궁화꽃이피었습니다. 눈치 게임(스페인어로 uno dos tres 숫자를 세며 서로 겹치지 않게 일어나기), 수건(초코파이)돌리기, 끝말잇기 게임 등. 한국어 초성으로 단어 말하기 게임을 하려 하니(예, ㄱㅁ하면 고무, 가면 등을 말하는 것) 한글학교 선생님들이 너무 어렵다고 말하며 한국어 수준이 그에 미치지 못함을 알려준다. 게임에 걸려 우는 아이를 달래주고 안아주고, 벌칙으로 인디언 밥을 하면

대신 맞아주고, 일부러 져주고, 단원들이 아이들을 잘 데리고 노는 모습을 부모들이 흐뭇하게 쳐다본다.

한글학교 봉사는 이 봉사활동의 취지에 꼭 맞는 건 아니나, 충분히 가치 있는 일이다. 한국인 봉사단의 존재 자체가 현지에 사는 한국 교민들에게 도움이 되기도 한다.

아이들을 데리러 아빠 한 명이 오기에, 내가 바로 다가가 인사를 했다. 한국 대사관에 현채(현지채용)되어 10년 정도 근무하고 있으며, 아이가 넷이란다. 5살짜리 막내는 많이 수줍어하며 다른 사람과 눈도 마주치지 않으면서도, 언니 오빠들이 노는 모습을 부러운 듯 쳐다본다. 대사관에서 NIIED 사업 담당을 했었는데 이 사업은 최근에 생겨 모르지만, 장기 파견을 위한 마중물이라는 말에 바로 고개를 끄덕인다. 부족한 사업 예산, 도난 사고, 일정 변경, 엘살바도르 선정 이유 등 얘기를 충분히 나누었다. 엘살바도르에 이렇게 한국인 봉사단이 와서 활동해 주면 현지 교민들에게 많은 도움이 된다며, 이런 교류가 계속되기를 바란다. 예전에는 한국인이 많았는데 여러 가지 문제로 점점 줄어들었고, 요즘엔 한국인들이 베트남으로 많이 간다고 한다.

니카라과 한글학교 활동

3-12. 좋은 수업을 잘해야 한다

해외 봉사활동은 크게 보건, 개발, 교육으로 나눌 수 있다. 저자가 대학생들을 인솔해 가서 하는 봉사활동은 교육 분야 봉사다. 예비 교사인 대학생은 현지인의 질병이나 위생 상태를 개선하는 일을 할 수 없고, 건물을 지어 주거나 도로를 내주는 일을 함부로 할 수 없다. 즉 예비 교사는 교육에 전문성이 있으니, 교육봉사에서는 당연히 교육을 잘해야 한다.

그런데 처음 교육봉사를 나갔을 때는 수업 준비가 너무 부족했다(3-2절 참고). 그로 인해 봉사단원도 어려움을 겪었고, 수업 못 하는 봉사단이라는 이미지까지 얻었다. 두 번째 봉사활동을 간다고 했을 때 현지 학교에서 우리 봉사단을 받을지 고민했었다고 한다. 현지 학교로서는 빠듯하고 소중한 수업 시간의 일부를 할애해서 우리 봉사단에게 내주는 것이다. 우리는 지금까지 교육 전공이 아닌 봉사단원이 해외에 나가 교육을 하는 것과는 다른 모습을 보여야 한다.

현지에 가서 환영식이 끝나자마자 짐도 정리하지 않은 채 바로 수업을 시작하게 한 적이 있었다. 현지 교육청 관계자가 수업하는 것을 보고 싶다고 하여 오후에 시작하려던 것을 앞당겨 무리해서 시작했는데, 모든 수업에 준비가 필요하다는 사실을 순간적으로 잊고 잘못된 판단을 내린 것이다. 수업이 제대로 될 리가 없다.

그래서 두 번째 봉사활동부터는 수업 준비를 강조하여 수업의 질을 높이기 위해 노력했다. 봉사활동에서 좋은 수업이란 어떤 것일까? 어떤 수업 내용으로 어떻게 수업해야 할까? 이 질문은 첫 봉사활동 이후 지금까지 떠오르고 앞으로도 계속 고민해야 할 문제다.

한국에서 좋게 평가되는 수업은 교사 중심이 아니라 학생 중심 수업이다. 그래서 학생 활동이나 참여를 많이 유도하는 수업 소재가 좋고, 현지에서 모든 재료를 얻을 수 있는 수업이 좋다. 나는 거의 매일 유튜브나 인터넷, 교사 카페 등을 보면서 해외 교육봉사에 적절한 수업 소재를 찾아 정리한다. 소재는 수학, 물리, 화학, 생물, 지구과학, 지리, 환경, 창의, IT, 언어, 음악, 미술, 체육, 한국문화 등으로 구분할 수 있다.

좋은 수업은 현지의 요구에 부응하는 것이어야 한다. 태권도 수업에서 도복을 입고 지도하는 모습은 현지 홍보용으로는 매우 적절하다. 하지만 현지 학생들이 모두 태권도를 좋아하고 잘 따라 하는 게 아니다. 고학년과 여학생은 태권도를 꺼리며, 현지의 문화나 교육 방침에(예, 폭력 지양) 맞지 않을 수도 있다.

3-13. 끊임없는 수업 반성과 개선

4주 이상 진행되는 해외 봉사활동에서 예비 교사는 본인이 준비한 수업을 여러 차례 반복 수행하게 된다. 동일한 수업을 여러 번 하면서 예비 교사는 자연스럽게 수업을 반성하고 개선하며 수업 전문성을 키워 나간다. 교사나 학생에게 모든 수업은 소중하지만, 해외 봉사활동을 나가는 대학생은 한국을 대표하여 외국 학생에게 수업하므로, 수업을 잘해야 한다는 생각을 특히 더 많이 하게 되며, 스스로 철저한 자기 평가와 반성을 통해 수업을 개선해 나간다.

봉사활동 수업은 조별로 진행되므로 코티칭에 참여하는 모든 사람이 매일 진행되는 평가회를 통해 수업 개선에 도움을 준다. 이렇게 본인의 수업에 대해 동료가 계속 지켜보며 피드백해 주는 경험은 예비 교사에게 매우 소중하다. 또한 봉사활동 운영진으로 참가하는 현직 교사나 대학교수도 수업을 순회 지도하고 평가하며 수업 개선에 도움을 주는데(류민정, 2017), 이러한 지도교사의 피드백은 예비 교사에게 자신감을 높여 준다(추수진, 2019). 즉 이 봉사활동은 교육실습의 역할을 톡톡히 하는 셈이다.

> 저는 성찰적 수업을 해야 한다는 점이 가장 기억에 기억에 남고, 단순히 지식을 전달하는 수업이 아닌 학생들과 소통할 수 있는 수업 방식을 고민할 수 있었습니다.
> 봉사활동 중 교육봉사는 어떤 것일지 하는 고민이 있었는데 스스로 반성적 수업을 준비하고 작은 마음이 전해질 수 있다는 것도 하나의 봉사가 될 수 있다는 자신감을 얻을 수 있었습니다!

수업 개선은 내용과 방법 측면 두 가지로 진행된다. 수업 내용은 학생의 수준에 따라, 흥미도 차이에 따라, 소요 시간 등에 따라 적절히 새로운 내용을 추가하거나 불필요한 내용을 삭제하는 방식으로 수정된다. 이때 다양한 전공을 가진 조원들이 새로운 아이디어를 제공하기도 한다. 예를 들어 부메랑 만들기 수업에는 학생들이 부메랑에 색을 칠하거나 이름을 쓰며 꾸미는 단계가 있다. 이때 각자 자신의 꿈을 부메랑에 적게 하고, 부메랑을 던져 돌아오는 것을 받으면 그 꿈이 실현되는 것이라고 말해 주는 활동이 제안되었다. 부메랑 수업을 준비한 예비 교사는 과학 전공이었는데, 언어 전공인 다른 단원이 낸 인문학적 활동 아이디어가 수업을 학생들의 삶에 한층 더 연결해 주는 역할을 해 주어 좋았다고 평가하였다. 이렇게 이 봉사활동에서는 자연스럽게 융합인재교육이 이루어지곤 한다.

수업 방법 측면에서 개선도 학생의 수준이나 흥미도, 상황을 고려하여 진행된다. 같은 내용이라도 제시하는 방법에 따라 학생들의 이해도가 많이 달라진다. 예로, 멸치 해부 실험에서 교사가 멸치의 내부를 설명할 때, 판서나 그림만을 사용하지 않고 멸치 모형을 크게 만들어 보여주는 방법을 찾게 되었다. 아래는 봉사단원이 협동하여 수업 방법을 개선하며 문제를 해결(박인심, 2019)하는 예를 보여준다.

> "큰 멸치 모형이 어떻게 만들어졌는지를 이야기하고 싶습니다. 저는 그저 혼자 앉아서 수업에 대해 고민하다가 **한테 '수업을 어떻게 할지 고민이다.'라고 말만 했는데 그 이후로 모든 일이 일사천리로 진행되

었습니다. **가 그 이후에 마임으로 표현하자고 해서 즐겁게 아이디어를 짜고 있었는데, 교수님이 그런 저희의 모습이 불쌍했는지 딱딱한 큰 종이에 실제 멸치랑 최대한 똑같이 표현해서 보여주면 어떻겠냐는 의견을 제시해 주셨고, 다음엔 ##가 위에 종이를 붙여서, 넘긴 다음 멸치 내부를 볼 수 있도록 하자는 의견을 내주셨고 조원들이 여러 기관을 실제 멸치처럼 만들어 줬고 완성했습니다."

사범대학에서 교과교육을 전공하는 저자로서, 이렇게 수업이 개선되는 모습을 보는 것은 큰 즐거움이다. 하지만 봉사단장을 하면서 아쉬운 것은 수업을 직접 보고 피드백해 주기 힘들다는 것이다. 단원이 수업할 시간에 대외적인 일이나 일정 관리를 하거나, 조금 쉬거나 해야 한다.

지구본 만들기 자르면서 이런저런 얘기를 한다. 지시약 꽃을 액체에 담그는 것과 지시약 뿌리는 것까지 시연하는 게 좋다고 말해 주었다. 조별 평가도 들어보고 선생님과 같이 평가하는 것도 들어보았다. 수업 문제를 파악하고 개선점을 찾는 모습이 참 좋다.

수업을 반성할 때는 예비 교사 자신의 수업을 촬영한 동영상을 활용하기도 하였다. 어떤 예비 교사는 여러 번 수업 촬영을 하여 수업이 어떻게 변화 발전해 나가는지 살펴보기도 하였다. 이와 같은 반성 과정은 교육실습에서 강조되는 것으로, 교사의 수업 전문성 신장에 큰 도움이 된다(박종원 외, 2023; 한수정, 2014). 반성을 통해 예비 교사의 교수 학습 자기효능감도 상승한다(윤지수, 임성민, 2023).

수업 준비를 하며 좋은 이야기가 또 오갔다. 나도 컴퓨터에 직접 정리를 했고, 열심히 일지나 개인 노트에 정리하는 학생들이 서넛 보인다. 식사 후 그릇 정리를 돕자는 제안도 좋았고, 수업 후 꿈을 이루기를 바란다는 멘트도, 마니또로 감사함을 느끼게 되었다는 말도 좋았다. 본인의 수업을 계속 찍어서 어떻게 변화하는지 보고 싶다는 학생이 BM이 하나였는데, 다시 권하니 두 명이 더 지원한다. 현지에 와서 수업 준비를 하면서 서로 많이 배우고 수업 시연으로 피드백을 받아 수업을 개선해 나가는 것을 직접 해보면서 그것을 직접 확인하고 싶은 마음이 생기나보다.

수업 반성 및 개선은 실제로 끝이 없는 일이다. 예비 교사들은 수업을 계속 개선해 나가며 완성도를 높였고, 매일 새로운 수업을 하려고 노력했다. 한 예비 교사는 '교사에게 수업은 반복이지만, 학생들에게는 처음 받는 수업이다'라고 하며 끝없는 개선 노력과 수업에 대한 열정이 필요함을 강조하였다. 예비 교사가 같은 수업을 여러 번 반복하며 개선을 한 결과 수업을 성공적으로 수행하는 경험을 하는 경우, 이 성공 경험은 수업에 대한 자신감 상승(김민정, 2014; 박인심, 2019)으로 이어진다. 해외에 나와 한국어가 아닌 현지어로 수업하면서 학생들과 교사가 모두 만족하는 수업을 해보는 기회는 예비 교사에게 매우 소중하다.

한편 평가회 등에서 수업에 대한 평가를 할 때는 가능한 부드러운 어조로 하는 게 필요하다. 한번은 아침을 먹으며 실험 내용과 학습 개념이 연결되지 않는다는 말을 빠르게 지적한 적이 있는데, 몇 마디 나눈 후 대학생이 밥을 더 이상 못 먹는 것을 보았다. 본인 전공이 아닌 과학 실험으로 수업하는 게 안 그래도 힘들었을 텐데, 너무 다그치듯이 말했다는 느낌이 들어 바로 후회했다.

수업 평가는 즉석에서 하는 것이 가장 효과적이다. 여러 단원이 코티처 학생들과 수업이 끝나자마자 같이 평가회를 하는 것이 매우 좋았다 한다.

 학생들이 평가회를 준비하는 동안 운영진은 짧은 휴식 시간. 수업 반성을 활발히 하는 모습이 예쁘다. 이렇게 수업을 같이 준비하며 자료를 개발하고, 같이 수업 진행하고, 함께 수업을 반성하는 과정은 이 봉사활동에서 얻을 수 있는 가장 소중한 경험이다.

 모든 봉사활동 수업은 조별로 함께 진행한다. 특히 학생 활동이 많은 경우에는 조별로 봉사단원이 도움을 주어야 하며, 그러기 위해 수업 반성과 평가를 철저히 해야 한다.

 칼레이도 사이클 수업은 1인 교사 체제로는 차마 진행될 수 없는데, 그 이유로, 도안이 작아서 뒷자리의 친구들은 제대로 보지 못한다는 점과 학생들의 손 조작이 미숙해서 일일이 교정해 주어야 한다는 점을 들 수 있다. 안타깝게도, 첫 수업은 이 사실들에 대하여 제대로 알지 못하고 진행되었는데 당연한 결과로 엉망이었다. 그래서 조원들의 몫이 커지는 조별 수업으로 진행하였더니 수업이 제 방향대로 흘러가기 시작했다. 조원들은 더운 날씨에 비지땀을 흘리며 작은 종이를 접기 위해서 웅크려야 하고, 주교사의 미숙함을 어떠한 대가 없이 짐 지게 되었음에도 불평 한마디 없이 매 수업 열심히 도와주었다. 또, 특별히 오늘 수업은 KN쌤께서 도와주셨기 때문에, 조별로 1명의 아이가 줄어들어서 비교적 부담이 덜했는데, 선생님께 정말 감사드린다. 돌아보면, 정말 혼자서는 해낼 수 없던 수업이었던 것 같다. 정말 한없이 감사하고, 어떤 말로도 이 감사함을 표할 수 없을 것 같다.

3-14. 이건 진짜 내 수업이야

예비 교사는 최선을 다해 수업을 준비하고 개선해 나가면서 '진짜 내 수업'이 생긴 느낌을 받는다. 어떤 경우에는 본인의 전공이 아닌 내용을 가르치기도 하는데, 전공 불일치로 인한 어려움(이유진, 윤지현, 2015)을 극복하며 만들어 낸 '내 수업'은 교과 내용을 넘어선 그 무엇이 된다.

> 니카라과 교육봉사에서 전공과목인 국어가 아닌 수학을 맡게 되며 생각이 많았다. 수학은 학창 시절 내내 나에게 애증의 과목이었다. 좋아했음에도, 노력했음에도, 결과가 좋지 않았다. 그래서 이곳에서 수학 교사가 된다는 것이, 나를 학생들에게 수학 교사로 소개하는 것이 이질적으로 느껴졌다. 수업이 원활하게 진행되지 않을 때면, 스스로 재능 없음을 탓하기도 했다.
> 수업이 마무리되어 가며, 모두 괜찮아졌다고 이야기한다. ... 부끄러움을 느끼며, 마음 놓고 사랑할 수 없어서 미안했던 수학 수업이 끝이 나고 있다. 학생들의 온기가, 자신이 만든 것을 손에 들고 '아씨?!' 라며 천진하게 묻던 목소리가 아쉽게 아른거린다.
> 완벽하지 못함을 자책하지 말고, 완벽해지기 위해 계속 노력하는 것, 그것이 바로 완벽한 것 아닐까요?

봉사활동 중 주말여행을 하면서도 예비 교사는 수업에 대해 계속 생각하며 수업에 활용할 물품을 사기도 한다.

> 호수 viewpoint에 내려 사진을 찍었다. 구름인지 안개인지 흐린 하늘에 산이 잘 보이지 않아 아쉽다. (돌아오는 길에 보니 그보다 더했다). 노점에서 파는 물건 중에 무게중심 새가 있어 BM에게 알려주었더니 수업에 쓰려고 그걸 산다.

학창 시절에 기억에 남는 선생님이 있다면 어떤 일로 기억하는지 생각해 보자. 저자의 경우 수업 내용은 기억나지 않지만, 수업에 대한 열정으로 기억하는 선생님이 한 분 있다. 자신의 열정을 담아내는 수업은 학생들에게도 전해진다.

> 이번 특강을 통해 지식을 전달하는 것보다 아이들을 향한 열정, 생각, 마음 등 저의 태도가 더 중요하다는 것이 가장 기억에 남고 저도 니카라과에 가서 그렇게 수업해야겠다고 생각했습니다.

수업을 개선해 나가는 데에도 열정이 필요하다. 아래는 과학 전공이 아닌데도 실험을 개선하는 노력을 계속하는 어떤 단원을 보고 적은 생각이다.

> 저녁 먹기 전 정전기 실험이 안 되는 것을 되게 하려고 이리저리 방법을 찾아보았다. 예전에 정전기가 잘 안되어 바로 포기해 버린 학생에 비하면 정말 대단하다. 본인 전공도 아닌 내용을 이렇게 열심히 끈

기 있게 준비하다니. 이렇게 노력한 경험은 분명 큰 재산이 될 거다.

수업이 학생들에게 진정으로 도움이 되는지, 어떻게 하면 좀 더 만족스러운 수업이 될 수 있는지 끊임없이 반성해 나가며 예비 교사는 가르침의 의미를 되새기게 된다. 최종적으로 수업에 성공하는 경험을 통해, 봉사단원은 다른 사람을 가르치지만, 오히려 본인이 더 많이 배우게 된다고 입을 모아 얘기한다.

이러한 수업 성공 경험은 수업에 대한 자신감을 넘어 교직에 대한 확신으로 이어지기도 한다. 예비 교사 중에는 사범대학에 들어와서도 수업 경험 부족 등으로 교직에 대한 동기부여를 받지 못하는 경우가 있는데(한재영, 2012), 이 해외 교육봉사를 통해 교사가 되고 싶은 마음이 더 굳어지고 스스로 열정을 가진 교사가 되겠다는 마음가짐을 새롭게 가지곤 한다. 이렇게 봉사활동은 예비 교사가 교사관이나 교육관을 형성하는 데 도움을 준다(김민정, 2014; 이사랑, 2018; 이안수 등, 2015). 수업과 교사는 애증의 관계라고 할까나.

나의 수업이 끝났다. 기분은 잘 모르겠다. 가끔 내 기분을 모를 때가 있다. 복잡 미묘한 감정이 밀려온다.

해외에 나가 수업을 하며 현지 학생들에게 받는 피드백은 예비 교사에게 정말 좋은 선물이 된다.

귀여운 아가들의 모습에 저절로 웃음이 난다. 두 명의 아이가 내 이름표를 보고 스티커를 가져다준다. 두 학교 아이들이 준 스티커로 가득 찬 내 이름표는 나에게 최고의 선물이 될 거 같다. … 아이들은 늘 너무 예쁘고 사랑스럽다. 가 반에 멜기스가 코티처와 JJ에게 물어서 한글로 예쁜 편지를 써줬다. '노엘리아 선생님. 나는 많이 사랑해' 예쁜 천사 그림까지!!!! (첫 수업 걱정으로) 한껏 예민해 있었으나 마음이 사르르 녹아버렸다 ㅠㅠ 꼭 소중하게 간직하고 두고두고 꺼내봐야지! 너무 감동이라 눈물이 찔끔 날 뻔했다.

한번은 'I am a Global Teacher'라는 외국어 수업 경연대회가 열려 단원들에게 참가를 권한 적이 있다. 2학기 중간에 열린 대회였는데 봉사활동 준비하랴 2학기 수강하랴 바빠서 그런지 나서는 학생이 없었다. 지금 생각해 보니 이 대회에 참가를 권할 대상은 작년에 봉사활동을 마친 단원이 더 적합했을 것 같다. 진짜 내 수업을 하나 가지고 있다면 자신감 있게 도전하지 않았을까 한다.

3-15. 외국 학생들도 똑같은 학생들이다

현지 학생들과 상호작용을 하면서 학생에 대한 이해를 높이기도 한다. 또한 학생들에 대한 편견을 가지지 말아야 함을 배우기도 한다(손승현 외, 2011). 봉사활동을 할 때는 여러 학교급의 학생을 가르치는 경우가 많은데, 여자 중학생만 가르치다 남자 고등학생을 가르치면서 다소 두려움을 가진 예비 교사가 있었다. 현지 학생들은 더운 날씨에도 잘 상하지 않는 튀김 요리를 많이 먹어서 그런지 덩치가 큰 경우가 많고, 남학생 중에는 우락부락하게 생긴 조폭 느낌의 외모를 가진 학생도 더러 있다. 그래서 수업하기 전에는 조금 위협감을 느낄 수 있다. 하지만 수업이 진행됨에 따라 라포가 형성되고, 거칠어 보이는 남자 고등학생과 잘 어울리며 상호작용을 한 후, 이 단원은 자신의 편견을 반성하게 되었다. 한국에서 교육실습을 해본 경험이 있는 단원의 경우 해외에서 수업해 보니 한국 학생들이나 외국 학생들이나 결국 똑같다고 말하기도 하였다.

> 교문에서 교실로 걸어 들어가는 학생 중 내 인사를 받아주며 buenos dias나 bon dia(포르투갈어)로 손을 흔들어 주는 학생이 조금씩 더 늘어나고 있다. 이곳 역시 중학교 남학생이 가장 뻣뻣하다.

한편 봉사활동 수업의 수혜자는 현지 학생만이 아니다. 엘살바도르의 청소년 센터에 있던 쿨한 매점 아주머니와 말 많았던(영어로) 청소부 아저씨가 생각난다. 재미있는 실험 활동하는 걸 보고 현지 성인들도 수업에 참여했다.

> PS판 열쇠고리를 만드는 수업에선 매점 아주머니와 청소 아저씨가 한 테이블에서 열심히 그림 색칠을 하고 있었다. 현지인 누가 와서 매점에서 무엇을 달라고 하니 아주머니가 자기 바쁘니까 직접 꺼내 가고 돈만 달라고 한다.

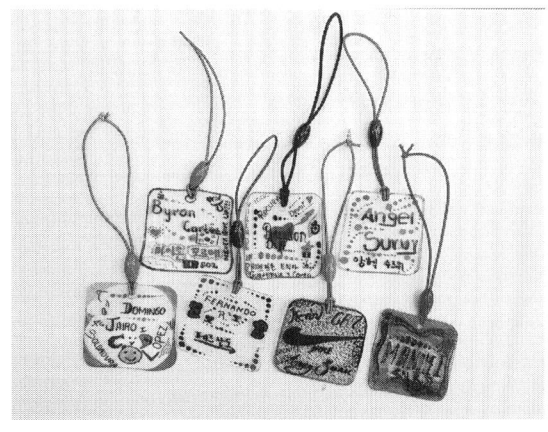

PS판 열쇠고리 만들기

3-16. 교육이 정말 희망일까?

　봉사활동을 나가는 ODA 수원국은 우리나라보다 경제적 수준이 낮아 국가 발전이 시급한 경우가 많으며, 그런 국가일수록 교육은 국가 발전에 크게 이바지할 수 있다. 우리나라에서는 예전에는 '교육이 희망'이라는 말을 많이 들어보았지만, 요즘은 그 말을 실감하기 어렵다. 우리나라의 경제 수준이 높아지면서 학교 교육에서 학생들에 대한 물질적 지원이 풍성해졌지만, 교육에 대한 열의는 상대적으로 낮아지는 느낌이다. 저자가 어렸을 때는 실험 기구가 귀해서 가끔 하는 실험이 그렇게 좋을 수 없었다. 하지만 요즘 학생들은 비싼 실험 기구나 키트를 제공받아도 당연한 것으로 여기며 관심을 많이 기울이지 않는다.

　교육이 희망이라는 말은 해외에 나가면 그 의미를 절실히 느낄 수 있게 된다. 중미 학교에는 과학실 설비와 재료가 없거나 충분하지 않아, 실험 실습 위주의 수업이 거의 진행되지 않는다. 그래서 봉사단이 가지고 온 활동 재료를 받아 수업에 참여하는 학생들의 눈빛은 예전에 저자가 어렸을 때의 모습을 떠올리게 한다.

　과테말라에는 소년의 집과 소녀의 집이라는 중등 기숙학교가 있다. 이들 학교는 원래 한국에 있던 것으로, 전쟁 후 고아나 가난한 집안 아이를 대상으로 무상으로 교육하는 기숙학교였다. 그러나 한국이 발전하면서 그런 학교가 불필요해져 중미 국가로 옮겨갔고, 현재 한국인 수녀님이 운영하고 있다. 그 학교에는 한 가정에서 한 명만 입학할 수 있고, 중학교와 고등학교 과정을 5년으로 빠르게 끝낸다. 선발된 학생들은 기술을 배워 졸업 후 좋은 일자리를 잡아 돈을 벌어 온 가족을 부양해야 하는 처지다. 따라서 모든 학생이 수업에 매우 적극적이고 배움에 목말라한다. 이러한 현지 학생들의 이야기를 들은 예비 교사는 한 시간의 수업이라도 허투루 하지 않으려는 책임감을 느끼게 된다. 이렇게 해외 교육봉사활동을 통해 예비 교사는 교육이 희망이라는 말을 몸으로 느끼는 기회를 얻는다.

　영어 사전 하나만 가지고 독학해서 만나는 봉사단원마다 영어 말하기 연습을 하고 다닌 남자 고등학생이 생각난다.

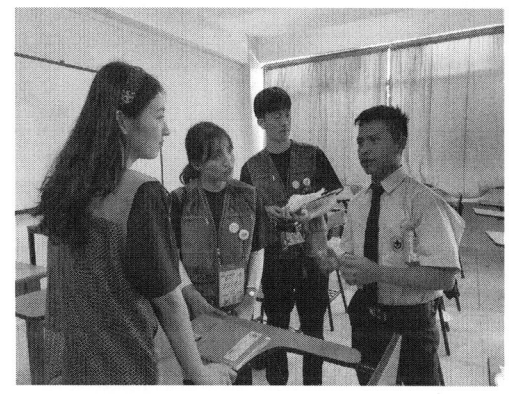

영어 사전 팔에 끼고 영어 연습하는 학생

3-17. 문화 교류의 필요성: 학교와 수업

한국의 예비 교사들이 ODA 수원국에 가서 교육봉사활동을 하는 것은 어떤 측면에서는 서로 다른 두 문화가 교류되는 것을 의미한다. 수업 주제를 정할 때 수학, 과학, IT 등의 내용 이외에 한국문화도 주제로 하기도 한다. 예로 부채나 탈 색칠하기, 한복 접기, 전통 연이나 팽이 만들기, 전통 놀이(제기차기, 공기놀이, 투호, 딱지치기, 동대문을 열어라, 무궁화꽃이 피었습니다 등) 등을 수업으로 진행할 수 있다. 문화는 주로 조별 수업 주제로 정해 공동 진행하도록 하였고, 단원의 개인 수업 주제로 정한 경우는 별로 많지 않다. 이과 전공이 아닌 봉사단원들은 수학, 과학 등의 수업보다 문화 수업을 선호한다.

그런데 엄밀히 말하면 문화는 수업이나 가르침의 대상이 아니라 교류의 대상이므로, 해외 교육봉사에서 수업 주제로 삼기에는 다소 부적절할 수 있다. 하지만 실제로 봉사활동을 하고 난 다음에 현지 학생들의 반응을 보았을 때, 문화 수업이 더 흥미와 참여를 유발하며 더 오래 기억에 남는 것을 볼 수 있다. 그래서 일부 수업에서는 수학, 과학, IT 등의 수업을 진행하면서 문화적인 요소를 추가하기도 하였는데, 이러한 문화 교류는 많은 해외 봉사활동에서 수행되고 있다(정혜민, 2012). 예를 들어 멸치 해부 수업에서 멸치가 한국의 어떤 요리에 사용되는지 소개할 수 있다.

대학 환영식 춤

니카라과의 대학과 각 학교에서는 봉사단이 처음 왔을 때 환영식을 열어 맞이해 주고, 봉사활동이 끝나면 환송식을 하며 보내주었다. 이러한 행사에서는 봉사단원들이 K-pop을 연습해 공연하곤 했는데, 강남스타일 춤을 출 때는 단장이 양복에 넥타이 차림으로 중간에 뛰어 들어가 같이 추기도 하였다. 한국어를 배우고 있는 니카라과 국립대 학생들은 한복을 입고 부채춤을 추었는데, 한국 봉사단원이 오히려 니카라과 대학생들에게 부채춤을 배우기도 했으며, 한복을 입은 니카라과 대학생들이 세배하고 세뱃돈을 받기도 했다. 아래는 현지 초중등 학교 환영식 모습이다. 부채춤을 추는 코티처가 한국문화를 대신 전했다.

우난대 부채춤은 인기 폭발이었다. 부채춤을 눈 휘둥그레 보고 환호성을 하는 니카라과 학생들의 표정은 봉사단이 Kpop을 출 때는 볼 수 없었다.
Kpop 공연을 한다고 하니 운동장에 서 있던 학생들이 주위 사방의 벤치에 가서 앉는다. 어느 쪽을 보며 공연할지 얘기하다 학생들이 많은 쪽을 한 번씩 돌아가면서 한다. 마지막 공연은 내빈이 있는 쪽을 보면서 하면 좋았을 것 같다. Kpop은 역시 앞에서 봐야 멋지다.

한국에서 준비한 Kpop 외에도 현지에 가서 새로 춤을 준비해서 환송식에 보여주기도 한다. 한국에서 춤 연습을 할 때 전체 단원이 모두 모이기가 어려워, 현지에 가서 연습하는 게 더 효율적이기도 하다.

점심 식사 후, 춤 연습을 했다. JJ형이랑 JH랑 부족하지만, 처음부터 열심히 배웠다. 모두 더운 날임에도 불구하고 금요일에 있을 환송식을 위해 열심히 하는 모습이 보기 좋았다.

현지에선 K-pop 음악이나 춤의 의미가 무엇인지 종종 질문한다. 중미에서는 파티나 춤 문화가 발달하여 있어 이러한 궁금증을 가진다. 우리나라의 전통춤과 현대춤을 구분하여 설명해 주는 것이 필요하다. 'Gangnamstyle' and 'Kill this love' are the most famous K-pop songs. We are not the professional but have practiced for months. We hope you enjoy our performance.

여학생들 춤을 추고 나니 옆에 앉은 부총장이 이것이 한국 전통춤이냐고 물어본다. 아, 이곳 사람들은 한국의 전통춤과 Kpop을 구분하지 못하겠구나. 강남스타일 도중에 뛰어 들어가 양복 입고 말춤을 추는 모습이 매우 신선했나 보다. 만나는 사람마다 춤 얘기를 한마디씩 한다. 라틴 아메리카에서는 사람들이 춤을 많이 추니, 외국인이 춤을 추면 그에 대해 얘기하는 것을 좋아하는 것 같다.

현지 초중등 학생들은 전통춤을 추거나 시를 읊기도 하였다. 니카라과에서는 시인 루벤 다리오를 모르는 사람이 없으며, 그의 시를 외우고 있는 경우도 흔하다. 그래서 환영식이나 환송식에 꼭 시를 읊는다.
과테말라 소녀의 집에 하루 방문했을 때는 끝없이 이어지는 여학생들의 공연에 감동하지 않을 수 없었다. 커다란 나무 타악기인 마림바 연주도 처음 보게 되었다. 한국의 봉사단원이 현지의 노래(한국의 '아리랑'과 같은 그 나라의 국민가요)를 연습해서 불러 현지인들이 크게 감동했고, 현지의 학생들이 한국 노래 '당신은 사랑받기 위해 태어난 사람', '만남' 등을 단체로 연습해서 한국어로 불러줄 때는 봉사단원이 깜짝 놀라며 감동했다. 현지 노래의 악보가 없는 경우엔 직접 악보를 그려간 적도 있다. 이렇게 문화를 교류하는 장은 교육봉사활동 현장에 있던 모든 사람에게 감동을 선사하는 중요한 매개체가 된다.
최근 BTS 등 한류 스타들의 영향으로 많은 ODA 수원국에도 한국이 많이 알려져 있고 한국인에 대한 인식이 좋다. 한국인이 많지 않은 나라에서조차(예, 엘살바도르) 초중등 학생들이 봉사단원이 추는 K-pop을 따라 출 정도다. 이러한 한국에 관한 관심은 수업에서 봉사단원이 현지 학생들과 라포를 형성하는 데 도움이 되기도 한다. 어떤 해에는 봉사단원이 현지 학생들 사이에 연예인 못지않은 인기를 누리기도 하였다. 엘살바도르에서는 K-pop 춤을 추는 현지 크루가 학교와 숙소에까지 몇 번씩 찾아왔다. 이러한 경험을 통해 예비 교사들은 해외 활동 중 문화 교류의 중요성을 배우게 된다(류민정, 2017).

> 이리저리, 우왕좌왕, 시끌시끌, 정신없이, 어른 아이, 한국인과 엘살바도르인들이 개미집 파헤쳐진 것처럼 난리가 났다.
> 혼자 있는 에두아르도에게 가서 이런저런 얘기를 하며, 아이들의 사인 공세가 대학생들에게만 있고 나한테는 아직 한 명도 사인해 달라는 경우가 없었다고 말했다. 그런데 그 말이 끝나자마자 한 여학생이 와서 종이를 들이민다. 너한테 처음 사인해 준다고 하며 한글 영어 사인을 모두 해 주었다. 잘생긴 에두아르도 옆에 앉아있던 덕이라 했다. 교실로 들어가기 전 운동장에 모여 줄을 서는 곳에 나가니, 봉사단 수업을 듣지 않는 학생들이 나에게 몰려와 사인을 해 달라고 난리다. 수업 시작종이 친 다음까지도, 한 아이가 자기는 15명에게 사인을 받았다고 자랑한다.

두 번째 봉사활동에서 환송식에서 부른 니카라과 노래 Yo te amo Nicaragua는 대성공이었다. 단원 한 명이 코티처와 얘기를 하면서 니카라과에서 유명한 노래라고 하며 환송식에서 부르기를 제안해 주었다. 낡은 기타 조율하고, 가사를 찾고, 기타 코드 위치 조정하고 계이름도 적었다. 단원 중 한 명은 키보드로 반주 편곡을 했다. 기타 3명, 건반 2명, 드럼 1명이 연주를 하고 나머지는 노래를 부른다. 현지 교회에서 음악을 담당하는 현지인이 시작 음원을 만들어 주었다. 중간에 박자가 경쾌하게 바뀌는 부분에서는 코티처에게 선물로 받은 전통 장난감을 흔들며 노래하기도 했다. 한국에 온 외국인이 아리랑을 부르면 한국인이 감동하듯, 니카라과 노래를 듣는 한 코티처는 감격해 우느라고 사진도 못 찍었단다.

니카라과 전통 장난감

> 합창 연습 조금. 예전 대학교 다닐 때 써클 활동을 했던 합창부 경험에 비하면 이건 누구에게 들려줄 수준에 한참 못 미치지만, 시간 제약을 핑계로 적당히 끊었다. 한국 봉사단이 니카라과의 뭔가를 연습해서 보여주었다는 것에 만족해야지.

3-18. 문화 교류의 필요성: 코티처와 현지인

한국에서 미리 가져가 현지 대학생과 교류할 수 있는 것들이 있다. 그 흔한 한국 과자, 사탕, 껌, 젤리 등을 가지고 가면 현지에서는 매우 귀한 선물이 된다. 오징어 게임이 유행하기 전에 '달구나'라는 옛날 사탕 과자를 가지고 간 적이 있고, 커피믹스를 가져가는 것도 좋다. 니카라과 코티처들도 종종 그 나라 군것질거리를 가져와 맛을 보여주곤 했다.

> 엘살바도르 코티처가 가져온 알록달록 빨간 사탕, 먹고 나면 혀가 빨개지는 사탕을 나눠 먹었다.

당면, 참기름, 김, 라면, 고추장, 간장 등 한식 재료를 가지고 가서 한식 파티를 여는 것도 좋다. 엘살바도르에서는 즉석에서 연 한식 파티가 성공적이었는데, 과테말라에서는 한식 파티를 하고 싶다고 말하고선 준비 부족으로 하지 못해 조금 미안했다. 현지 한국인이 한식을 준비해 주어 학교 선생님들과 의미 있는 점심시간을 가진 것도 좋았다.

> 한국 음식 파티는 대성공이었다. 접시에 담은 음식은 남은 게 없었고, 찌개와 짜장 국물만 남았다. 그것도 다음 일정인 한국어 배우는 학생들과 미팅에서 소모하도록 했다. 잡채와 찌개가 제일 맛있다고 한다. 환송식 하는 도중 한글학교에서 김밥, 잡채를 가지고 와서, 교문 밖에 나가서 고맙다 인사를 하고, 피자와 치킨도 배달이 와서 돈을 지급했다. 사진 촬영을 마지막으로 환송식이 끝났을 때는 학교가 끝나는 시간이라 교문이 열리며 학부모들이 들어와 애들을 찾고, 학생들은 봉사단원을 둘러싸 소리 지르며 사진 찍고 사인받고, 드론에 몰려와서 구경하고 만져보고, 등등, 이 학교 봉사활동 중 가장 복잡한 개미집 모습이었다.

중미엔 파티 문화가 있어, 봉사활동을 할 때도 파티를 여는 것을 고려하는 게 좋다. 파티는 정말 자연스러운 문화 교류의 장이다.

> 장기 자랑 제1번은 엘살바도르에서 온 코티처가 끊었다. CY 샘 리코더에 맞춰 부르는 아리랑. 1년 만이지만 가사를 대부분 기억하고 있었고 일부는 적어 주니 금방 다 외운다. 춤을 배우는 시간, 살사를 가르쳐주는데, 이것은 잠시 배워서는 잘 하기 어려운 스텝이다. 춤 전공 여학생과 춤 배운 남학생 코티처 춤 시연을 보고 몇 쌍을 즉석에서 만들어 조금 추었다. 강남스타일을 같이 추었고 마카레나도 추었다. 중미에서는 강아지들도 같이 춤을 추네.

하지만 파티에서 음주는 조심해야 한다. 첫 파티 전날 몇몇 단원의 음주 사건으로 전체 파티 분위기를 살리지 못했던 것이 아쉽다.

학생들이 꾸민 파티 장소를 가보니 예상외로 엄청나게 잘 준비가 되어 있었다. 프로그램도 좋았고, 정성과 노력과 실력이 묻어나는 파티였다. 6시부터 시작한 파티, 사람들이 속속 도착하고 식순에 따라 진행된다. 우난 대학 학생 8명과 J, K 교수와 막내딸, 선교사 1명, 코이카 직원 2명과 우리들 20명. 인사말, 선물, 식사, 2부 카페, 춤, 웃음, 얘기 등. 원피스 정장에서부터 편한 복장까지 섞여 있다.

시간이 남을 때 현지 대학생들이 즉석에서 만든 게임을 한 적이 있다. 뜨거운 양배추 놀이로, 벌칙을 적은 종이를 양배추 모양으로 겹겹이 구겨 둥글게 뭉쳐 놓은 것을 돌리다 걸리면 그 벌칙을 받는 게임이다. 노래 부르기, 춤추기, 엉덩이로 이름 쓰기 등. 현지 대학생은 교육봉사보다 문화 교류를 좀 더 원하기도 한다. 오기 전에 니카라과 대학에 약간의 프로그램을 준비해 달라고 말하는 것도 좋다.

피냐따라고 하는 놀이가 있다. 샤탕을 안에 넣어 만든 종이 인형을 눈감고 막대기로 때려 부수며 노는 게임이다. 니카라과에 갈 때마다 코티처들이 이 인형을 만들어서 단원들과 같이 놀았다. 이것 말고도 다양한 전통 놀이를 미리 준비해서 같이 하는 것이 좋다.

일부러 거짓 정보를 줘서 피냐따를 못 때리게 하기도 하였는데, 정진석은 다른 사람들을 즐겁게 하려고 일부러 넘어졌다고 한다. 캔디 나눠 먹고, 합죽이 게임을 하고, 턱걸이하고 팔굽혀펴기하고 농구하고 ... 그러면서 봉사단원들 피로를 푸는 것 같았다. 역시 움직이면서 피로가 회복되다니 젊음이 좋다.
CY선생님이 서점에서 사 오신 전통 놀이책에 있는 것 중 재미있는 것을 몇 개 골라 같이 했다. 팔을 흔들어 맞추는 게임도 하고, 합죽이가 됩시다 비슷한 것도 하고, 집과 토끼 놀이도 했다. 합죽이가 됩시다 게임은 니카라과에서도 비슷한 것을 했는데, 갑자기 이런 비슷한 게임이 여러 나라에 있는 것이 궁금해졌다. 게임의 기원이 어떻게 될까?

피냐따 놀이

현지 대학의 캠퍼스 투어하며 기념사진을 찍는 것도 좋다. 안내하는 현지 대학생이나 직원은 자긍심을 가질 수 있고 봉사단원과 코티처 사이에 라포 형성에도 도움이 된다.

학교에서 호텔로 돌아오는 차에서 우리를 안내하는 M이 마나구아에서 유명한 곳을 차로 천천히 구경하며 가는 것이 어떠냐는 제안을 하였다. 우리를 배려해 주는 마음이 참 고마웠다. 난데없는 관광버스 모드

라포 형성에는 역시 함께 시간을 보내는 것이 제일이다. 가능하면 봉사활동 초기에 코티처와 함께 여행을 가는 일정을 잡는 것이 좋다. 1박이 아니더라도, 말이 잘 통하지 않더라도, 많은 시간을 보내며 빠르게 친해지게 된다.

니카라과식 저녁 만찬을 경험한 것도 좋았다. 현지 학교의 학부모가 봉사단원에게 현지 전통 음식을 마련해 준 것이다. 식당 귀퉁이에 있던 사람 얼굴 도자기의 용도를 이제 안다. 음식을 올려놓고 식지 않게 데우는 기구였다.

문화 교류는 호텔에서도 했다. 단원들이 Kpop 연습하는 것을 호텔 주인이 구경하며 좋아하던 모습이 떠오른다.

회의 끝나고 춤 연습을 더 한다고 해서, 로비에 가서 다른 손님이 있냐고 물었다. 그걸 왜 묻냐고 하기에 소음으로 민폐를 끼칠 것 같아서(CY선생님이 정확히 이 표현을 하시지는 않으셨지만) 그렇다 하니, 오히려 손님은 없으며 다른 나라 문화를 볼 수 있어서 좋다고 웃으며 괜찮다고 말한다. 재미있게 봐주고 있다는 말을 학생들에게 전하니 좋아하는 표정.

교직원, 코티처와 함께 하는 식사

3-19. 사후관리

현지 학교에는 교과서나 수업 기자재가 거의 없는 경우가 많아, 대부분의 수업 교재나 자료는 한국에서 가지고 갔으며, 모든 봉사활동이 끝난 후 현지 학교에 기부하고 왔다. 이렇게 기부한 수업 기자재는 봉사단이 귀국한 후 현지 교사가 잘 활용하고 있다는 반가운 소식으로 이어지기도 했다(한재영, 임성민, 2017). 예로 간이현미경을 이용해서 양파 표피를 관찰하는 실험 수업을 진행했다고 한다. 아래 사진은 간이현미경으로 다른 친구의 눈을 관찰하는 매우 창의적인 모습이다.

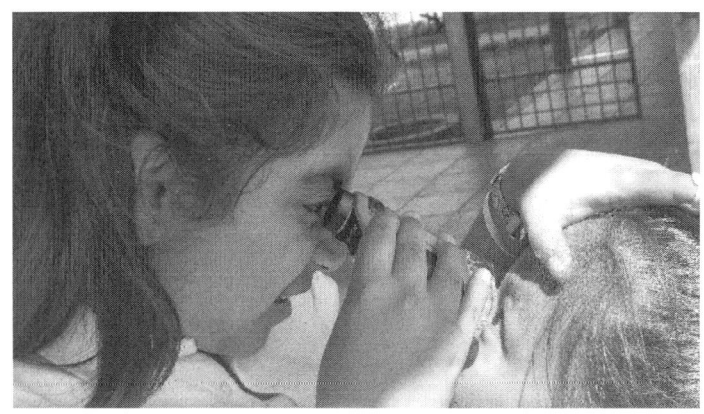

간이 현미경으로 눈 관찰

교육의 효과는 단기적으로 나타나지 않으므로 1회로 끝나는 교육봉사활동은 비교육적이기까지 하다(전현욱, 2017). 해외 교육봉사활동이 성공하려면 한 국가나 지역에 여러 번 봉사활동이 이루어지거나 사후관리가 지속되는 것이 필요하다.

처음으로 봉사활동을 했던 니카라과 KCA 학교에는 2회 봉사활동을 갔었고, 온라인 봉사활동도 2회 수행했다. 또한 미국 I 대학에도 다리를 놔 주어, 미국 대학생이 온라인 봉사활동을 2회 수행하고, 미국 교수가 2022년부터 매년 방문하여 교사 연수 등을 하고 있다.

사후관리를 위해서는 현지 교사 연수를 하는 것이 좋다. 기부한 수업 기자재를 활용할 사람이 교사이기 때문이다.

3-20. 봉사활동에선 왼손이 하는 일을 오른손이 알게 하라

해외 교육봉사활동은 신문, TV, 라디오, 홈페이지, 유튜브, 페이스북, 블로그, 소식지 등에 보도되며 국립국제교육원의 사업에 대한 홍보가 되었다. 좋은 일을 할 때 왼손이 하는 일을 오른손이 모르게 하라는 말은 봉사활동에 대해서는 반대가 되어야 한다(한국국제협력단, 2013). 즉 봉사활동은 적극적으로 홍보하는 것이 중요하며, 후원처를 개발하는 노력도 병행하는 것이 좋다(박인심, 2019).

국내 홍보는 대학의 홍보 전담 부서의 도움을 받아서 한다. 사업 선정, 발대식, 모금 활동, 바자회, 마스크 기부 행사, 봉사활동 과정 및 결과, 해단식 등 행사에 대해 보도자료를 준비해서 신문사에 보낸다. 하지만 현지 활동 영상은 인터넷 문제로 현지에서 한국으로 보내기 어렵다.

> 청주 KBS 홍보 영상을 올리는 데 시간이 많이 들어, 돌아가서 하면 안 되는지 물었지만, 현지에 있을 때 해 달라고 한다. 이럴 줄 알았으면 K샘이 가기 전에 영상 파일을 좀 모아 드릴 걸.

현지 홍보는 현지 대사관이나 대학, 학교의 도움을 받아서 하는데, 바쁜 일정 중이라도 홍보를 잊지 않도록 주의한다. 봉사단원이 신문이나 방송 기자의 인터뷰 기회를 가져보는 것도 좋은 경험이 되고, 현지 신문 등에 사진과 기사가 나오는 경우 자긍심을 가지게 된다. 현지 학교의 학생들을 인터뷰한 내용이 현지 신문에 보도되면 그 학생들에게도 매우 좋은 경험이 된다. 현지 신문에 내려면 보도자료도 준비해야 하고 계속 독촉해야 하는데, 그리 쉬운 일은 아니다.

> (과테말라) 우삭 대학에도 자체 방송국이 있다고 하여(Y영사님), 대학에서도 소년의 집에 한 번 와서 촬영, 보도를 해 주면 좋겠다고 말했다. (하지만 이것을 독촉하지 않으니 안 온다.)

현지 기관의 방침에 따라 사진 촬영이 금지되기도 하니 주의해야 한다. 현지 기자들에게 홍보비를 지급해야 하기도 하지만, 홍보는 돈을 들여도 하는 것이 좋다. 사진이나 영상에 좋은 그림이 나오는 수업(예, 태권도)을 촬영할 수 있도록 시간을 변경하기도 하였고, 일부 수업은 현지 취재로 인해 방해받기도 하였다.

> 한국은 외국을 지원하면서 광고에 좀 더 신경 쓰는 것이 좋다. 일본은 도와준 다음에 기념비나 깃발을 세운단다.
> 교실 수업 장면을 배경으로 써서 부메랑 수업이나 표면장력 수업이 방해받았다. 교사가 설명해야 하는데 조용히 하라고 하니. 단원들은 이에 대해 불만이 많았지만, 최소한 티피따빠 학교 학생들은 신났을 것 같다.

바자회는 모금보다는 홍보 목적이 크다. 바자회에 드는 추가 비용(현수막 인쇄, 간식비, 회식비 등)과 시간, 노력에 비하여, 모금되는 돈은 그리 많지 않다. 효율성은 낮지만, 바자회를 통한 홍보는 매우 중요하다. 돈으로 살 수 없는 인식 변화, 봉사활동에 대한 인지도 상승, 기부 문화 확산 등을 꾀할 수 있다. 마스크 기부 행사도 홍보에 매우 좋다. 이 봉사활동은 혼자가 아닌 단체 활동이고, 여러 사람의 관심과 도움이 있어야 잘 수행될 수 있다.

의도치 않게 홍보가 되는 때도 있었다. 코로나 이전에는 외국에서 야외에서 마스크를 쓰는 사람은 한국인뿐일 거다.

JH가 마스크를 쓰고 중심가를 돌아다닌 모습이 사진이 찍혀 유튜브에 올라왔다고 하며, 천사의 집 아이들이 같이 사진에 찍혔다고 신부님이 펄쩍 뛰신다. 이 아이들은 신문에 나오면 안 되는, 보호되어야 하는 아이들이기 때문이다. 정체 모를 아시아인이 마스크를 쓰고 다니니 특종 사진이 된 거다. 내가 마스크 쓰고 다니라 했으니 내 잘못이네. 과테말라는 신종 바이러스 청정 지역인데 이 사진 한 장이 어떤 파장을 일으킬지 모르겠다. 어쨌든 봉사단이 현지(?) 언론에 한 번 보도되었네.

과테말라 천사의 집에서는 달력을 만들어 판매하기도 한다. 물론 한국에서 인쇄하여 판매하는 것이다. 1년 내내 보는 달력은 특히 여러 사람이 있는 곳에 놓으면 좋은 홍보가 된다.

2020년 2월 천사의 집 달력에는 실수로 인해 29일이 없었다. '하루 공짜로 살 수 있다면 하고 싶은 일을 그날 하라' 당신은 어떤 일을 할 것인가?

3-21. 후원 얻기는 참 어렵다

국립국제교육원의 예산 지원은 모두 '교육봉사'를 위해 지출되어야 할 뿐 아니라 빠듯한 경우가 많아서, 현지 학교에 현금이나 현물을 기부하기 위해서는 별도의 후원을 받아야 한다. 이에 병원, 학교, 학회, 개인, 기업, 단체 등에 후원을 요청하거나, 바자회 등을 열어 모금하기도 하였다.

교직원의 지인이 운영하는 병원에서 상비약과 구충제 등을 지원해 주었다. 상비약 중 감기약이 의외로 많이 필요하다. 구충제는 중미에 많이 필요해서 현지에 가서 유용하게 쓸 수 있다. 단, 현지에 줄 때는 설명서와 유의 사항을 번역해서 같이 주어야 한다(예, 임신부 복용 금지 등). 대학에서 개최한 비교과 프로그램 콘테스트에 사범대학이 이 봉사활동으로 응모하여 상금을 받았고, 그 일부를 다음 봉사활동에 사용하기도 했다.

저자가 소속된 한국과학교육학회에서 봉사활동 지원금을 얻어서 현지 학교의 과학교육 기자재 구입비로 기부하기도 했다. 학회 예산이 매우 빠듯함에도 후원을 해 준 것에 감사한다. 학회에서 봉사활동 지원 공고를 처음 냈을 때 5팀이나 신청했다고 한다. 알게 모르게 좋은 일을 하는 사람들이 꽤 많다. 하지만 이후 학회장이 바뀌고 새로운 운영진 회의를 하면서 예산 부족 등의 문제로 지원 사업이 폐지되었다. 학회가 사회에 이바지하는 점을 강조했지만, 여러 사람의 인식을 바꾸는 것은 쉽지 않았다.

학회 지원금 기부 판넬

저자가 동네 사람과 얘기하면서 봉사활동 후원금을 받기도 했고, 대학교에 많은 기부를 한 독지가인 고 신언임 여사의 후원도 받았다. 교육청에서는 선물을 후원받았다.[9] 대학 여러 부서에는 행사 기념품이 남은

---

9) 교육감(을 잘 아는 교수를 통해)을 만나는 것보다 담당자를 먼저 만나야 한다(교육청 직원들은 정말 너무도 바쁘다). 교육청 예산은 빠듯할뿐더러 이미 용처가 정해져 있어서 사

경우가 있는데, 인맥이 넓은 직원이 각 부서에 연락해 기부받아 주어 큰 도움이 되었다. 학교 마크가 찍혀 있는 기념품은 현지에 가져가 선물을 주기에 좋다. 현지 학생들에게 나눠주는 동글 부채, 대학생들에게 줄 손톱깎이 선물을 준비하는 아이디어를 처음 낸 것은 대학 직원이었다. 손이 큰 그 직원에게 많은 도움을 받았고 또 많이 배웠다. 특히 동글 부채는 매년 만들어 가는데 더운 나라에서 선물을 주며 홍보하기에 매우 좋다.

> 내일 전달할 선물을 코티처, 소년의 집, 소녀의 집, 천사의 집으로 나눠 챙기고, 가방을 다 싸 놓았다. 잡채와 끌라로 물병도 기부해야지, 약도 기부하고. 기부할 돈도 챙기고, 알레한드라에게 줄 것은 따로 쇼핑백에 넣어 두었다. 충북교육청에서 받은 선물은 뜯어보니 고급스러운 탁상시계, 편지 뜯는 기구(이것도 고급스럽다), 정말 멋진 마우스 패드였다. 내가 봐도 탐날 정도로 좋네.

천사의 집 HS 신부님의 동글 부채 선물에 대한 해석이 정말 환상적이었다. 선물을 줄 때도 스토리가 있으면 좋다.

> Kpop을 추니 여학생들이 너무나도 좋아한다. 손뼉 치고 환호성을 지른다. 춤이 끝난 후 동글 부채를 나눠주었다. 그다음 신부님 말씀이 정말 압권이었다. 여기는 덥지 않아 부채를 쓸 일이 많지 않고, 대신 나쁜 생각이 들면 머리를 부채로 부쳐 그 생각을 털어내고, 나쁜 마음이 생기면 가슴을 부채질해 털어내고, 상대가 나쁜 말을 하면 그 입에 부채질해 주고, 안 좋은 말을 들으면 귀에 부채질을 해서 밀어내고 4년째 동글 부채를 기부하지만 이렇게 멋진 해석을 창의적으로 해 주신 것은 처음이다.

일반 기업에서 후원받기 위해 노력을 많이 했지만, 성공한 경우는 없다. 주변의 기업, 공장, 업체, 단체 등에 봉사단 학생들이 후원 요청 편지를 보낸 후, 호의적으로 응답이 오는 곳에 봉사단장이 방문하여 후원처를 찾는 방식을 다른 대학에서 배워 따라 했지만 모두 실패했다. 후원을 해 주는 기업이나 단체 로고를 자료집에 넣거나 단복에 새기거나 배지에 넣어 홍보해 주는 것도 방법이 될 수 있겠다. 봉사단원들은 후원받기 위해 노력하는 과정에서도 많은 것을 배우고 경험하게 된다. 봉사활동은 남몰래 하는 것이 아니라 널리 알리며 적극적으로 홍보해야 하는 것임을 알게 된다.

대학의 농협에서는 지점장과 부지점장의 개인적인 현금 후원과 현물(농협 부채) 후원을 받을 수 있었지만, 지역 농협에서는 여러 번 어렵게 방문했어도 실패했다. 후원처를 방문해서 봉사활동을 설명할 때 이전 활동 결과 보고서를 가져가는 것이 좋다. 그래서 2019년 활동 결과 보고서를 많이 만들어 놨는데, 2020년에 코로나로 인해 한 권도 쓰지 못했다. 대학에 발전 기금을 내는 기업을 대상으로 '기업봉사지원단'을

용하기 어려우며(감사에 걸릴 위험), 상위 기관(교육부) 사업에 대해 하위 기관이 중복으로 지원하는 문제도 있고, 교육청은 주로 초중고 학생들 프로그램 운영에 관심이 많다. '교육청에 찾아가서 얘기하는 것 하나도 단순한 일이 아니고 여러 역학관계가 얽혀 있다.' 후원 요청은 청탁이 아니라 정책 개발을 위해 더 적극적으로 해야 하는 일이라는 격려 말도 들었다. 금전적 지원이 어려우면 현물 지원도 가능할 수 있으며, 후원에는 재정 후원과 명목 후원이 있다고 한다.

구성하는 방안을 총장에게 제안하기도 했는데(다른 대학 사례 참고), 이것도 성사되지 않았다.

현직 교사의 소개로 읍면 지역에 있는 중학교에 가서 특강을 하고, 특강비를 받은 것을 봉사활동 기금으로 사용하기도 했다. 송풍기, 풍선에 컵 붙이기, 빨대 정전기, 꼬마 부메랑 만들기 등 재미있는 과학 실험을 보여주며 이공계와 사범대 관련 진로 교육했다. 송풍기를 설명하며 과학관에 가면 볼 수 있다고 하니, 중학생이 과학관에 한 번도 가본 적이 없다고 한다. 이런! 시골 지역에 있는 학교는 과학 체험 인프라가 부족하다는 걸 미리 알고 말조심해야 했다. 시골 학교에서의 수업이 해외 봉사활동 수업과 조금 비슷한 점이 있다.

봉사단원도 현지 활동에 쓸 수 있는 공금을 마련하기 위해 적극적으로 참여를 했다. 사범대학에서 자유학기제 관련 활동이 있었고, 거기에 봉사단원 중 사범대 학생들이 봉사활동을 위해 준비하던 수업을 활용하여 활동 지원을 했다. 그리고 그 수업료로 받은 돈을 일부 모아 공금으로 활용했다.

여러 대학교수와 함께 쓴 책의 인세가 약 30만 원 나왔는데, 저자는 모두 32명이다. 그중 과반이 봉사활동에 쓰는 것으로 동의를 해 주어서, 봉사활동을 나가는 3개 대학이 나눠 쓰기도 했다.

2019년에는 충북대에 시민교육사업단이 만들어지면서 일부 지원을 받았다. 단원이 봉사활동을 하기 전과 후에 어떤 변화가 있는지 시민교육과 연계하여 반성해 보는 기회도 되었다. 또한 미래교육센터에서도 시설과 장비, 물품 등의 지원을 받았다.

봉사활동을 계속하면서 후원처가 조금 늘어났다. 저자는 중등 교사일 때부터 신나는 과학을 만드는 사람들 회원이었고, 이것을 통해 전국과학교사협회에서 지원금을 받기도 했다. 또한 지역 과학축제에 가서 해외 봉사활동에 활용할 실험 물품을 지원받기도 했다. 그리고 기존 봉사단원이 개인적으로 학용품을 후원하기도 했고, 봉사단원이 소속된 학과에서 지도나 현미경 등을 후원하기도 했다. 카카오같이가치 후원도 받기 시작했다.

3-22. 바자회

바자회는 봉사활동 기금 마련을 위해 2018년에 처음 열었다. 인근에 있는 청주교육대학에서 2016년부터 매년 바자회를 열어 봉사활동 후원금을 모았다는 얘기를 듣고 벤치마킹을 한 것이다. 이 이야기를 들은 한국교원대학교에서도 그 대학 봉사단을 위해 바자회를 크게 진행했다. 봉사활동에 대한 정보는 공유할수록 배가된다.

바자회는 물품을 기부받는 것에서부터 가격 책정 및 스티커 붙이기, 판매 장소 준비, 홍보 포스터 디자인 및 게시(게시물은 학생회 도장 받아야 함), 배너 제작, 물품 이동 및 배치(수레나 차로 이동), 판매 관리, 정리에 이르기까지 할 일이 많은 행사다. 큰 텐트도 빌려 쳐야 하고 학생처에서 장소 이용 허락도 받아야 한다. 잔돈을 준비해 놓거나 이체용 계좌도 준비한다. 마지막 날 끝나는 시간에는 50% 할인도 해 준다.

> 하루 종일 바자회로 마음이 바빴다. 준비할 때 와 보려고 카풀도 포기했는데, 당연히 그랬어야 한다. 물품 나르고 천막 치고 배치하고 등. 차려 놓으니 제법 바자회 분위기가 난다.

봉사단원은 바자회를 처음 운영하면서 노력과 시간이 많이 필요함을 알게 된다. 판매 담당 시간과 역할을 분담해야 하는데, 특히 처음 시작할 때와 정리할 때 가장 품이 많이 든다. 돈도 든다. 물건을 팔면서 마실 음료와 간식을 지원해 주는 게 좋다. 바자회 첫날 수익 금액은 약 35만 원. 바자회가 끝나고 회식하면서 식사비를 낼 때 생각을 많이 하게 된다. 그러라고 단원 회식비를 일부러 지원하지 않았다. 바자회에 쓸 옷걸이도 매년 쓰기 위해 주문해서 사 두었다.

개인적으로 바자회를 하면서 집안 물건이 조금 정리되는 부수 효과도 있었다. 밀짚모자, 옷(샀지만 상표 그대로 붙어있는), 캔들 장식(열기구 모양), 진동 안마기(이건 내놓기도 전에 팔렸다), 인형, 비즈 공예품 등을 비워냈다. 그런데 팔고 남은 물건 상자 2개를 보관하기 위해 가져오면서 연구실은 더 복잡해졌다. 이사를 위해 집 정리를 하며 아직 쓸 만한 물건도 몇 꾸러미 가져다 놓았다. 한편, 한번 팔리지 않은 물건은 버리는 게 좋다.

바자회를 2회 이상 하니 노하우가 쌓인다. 물품은 종류별(의류, 생활용품, 화장품 등)로 분류하고 목록에 순서대로 정리해야 판매 점검하기 쉽다. 교대할 때는 10분 정도 일찍 와서 인수인계하는 게 좋다. 탈의실이 있으면 좋지만 만들기는 어렵다. 음식도 팔면 좋겠다는 의견도 나왔고, 사진전도 함께 열면 좋다.

3-23. 쉼은 필수, 잘 쉬어야 잘 가르친다

방학 중 봉사활동 4~5주는 짧으면서도 매우 길다. 그 기간 봉사단원은 지치거나 크고 작은 질병에 시달리기도 하므로, 수업이 없는 주말에는 잘 쉬면서 봉사활동을 준비해야 한다. 즉 교육봉사활동을 잘하기 위해서는 휴식의 시간도 잘 보내야 한다. 첫 니카라과 봉사활동을 나갈 때는 주말에 현지 대학생과 교류하거나 여가 시간에 할 수 있는 프로그램(예, 같이 볼 영화, 요가와 운동 영상 가져가기, 뇌 구조에 머릿속 생각 그리기 활동, 단 화투나 카드는 금지) 등을 마련하여 주말까지 관리하려고 생각했었다. 하지만 곧 그것은 무리한 일임을 알게 되었다. 관리자도 주말에는 함께 쉬어야 하기 때문이다. 첫 봉사활동 때 현지에 가서 1주일 만에 거의 탈진이 된 적이 있다.

> 두드러기와 다크 써클이 생겨, 달리기를 멈추었다. 휴식의 중요성을 절감한다. 오늘의 핵심어라도 적고 자려 했지만, 그것마저 못 적고 그냥 잠에 들었다.

봉사활동 일정을 잡을 때 주말을 적절히 활용하는 것이 좋다. 출국하기 전까지 봉사활동 수업과 자료 준비하랴 바쁜 한국 일을 정리하랴 힘들고, 게다가 장시간 비행기를 타고 가면 더더욱 피곤하다. 주말이 아니더라도 도착해서 하루쯤 쉬며 적응하는 시간을 갖는 것이 좋다.

> 학생들은 며칠 힘들고 난 뒤에 모처럼 늦잠을 자고 자유롭고 여유롭게 관광을 해서 좋았다고 한다. 이번 봉사활동 일정에 주말이 바로 들어가게 배정한 것이 참 유효했다. 쉬고 일하는 여행. 봉사활동에서는 이렇게 중간에 재충전하는 게 꼭 필요하다.
> 잠을 자려고 누우면 학생들이 노크하여 잠 깨기 여러 번, 문밖에 방해하지 말라고 써 놓고 자야겠다.

니카라과 학교는 2부제로 운영되지 않는 한 초중고 모두 하루에 5시간만 수업을 해야 한다. 따라서 봉사활동 수업도 오전에 하고 나면 오후 내내 시간이 남는다. 이 여유 시간은 부족한 잠을 자거나, 책을 읽거나, 스마트폰을 하거나, 깜짝 생일파티 준비하는 등 각자 자유롭게 보낸다. 이 시간이 있어 힘든 봉사활동을 버틸 수 있는 것 같다.

> 오전에도 시간이 남고, 오후에도 시간이 남는다. 무엇을 할 것인가? 아무것도 하지 않고 생각할 게 하나도 없을 때까지 생각하는 것도 좋다고 권했다.
> [HS 단원] 그리던 니카라과 아침. 나는 봉사를 그리지 않았다. 낮에는 눈부시게 나를 에워싸는 햇볕을. 밤에는 빼곡히 빛나는 밤하늘을. 그리고 가만히 햇볕과 밤하늘을 쬘 수 있는 그 여유로움을 그렸다.
> 어제 일찍 10시에 잠자리에 들었고 아침 4시 반이 되어 깨어 6시쯤 밖에 나왔다. 상쾌하고 시원한 공기가 전해주는 아침 짓는 향이 매우 고소하다. 밤새 멍멍이가 돌아다니며 남긴 흔적을 치우는 직원. 직원들에게 이것저것 얘기하는 선교사님 내외분. 이런 분위기에서는 한국에서 온 메일이나 카톡을 다 무시하고 싶다.

육체적인 쉼은 정신적인 쉼과 연결된다. 중미의 국가들에는 파티나 춤 문화가 매우 발달해 있다. 숙소 근처에 현지 춤을 배울 수 있는 곳이 있어 단원들과 함께 방과 후 1시간 정도를 춤을 배운 적이 있다(이 것은 문화적 체험을 권하며 시범을 보이는 셈이 되기도 한다). 그 춤의 가치에 대해 아래와 같이 얘기한다. 봉사단장도 자기만을 위한 휴식이 필요하다.

> 이번 봉사활동에서 제일 좋았던 순간은 짐에 가서 춤(줌바 댄스)을 출 때였다. 춤이 어렵고 피곤해서 격렬한 동작을 따라 하기 힘들어도, 그때는 순전히 춤만 추면서 아무 생각을 안 해도 되기 때문에 좋다. 춤을 추지 않을 때는 잠을 잘 때에도 봉사활동 운영에 대해 생각하곤 한다.[10]
> 이제 조금 뒤에는 춤추며 땀 흘리러 가자 오겠지. 오늘은 5명이 갔는데, 지금까지 본 강사 중 가장 뚱뚱한 강사(남자)가 유연하게 춤을 추었다. 춤을 다 따라 하지도 못하고, 틀리면 주위 현지인과 눈이 마주쳐 뻘쭘하기도 하고(회전할 때 틀리면 앞에 있는 모든 사람과 눈이 마주친다^^), 뒤에는 사람이 많아 동작을 크게 하지도 못하고, 특히 몸통 바이브레이션은 아무리 해도 어색하고 그렇다. 하지만, 이렇게 춤을 따라 하는 시간은 온전히 나만을 위한 시간, 다른 것 생각할 필요가 없는 시간, 어쩌다 어려운 스텝 잘 맞추면 상큼하기도 한 시간, 그렇게 힐링이 되는 시간이다. 시원한 샤워는 덤. 한국에 돌아가서 춤을 배우려고 생각했던 적도 있지만 이상하게 귀국 후에는 그럴 여유를 내지 못한다.

엘살바도르에 갔을 때는 코티처와 같은 호텔에 머물렀는데, 주말 밤에 춤 파티를 한 적이 있다.

> 호텔 오자마자 샤워를 해서 춤 파티에는 잠시 얼굴만 비추고 오려 했는데 1시간 반 정도 온몸에 땀이 날 정도로 몸치를 움직였다. 한국 노래와 외국 노래가 번갈아 가면서 나오고 서로 춤을 가르쳐주며 논다. 내년에는 정말 단원 선발에 오디션을 봐야 할까보다. 춤을 잘 추는 학생은 따라 추는 것도 잘 한다. 학생들 체력 정말 좋다. 아, 이젠 한계. 찬물에 샤워하고 누웠는데 계속 노랫소리가 들린다. … 오늘은 하루 종일 여행에서 학생들 따라다니고, 춤 파티에서 다른 사람 춤 따라 하고, 피곤하기는 하지만 편하게 따라다니기만 한 날이다. 하루 이렇게 쉬어야지.

아무 일도 안 하며 쉬는 것도 휴식이지만, 적당히 움직이며 쉬는 것도 좋은 휴식이 된다. 배드민턴이나 제기, 줄넘기 등을 가져가는 것도 좋다. 쉴 때는 정말 아무 생각도 안 하고, 노트북도 켜지 않고 그냥 쉬어야 한다.

> 수공예품 점에 들르고, 옷 가게 들르고, 극장에 도착했다. 한쪽에 전시물이 있었는데 과학 분야별로 학습기자재가 전시되어 있었다. 생물 표본이 많았고 세포분열을 투명한 구 안에 모형으로 만들어 넣은 것이 인상적이었다. 나의 미래 해골 옆에서 이빨 드러내며 사진 찍었다. 화학 오비탈과 주기율표도 있었다. 옆 공연장에 가니 한 남자가 무대에서 노래를 부른다. 한 곡이 끝나고 otra를 외치니 한 곡 더 불러준다. 객

---

10) 봉사활동을 준비할 때도 꿈에서까지 일을 하곤 한다. '니카라과 봉사활동에 대해 꿈도 꾸고 있다. 합격자 목록을 정리하고 공문을 만들고 그러는 꿈을 꾸었다.', '니카라과에 가서 봉사활동 수업을 하는 꿈을 꾸었다. 잘 진행이 되지 않아 짜증을 냈던 꿈.'

석에 봉사단만 있는 이런 라이브 공연도 보게 되다니. 돌아오는 길 중고 옷 가게에 들러 쇼핑하고 성당에 들어가 앉았다. 조금 뒤에 미사가 시작된다고 그래서 바로 나와 돌아왔다. 출발할 때 햇빛이 너무 강렬하기도 하고 조금 피곤하기도 해서 나가기 조금 꺼려졌지만, 많은 학생이 갈 것 같아 쫓아갔는데, 웬걸 마치 주말에 여행하는 느낌이었다. 피로가 힐링이 된다.

좁은 호텔 안에서 하는 제기차기

술은 확실히, 적절히 통제해야 한다. 술은 원래 열심히 일한 사람이 잘 마시는 것이니, 힘든 봉사활동을 마친 주말에는 술 생각이 간절해진다.

오늘은 금요일 오후, 호텔에 가는 사람과 마트에 들르는 사람으로 나누기로 했다. 맥주가 분명히 필요한 날일 테니까. 학교에서 출발하면서 LS에게 명수를 세라고 하니 '맥주 세라고요?'라고 되물어서 ㅋㅋㅋ 같이 많이 웃었다.

3-24. 여행도 쉼, 미안함을 느끼는 시간

교육봉사활동을 나가 수업을 계속하는 것은 매우 힘들고 지치는 일이다. 초중등 학교의 수업이 없는 주말에는 휴식을 취하며 수업을 준비할 뿐 아니라, 인근 지역을 짧게 방문하는 여행을 가기도 한다. 여행은 도심지, 유적지, 시장 등 인문 지리를 탐방하거나 바다, 화산, 호수 등 자연지리를 탐방하는 것으로 구분할 수 있으며, 짧은 여행을 통해 현지의 문화를 체험하고 자연을 감상하며 재충전할 수 있다. 특히 지리나 지구과학을 전공하는 예비 교사에게 매우 좋은 경험을 제공한다. 봉사활동을 계속하는 데에는 한편으로는 즐거움이 필요하다(다나카 유, 2013).

중미에는 스페인의 식민지 지배 시대의 건물이 그대로 있는 경우가 많다. 그런 오래된 건물은 관광 자원이 되어, 특히 유럽인들이 많이 찾는다.

봉사활동을 나와 짧게 관광하는 것에 거부감이 생기거나 부자연스럽게 느끼는 경우가 종종 있다. 국민의 세금으로 지원받아 해외에 봉사활동을 나와 관광을 하면 안 된다는 주장에도 일리가 있고, 현지의 문화를 알고 잘 쉬어야 봉사활동을 더 잘하게 된다는 주장에도 일리가 있다. 과도하지 않은 적당한 여행은 해외 봉사활동의 성공적인 운영에 꼭 필요하다고 생각한다. 물론 관광에 드는 교통비, 입장료, 초과 식비 등의 비용은 개인이 부담한다.

봉사활동을 금요일에 마치고 마지막 주말에 관광한 후 귀국하는 일정이 좋다. 단, 여행 중 안전사고가 일어나지 않도록 '안내된 관광'으로 제한하는 게 좋다. 멕시코를 경유하며 짧게 자유 관광하려는 안이 나왔지만 안전 문제로 포기했다. 봉사활동은 최소 4주를 해야 하니, 며칠 정도 추가로 머물면서 관광하는 것도 방법이다. 하지만 봉사활동이 끝난 뒤 바로 이어서 무리하게 여행하는 건 피한다. 봉사활동은 체력을 고갈시키기 때문이다.

> 맛있는 고기와 구운 새우, 채소, 감자튀김 등을 먹으며 쿠바에 간 F조가 생각난다. 몸이 아프고 사기도 당하고 그랬다는데, 거기 가서 고생하지 말고 여기 계속 같이 있었으면 좋았을걸. 봉사활동을 하면 체력이 많이 떨어지기 때문에 바로 여행하는 것은 무리다.

중세의 성처럼 꾸민 호텔-리조트-스파-마사지 온천(spa caliente)에 가서 푹 쉬었던 것이 기억에 남는다. 환태평양 화산대 지역이라 천연 온천이 있다.

코티처와 함께 가는 여행도 1번 이상 마련하는 게 좋으며, 그럴 때는 현지 대학에 차량 지원을 요청할 수 있다. 코티처와 함께 한국 음식점을 방문하는 것은 문화 교류 측면에서도 매우 좋다. 현지 관광 비용은 한국에 비하면 싸지만, 현지인에게는 비싸므로 코티처 여행 경비를 지원하는 게 필요하다.

현지 여행 중에는 교육봉사에서 가르치고 있는 현지의 (가난한) 학생들에게 미안한 감정을 느끼게 된다. 이렇게 예비 교사는 봉사활동 중 여행을 통해 단순한 관광이 아닌 세계시민으로서 여행의 의미를 새롭게 정립할 수 있다. 현지 여행을 하며 봉사활동 대상(현지 초중등 학생)에게 느끼는 미안함은 수업에 대한 열정으로 이어진다.

니카라과의 경우 현지 교육부에서 봉사활동을 하도록 지정해 준 학교가 관광 인프라가 갖춰진 관광도시인 그라나다에 있어 관광이 안전하고 자연스럽게 이루어졌다. 또한 봉사활동 후반부로 갈수록 수업 준비의 부담이 줄어들어 상대적으로 여유가 많이 생기기도 한다. "왜 한국에서는 이런 여유로운 순간을 가지기 어려울까?" 해외에 있어 얻는 여유로운 시간에 자신을 돌아볼 기회가 생긴다.

엘살바도르의 수도인 산살바도르 시내에 있는 로사리오 교회가 정말 인상적이었다. 무지개 모양 스테인드글라스가 참 예쁘다. 성당에서 본 로메로 신부(영화로도 제작됨)의 인자한 눈빛도 아직 기억에 남는다. 시내 교회와 성당은 워낙 위험한 곳이라 현지인도 잘 가지 않는 곳이다. 코티처가 정부 관광청의 무료 가이드를 섭외해 주어 앞뒤로 호위받으며 다녀올 수 있었다.

> 코티처끼리 얘기하다 막 웃으며 총 쏘는 시늉을 하기에 왜 그러냐 하니, 슈퍼마켓에 간다는 말을 마켓(전통시장)에 간다고 말을 잘못해서 위험한 곳에 가자 했다고 놀란 것이다.

현지인도 가기 어렵다는 위험한 지역에 있는 엘살바도르의
성당. 무지개색 스테인드글라스가 멋지다.

3-25. 자연 문화 탐방

해외에서 새로운 동식물과 자연경관을 관찰하는 것은 언제나 즐겁다. 대기오염원이 거의 없는 상쾌하고 시원한 공기 냄새를 처음 맡아보면 그 나라 특유의 향이 섞여 있는 걸 느낄 수 있다. 겨울이지만 다 자란 여치가 후드득 날아간다. 일 년 내내 여름 날씨이니 겨울잠을 잘 수 없어 불쌍한 여치. 열대나 아열대 지역에 사는 여치는 건기에 겨울잠을 잔다는 것을 몇 년 지나서 알게 되었다. 아열대 꽃이 많아 한국에서는 보기 힘든 벌새도 가끔 볼 수 있다. 엘살바도르 국조이지만 멸종위기종인 Torogoz 새가 대학 안에 살고 있는 것도 보았다. 조화 같이 생긴 생화도 신기하다.

조화 같은 생화

니카라과의 수도인 마나구아 도심에서 밤이 되면 네온사인 나무 장식을 볼 수 있다. 모링가 나무인데, 생명나무라고도 한다. 모링가 씨는 하루에 5개 이하로 먹어야 하고, 씨에서 짜낸 오일도 있다. 잎으로 차도 끓인다. 모링가 가루나 씨를 한국에 가져올 때 공항 통과 여부는 운에 맡겨야 한다.

니카라과 대학에서 본 어떤 나무는 줄기에서 뿌리가 내려와 공중에 늘어져 있는 모습을 하고 있었는데, 그 나무 아래에서 자면 귀신에 씌운다는 얘기가 있다. 열대 지역에서 많이 볼 수 있는 보라색 꽃이 피는 잔다도 반갑다.

> 샤워장 앞쪽에 피어 있는 잔다꽃을 발견했다. 아니, 이 꽃이 여기에? 동티모르에 갔을 때 천연 지시약 만드는 실험에서 아주 예쁜 색으로 변하는 지시약을 제공했던 꽃이. 암술과 수술이 확실히 있어 꽃 관찰 실험에 적격이기도 하다. 새로 매점에 온 직원이 꽃을 좋아해서 심은 것이란다. 이 식물은 꺾꽂이가 된다고 내가 말해 주었다.

레몬 중에는 수박처럼 크게 자라는 종류가 있고, 몇 년을 죽지 않고 자란 아주까리 나무도 보았다.

아침 후 따뜻한 태양 빛을 받으며 정원을 천천히 걸으며 커피나무도 관찰했다. 그 옆에 동그란 과일이 매달린 나무는 레몬이란다. 수박만큼 크게 자라 가지가 휘어질 정도로 노랗게 익으면 따 먹는다고 나중에 직원에게 설명을 들었다.

아주까리 나무도 관찰했다. 잎은 분명 아주까리인데 줄기가 나무처럼 굵다. 열매를 따서 보니 한국 것보다 크기는 작지만, 모양과 무늬는 같다. 좀 생각해 보니, 여기는 1년 내내 아주까리가 나서 죽지 않고 자라기 때문에 나무처럼 클 수가 있는 것이다.

엘살바도르 대학 교정에 있는 은행나무처럼 노란 꽃이 핀 큰 나무의 이름은 cortes blanco이다. 우리나라 사람은 바나나와 쁠란따노를 구분하지 못한다.

청소년 센터로 걸어가며 바나나 나무를 학생들에게 보여주었다. 바나나가 아니고 플라따노 나무란다. 바나나보다 크지만 달지 않아 요리해 먹어야 하는 것.

학교에 가는 길에 한 나무에 두 가지 색의 꽃이 피어 있어서 신기해서 사진을 찍었는데 한국에도 있다고 한다.

KCA 학교는 부지가 참 넓다. 학교 뒤쪽 언덕에 있는 과수원을 천천히 산책하는 것도 좋다. 넓은 들에서 키우기 위해 야생마를 샀지만 길들이지 못해 헐값에 되파는 모습도 보았다.

아열대 지역이라 도마뱀이 많이 있다. 처음에는 모두 놀라지만 조금 지나면 도마뱀에 익숙해진다. 바퀴벌레도 많다. 특히 여행지에 가면 가방 안으로 바퀴벌레가 들어오는 경우가 있으니 조심한다. 귀국 후에 집에 들어가기 전에 캐리어 바퀴를 닦는 것이 좋다고 한다.

니카라과에 가서 활화산을 처음 보았다. 길이 좁아 차에서 대기하며 정해진 인원씩만 올라간다. 근처에 식당이 없어 뽀요 도시락을 배달시켜 흔들리는 차에서 같이 먹었다. 이글거리며 움직이는 붉은 빛은 하늘에까지 닿는다. 그걸 눈에 담는 사람과 카메라에 담는 사람이 있다. 관광 시간이 짧아 화장실에는 뛰어갔다 와야 한다. 이 마사야 화산은 몇 년 후 용암이 굳으며 화구가 덮여 아쉽다.

산환데수르는 니카라과의 태평양 연안에 있는 관광지다. 많은 기대를 안고 태평양 바다에 들어가 보았지만, 물이

마그마의 빛으로 찍은 마사야 활화산

탁하고 물고기를 한 마리도 볼 수 없어 실망했다. 비치볼이 바람에 떠내려갈 때 그것을 잡으려고 쫓아가는 것은 위험하다. 튜브를 끼고 멀리 갔던 단원을 구조하느라 현지인의 도움을 받았다. 해수욕장이 내려다보이는 언덕에 예수상이 있는데, 거기까지 가파른 길을 올라가다 보면 전망 좋은 곳에 수영장이 딸린 별장이 계속 보인다. 빈부격차는 어느 나라에나 있다.

산환데수르 해변

[단원의 산환데수르 방문기]

약 2시간 30분 정도 버스를 타고 도착해서 E의 추천 맛집인 'dale pues'에 가서 점심으로 햄버거, 샌드위치를 먹었다. 2층에서 밖의 거리를 볼 수 있었는데 니카라과 사람들이 아닌 외국인이 대부분이었다. 이곳이 니카라과인가 하는 생각이 들 정도로 지금까지 봐온 니카라과와는 너무 다른 미국의 휴양지 같은 자유롭고 깨끗한 느낌이었다. 또 내가 가게 이름이 쓰여 있는 테이블 사진을 찍으니까, E가 'dale'는 '알겠어~'라는 뜻이라서 니카라과에서 친구들이랑 평소에 '달래달래~'라고 말한다고 했다.

밥을 맛있게 먹은 뒤 길거리의 옷 가게들을 구경했다. 우리나라 옷 가게 같이 깨끗한 가게들도 있었고 길거리에 천막을 치고 옷을 파는 가게들도 있었다. 지금까지 니카라과에서 봐왔던 풍경이 아닌 좋은 외국의 해변 같은 자유로운 느낌이어서 길거리를 구경하는 것만으로도 재미있었다.

햇빛이 너무 뜨거워 땀이 엄청 많이 날 때쯤 E의 두 번째 추천 맛집인 'SIMON says'라는 스무디 집에 들어갔다. 들어가는 입구부터 신기하고 남달랐는데 안에 들어가자마자 내가 너무 좋아하는 공간이 펼쳐졌다. 카페 안이 숲이었다. 나무들과 푸른 잎들이 정말 많았다. 나는 'brazil'이라는 음료를 시켰는데 민트가 들어간 아주 아주 건강한 음료 맛이었다.

드디어 대망의 예수상을 구경하러 갔다. 30분 정도 버스를 타고 도착했다. 1분 동안 힘든 오르막길을 올라가니 정말 아름다운 광경이 펼쳐졌다. 바다 끝 저 멀리 지평선이 보이는 것 같았다. 시원한 바람이 불고 따스한 햇볕이 푸른 바다를 잔잔하게 비추었다. 구름이 지나가는 그림자가 산 위에 비추었다. 단체 사진도 찍고 인생샷 스팟을 찾아서 그곳에서 다들 한 번씩 사진을 찍었다. 아마 오늘 다들 카카오톡 프로필 사진을 바꿀 만한 사진을 건졌을 것이다.

다시 버스를 타고 sunset을 보러 바다에 갔다. 가서 옷을 거리에서 산 나시로 갈아입고 J오빠랑 K랑 E랑 바다에 들어가서 파도를 탔는데 너무 시원하고 좋았다. 한 시간 정도 물에서 놀다가 파스타와 부리또를 먹었는데 진짜 니카라과에서 먹은 것 중 맛있는 순서로 손에 꼽을 정도로 맛있었다.

그라나다 시내는 자전거를 빌려 돌아다니며 구경하면 좋다. 호수 근처라 대부분 평지고 언덕은 별로 없다. 호수에서 카약을 타며 호숫가를 구경하는 것도 좋은데, 비용에 바가지를 쓰지 않도록 미리 금액을 알아보고 간다.

[JJ 단원의 일지] 외국에서 자전거를 탈 줄이야 ... 생각만 해도 영화 찍은 장면이다. 제일 먼저 자전거를 타고 호수로 향했다. 그런데 호수에 날파리가 너무 많았다. 정말 눈을 제대로 뜰 수 없을 정도로 날파리가 많아서 호수 구경은 물론 사진 찍기도 힘들었다. Y의 눈에는 이미 날파리가 들어갔다. 얼른 성당 쪽으로 피해 갔다. 성당 주변에서 자전거를 타며 예쁜 엽서도 사고 즐거웠다.
그라나다 시내 마차 투어했다. 안내인의 스페인어를 제리카가 영어로 번역해 주어 설명을 들으며 다니니 좋았다. 호숫가 배 타는 곳에 내려서(이렇게 특정 지점까지 마차를 탈 수도 있네) 1시간 코스 배를 25불에서 20불로 깎아 탔다. 니카라과의 삼성 가문, 신문사 사장, 맥주 공장 소유주 등 갑부들이 하나씩 소유하고 있는 작은 섬들, 가는 바나나 껍질 같은 걸 벗겨 꺼낸 커다란 꽃, 하루살이 천국 요새, 부레옥잠꽃, 나무줄기 주머니 새집, 섬에 갇힌 원숭이 등을 설명을 들으며 다니는 것도 좋았다. 현지인과 같이 다니며 구경하니 역시 다르네.

오호데아구아, 니카라과 호수 안의 섬 안에 있는 자연 수영장으로 간 여행은 오래 기억에 남을 것 같다. 코티처 J와 단원 3명과 같이 뛰어서 새벽 치킨버스 타기, 만원 버스에서 팔다리에 쥐가 날 정도로 고생하기, 1시간에 한 대 있는 배의 결항 2번, 오토바이를 개조한 까뽀네라 타기, 수영장까지 걸어 들어가는 멋진 길, 비쌌지만 맛있는 점심, 집게발 달린 거미와 어깨에 내려앉은 나비, 맑은 물이 계속 들고 나는 천연 수영장, 줄을 타다 수영장에 빠지기, 트럭 뒤에 타서 노래에 맞춰 율동, 돌아오는 뱃길 석양과 화산과 구름과 별, 까리시모(매우 비싼) 총알택시로 돌아오기.

얕은 곳과 깊은 곳, 그늘진 곳과 해가 비치는 곳, 나뭇잎들, 물속에서 눈을 떠도 좋다. 햇빛을 향해 천천히 수영하며 눈을 감으니, 햇볕의 따스한 열기가 온몸으로 들어온다. 천천히 유영하면서 들어오는 에너지를 몸에 담는다.
We are doing everything what we can do here!
배의 왼쪽에 자리 잡고 화산을 눈에 계속 담았다. 노을빛을 받는 화산, 파란색 빨간색 또 파란색, 구름은 흰색 노란색 검은색. 삼각형 화산을 계속 보고 있으면 어느새 주변 색이 변해 있다.
해가 지고 별이 뜨면서 화산은 어둠으로 가라앉았다. 출렁이는 별, 회전하는 별, 앞으로 갔다 위로 갔다 움직이는 별. 어두운 배 바깥쪽에 앉아 무섭게 출렁이는 파도에 튄 소금기 없는 물방울을 맞으며 하늘 꼭대기 오리온자리를 보았다. 밤에 별을 보고 항해한다는 게 이런 것이구나.
니카라과라고 하면 왜 화산을 얘기하는지, 이런저런 니카라과 그림에 왜 삼각형이 그려져 있는지 이제 그 느낌을 느낄 수 있다.

호수 안의 화산섬 오메떼뻬의 화산. 구름 그림자가 이어진다.

[단원의 오메떼뻬 방문기]

선착장으로 가는 버스에서 니카라과의 풍경을 보다가 잠들었다. 눈을 떠보니 선착장이었다. 도착하자마자 호수라는 생각은 전혀 들지 않고 바다라고 밖에 느껴지지 않았다. 카타리나 호수에서도 느꼈지만 호수가 바다처럼 파도가 치고 있다는 것이 너무 신기하고 의아했다. 오메떼뻬섬으로 가는 배에서는 두 개의 화산섬이 나란히 서있는 모습을 볼 수 있었다. 11시 20분 정도에 오메떼뻬에 도착했다. 도착하자마자 배가 고팠던 우리는 오호 데 아구아 근처의 식당에 들어갔다. 라자냐, 용가리 맛이 나는 닭고기, 닭꼬치, 돼지고기에 가요뻰또. 음식이 하나둘 나오고 생각했던 것보다 너무나 맛있는 음식이 나와서 모두가 신이 났다. 그릇을 비우고 식당을 나와 오메떼뻬의 꽃 오호 데 아구아로 이동했다.
Ojo de agua. 찾아보니 물의 눈동자라는 뜻이다. 햇빛에 비쳐 반짝이는 에메랄드빛의 물은 금방이라도 들어가고 싶게 만들었다. 물에서 브리아나라는 아기를 만났다. 지금까지 교실에서의 스페인어를 익혀두어서 그런지 말이 통하는 것 같아서 재밌게 놀아줄 수 있었다. 오빠들과 Y언니의 다이빙은 역시 멋있었다. 오늘도 영상 안에 담아줄 수 있어서 뿌듯하다.
저녁 먹기 전 해변에 들러서 오메떼뻬 섬에서의 선셋을 보았다. 파도치는 호수 위에서 붉게 저물어 가는 해를 바라보니 어느덧 니카라과에서 있을 날이 얼마 남지 않았다는 것이 느껴졌다. 저녁을 먹고 숙소로 돌아가는 길에는 창문을 열면 바로 쏟아질 것 같은 수많은 별이 하늘에서 반짝이고 있었다. 이번이 니카라과에서 아니 내가 살면서 본 밤하늘 중에 별이 가장 많았다. 이 별들도 한국에 돌아가면 못 볼 거라고 하며 하염없이 밤하늘을 쳐다봤다. 핸드폰에도 카메라에도 담기지 않는 이 별들은 우리 봉사단 눈에 가득 담겼을 것이다.

오메뗴뻬에서 1박을 한 경우가 있는데, 하룻밤 숙박비가 6달러로 매우 저렴해서 좋아했지만, 모기가 자유롭게 들어올 수 있는 곳이라 온몸이 모기에게 물렸다.

내가 에덴 학교에서 편히 잠을 자고 있었구나. 정말 소중한 경험을 하나 또 했구나.

검은 화산재로 뒤덮인 산에 올라가 썰매를 타고 내려오는 화산 썰매는 절대 잊지 못한다. 나중에 알았지만, 이것은 외국에서는 패러글라이딩보다도 위험하여 보험을 들어주지 않는다고 할 정도다. 트럭을 타고 가는 사서 고생(그러나 한국에서는 할 수 없는), 가볍지 않은 나무 썰매를 들고 화산재 자갈길을 강풍을 이용해(썰매 각도 조정해서 윈드 서핑하듯) 올라가기, 정상의 뜨거운 지열과 유황 연기 지형 관찰, 부족한 고글을 학생에게 양보하면서 눈으로 들어오는 돌과 먼지로 인해 균형을 잃고 넘어짐, 단순한 찰과상이 아니라 화상인데 초기 조치를 잘못함. 몇 년이 지나도 흉터 흔적이 보인다.

화산 썰매 타는 준비 완료

뭄바초 화산에는 참 어정쩡하게 다녀왔다. 관광 계획을 미리 철저히 세우지 않아서 그렇다. 중간까지 차를 타고 올라가서 캐노피만 타고 내려온 셈이다. 단원 2명은 정상까지 올라가서 분화구 주변의 트래킹 절경을 볼 수 있었다고 한다.

> 차로는 10분이지만, 걸어 올라가면 40분, 저 모퉁이를 돌면 꼭대기겠지 하는 그 순간 꼭대기에 도착했고, 드디어 크레이터 트래킹을 할 수 있는 곳에 도착했다. 중간중간 mirador(전망대)가 있다는 지도를 보면서 걷기 시작했는데, 비가 오지 않았는데 땅이 축축하고, 이끼도 많고 이끼에 물방울도 많이 맺혀있었다. 정글에 들어온 느낌까지는 아니었는데, 중간에 터널을 만나는 순간, 신비로운 세계에 들어온 느낌이 들어서 좋았다. … 나무뿌리가 붙잡고 있는 흙덩어리들과 바윗덩어리들, 그리고 이끼에 맺힌 물방울, 마치 벽처럼 보이지만 어느 한순간에 강한 바람이 불어 무너질 수도 있을 것 같은

> 좁은 터널. 축축하게 진흙이 되어 버린 땅에 한 발짝 딛는 순간 발가락 사이에 진흙이 살짝 묻어나는 그 느낌, 좁은 터널 위로 보이는 푸른 하늘 …
> Sin mombacho no hay agua. 지도를 보니 우리가 걸은 코스는 짧은 코스. 한 시간 반짜리이고, 그 길을 지나 다른 길을 걸어가면 4km 4시간이 넘게 걸린단다. 내 체력도 그렇고 저녁 일정도 있으니 딱 한 시간 반 거리 끝나는 그 부분까지만 걷기로 JJ와 결정을 내리고 그 전망대 끝에 섰는데, 이렇게 멋진 풍경을 보다니. 이제껏 아래에서 뭄바초를 바라볼 때, 저 위를 올라가면 구름이 가려서 보일까 그런 생각이 들었는데 탁 트인 하늘에 그라나다 시내가 보이고, 호수(어제 들렸던 호수)도 보이고 까딸리나 호수(진석이가 구글맵으로 보여줘서)도 봤다. 저렇게 큰 호수였구나. 레온에서 화산 썰매 탈 때만큼 강한 바람이 불어 머리가 흩날렸지만, 여전히 좋다. 그 어떤 곳보다 니카라과에서 제일 높은 곳에 올라와서(나만의 생각-정말 제일 높은 곳인지 모르겠으나, 다른 꼭대기도 있어서) 내려다보는 광경은 너무 좋다.

엘살바도르에서 오른 화산은 좀 힘들었다.

> 화산모래와 자갈이 섞인 등산길은 매우 험하고 힘들었다. 아쿠아 샌들만 가지고 왔는데, 도중에 조금 미끄러지면서 길가에 있는 알로에 가시에 찔렸다. 올해도 결국 피를 보는구나. 그런데 피가 나온 다음에는 왠지 혈액순환이 잘 되면서 다리 피로가 조금 풀리는 것 같았다. 체했을 때 손 따는 것처럼.

소모또 계곡

소모또 계곡에는 다쳐서 가지 못했다. 니카라과의 그랜드캐니언, 개발되지 않은 천연의 자연 트레킹, 수영도 하고 배도 타고 구명복 입고 맨몸으로 떠내려가기도 하고. 행복한 얼굴의 단원들 사진만 보았다. 언젠가 가리라.

니카라과에 가려면 미국을 경유해야 한다. 갈 때는 공항에 대기하다 갈아타지만, 올 때는 1박을 해야 해서 짧게 미국 관광을 할 수가 있다. 보통 아울렛을 많이 가고, 관광지(LA)에서는 시내 관광을 한다.

> 바닷가, 천문대, 할리우드 거리 등을 가려고 했지만, 늦게 출발하게 되면서 3시부터 시작되는 퇴근길에 또 갇혔다. 결국 할리우드 거리에만 들를 수 있었다. 매우 한산한 할리우드 거리에서 이병헌 싸인 찍고 갔다. 베테랑 가이드의 설명들(모두 피곤해서 민망할 정도로 웃어주지 못했다). 창 너머로 보이는 유축기는 홍기펌핑이라고 하며, 한국인에 발명한 것이라고 한다. 할리는 개 이름이라고 한다. 한국 여권은 매우 비싸게 팔리니 분실 주의, 비행기 여행은 압력 차이가 있어 체력 소모가 매우 크다(그래서 기내식이 나올 때마다 모두 먹는 것이 좋다). BTS의 인기가 LA에서도 엄청나서, 공연 입장료가 1,000달러, 2,000달러 정도 되었다고 한다. LA에 건물을 지을 때는 지진 8도 이상을 대비해서 짓는다고 한다. 1층은 콘크리트로

올리고 2, 3층을 목조로 올리는 게 인상적이었다. 나무가 콘크리트보다 지진에 강하다고 한다.

애틀랜타를 경유했을 때는 코카콜라 본사에 갔는데 4D 영상이 오래전 본 영상 그대로여서 실망했다. 미국에서 내리는 빗방울에 입을 벌리며 '미국물 먹어 봤다'라고 하는 학생 멘트가 기억난다. 미국에서 이동할 때 우버를 많이 쓰는데, 미국 우버는 취소해도 돈을 내야 하니 조심한다.
돌아오는 비행기에서는 창문을 통해 멋진 광경을 볼 수 있다.

캘리포니아반도가 북미 대륙에서 갈라지는 곳을 지난다. 육지에서 바다로 흘러 들어가는 거대한 삼각주 가운데로 강이 지그재그로 흐른다. 이 지역을 하늘에서 보게 되다니.
북극해 내려다본 장관, 빛이 나갈까 봐 담요를 뒤집어쓰고 봄

엘살바도르에서 단원들과 함께 본 매우 큰 달이 인상적이었다.

새벽에 일어나 산 위로 지는 보름달이 너무 밝아 사진을 찍었는데, 오늘은 슈퍼 블러드 울프문이라고 한다. 거기에 월식까지. 달무리 한 가운데에 아래쪽이 지구 그림자에 가려진 슈퍼문, 울프는 새해 첫 보름달에 붙이는 이름이란다.

과속 방지용 요철 모양도 한국과 다르다.

과속 방지용 요철이 길의 방향과 수직으로 놓여있지 않고, 비스듬하게 30도 정도 각도로 만들어져 있다. 예전에 우리나라에서도 이렇게 만들면 속도를 더 줄이게 될 것으로 생각한 적이 있었다.

엘살바도르 태평양 해변의 아따미 리조트도 좋았다. 중미까지 가서 리조트에 가느냐 하는 생각도 했었지만, 확 트인 바닷가 절벽 위에 야자수와 깨끗한 수영장, 깔끔한 분위기, 첫 모습부터 좋았다. 바다와 연결된 해수 수영장, 풀장 놀이, 공놀이, 기마전, 수영 시합, 잠수 시합, 워터슬라이드 이렇게 놀면서 점심 포함 22달러! 코티처 모두와 같이 갈 걸. 그다음 해에 단원 한 명이 엘살바도르에 놀러 갔을 때 그 리조트에 같이 갔다고 한다. 단, 해변 파도 수영은 조심해야 한다.

제주도 멋진 해변 현무암과 같은 바위 사이로 난 길을 걸어가 작은 만(아따미 해변)에 가서 천연 파도를 즐겼다. 모래사장이 멀리까지 평평하게 펼쳐진 곳, 파도가 적당히 치면서 밀려 나오면 다시 앞으로 걸어 나가고, 몇 번 구르기도 하고, 바닷물이 눈에 들어가 따갑기도 하고, 바다 쪽으로 조금 멀리 나간 3명은 다시 돌아오느라 고생했다. 파도 밀려온 물이 빠져나가는 것과 밀려 들어오는 파도가 겹치는 곳에서는 해변을 향해 수영을 해도 좀처럼 앞으로 나가지 못한다. 얕은 쪽에 앉아서 파도에 밀려 나가지 않는 시합도 재미있고, 자연스럽게 화산재 모래 머드 팩도 하게 되었다.

과테말라에서는 달동네가 아래로 내려가며 만들어진다. 고산지대가 선선해서 살기 좋으며, 고도가 낮아질수록 매우 더운 기후가 된다.

가는 길에서 가장 인상 깊었던 곳은 계곡을 건너는 다리에서 본 풍경, 계곡 산등성이 따라 집이 다닥다닥 들어서 있다(계속 지나면서 보니, 산 위에서부터 집을 지어 내려온 모양이다. 계곡 아래에는 길이 없다.

과테말라의 아띠뜰란 호수에는 꼭 가보는 게 좋다.

두 번째 도착한 곳은 처음보다 마을이 크고, 부두의 물이 덜 깨끗하다. … 가파른 오르막을 오르며 뒤를 돌아보면 호수가 보이며 장관이라 또 사진 찍으며 올라간다. … 수공예품 만드는 과정을 설명하는 곳에 의자가 넉넉하고 화장실이 있다. 동네 여자들이 공동체를 이루어 물건 만들어 파는 곳, 목화에서 실을 빼내는 과정, 꽃이나 나무, 곤충(?) 등에서 색소를 뽑아 천연 염색하는 과정, 실로 베를 짜는 과정 등을 스페인어로 설명하는데, 영어로 설명하면 또다시 우리가 번역해서 들어야 하니 HJ에게 바로 한국어로 번역하도록 했다. 그냥 수공예품 가게에 들어가 물건만 보았다면 그렇게 많이 사지 않았을 것이다. 하나하나 손으로 만드는 과정을 보니 그 가치를 알고 주머니를 열게 된다. 보트와 연결된 패키지일 텐데 그리 나쁘게 보이지는 않았다.
오후가 되면서 바람이 세지고 파도가 거칠어 물이 튀겨 들어온다. 비닐 창문을 내렸지만 계속 들어오고 있는데, 비닐을 배 밖으로 내놔야 하는 것을 물에 많이 젖은 후에나 알게 되었다.

우리나라 경주처럼, 과테말라시티에서는 옛 무덤을 볼 수 있다.

우리나라 왕릉과 같이 언덕이 보존된 것을 보았는데, 그것이 뭐냐 물으니, 마야 문화재가 있는 위에 세워진 도시라 무덤이 맞다고 한다. 한국에 오면 왕릉 안으로 들어가 볼 수 있다고 말해 주었다.

과테말라에서 오른 활화산도 좋았다. 테킬라를 만드는 용설란, 아보카도 나무, 월계수 잎 등을 보았다.

선배님 팀은 중간에 쉬지 않고 천천히 오른다. 산악회 회원은 빠르게 등산하는 게 아니다. 자신의 속도에 맞게 등산하는 사람이 잘하는 것이다. 전망대에서 푸에고 화산이 분출하며 구름 생기는 것을 보았다. 중간 쉬는 지점에서는 저 멀리 활화산에서 용암이 흘러내리며 연기가 나는 것을 동영상으로 촬영했다. 이것도 가이드가 설명해 주지 않았다면 몰랐을 것이다. 연기가 한 지점에서 계속 나는 게 아니라, 용암이 흘러내리면서 연기가 계속 움직인다. 지구과학 전공인 BM에게 동영상을 보여주었다.
용암 지대로 들어가기 전, 말을 타고 갈 수 있는 마지막 지점 언덕에서 낭떠러지 가까이 풀밭에 앉아 사진 찍었다. 마지막 풀밭이 끝나는 곳부터 용암이 검게 식고 있다. 여기서는 어떤 사진을 찍어도 바로 화보가 될 정도다. 한쪽에서는 붉은 용암이 흘러내리고, 그게 굳어가는 곳이 식물이 조금씩 자라는 곳으로 연결되어 다른 쪽에는 나무가 무성하다. 급하게 식으며 뾰족뾰족 날카로운 화강암을 밟으며 마시멜로 구워 먹으러 갔다. 내년에 화산 올 때는 장갑을 준비해야 하겠다. 검은 화강암에 하얀색 페인트를 칠해 길을 표시해 놓았다. 길을 조금만 벗어나면 화강암이 부서지며 균형을 잃고 쓰러질 수 있어 위험하다. 목표 지점에 가서 돌을 조금 들어내니 안쪽이 뜨겁다. 아지랑이가 보일 정도로 온도가 높은 곳을 찾아, 마시멜로를 꼬챙이에 깊게 찌른 뒤, 꼬챙이를 들고 있지 않고 돌에 기대 세워 놓으면 편하게 구울 수 있다. 겉은 말랑말랑 꾸덕꾸덕 익고 안쪽은 녹아서 흘러내릴 때까지 구워 먹는 것이다.

과테말라 활화산. 정상 희뿌연 줄은 구름이 아니고 용암이 흐르며 나온 연기다.

3-26. 소중한 평가회, 올해는 왜 울지 않으세요?

해외 봉사활동에서는 예상하지 못한 문제와 상황이 계속 발생한다. 계획을 점검하고 수정하며 봉사활동을 진행하기 위해 매일 평가회를 연다. 아래는 2주 봉사활동이 끝나고 새로운 장소로 이동한 날에 적은 일지다.

> 피곤해서 평가회를 생략할지 생각했는데, 그래도 하자는 의견이 있었고, 평가회를 하면서 나름대로 의미 있는 말들이 많이 나와 평가회의 중요성을 새삼 다시 깨달았다. 평가회는 여행을 가는 내일도 하는 것이 필요하다. 오후 관광으로 들뜬 마음, 티피따빠와 다른 관광도시인 그라나다에서의 새로운 생활에 대한 기대감, 2주가 끝났다는 안도감과 긴장 완화 등 학생들의 마음을 다스려야 한다. 이곳에서 생활을 관리해 나갈 시스템을 다시 정비해야 할 필요성을 느낀다. 개별 봉사자의 눈과 사병을 관리하는 병장의 눈을 모두 가질 수 있어야 한다.

매일 힘든 일정을 고려하면 1시간 남짓 걸리는 평가회가 귀찮아지기도 한다. 시간을 줄이기 위해 조별 평가회를 먼저 하면서 수업에 대한 세세한 피드백을 공유하고, 전체 평가회에서는 다른 조에도 도움이 될 만한 것들을 요약해서 말하는 것이 좋다. 평가회에서 다양한 의견과 정보가 교류될 뿐 아니라 단원 사이에 감정이 공유되며 갈등, 오해, 서운함 등이 해결되기도 한다. 예로, 수업이 잘 안되었을 때 문제점을 분석하면서 위로를 해 주기도 하고 대안을 제시하며 격려해 주기도 한다. 이러한 감정과 정보의 공유를 통해 평가회가 봉사활동에서 필수적인 과정임을 느끼며 성찰의 중요성(박인심, 2019)도 알게 된다.

> 매일 평가회는 봉사활동의 꽃이다. 서로 자유롭게 얘기하고 배우는 자리인 평가회는 너무나 소중하다. 일부 단원은 평가회를 별로 좋아하지 않기도 하는데, 이것도 중요한 배움의 과정이라는 것을 알려줘야 한다.
> [KJ 단원의 일지] 하루의 공식적인 일정을 끝내고 모두의 생각을 나누는 평가회. 개인적으로 매우 소중하게 여기는 시간이다. 같은 일을 겪고 각자의 관점에서 다양한 소감을 듣는 것이 흥미롭다.
> 평가회에서 하는 이야기를 들어보면 학생들이 서로 많이 배우며 커가는 모습이 보인다. 봉사활동과 교육실습이 섞여 있는 것이 이 사업의 실제 모습이다. 실수하고, 반성하고, 미안해하고, 감동하고, 다짐하고, 생각하고, 고민하고,

평가회 진행을 한 사람씩 돌아가며 맡고 그날그날 얘기할 주제를 정하기도 하는데 정말 다양한 주제가 있음을 알게 된다. 가장 독특한 주제는 '자기 자신 이름 부르며 칭찬하기'였다.

> 평가회 진행을 학생이 돌아가면서 하도록 하였다. 2기 봉사단원 중 자원을 받아 JJ가 시작했는데, 인트로를 다시 하는 게 압권이었다. 전혀 웃길 것 같지 않은 사람이 본인은 웃지 않고 진지하게 말하면서 다른

사람 빵 터지게 하는 것, 역시 매력적이다. 평가회 내용을 메모하는 단원들이 점점 늘어간다. 어제의 일을 '폭풍우가 지나갔다'로 표현한 것은 참 적절했다. 힘든 시간을 극복하고 수동적인 모습에서 능동적인 모습으로 변해가는 모습을 나뿐 아니라 여러 사람이 느꼈을 것이다.

평가회 주제는 나에게 해 주는 말, 이런 주제는 봉사활동 4년간 처음으로 매우 신선했다. 하루 종일 또 왔다 갔다 했더니 참 피곤하다. 재영아, 그동안 수고 많았다 좀 쉬어라. 일지 쓰는 데 너무 집착하지 말고.

평가회에서 진지하고 솔직한 이야기를 주고받다 보면 가끔 울음을 터트리는 단원도 있다. 현지에 가서 1주일쯤 지나고 나서는 육체적으로나 정신적으로 힘든 것이 쌓여 '멘탈이 터지곤' 한다. 내성적 성격이라 다른 사람과 잘 어울리지 못하는 경우, 단체 활동 중 의사소통이 잘 안되거나 역할 갈등과 조정의 문제 등 있는 경우 그런다. 혼자서 삭이기 힘든 문제는 집단에서 같이 이야기하면서 충격을 최소화하는 법도 배우게 된다.

과테말라에서 중간 파티 겸 평가회

저자 역시 그렇다. 평가회 하다가 눈물을 흘리며 꼴값 떠는 게 내 특기이다. '왜 올해는 울지 않으세요? 감동이 덜한가요?'라는 질문을 중미에 4번째 봉사활동을 나갔을 때 받았다. 첫 니카라과 봉사활동을 나가 현지에서 처음 평가회를 할 때 학생들이 돌아가며 한마디씩 할 때, 그 모든 이야기가 내가 듣고자 원했던 말이 나오다 보니 전혀 예상치 못하게 눈물이 나왔었다.

매년 내가 울었었는데 올해는 울지 않는 것이 감동이 덜한 것 같다고 KS 샘이 말했다. 처음에는 감동해서 그랬고, 그다음에는 일이 너무 집중되면서 인내심 한계치가 넘어 그랬다. 올해는 숙소 문제로 스트레스가 매우 심했지만, 그것에 대해 내가 말하지 않는 방법을 사용해서 위기를 넘겼다. 하지만 YS가 운 것을 언급하며 공감이 되어 울먹였다. 확실히 호르몬에 문제가 생겨, 감정이 쉽게 솟아오른다.

한편 평가회를 통해 단장 자신도 통렬하게 반성하는 기회를 가지게 된다.

> 평가회에서 여러 가지 말이 나왔다. 봉사활동 진행을 너무 느슨하게 하여 나타나는 문제가 불거졌다. … 갑자기 화가 났다. 좀 더 잘 진행되었으면 하는 아쉬움, 봉사활동에 대한 철학의 부재, 나 자신부터 조금 귀찮아지고 나태해진 모습, 좋은 환경과 과분한 대접이 약보다 독이 된 것, 비전을 분명히 하는 것의 중요성, 완벽하게 진행하지 못하고 있으면서도 본인은 딱히 즐기지도 못하고 있는 것 등.

평가회는 주로 저녁때 하지만, 어떤 경우에는 일과가 끝난 직후에 하기도 하였다. 관광도시인 그라나다에서 봉사활동 할 때 오후에 평가회를 마치고 저녁을 여유 있게 먹고 돌아다니기 위해서 학생들이 그렇게 하자고 요청했다. 관광도시라고 해도 밤거리는 위험하니 조심해야 한다.

두 번째 봉사활동에서 내가 다쳤을 때는 수업 참관을 거의 못 해서 평가회에서 수업 얘기할 때 들어주는 것만 가능했다. 하지만 평가회는 스스로 반성하며 공유하는 자리이니, 단장의 존재만으로도 도움이 되었으리라 생각한다. 어떤 경우에는 단장 없이 평가회를 하라고 한 적도 있다. 그런 경우 단원들이 좀 더 자유롭게 얘기했을까 모르겠다.

하지만 평가회가 아무리 좋아도 안 하는 만 못하다.

> 오늘 평가회는 없다고 하니, 내가 들어본 환호성 중에 가장 큰 목소리가 들린다. 평가회를 기록으로 남기지 않아도, 각자 오늘 새로운 경험의 의미를 일지에 잘 정리해 둘 것으로 믿는다.

전체 모여서 평가회를 하는 대신 시간을 아껴 각자 느낀 점을 단톡에 적으며 보는 것도 매우 좋은 방법이다.

> 이제부터 길이 본격적으로 막힌다고 한다. 여행 이틀 중에 평가회를 한번 하긴 해야 하는데, 숙소에 가서 저녁 먹고 나면 너무 늦을 것 같다. 차에서 평가회를 하는 방법을 생각하다가, 기록할 사람이 없으니, 카톡에 각자 내용을 적도록 했다. 봉사활동 중 여행의 의미, 여행에서 가장 인상 깊었던 것 중 하나를 택해서 적도록. 이렇게 평가회를 하는 방식은 지금까지 없었던, 처음 해본 것이다.

평가회에는 전원 참석이 원칙이지만, 예외를 두는 것도 필요하다.

> 평가회 시간을 학생들이 선호하는 수가 많은 7시 반에 하는 것으로 정했다가, 조금 더 생각하니 조별 평가회를 할 시간이 필요해서 8시로 미뤘다. 평가회 시작 5분 전 JS가 몸이 안 좋다며 불참 의사를 전해왔다. 원인을 알 수 없어 일단 CY 선생님께 가보시라 부탁하고, 가능한 한 평가회 참석하는 게 좋겠다고 전하고, 같은 조원에게 예상 원인을 물었다. 대략 다른 조의 발표를 보며 느끼는 본인의 준비 부족, 영어 소통의 문제인 듯. 그 두 가지 만으로도 충분한 사유가 된다. 평가회가 끝날 때까지 나타나지 않는다. JS 얘기를 내가 언급하는 도중, 오늘 JS가 느꼈을 어려운 감정이 나에게도 그대로 전해지며 울컥하여 목소

리가 약간 잠겼다. JS가 평가회 녹음한 것을 들으며 여러 사람이 비슷한 감정을 느꼈음을 알고 위안받으며 격려받기를.

평가회를 많이 하다 보면 개인 성격이 보인다.

평가회에서 ... 다른 사람을 배려하는 얘기를 주로 하는 사람, 자신 얘기를 많이 하는 사람, 교육 얘기를 많이 하는 사람, 각자 특징이 조금씩 드러난다.

평가회를 동해 봉사단원이 성장하는 것을 볼 수 있다. 단원 개인의 성장이 바로 전체 봉사활동의 성장이다. 느리지만 확실히 성장하는 모습, '사람이 되어가는' 모습(이재현, 2023)을 보는 기쁨이 크다.

매일 평가회 때 내가 매번 얘기하지는 않았지만, 성장해 가는 봉사단의 한마디 한마디에 감동했고, 이번 봉사활동은 성공적이라고 평가내렸다.
[첫 봉사활동 끝나고 공항으로 가는 길] 대학 버스가 고장 나 다른 차로 오느라 늦었단다. 결국 6시에 출발해 가는 버스에 깨어 있는 사람은 4~5명 정도. 어젯밤 평가회에서 오고 간 얘기가 떠오른다. 이런저런 많은 것을 배우고 변한 대학생들, 해외 봉사활동을 경험하며 자신을 찾거나 박살 나며 사람이 되어가는 과정, 자녀를 키우는 것처럼 대학생들을 가르치는 것도 기다려주는 것이 필요한 것 같다.

평가회는 녹음하거나 녹화하기도 하였다.

3-27. 전시회

두 번째 봉사활동부터는 수업 결과물(예, 탈, 부채, 부메랑, 열쇠고리 등)을 봉사활동 사진과 함께 전시하고, 현지 학생과 교사는 물론 학부모들도 와서 볼 수 있도록 하는 학예회를 열었다. 니카라과에서는 학부모의 자녀 교육열이 한국만큼 높지는 않지만, 그래도 자녀의 학습 결과물이나 한국 봉사단의 활동에 대해 관심이 많았다. 수업 활동 명장면을 찍은 사진과 현지 학생들이 만든 작품을 전시하는 것은 준비하는 게 오래 걸리긴 하지만 매우 뜻깊은 행사가 된다. 이 활동 아이디어는 첫 봉사활동에 같이 갔던 대학 직원이 제안했고, 이후 충북대 봉사단의 대표 프로그램 중 하나가 되었다. 사진전을 위해 나무집게와 노끈 등을 준비해 간다.

전시회는 봉사활동에 대한 홍보와 기록의 역할도 하므로, 수업 사진뿐 아니라 봉사활동을 준비하거나 정리할 때 찍은 사진도 함께 전시하는 것이 좋다. 따라서 준비 단계부터 사진을 모으는 것이 좋다.

> 사진전 인쇄하여 자르고 코팅하는 작업을 하는 것에 가서도 코멘트(잔소리)했다. 사진 크기를 ppt의 정해진 틀에 맞추기 위해 가로세로 비율을 바꾸다 보면 사진이 왜곡되어 안 좋은데, 이미 인쇄가 끝난 상태이다. A4 크기에 맞는 한도에서 원래 가로세로 비율을 유지하게 하는 것이 좋다. 테두리를 자를 때는 너무 바짝 자르지 말고 약 5mm 정도 남기도 자르는 것이 좋다.

학생 작품 전시회

전교 학생들이 한 번에 전시회를 보는 게 혼잡하므로, 조별로 한국문화 등 짧은 활동 수업을 준비하여 아래와 같이 진행한다. 봉사활동 조는 A조~E조로 지정된 장소에서 활동을 준비하고, 학생들은 1팀~5팀으로 나누어 각 장소로 이동하며 활동을 한다. 1타임에 1팀은 A조에 가서 딱지치기하고, 2팀은 B조에 가서 제기차기한다. 2타임에는 1팀은 B조로 이동하여 제기차기하고, 2팀은 C조로 이동하여 팽이 놀이하며, 5팀은 사진전을 보러 간다. A조는 2타임에는 수업하지 않고 쉰다.

	A조	B조	C조	D조	E조	사진전
	딱지	제기	팽이	비석	도미노	
1타임 (8:00~8:25)	1팀	2팀	3팀	4팀	5팀	
2타임 (8:30~8:55)	(휴식)	1팀	2팀	3팀	4팀	5팀
3타임 (9:00~9:25)	5팀	(휴식)	1팀	2팀	3팀	4팀
4타임 (9:30~9:55)	4팀	5팀	(휴식)	1팀	2팀	3팀
5타임 (10:00~10:25)	3팀	4팀	5팀	(휴식)	1팀	2팀
6타임 (10:30~10:55)	2팀	3팀	4팀	5팀	(휴식)	1팀

이렇게 운영하지 않고 완전히 개방해서 보게 하려면 여권 시스템을 활용하면 된다.

사진전, 전시회와 함께하는 문화 체험에는 여권 시스템을 도입하기로 했다. 부스를 돌아다니며 확인 도장을 찍어 오면 마지막에 선물을 주는 방식. 여권은 A4 반 크기로 만들고, 맨 위에 이름 적고 활동 방법 안내를 하고, 4개 사인받아 오는 칸 만들고, 맨 아래에 선물을 주며 확인 사인을 해 준다.

전시회는 생소한 행사이므로 봉사단원과 현지 학교에 잘 설명해 주어야 한다. 단장이 다른 일을 하느라 준비를 점검하지 못한 해에는 진행에 문제가 많았다.

차에서 내리니 강당이 의자로 가득 차 있다. 이런, 수녀님께 오늘 진행 방식을 설명해 드리지 못했구나. ... 조별로 탁자 나르고 문화 수업 자리 잡으라 하는데, 본인들이 어디서 할지 나한테 묻는다. 어제 이것도 정해 놓았어야 했다. 순서를 정하고 활동 반경을 생각하고 학생들 동선을 생각해서. 사방치기와 제기차기가 너무 가깝게 있어 학생들이 줄을 서서 기다리기 어려워 제기차기를 조금 옆으로 옮겼다. 4가지 활동 사인을 받는 종이(패스포트)를 학생들에게 나눠줘야 하는데 이것도 현재 상황에서는 하기 어렵다. 영어를 잘하는 학생에게 강당 마이크를 사용할 수 있도록 도와 달라 부탁하고, 밀려드는 학생들을 반별로 줄을 서도록 방송했다. 그래도 사진전 앞에 서성이는 학생들에는 내가 직접 가서 줄을 서라고 말했다. 수녀님과 선생님들은 이 활동을 어떻게 하는지 전혀 모르기 때문에 도움을 줄 수도 없고, 내가 도움을 요청할 수 있는 장소에 와 있지도 않다. ... 여러 단원에게 패스포트를 나눠주게 하고, 코티처에게 활동 방식을 설명하도록 부탁한 후 일단 시작했다. 패스포트에 활동 방법이 적혀 있지만 학생들은 그것을 읽지 않는다. 종이에 이름을 적어야 하지만 운동장에 나오면서 펜을 가지고 오지 않은 학생이 대부분이다. 9시 55분에 시작(도착한 지 무려 30분 만에!). 10시 50분까지 1시간 정도만 하고 활동 정리한 후 환송식 대형을 다시 만들어야 한다.

사전교육을 할 때 좋은 사진 찍는 법도 배운다. 지리교육과 교수의 도움을 받아 교육 자료를 만들었는데, 사진을 찍을 때 사람이 들어가지 않거나 뒷모습만 나오게 찍어달라는 부탁도 받았다. 지리에 초점을 둔다면 그렇게 찍어야 하겠지만, 봉사활동 사진은 봉사단과 현지인이 잘 어울리는 사진이 제격이다. 사진전을 위해 따로 사진을 고르는 시간을 줄이기 위해 매일 또는 2~3일에 한 번씩 개인별 베스트 컷을 모아두는 것이 좋다.

사진전용 사진으로 쓰기에 좋은 샘플(학생이 무엇인가를 하고 단원이 돕는 장면)과 별로인 샘플(단원이 학생들에게 무엇인가를 가르쳐 주는 장면)을 찍어 올렸다. 민정이는 작년에 했던 사진전 파일을 올려서 참고하라고 했다. 작년 예를 주는 게 더 좋군.

봉사단이 활동하는 사진을 공중에서 찍기 위해 드론을 가져간 적이 있었다. 그런데 중미에는 항상 바람이 너무 많이 불어 드론을 띄워 조종하기가 어려웠다. 안정적인 영상을 찍으려면 고가의 드론을 사야 한다. 한편, 봉사활동 사진을 크게 인쇄하여 기증하는 것도 고려해 볼 만하다.

건물을 지어 주면 명패가 건물과 함께 남는데, 우리 교육봉사는 남길 것이 별로 없다. 내년에 올 때 사진을 크게 인화하여 가져다주는 것도 좋겠다고 생각했다.

사진전을 할 때 관리가 필요하다. 한국에서는 학교에 전시된 사진이나 물건을 가져가는 일이 거의 없지만, 외국 학생들은 그렇지 않다. 전시물이 분실되지 않도록 보관하거나 미리 공지해야 한다.

사진이 너무 이상하게 멋없게 붙어 있네? 라고 생각하는 순간 학생들이 떼어가서 그런 것임을 바로 알아차리고 수녀님께 말씀드렸다(사진을 가지고 가면 안 된다는 말을 어제 전했어야 했다. 학생들을 너무 믿은 경우.).
테이블을 8개 정도 가져다 놓고 그 위에 학생 작품을 전시했다. JC가 전공을 살려 멋지게 배치하고, 바람에 날릴까 봐 테이프로 고정하고, 지구본 하트도 만들고 천장에 매달기도 하고, 벽에 붙이기도 하고. 그런데 그냥 이대로 두고 가면 학생들이 가져갈 수 있다고 한 코티처가 귀띔해 준다.

전시회를 준비할 때 가능한 많은 학생의 작품이 고르게 전시되도록 하는 게 좋다. 잘 된 작품만 전시하는 게 아니라 학생이 스스로 한 작품을 보이는 것이다.

학예발표회 계획을 학생들이 얘기했는데, 모두 걷은 다음에 수업별로 한 반 것을 전시하는 방안이 참 좋다. 그러면 모든 학생이 자기 작품이 전시된 것을 볼 수 있을 테니.

서로 도우며 전시회를 준비하는 모습을 보는 것도 매우 좋았다.

작품 전시를 할 때, 활동 제목을 적어 주면 좋겠다고 의견을 내니, 제목과 함께 봉사단원 이름도 적으면 좋겠다는 의견이 나오고, 내용도 간략하게 적으면 어떨지 하는 의견에 관해서는 교과서를 함께 전시하는 것으로 정하고(교과서 챙기도록 톡방에 올리고), 단원 이름을 적을 때 코티처 이름도 적게 했다. KM 선생님이 종이를 접고, KJ가 손 글씨를 적는다.

3-28. 해외 교육봉사활동과 교육실습은 비슷하면서도 다르다

해외 교육봉사활동이 예비 교사에게 매우 다양한 경험을 제공하며 그들의 전문성 신장에 분명히 이바지하지만, 이것이 예비 교사 교육에 만병통치약은 아니다. 봉사활동을 다녀온 후 한국에서 대학 강의 중 수업 시연을 마친 한 예비 교사는 아래와 같이 반성하였다.

> "수업 시연을 준비하면서 지도안을 여러 번 수정했는데, 그중 가장 크게 바뀌었던 부분은 도입 부분의 멀티미디어 교재를 사용해서 흥미를 유발하는 부분이었습니다. … 해외 봉사를 준비하면서 했던 교재 찾기와 수업 시연은 정말 간략하게만 했다는 걸 알았습니다. 생각할 내용도 더 많았고, 연습이 부족했던 건지 긴장이 되어서 실수도 많이 했습니다. … 이번 시연을 계기로 많이 발전할 수 있는 시간이었던 것 같습니다."

해외 교육봉사활동에서는 활동 위주의 수업 내용을 외국어로 진행해야 하므로, 상대적으로 가르치는 내용이 적고 간략하고 단순화된 수업을 반복하는 경우가 많다. 반면 수업 시연이나 교육실습에서는 많은 내용을 자세하게 다루어야 하므로 예비 교사로서 전문성을 더 많이 발휘해야 한다. 이렇게 해외 교육봉사활동과 교육실습은 비슷하면서도 다르다(류민정, 2017).

하나의 수업을 오랜 기간(약 5개월) 개발하고, 조원과 함께 코티칭을 여러 번 수행하며 서로 배우고, 4주간 함께 숙식하며 수업과 다양한 활동을 준비하고, 실행하고 반성하는 과정은 보통의 예비 교사가 흔히 체험할 수 있는 경험이 아니다. 짧은 기간으로 끝나는 교육실습에 비하면 수업의 측면에서는 해외 교육봉사활동이 더 풍부한 기회를 제공한다. 교육뿐 아니라 '해외'에 나가 '봉사활동'도 함께 하는 것이기 때문이다.

이 해외 교육봉사활동은 예비 교사의 표현대로 '힘들면서도 행복한' 참살이 경험이 충분히 될 수 있으며, 한 인솔 교수의 표현을 빌리면 '예비 교사가 부쩍 성장하는 것을 눈으로 볼 수 있는 흔치 않은 기회'가 된다. 예비 교사 교육에서 의무로 부과하는 교육봉사활동에서는 의미를 찾지 못하고 시간을 때우는 등의 부정적 측면이 나타나곤 하지만(김무영, 2012; 이유진, 윤지현, 2015; 이지현, 2010), 이 해외 교육봉사활동에서는 그런 사례가 별로 없다.

> [단원의 말] 저는 현재 제가 어떤 방향으로 가야 할 지 배운 거 같아요. 최대한 많은 경험을 쌓아야 좋은 교사가 될 수 있다는 걸 배웠어요. 우선 부딪히고 여러 경험을 겪으며 성장해야 한다는 것을 깨달았습니다.
> 학생들이 조별로 서로 도와 수업을 개선해 나가며 서로 배려하는 모습을 보며 그들의 성장 묘목이 든든히 뿌리를 내렸음을 느낀다.

오랜 시간 단체 활동을 하며 협동의 가치, 함께 하는 즐거움을 아는 건 교육실습에서 얻기 어려운 봉사활동의 큰 장점이다.

[KN 단원의 일지] 티피따파에서의 경험을 바탕으로 이번 사진전은 학생들 스스로 즐거워하며 꾸미고 있다. 피곤한 하루였을 텐데 어느 누구 꾀부리지 않고 웃으며 하는 이 모습을 난 정말 오랫동안 잊지 못할 것 같다.
[YY 단원의 일지] 평가회를 마무리하고 식당에 다들 삼삼오오 모였다. 코티처들에게 줄 편지지를 꾸미기도 하고, 선물을 준비하기도 하고, 내일 있을 기초 학예회를 준비하기도 한다. 교수님께서 코티처 선물을 작년보다 더 열심히 준비하는 거 같다고 하신다. 괜히 뿌듯하다. 피곤할 텐데도 다들 신이 나 보인다. 이 모습도 이제 마지막이라는 생각에 단원들의 얼굴을 한 번 더 눈으로 담아둔다.

교육실습에서 좋지 않은 경험을 한 어떤 단원은 해외 봉사활동을 통해 긍정적인 교육 경험을 했다고 말하기도 했다.

밖에 나오니 KY가 앉아 있다. 이런저런 얘기를 하는데, KY가 술을 좀 마셨는지 말을 계속 해서 끊기가 어려울 정도였다. 한국에서 최악의 경험을 했던 교육실습에 비해 엘살바도르에서는 정말 긍정적인 경험을 한 것 같다. 수업을 직접 하는 학생들의 봉사활동 이야기는 내가 적는 일지보다 훨씬 더 풍성하다.

자기 작품을 만들어 가지는 수업이 좋다.

3-29. 낯선 길이 익숙해지기까지

아무리 사전교육을 철저히 하고 준비를 꼼꼼하게 해도, 처음 봉사활동을 나가는 국가에서는 교수도 모든 게 처음이라 완벽히 봉사단을 인솔하는 데에는 한계가 있다. 1년 이상의 장기 봉사활동에서는 현지 적응 과정이 따로 있지만, 단기 봉사활동에서는 그러한 적응 과정이 거의 없다. 이러한 봉사활동 초기의 어려움을 김춘미, 장수미(2017)는 '낯선 길로 들어가기'라고 표현하고 있다. 아래는 살인율이 세계 3위라는 엘살바도르에서 봉사활동을 마치고 공항으로 가는 길에 적은 글이다.

> 공항으로 가는 길이 어둡지만 밝다. 엘살바도르에 처음 도착해서 버스 타고 오던 길은 매우 어두웠다. 새로운 장소에서 겪을 어려움에 대한 온갖 걱정과 두려움을 가지고 보니 창밖에 보이는 산 위 불빛마저 위협적이었다. 하지만 지금은 그 반대다. 아무런 걱정 없이 길가에 간간이 보이는 집들을 감상하며 지나간다. 학생들도 밝게 웃으며 얘기하며, 처음엔 조용히 왔던 그 길을 돌아가고 있다.

엘살바도르라는 낯선 곳에 처음 느낀 막막하고 두려운 어둠이 5주간 봉사활동을 하면서 익숙하고 편안한 어둠으로 바뀐 것이다. 이와 같은 생활 기반 체험은 TV나 인터넷으로는 해외 다큐멘터리를 아무리 봐도 느낄 수 없는 경험일 것이다.

낯섦은 봉사활동 장소, 사람, 언어, 문화뿐 아니라 봉사활동 자체에 대해서도 생긴다. 봉사활동을 처음 할 때는 모든 게 낯설다. 그 낯선 봉사활동이 익숙해질 때 봉사활동이 끝난다.

> 식당에 가니 HC가 혼자 노트북을 켜서 준비하고 있고, 아이 1명이 청소를 하고 있다. 여기서 지금 Kpop 수업을 할 거라고 하니 바로 알아듣고 식탁을 옮기고 그런다. 바로 단원들 빨리 식당에 와서 준비 도우라고 카톡을 보냈다. 2시부터 하기로 한 것은 우리의 수업이고, 우리가 준비해야 하는 것이었다. 천사의 집에서는 우리가 수업을 하도록 도울 사람이 없다. 여러 단원이 와서 책상을 옮기거나 뒤집어 놓아 공간을 만드는 것은 2시 이전에 거의 끝나긴 했는데, 2시가 조금 넘어서 식당에 오는 단원이 있다. 물론 천사의 집 아이들도 아직 모이지 않았고, 종을 치고 노래를 틀면 모두 모일 거라고 한다. 하지만 이건 우리 방식이 아니지 않은가? 수업이 정해진 시간에 시작되도록 그 전부터 미리 움직이는 것이 우리의 방식이다. 봉사활동이 나의 잔소리나 진행 지시 없이 진행되는 것은 봉사활동이 끝나갈 때만 볼 수 있는 장면, 지금까지 모든 봉사활동이 그러했다.

3-30. 계획한 대로 진행되는 봉사활동은 거의 없다

현지의 봉사활동은 결코 계획한 그대로 진행되지 않으며, 상황에 따라 변형되거나 조율된다. 두 번째 봉사활동을 나가는 해에 북반구에 심한 한파가 왔고, 환승을 하는 애틀랜타에 폭설이 내려 비행기가 5시간 지연되었다. 저녁 8시 30분에 출발하기로 한 비행기가 새벽 1시에 출발했고, 니카라과에 도착해서도 입국수속과 호텔 입실에 문제가 생겨 결국 밤새고, 그다음 날 아침에 바로 대학 행사를 시작했다.

이처럼 시간 부족(교통 체증), 준비 미흡(준비물 소진, 기기 고장), 시설 문제(전기, 수도), 언어 문제, 소통 문제(시간표 조율 안 됨), 질병, 사고, 심지어는 자연재해까지(지진) 수업 진행에 어려움을 주는 경우가 생기며, 그에 따라 수업 진행 방식이나 수업 내용까지 바꾸기도 한다. 이런 다양한 문제를 해결해 나가는 과정이 봉사활동이며, 그 과정에서 오히려 모든 단원이 많은 것을 배운다. 즉 현지 상황에 따라 봉사활동을 융통성 있게 변형하는 법을 배운다.

> 프린터가 되지 않아 계획했던 수업을 못 하는 경우, 남는 시간을 보내기 위해 학예발표회 내용을 하는 것이 어떤가 하는 의견에 대해 매우 좋은 시도라고 말해 주었다. 상황에 맞춰서 수업 운영에 융통성을 주는 것, 이것이 교육봉사활동에서 배우는 중요한 내용 중 하나다. 수업 운영에 융통성을 줄 때 지금까지는 해당 내용을 변형하는 것만 생각했는데, 전혀 다른 내용을 함께 하는 것은 새로운 시도다. 금요일 청소년 센터 수업을 어떻게 할지 계획 세울 때에도 여러 내용이 혼합될 수 있겠다.

한 봉사단원이 질병 등으로 수업 못 하는 경우 다른 단원이 보충 수업도 해 주어야 한다.

> JH의 수업을 대신할 방법 … 첫 시간은 수업을 바꾸면 되는데 둘째 시간은 할 사람이 없다(태권도는 오후에 따로 해서). 그래서 도미노 스틱을 내가 하기로 했다. 그런데 수업이 시작할 때쯤 ID가 오더니 JH의 수업 시간에 자신이 1시간 추가로 해도 되겠냐고 묻는다. 다른 단원이 하지 못하는 수업을 자원에서 보충해 주겠다는 마음이 참 기특하다.

봉사단이 준비한 내용 이외에 현지에서 요청하는 활동이 봉사단원에게 큰 부담이 되기도 하는데, 활동 방식이나 시간을 조율하면서 더 큰 봉사와 배움으로 연결되기도 한다.

> 오전 5시간 동안 수업이 끝난 후, 오후에 어린아이들과 놀아달라는 요청이 있었다. 피로가 누적된 단원들이 말도 통하지 않는 아이들과 놀아주는 것은 정말 힘들었다. 평가회를 통해 활동 시간을 조정하기로 하고, 놀이 시간을 반으로 줄였다. … 아이들과 함께 춤 대회를 준비하는 게 너무 힘들었지만(나도 같이했다), 또 너무 많은 것을 느끼고 배울 수 있었다.

계획하고 준비하지 않아도 가능한 봉사활동이 있다. 현지의 아이들과 놀아주는 것이 그것이다. 봉사단이 많이 방문했던 시설의 아이들은 봉사단원과 노는 방법을 잘 안다. 머리가 조금 긴 봉사단원의 머리카락을 레게 머리로 땋아 주기도 하고, 즉석에서 안무를 짜서 같이 추기도 한다. 단장도 함께 춤을 추었다.

신부님께서 방별로 춤을 연습해서 경연대회를 하자는 의견을 점심 때쯤 주셨고, 그것을 내가 단원들에게 전달할 새가 없었네. 오늘내일 2시간씩 연습해서 목요일에 대회를 할 거라고, 그것이 프로그램이라고 말하니 단원들 얼굴이 일순간 굳어진다. 5분 쉬었다가 방에 가보라고 하고 운영진들과 까사로 돌아오며, 이건 프로그램이 아니라 방치에 가깝다는 생각이 들었다. 신부님이 하자는 대로 따라 하기는 했지만, 이런 상황에 익숙하지 않은 학생들에게는 매우 어려운 프로그램이다. 그래서 다시 가서, 너무 부담가지고 이끌어가려고 하지 말고, 방 아이들이 하자는 대로 따라 하며 놀아주라고 말했다.

1시간 땀 흘리며 춤추고 나오니, 6번 방에서 KY가 나오면서 거기는 지옥이라고 한다. 5번 방 아이들과 사진을 찍고 너무 힘들어 숙소에 와서 씻고, 다시 일지를 붙잡고 있다. 목요일 방별 공연이 기대된다. 아이들과 단원이 함께 노는 모습 그 자체가 좋은 것임을 이제 조금 느낄 수 있다.

레게 머리를 땋인 봉사단원. '참 열심히 놀아주었구나~!'

3-31. 체계적 정리의 경험: 단원

봉사활동은 기록으로 남겨두는 게 좋으므로, 준비 단계부터 계속 정리해 두도록 안내한다. 첫해부터 다른 대학 사례를 보면서 봉사활동 포트폴리오를 만들라고 했지만, 검사를 하지 않으면 자발적으로 하는 경우가 적었다. 정리에 익숙하게 만드는 데 시간과 품이 많이 든다.

3번째 해부터 사전 일지까지 적도록 했다. 일지(저널)를 적는 방법은 적을 내용(생각한 점, 느낀 점, 새로 알게 되거나 배운 내용, 기억하고 주의할 내용, 재미있었던 내용, 싫었던 내용, 궁금한 점, 기타 등)을 안내하며 샘플을 주는 게 좋다. 글자 수는 공백 포함과 제외가 차이가 크다. 학생들 부담을 줄여주기 위해 공백 포함으로 하면서, 이것은 최소 기준이므로 더 많이 쓸 사람은 길게 적는 게 본인에게 도움이 된다고 말한다. 일지에 글뿐 아니라 사진을 넣는 것도 좋다. 그리고 출국 전에 학생 일지를 2~3회 검토하며 피드백을 주는 것이 좋다. 일지를 통해 단원들의 생각을 알 수 있으며 준비 과정을 수정하는 데에도 도움이 된다.

> 첫 일지에 대한 피드백을 카톡으로 보내기 위해 다시 정리했다. 학생 글을 간략히 요약하고, 내 코멘트를 옮기고, 종류별로 분류했다. 스페인어 학습, 수업 준비 등등. 이렇게 분류하는 것도 일이다. 하지만 모두 정리해서 올리고 나니 보는 사람에게 도움이 되겠네.

수업 준비 과정도 표로 정리해야 하는데, 이는 최종 결과 보고서 넣기 위해서이기도 하다. 글꼴, 폰트, 문단 모양 등 양식을 통일해 준다. 이것은 해외로 출국하기 전까지 정리를 완료하도록 하는 것이 좋다. 현지에 가서 할 시간을 내기 어렵다.

> 결과 보고서에 들어갈 수업 준비 과정 정리표를 학생들에게 주기로 했다. 작년에도 늦게 주었는데, 올해는 조금 빨랐다. *** 저널을 피드백해 주면서 생각이 났다. 날짜에 따라 잘 정리해 놓은 저널이었기 때문이다.

봉사활동 중에도 매일 기록을 남기도록 '봉사활동 자료집'에 반성 양식을 넣어 준다. 자료집에는 봉사단 개요(명단, 역할 분담, 조 편성, 수업 주제, 시간표 등), 안전 수칙, 여행자 보험 안내, 현지 정보, 일정표, 출입국 정보, 봉사단 규칙, 사전 사후 설문지, 활동 일지, 사후 보고서 안내, 기초 현지어, 후원처 등을 넣는다. 활동 일지는 수업 차시별 반성(주제, 역할, 우수한 점, 부족한 점), 총평 및 소감, 만족도와 어려움 점수 매기기, 오늘의 명언이나 단어 등을 적도록 자세히 양식을 만들어 준 적도 있고, 간단히 빈칸을 두어 자유롭게 적도록 한 적도 있다.

봉사활동을 마친 후 예비 교사는 보고서를 작성하여 제출한다. 보고서에는 수업의 준비 및 수정 보완 내용, 수업 시연 및 실시, 현지 활동 소감, 봉사나 교육에 대한 관점 등을 적으며, 봉사활동 전후 자신의 변화를 기술한다. 많은 예비 교사는 해외 교육봉사활동이 '인생 경험'이나 '터닝 포인트'라 표현(박인심,

2019)할 정도로 소중하고 뜻깊은 활동이었다고 정리한다. 사실 봉사활동 자체가 자신을 돌아보고 반성하는 것이라고도 할 수 있다(다나카 유, 2013). 봉사활동 전체 과정에 대한 자기반성은 예비 교사가 교직에 나갔을 때 든든한 밑거름이 될 수 있다. 이러한 정리 활동은 반성적 실천가로서 교사가 되기 위한 준비 과정으로 예비 교사 교육에 매우 중요하다.

기록의 중요성을 계속 강조해서 끝날 때는 스스로 기록하는 버릇을 들게 하는 것이 목표다. 이 경험과 기록의 소중함은 지나고 나서야 제대로 알게 될 것이다.
[KJ 단원의 일지] 생각보다 오늘의 일지를 읽는 것이 재미있다.

㉔ 해외 교육봉사 활동 일지

( ) 일차	2023년 월 일 요일 날씨( )		
봉사 기관			
1교시	활동 주제		
	역할 분담	내 역할:	
	우수한 점		
	부족한 점		
2교시	활동 주제		
	역할 분담	내 역할:	
	우수한 점		
	부족한 점		
3교시	활동 주제		
	역할 분담	내 역할:	
	우수한 점		
	부족한 점		
총평 및 소감			

※ 오늘 나의 '봉사활동 행복 점수'는 100점 만점에 ( )점	① 매우 그렇다 (25점)	② 그렇다 (20점)	③ 보통이다 (15점)	④ 그렇지 않다 (10점)	⑤ 전혀 그렇지 않다 (0점)
1. 인도네시아에 봉사활동 오기를 잘했다고 생각한다.	①	②	③	④	⑤
2. 나는 오늘 기분이 좋다.	①	②	③	④	⑤
3. 인도네시아 봉사활동은 어렵다.	①	②	③	④	⑤
4. 나는 오늘 내가 한 일에 만족한다.	①	②	③	④	⑤
오늘의 명언					
오늘의 단어					

일지 양식

3-32. 봉사활동을 정리해야 하는 강박감: 단장

단장으로서 저자는 '일종의 강박관념'이나 '의무감'을 가지고 끊임없이 봉사활동을 정리했다. 봉사활동을 진행하면서 마치 연구 노트를 쓰듯 매일 일지를 작성하였는데, 이것은 봉사활동에 대한 체계적 기록의 필요성(문영희 외, 2018)을 봉사단원들에게 본보기로 보이려는 목적도 있었다. 일지를 쓰며 하루를 두세 번 돌아보게 되는데, 현지에서 일지를 쓰는 데는 약 2시간 정도 걸린다.

> 일지를 쓰는 순서는 대략 다음과 같다. 하루 종일 보고 들은 내용을 폰과 자료집에 메모한다. 먼저 생각나는 대로 처음부터 끝까지 글을 써 내려간다. 폰에 적힌 내용을 보며 일지를 보충한다. 그리고 자료집에 적힌 내용도 보충한다. 그리고 다시 처음부터 읽으며 교정을 한다.
> 매일 일지를 쓰는 것이 어려웠다(2시간 정도 소요). 꼭 쓰지 않아도 되지만, 대학생들에게 기록의 소중함을 알려주기 위해 의무감을 가지고 썼으며, 연구 자료를 모은다는 뜻에서도 썼고, 내 생각을 놓치고 싶지 않아 모든 것을 기록하려 애썼다. 정 시간이 없는 날에는 키워드만 적어둔 다음에 여유 있는 주말에 몰아서 정리했다.

힘든 봉사활동 중에 일지를 계속 쓰는 것은 매우 힘든 일이다. 졸린 눈으로 일지를 정리하다 보면 의미 없는 문자들이 입력되어 있곤 한다. 어떤 경우에는 같은 내용을 두 번 적기도 한다.

> 차에서 일지를 쓰는데 눈이 척척 감기네 ljjjjjjjjjjjjjjjjjjjjjjjjjjjjjjjj 천ㅇ냥ㅇㅇㅇㅇㅇㅇㅇㅇㅇㅇㅇㅇㅇ(졸은 흔적들, 실제로는 더 길다)
> 20분 전반전 후에 매우 목마를 것 같아 매점에 부랴부랴 라허 ─────────────────────────── (일지 쓰다 졸은 흔적)
> 매점에 가서 시원한 생수 사다 주었다.
> 하루 일지를 며칠 나눠 쓰니, 같은 내용을 또 적게 되었네. 이것도 봉사활동의 모습이니 지우지 않고 그냥 둔다.

봉사활동에 대한 기록은 집단 활동에 대한 기록이다. 단원들에게 집단의 정보를 공유하는 마인드를 심어줄 필요가 있다.

> 일지는 개인의 기록이기도 하지만, 동시에 그보다 더 중요한 집단의 기록이 된다. 사소한 것까지 기록해 두어서 다음 사람이 이 길을 걸을 때 참고하도록 하는 역할을 한다. 특히 여행을 하면서 겪은 일에 대한 기록은 가치가 더 크다.
> 개별적으로 산 물품 목록을 시시콜콜 다 적어 내라는 의미를 다시 설명했다. 누가 무엇을 샀는가가 중요한 게 아니라, 단원이 봉사활동에서 어떤 것을 필요로 하는지 파악하기 위해서이다. 그래야 내년에 가져오도록 안내하고 현지에서 사도록 하고 할 수 있다(이것을 정리하라고 재차 말해 주었는데 정리가 안

되네).

일지는 단원을 재우는 자장가 역할을 하기도 한다.

> 아이고, 너무 힘들어 도저히 더 못 쓰겠다. 내일 아침이나 저녁때 마무리해야지. 카톡에 일지 내일 올린다고 공지하고, 자기 전에 밖에 한 번 나가보니 몇 명 단원들이 마당에 둘러앉아 얘기하고 있다. 매일 일지를 보고 잤는데 아쉽다고.

일지는 봉사단원 전체 단톡방, 다른 대학의 봉사단 인솔 교수 단톡방, 가족 단톡방에 올려 정보를 공유하고 공감을 유도하였고, 단장으로서 외로움을 위로받기도 했다. 즉, 일지는 단장의 탈출구 역할을 하며, 마음 수련의 도구가 되기도 한다.

> 일지를 공유하는 것은 단장으로서 외로움을 위로하는 일종의 배출구였다. 나에 대해 진솔하게 얘기하는 장이다. 아쉬운 점은 대학생 단원은 내 일지에 거의 피드백해 주지 않는 것이다. 그저 '자기 전 마지막에 보는 이야기'였다. 반면 단장들의 카톡방에서는 공감하고 위로하는 응원 메시지가 가끔 있었다.
> SS교수님을 위로(?)해 드릴 겸, 운영진끼리 9시에 모여 이야기를 나누자고 연락을 받았다. SS교수님은 그래도 행복한 거다. 주위에 이렇게 챙겨주는 사람이 있으니. 나는 단장을 할 때 누구 얘기할 사람이 없었고 계속 혼자였다. 그래서 혼자 이렇게 일지를 쓰는 데 집착하며 스스로 정리를 해 나갔다. 다른 대학 봉사단장도 비슷한 어려움을 겪는다.
> 밀린 일지 쓰는 건 일일까? 누가 시켜서 하는 것 아니고 안 해도 되는 것도 일일까? 내가 좋아서 하는 것도 일일까? 내 스스로 정해서 하는 행동. 밀려서 생생한 현장을 놓치는 것은 지나고 나면 아깝지만, 그게 왜 아까운가? 나중에 정리해서 책이나 논문으로 쓰려고 하면 아까운데, 그걸 꼭 써야 할까? 일지를 쓰며 반성도 되고 내가 정리도 되니, 마음 수양하는 도구로 생각할 수도 있겠다.

봉사단장이 체계적으로 정리하는 모범을 보이는 것은 단원들에게 전달되기도 한다. 두 번째 봉사활동에 참여하며 학생 대표가 된 학생이 바자회를 하며 올린 글이다.

> 바자회 종료 후 단원들이 힘을 모아 바자회 준비, 진행, 사후 과정에 대한 간단한 글(꿀팁, 개선 사항 등)이나 체크리스트를 작성하면 다음번 바자회 운영에 큰 도움이 될 것 같아요ᕙ•••ᕗ?

처음에는 현지에서만 일지를 기록했지만, 나중에는 봉사활동을 준비할 때부터 기록해서 끝나고 나서도 계속 적었다.

> 조 편성 AB / CDE 또는 ABCDE(전체), - 이건 이 일지를 쓰면서 더 생각해 낸 방법이다. 일지도 봉사활동 준비의 일부로, 실제 준비에도 이바지한다.

**원장에게 부탁하는 것은 이 일지를 적으면서 반성해 보고 생각해 낸 일이다. 반성 일지가 이렇게 도움을 준다.

이렇게 힘들게 기록한 일지 덕에 이 책이 구성되는 것이다.

3-33. 성과 공유

이 봉사활동은 자비가 아니라 정부 기관의 지원을 받아 수행하는 것이라 최종 결과 보고서를 제출해야 한다. 몇 달간의 봉사활동 준비와 실행 내용을 최종 보고서로 제대로 정리하는 건 결코 쉬운 일이 아니다. 바쁘게 돌아가는 한국에 귀국한 뒤, 학생들에게 보고서를 내도록 독촉하고, 사진과 영상 자료를 수집하고, 적절한 영상을 골라내고, 모든 활동 내용을 일정에 따라 정리하고, 홍보 자료도 찾고, 후기도 적어야 한다. 이렇게 정리한 최종 결과 보고서는 예산 정산서를 제외하고 43쪽, 127쪽, 149쪽, 176쪽 등으로 매해 늘어갔다.

봉사활동에 대한 개별적인 정리와 함께 전체 봉사활동에 대한 정리의 기회도 있다. 국립국제교육원에서는 단기 해외 교육봉사활동에 대한 성과발표회를 개최하여, 여러 대학에서 수행한 봉사활동을 마무리하며 감동을 공유하는 자리를 마련한다. 여기서 각 대학의 대표 예비 교사가 봉사활동을 발표하면서 봉사단원으로서 수행한 일과 스스로 성장한 내용 등을 함께 나눈다. 여러 대학의 발표 내용에 공감하며 봉사활동의 의미를 다시 새롭게 배우게 된다.

> 다른 대학 상황을 보며 너무 놀랐다. 우리만 열심히 하는 게 아니다. 학생과 직원은 학교 버스로 먼저 내려가라고 하고, 나는 끝까지 남아 듣고 내려왔다. 정신이 번쩍 드네.

각 대학에서는 봉사활동 결과 보고서, 백서, 포트폴리오, 자료집 등을 만들어 봉사활동 관련 자료와 노하우를 축적해 나간다. 일부 대학에서는 봉사활동 결과물을 책자로 엮는 것을 시도하기도 하였다. 충북대학교에서는 단장과 단원 9명이 그렇게 엮은 책을 출간하였다(한재영, 김진수 외, 2019). 현지에서 봉사활동을 하는 도중 한 예비 교사가 책을 내자는 제안을 하며 시작된 책 출간은 약 10개월이 걸렸다. 책의 기획과 목차 선정, 원고 배분 및 집필, 검토 및 수정 등의 과정을 처음부터 끝까지 함께 하면서 예비 교사들은 또 새로운 경험을 하며 배움을 이어나갔다.

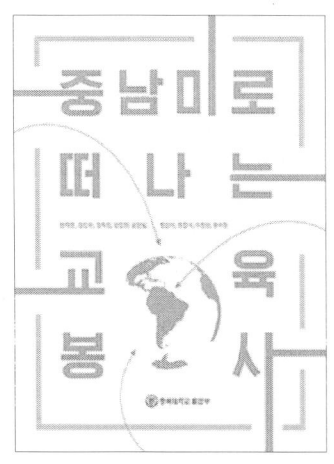

책자 발간

> BM에게는 책 내는 것을 맡아, 일단 저자 섭외부터 진행하도록 했다. 저자 섭외, 공동 기획, 목차, 집필, 검토와 교정, 출판사 섭외, 계약, 사진 초상권 처리, 편집, 인쇄 등 여러 절차를 경험해 보게 하는 것은 매우 좋은 일이 되겠다.
> 책 집필 회의를 하면서 우리가 한 일을 하나하나 나열해 보니 정말 많은 일을 하였다. 목차 정하고, 제목은 각자 하나씩 만들어 오도록 하고, 내용 집필을 분담했다. … 좋은 책이 나올 것 같은 느낌이다.

이렇게 정리한 자료는 봉사활동의 지속적인 수행에 귀한 참고 자료가 된다. 실제로 봉사단원으로 처음 선발된 현직 교사에게 결과 보고서, 책자, 일지 등을 전해주어 봉사활동이 어떻게 진행되는지 감 잡는 데 활용하도록 했다.

한번은 ODA 콘퍼런스에 참석해 포스터 발표를 해 달라는 부탁을 받았다. 꼭 가야 하는 의무는 없지만 국립국제교육원 담당 직의 부탁이라 거절이 어려웠다. 봉사단원인 대학생이 발표하는 것인데 일정이 빠듯해 내가 대신 초록도 작성해 보내고 포스터도 만들고, 홍보처의 도움을 받아 포스터 디자인을 수정했다. 포스터 제작 지원금으로 30만 원을 준다고 했고, 봉사단원 4명과 함께 내 차로 이동하면서 교통비 지출도 아껴 봉사활동 예산에 보탰다. ODA라는 새 분야에 발을 들이며 많은 것을 배울 수 있었다.

> 강연 내용은 너무나도 좋았다. 이렇게 좋은 콘퍼런스, 공짜로 많은 것을 배울 수 있는 콘퍼런스에 처음 온 것이 후회될 정도였다. 카톡방을 만들어 질문을 올리게 한 것도 참신한 방법이었다. 학생들도 아주 좋아한다. 열심히 강의 내용을 적는 학생.
> 막히면 돌아가라. ODA 콘퍼런스에서 배운 내용.

콘퍼런스에서 발표한 사람 중 이수인이라는 에누마 대표가 있다. 토도수학을 개발하고, 킷킷이라는 프로그램으로 세계 공모전에서 우승하기도 했다. 그가 "소수의 수재를 한 걸음 전진시키는 것 보다, 다수의 보통 아이를 열 걸음 앞으로 전진시키는 게 바로 테크가(자신들이) 잘할 수 있는 분야"라고 한 말에 공감한다.[11] 또한 한국교육개발원에서 진행하는 교육 ODA 포럼에 가서도 국제개발협력에 '내공'이 많이 쌓여 있는 사람들을 보며 그'열정과 능력과 지식'을 배웠다.

---

11) "게임으로 수학교육, 머스크도 우리에게 반했죠"
 https://news.naver.com/main/read.naver?mode=LSD&mid=shm&sid1=105&oid=023& aid=0003633397

3-34. 연극이 끝난 후

해외 봉사활동을 끝내고 귀국한 후에는 몸이 아프거나, 허무함, 무기력감, 의욕 상실 등을 경험하는 경우가 종종 있다.

> 귀국 후 내가 느꼈던 우울증과 무기력감은 지금까지 봉사활동에서 단원으로 참여했던 것과 달리 이번엔 봉사단장으로 일하며 겪었던 새로운 경험 때문인 것 같습니다.
> 자고 일어나 보던 영화를 다시 틀었다. 가볍게 생각하며 볼 것이었는데 구성이 조금 복잡하네. 여러 사람 이야기가 얽히면서 가장 그럴듯하고 마음에 드는 결론이 나며 영화가 끝났다. 영화가 끝난 후 밀려오는 허무함. 아, 그랬지, 특히 작년에 봉사활동이 끝나고 무기력감, 허무감, 의욕 상실, 공허함 등으로 꽤 오랫동안 1~2달 정도 고생했었지. 그러고 보니 까르보네로 공연 지휘가 끝난 후에도 작은 공허함이 살짝 성취감과 함께했었다.

봉사단장은 교육봉사활동을 처음부터 끝까지 진행하지만 정작 직접 가르치는 일은 거의 하지 않는다. 그럼에도 봉사활동 인솔을 위해 그 누구보다 일을 많이 하며 모든 것을 책임져야 한다. '연극이 끝난 후'라는 노래는 온 힘을 다해 합창이나 공연을 준비하고 마친 사람만이 느낄 수 있는 감정을 표현한다. 봉사단장은 최종 결과 보고서 정리하며 정보의 기록을 남길 뿐 아니라, 봉사활동 전체를 복기하며 감정과 느낌까지 추스르고 다시 힘을 내서 다음 봉사활동을 이어갈 동력을 얻게 된다. 예로, '내 꿈과 함께 다른 사람의 꿈을 이루어주기 위해서', '현지에서 우리가 도와주려다가 오히려 도움을 더 많이 받은 친구들을 만나기 위해' 등.

한편, 과테말라 천사의 집에서 봉사활동을 마치고 돌아온 해에는 몸이 아프지 않았다. 그해는 숙소 문제로 금전적 피해를 많이 보며 스트레스가 심했었다. 그런데 천사의 집에서 아동 학대로 지능 발달이 안된 고등학생, 폭행 트라우마로 자다가 발작하는 아이, 16살인데 3번째 임신한 아이 등 '교육보다 생존'이 중요한 아이들을 만났다. 그리고 그곳의 H신부님께서 단원들에게 해 주신 말씀이 '… 한국에 돌아가 힘들고 쓰러지고 싶을 때, 이 아이들을 떠올려라.'였다. 연극이 끝난 후 겪는 느낌마저 사치라는 생각이 들어서 아프지 않은 듯하다.

천사의 집 5번 방 아이들

4. 도구

4-1. 스페인어 빨리 말하지 말라

이 교육봉사는 해외에 나가 외국 학생이나 교사를 가르치는 것이므로, 외국어에 대한 준비를 필수로 해야 한다(염건이, 2007). 보통 외국에선 영어로 의사소통하지만, 스페인어나 토착어를 쓰는 경우엔 새로운 언어를 배워서 준비해야 하는 부담이 매우 크다(류민정, 2017). 간단한 여행용 회화를 공부하는 것이 아니라 교실에서 학생들에게 어떤 내용을 가르치기 위한 언어 공부는 실제 단기간에 완성하는 게 거의 불가능하다. 그래서 예비 교사는 수업 중에 해야 할 말을 대본으로 작성하여 들고 읽거나 외워서 수업을 진행한다.

익숙하지 않은 외국어를 할 때 중요한 것은 강세이다. 같은 단어라도 강세가 다르면 알아듣지 못하는 것을 봉사단원들은 수시로 깨닫고 발음 연습을 많이 하게 된다. 또한 빨리 말하는 것보다 천천히 강세를 주며 말하는 것이 더 좋다는 것을 현지 교사의 말을 들으며 알게 된다. 우리나라 초중등 수업에서 교사가 천천히 말하듯, 외국 교실에서도 원어민이 천천히 얘기한다. 이렇게 예비 교사들은 중요한 내용을 설명할 때 천천히 말하며 학생들의 이해도를 점검하는 것이 중요하다는 걸 체험하게 된다. 저자도 처음 니카라과에 가서 처음 인사말을 할 때 대본을 너무 빨리 읽는 실수를 했다.

외국어를 할 때 가장 중요한 건 역시 자신감이다. 봉사단원이 스페인어를 못하는 건 당연하다. 그 누구도 몇 개월 공부한 언어로 다른 사람을 가르치는 걸 잘할 수 없다. 스페인어는 최선을 다해 준비하되, 준비한 만큼만 하면 된다. 중미 학생들은 한국 대학생들이 말하는 스페인어를 들으며 속으로 웃기도 하고, 일부 학생은 비웃기도 한다. 한국에 온 외국인이 한국어를 잘 못해도 거의 알아듣듯, 단원들이 스페인어를 잘 못해도 현지 학생들은 알아듣는다. 문법이 틀리거나 잘못 발음하는 게 당연하니, 자신 있게 큰 소리로 말하면 된다.

현지에서 생활하며 배우는 스페인어가 최고다. 시장에서 물건을 사며 배우고, 길거리에서 들리는 말을 들으며 배운다.

> 아보카도 tres para diez는 3개에 10께찰이라는 말이다.
> 이른 아침에 … 'bolsa grade'라고 크게 외치는 사람이 있었는데, 호텔 직원이 그 소리를 듣고 나와 큰 쓰레기봉투를 산다. 사람 사는 모습.

어떤 경우엔 수업하며 스페인어를 배우기도 한다. 색이 관련된 수업을 도우며 겪은 일을 일지에 적었다.

> 살색을 piel(피부)이라 말하는 것을 학생에게 물어 알게 되었다(여기도 흑인이 있을 텐데 그렇게 부르네).

4-2. 말이 안 되면 몸짓으로

　교사와 학생은 언어만을 통해 상호작용하지 않으며, 몸짓이나 눈짓 등 비언어적 도구도 많이 사용한다. 특히 언어가 잘 통하지 않는 경우에 비언어적 상호작용이 훨씬 중요하다. 그래서 이 봉사활동에서는 몸짓이나 표정, 눈빛 등의 중요성이 더 커진다.

　봉사단이 준비한 수업 내용은 말이나 글로 설명하기보다 학생들이 직접 활동하며 공부하게 하는 경우가 많다. 특히 과학 교과의 경우 교사가 직접 실험 조작 등의 동작을 시연하면 학생들이 따라 하는 실험 실습을 많이 했다.

　수업 시 교사 발문의 핵심 용어는 보조교사가 칠판에 판서하여, 언어의 장벽을 극복하면서 의사소통을 명확히 하는 게 필요하다. 판서 시간이 오래 걸리는 그림이나 표 등은 미리 인쇄하여 가지고 가 칠판에 붙이는 것이 좋다.

　교사가 제공하는 비언어적 행동뿐 아니라, 현지 학생들이 보이는 비언어적인 반응은 봉사단원들이 수업을 진행할 때 즐거움, 기쁨, 놀람, 어려움, 이해함, 성취감 등 여러 가지 의미를 전달해 주었다. 예로, 학생들의 대답을 다 이해하지 못하더라도 표정이나 눈빛, 자세, 작은 몸의 움직임 등을 통해 이해도를 점검할 수 있다. 이렇게 언어와 비언어적 도구를 함께 사용하며 수업을 진행하는 기술을 예비 교사들이 배우게 된다.

스페인어를 못해도 의사소통이 가능한 도구는 많다. 마술이 있고 번역 앱(예, 파파고)이 있다.

> 수업이 진행되는 동안 운동장에 많은 학생들이 돌아다니는데, 그 학생들은 한국의 대학처럼 해당 시간에 수업이 없는 학생들이다. KM선생님이 마술 시범을 보이니 학생들이 매우 즐거워한다. KM샘은 한국말을 하면 번역을 해 주는 앱을 가지고 의사소통하신다. 동전 숨기는 마술을 보여주고 한 학생에게 해보라고 하니, 동전을 능청스럽게 뒤로 던지며 사라지게 하는 몸짓을 해서 모든 사람이 크게 웃었다.

마음을 담은 현지 사진전

4-3. 열정 배우기

예비 교사들은 봉사활동을 나가기 전 약 5개월 정도 스페인어를 배우며 공부한다. 인솔 교사 중 한 명이 스페인어 전공이라 단원들에게 직접 스페인어를 가르쳐 준 적이 있는데, 매번 스페인어 수업을 위해 다양한 교구를 직접 제작하고, 같은 내용이라도 매년 새로운 방법으로 가르치기 위해 노력한다. 예비 교사들은 이 교사에게 스페인어를 배우면서 수업에 쏟는 정성과 열정, 교사로서 자세까지 함께 배운다. 저자 또한 그렇게 정성 가득한 수업에 감동한다.

> *** 선생님이 스페인어 수업 준비에 1주일이 걸린다는 말이 인상적이다. 일주일 내내 준비하고 수정하고 그러는데, 예비 교사를 위해 더 신경 써서 준비한다고 한다. 학생들 옆에 앉아 있으니 수업 재료를 공들여 준비한 것에 감탄하는 소리가 들린다.
> 고장난 시계를 대여섯 개나 준비해 오셨다(버리지 않고 모은 것). 요즘 기분이 가라앉고 몸도 피곤한데 스페인어 수업을 들으면서 힘이 난다. 정성과 열정이 느껴지는 수업.

재활용을 할 수 있는 교구에 대해서도 배운다. 시간 표현을 가르치기 위해 집에 있는 고장 난 시계를 버리지 않고 모아 와서 조별 학습에 활용하도록 하였다. 우유갑을 잘라서 카드를 만들어 분류하거나 배열하는 활동을 하게 하는데, 우유갑은 두꺼워 구겨지지 않아서 좋다. B4 크기의 종이가 들어가는 투명 비닐백을 구매해서 거기에 빈칸이 있는 활동지를 인쇄해 넣으면, 마카로 썼다 지우며 학습하고 계속 재활용할 수 있다.

학생들이 재미있어하고 감동하는 수업은 다시 교사에게도 피드백되어 계속 수업을 열심히 준비하게 되는 원동력이 된다.

> 열심히 따라와 주는 여러분들 덕택에 수업이 즐겁답니다. '내가 재미있어야 학생들도 흥미를 갖는다.'라는 생각으로 어떻게 하면 지루하지 않게 수업을 진행할까? 고민하며 수업을 준비하고 있답니다. 미래의 교사가 될 여러분들이기에 더 많이 신경 쓰이고 잘 알려줘야겠다는 생각에 학습 목표도 꼭 넣고 있고요 수업 순서와 진행은 어떤지 혼자 해보면서 수정도 하고 생각날 때마다 추가도 하고, 여러분들을 생각하면 월요일이 긴장되면서도 기다려진답니다.^^ 다음 주에도 모두와의 재미있는 수업을 기대하며 또 열심히 준비 할게요~♡

4-4. 나부터 스페인어를 잘해야 하는데

ODA 사업의 세 가지 축인 개발, 보건, 교육 중에서 현지어 활용이 가장 중요한 분야는 교육이다. 교육은 교사와 학생의 상호작용을 통해 이루어지기 때문이다. 즉 교육봉사의 핵심인 수업은 학생과 교사가 언어나 비언어를 통해 의사소통하는 과정이다. 영어를 쓰는 벨리즈와 포르투갈어를 쓰는 브라질을 제외하고, 중남미 모든 국가는 스페인어를 사용하며, 학생들이 영어를 잘 못한다. 그래서 봉사단원은 많은 준비 시간을 할애하여 스페인어를 공부하고, 스페인어 대본도 준비하여 읽거나 외워 수업을 진행한다.

그런데 봉사단원이 현지어인 스페인어로 수업하도록 준비시키는 건 쉽지 않다. 우선 봉사단원들에게 어려운 스페인어 공부에 대한 동기를 확실히 부여해야 하고, 적절한 교육 프로그램, 강사, 교재, 참고 자료, 강의실, 강의 시간 등을 제공해 주고, 학습 과정을 계속 점검해야 한다.

직접 현지 봉사를 경험해 본 적이 없으면 스페인어 학습에 대한 동기부여가 잘 안된다. 시험 결과에 따른 봉사단 합격 취소 등과 같은 강제적인 동기부여가 필요할 수도 있다. 여름방학 때 학습 진도에 맞춰 공부할 내용도 안내해 주고, 복습 문제도 내고, 2학기 시작할 때 시험도 보았다(시험 문제는 역시 전문가가 출제해야 한다. 답을 가지고 풀이를 해 주는 것도 연습이 필요하다.). 하지만 강제성 없는 시험은 효과가 크지 않았다. 여름방학 때 학생들끼리 문제를 내서 풀어보도록 하는 것도 가능하다.

스페인어 공부에 좋은 앱으로 듀오링고(duolingo)가 있다. 이것만 계속해도 스페인어 반은 한다고 한다. 단, 발음 규칙을 먼저 공부하고 연습한 뒤에 듀오링고를 한다. 이 앱은 과테말라 사람이 만들었다고 한다. 스페인어 교육을 매년 하면서, 교재를 하나 선정해 책을 물려가며 쓰도록 했다. '가장 쉬운 독학 스페인어 첫걸음' 교재인데, 유튜브에서 검색하면 무료 강좌가 나온다.

스페인어 사전으로 http://www.rae.es가 좋다. 동사 변화형도 모두 찾아준다. 스페인어로 칭찬하는 말도 정리해 주는 게 좋다. 밥파이크 창의적 교수법 강의에서 배운 3단계 칭찬(칭찬+인정+기여)이 최고이긴 한데 스페인어로는 하기 어렵다. 첫 번째, 눈에 보이는 것을 칭찬한다(예, 안경이 잘 어울려). 두 번째 눈에 안 보이는 것을 인정한다(예, 패션 감각이 있어). 세 번째 그로 인한 효과를 말한다(그래서 분위기가 살아나네).

스페인어 수업에선 문법보다 발음과 강세 연습을 철저히 하는 것이 중요하며, 교실 상황에서 사용하는 표현과 유용한 일상 표현도 따로 정리해 주어야 하고, 짧은 문장으로 대본을 적절한 분량(설명을 길게 하지 않도록)으로 준비하도록 하고, 가능한 대본을 외우도록 연습시켜야 한다. 아래는 반성일지에 학생이 적은 질문과 그에 대한 조언이다.

Q: 효율적인 스페인어 공부 방법은?
C: 매일 조금씩 공부하며 연습하는 게 제일 좋다. 어떤 단원은 자기 전 10분 동안 그날 공부한 것을 복습한다고 한다.

현지어 학습을 지도하기 위해서는 인솔 교수도 현지어를 계속 공부해야 한다. 중남미로 봉사활동을 다녀온 한 은퇴자도 언어 공부를 지속하고 있다고 한다(최재훈, 전주성, 2017). 첫해에 그렇게 바쁜 시간을 쪼개 스페인어 초급 영상을 모두 보며 공부를 참 열심히 했지만, 발음을 제외하고는 문법 위주로 공부한 것은 현지에 가서 전혀 사용하지 못했다. 봉사활동 3년 차에 스페인어 전공 현직 교사가 같이 근무했던 원어민을 소개받아 스카이프 화상 회화를 조금 하면서 스페인어를 말하는 데 두려움을 없앨 수 있었다. 이전 봉사활동에서 도움을 받은 코티처와 인터넷으로 회화한다면 비용을 절약하면서도 코티처에게도 도움을 줄 수 있을 것이다. 단어 암기법을 찾아보거나 책으로 내려는 생각까지 하며 비슷한 유형의 책(예, 영어 단어 암기법)을 도서관에 주문하기도 했다.

> 스페인어 공부를 할 때 내가 말하고 싶은 말을 찾아 한마디씩 외우는 것이 좋겠다고 생각하였다. 가장 먼저 생각한 표현은 피곤하다. estoy cansado. 쉬고 싶다. quiero descansar
> 중미 봉사활동을 시작한 이후로 스페인어를 매일 공부한다. 스페인어는 매우 빠른데, 외국인은 그렇게 빠르게 말할 필요가 전혀 없다. 외국인이 한국어 말하는 것을 봐라.

하지만 아무리 현지어를 많이 준비해도 짧은 시간 안에 수업을 진행하며 다른 사람을 가르칠 정도로 새 언어를 습득하는 것은 불가능하다. 그래서 현지 코이카 단원의 도움을 받거나 현지 대학생을 섭외하여 함께 수업을 진행하거나 현지 교사의 도움을 받는 방안을 찾아야 했다. 봉사단원들이 동일한 수업을 여러 번 하면서 봉사활동이 끝나갈 때쯤에는 대본을 모두 외워 현지 학생들과 자연스럽게 대화하면서 진행하는 수업을 보는 것은 지도교수로서 큰 기쁨이 된다.

> 마지막 수업을 본 현지 코티처 대학생이 '완벽한 수업'이라고 칭찬했다. 내가 봐도 자연스러운 최고의 수업이었다.

단장으로서 스페인어를 쓰는 것은 환영식과 환송식에서 인사말을 할 때이다. 대본을 적어서 보고 읽는데 많이 연습해야 한다. 현지 언론에서 인터뷰할 때 스페인어로 유창하게 말할 수 있으면 얼마나 좋을까? 그런데 뉴스에 나올 때는 외국어인 한국어로 말하고 스페인어 자막이 나오는 것이 더 적절할 것 같기는 하다.

> 인사말에는 코티처가 모두 대학생일 줄 알고 estudiantes로 적어 놓았는데, 어제 보니 직원도 있고 교수도 있어서 personas로 즉석에서 바꾸어 말했다.
> 환영식 인사말을 여기 상황에 맞게 조금 고쳤다. 미래를 이끌어갈 인재로 자라는 데 도움이 되길 바란다는 말을 미래에 행복한 삶을 사는 데 도움이 되길 바란다고.

첫 스페인어 인사는 너무 빨리 읽었다.

학교에서 사용할 수 있는 간단한 스페인어 회화를 연습해 놓는 것이 필요하다. 초등학교 저학년은 외국인인 봉사단원에게 너무나도 쉽게 다가온다. 그들에게서 스페인어 공부에 대한 자극을 얻는다.

> 수업에 들어가기 전, 준비물을 챙겨 다 반으로 향하는데, 누군가 뒤에서 와락 끌어안았다. 순간 놀라 소리를 지르며 뒤를 돌아봤는데, 여자아이 한 명이 있었다. 배시시 웃으며 나를 쳐다봤다. 너무 놀라 무슨 말을 해야 할지도 모르겠고 우선 나오는 올라! 웃으며 인사했, 그리고 교실에 바삐 가야 해서 아무런 물음을 할 수 없었다. 이 순간을 너무 후회한다. 말 한마디 해보는 데 몇 분이나 걸린다고
> 찬 컴퓨터실을 피해 밖으로 나와 운동장에서 바람을 쐬고 있었다. 6~7살 아이들이 몰려와 둘러싼다. 어느 나라에서 왔는지, 한국에서 오는 데 얼마나 걸리는지, 어디 사는지(호텔에 있다고 하니 깜짝 놀란다), 한국 사람들은 무얼 먹고 사는지(쌀밥 먹는다고 하니 좋아한다) 정도 얘기할 수 있었다. 다른 질문도 많이 했지만 알아듣지 못했다. 어린아이들과 간단한 얘기도 다 못하다니, 스페인어 더 열심히 공부해야지.

3번째 중미에 갔을 때는 스페인어를 조금 할 수 있었다.

> (호텔) 주인이 나와서 먼저 묻고 싶은 것을 말했다. 호텔 최대 수용 인원은? 저녁을 해 줄 수 있는지? 메뉴는? 학교까지 거리와 걸어갈 수 있는지? 안전은 괜찮은지? 스마트폰 등 귀중품을 가지고 다니지 말고 여러 명이 같이 걸어서 가면 안전하고, 5블록만 가면 초중학교가 있고, 그 바로 앞이 고등학교라고 한다. 30명까지 수용 가능하고 7명이 들어가는 큰 방도 하나 있다. 저녁은 5달러로 몇 가지 메뉴가 있다. 스페인어 un poquito 말한다고 하고, 떠듬떠듬 이 모든 얘기를 했다는 게 스스로 기분 좋다.

4번째로 갔을 때는 스페인어 유머도 한번 했고 외워둔 말도 나왔다.

> 코티처 중 한 명인 가정의학과 의사 교수와 이런저런 말을 나누었다. 어깨에 석회가 낀 얘기를 하니 자신도 같은 증상이었다며 2주간 쉬며 스트레스를 해소했더니 싹 나았다 한다. 스페인어로도 얘기를 했는

데, 내가 스페인어를 잘 한다고 하기에 꼬미꼬(유튜브)에서 보고 외운 것처럼 조금 머뭇거리다 'tu tambien'이라고 하니(너도 스페인어 잘 한다는 의미), 턱수염 기른 근엄한 얼굴이 환하게 웃는 얼굴로 바뀐다. 스페인어 유머 첫 성공!

짐도 그 차에 일부 실었는데, 트렁크 문을 열고 짐 싣기를 기다리는 기사에게 'no hay mas'라고 말하니 바로 알아들으며 'no hay mas?'라고 묻기에 'no'라고 대답했다. 스페인어 공부를 시작한 지 4년째, 이제야 간단한 말들이 입에서 나오네.

하지만 역시 스페인어를 쓰는 건 피곤하다.

CJ와 내가 우엘 코티처가 탄 차로 같이 왔다. 둘 다 한숨도 못 자고 얘기하며 떠들고 웃고 그러면서 왔다. 영어, 스페인어, 한국어, 일본어, 독일어까지 사용했네. 내가 r 발음을 못 한다고 하니, 이곳 초등학교에서도 어린아이들에 r 발음을 연습시켜 잘할 수 있도록 한다며, 나보고 계속해 보라 한다. r 연습하는 문장 Ruedan las ruedas del ferrocarril. 현지인도 발음을 많이 틀린다는 Murciélago (다른 비슷한 단어와 혼동된다고) 등. 몸은 피곤했지만, 스페인어에 푹 빠져 좋았다.

스페인어도 역시 자신감이 있어야 한다. 3번째로 갔을 때 자신 있게 대본을 읽는 요령이 생겼다.

인사말에 청소년 센터 센터장 이름과 인근 학교 이름, 교장선생님 이름 등을 넣으며 대본을 수정하고 눈으로 읽으며 연습했다. 단지 두 마디를 외워 말하고 다음 내용을 잊어버려서 그냥 보고 읽었는데, 역시 두 번째 읽으니 조금 여유가 생긴다. 좀 틀리면 어때? 하며 자신 있게 말하며 청중들을 살펴보았는데 코티처들이 놀라는 눈치다. 센터장도 스페인어 잘 한다고 한마디 해 주니 자신감이 더 생기네.

환송식에서 인사말을 읽으면서 청중의 반응을 살피며 속도를 조절했다. 대본을 그대로 읽는 게 아니라 청중과 얘기하듯 해야 하는 기본적인 연설 방법을 이제야 깨닫게 되네. 마지막에 추가했던 한마디, "(여러분들에게 감사하며) 여러분들로 인해 엘살바도르가 아름다워졌다"라는 말에는 학생들이 아~아~ 하고 반응한다.

한편 스페인어는 발음 규칙 그대로 발음하기 때문에, 억양만 연습하면 대본을 잘 읽을 수 있다. 스페인어 드라마를 많이 보며 억양에 익숙한 학생이 처음 스페인어를 배우면서도 몇 년 공부한 사람만큼 스페인어를 자연스럽게 말하는 경우를 보았다.

4-5. 영어도 할 줄 알아야 한다

수업 이외의 상황에서는 영어를 많이 사용한다. 니카라과 현지 대학생과 봉사단원이 함께 수업을 준비할 때, 수업이 끝나고 반성할 때, 카카오톡으로 이야기할 때, 행사를 계획하거나 현지 정보를 주고받을 때, 시장이나 상점 등에 갔을 때 등에 서로 스페인어나 한국어를 잘 모르므로 영어를 쓸 수밖에 없었다.

> 니카라과 코티처(대학생) 들은 한국어를 조금 할 줄 알지만, 아마도 여러분이 스페인어를 조금 할 줄 아는 정도일 겁니다. 그러니 한글과 영어로 같이 말하는 게 좋습니다.

중미에는 직항이 없으므로 미국을 경유하는데, 미국 입출국 시에도 영어를 써야 한다. 중미 국가에 입출국 심사를 받을 때도 영어를 쓴다. 해외에 처음 나가거나 평소에 영어 회화에 자신이 없는 단원들은 봉사활동이 끝난 후 영어 공부의 필요성을 강하게 느끼게 된다.

한편, 한국어는 수업 소재로 활용하기도 하였다. 한국문화를 소개하거나 작품을 만들고 나서 이름을 적을 때 한국어로 니카라과 학생들의 이름을 적어 주는 것이 좋은 반응을 얻었다.

스페인어 알파벳이 영어와 거의 같다고 해서 스페인어 말하는 사람이 영어도 잘할 것으로 생각하는 것은 오산이다. 한국 초중등 학생이 영어로 의사소통 안 되는 것과 똑같다.

아시아계 니카라과 학생

4-6. 이해했냐고 묻지 말아라

수업 중 교사는 학생들의 이해도를 점검하기 위해 '이해했나요?'(¿Lo entiendes? = Do you understand?)라는 말을 종종 한다. 그런데 수업을 도와주던 코티처 중 한 명이 이 표현이 다소 폭력적이며 강요적이라 지적했다. 봉사활동 수업 상황에서 교실에 현지 교사나 현지 대학생이 함께 있는데 거기에 외국인 여러 명이 함께 가르치면서 '이해했냐'고 물을 때 현지 학생들이 '아니오'라고 대답하는 게 쉽지 않다는 말이다. 그날 저녁 평가회에서는 이것보다 '내 설명이 명확한가요?' 또는 '내가 설명을 명확하게 했나요?'라고 묻는 것이 좀 더 학생들을 정서적으로 배려하는 질문이라고 의견이 모아졌다. 이런 과정을 통해 사소한 표현 하나라도 학생들의 입장이나 정의적 측면(Clara et al., 2019)을 고려하여 조심스럽게 사용할 필요가 있음을 배우게 된다.

> 코티처가 보충 설명하면서 Esta claro? Esta bien? 이라고 말한다. Estan entendido?라고 이해했냐고 묻는 것은 실례이고, 명확한? 내가 잘 말했나 라고 말해야 한다고 어제 평가회에서 들었는데, 직접 말하는 것을 들으니 저 표현이 맞는 것 같다.

이 지적을 한 코티처는 교육을 전공하는 학생이 아니었다. 비전문가의 관점에서 수업을 함께 진행하면서 교사에게는 익숙한 것을 새로운 시각으로 볼 수 있었던 것으로 보인다.

이 사례를 외국의 학술대회에서 발표하니 이것 말고 또 다른 예는 없냐는 질문이 나왔다. 그 당시에는 다른 예는 못 보았다고 대답했지만, 조금 생각해 보니 많은 질문이 그런 예시가 될 수 있다. Did you like the class? Was it interesting? 이런 질문을 했을 때, 재미없었던 학생이 Nev(er)라고 대답하려다 옆에서 눈을 부라리고 쳐다보는 교사를 보고 O-h, yes, of course. 라고 대답할 수도 있다. 사실 이 질문은 물어볼 필요가 없는 거다. 이해했는지 재미있어하는지는 말로 표현해서 아는 게 아니라 느낌으로 알아야 한다. 학생의 표정, 눈빛, 몸짓이나 몸의 작은 움직임, 교실의 분위기 등을 통해 충분히 알 수 있다. 즉 자기 내면의 눈과 귀로 수업 상황을 직접 보고 듣고 느껴야 한다. 물론 정말 수업이 좋았는지 묻고 싶을 때는 라포가 형성된 코티처나 교사, 한국인 도우미 등에게 슬쩍 물으면 된다.

4-7. SNS는 봉사활동에 필수

　봉사활동에 참여하는 예비 교사의 전공은 과학, 수학, IT 이외에도 언어, 사회, 예체능 등 다양하며, 단원은 춤이나 음악 등 각자 특기가 있다. 단체 활동에서는 이렇게 각자 가진 전공과 특기를 잘 살려 서로 어우러지는 게 중요하다. 단체 봉사활동에서 구성원끼리 잘 어우러지기 위해 의사소통을 활발히 해야 하는데, 이때 카카오톡 등의 SNS를 많이 활용한다.

　봉사단 전체 카톡, 대학생 전체 카톡, 운영진끼리, 운영진과 조장, 조장끼리, 조원끼리(코티처 포함), 현지 대학생끼리 단톡방을 운영하거나, 서로 개인톡으로 이야기를 주고받는다. 중미에서는 카톡이 잘 안되곤 하여 왓츠앱(What's App)을 사용하는 것이 좋다. 왓츠앱으로도 무료 통화, 화상 통화가 된다.

> [학생 대표의 말] 앞으로 과테말라 교육봉사 관련 단톡방이 많아질 예정입니다. 단톡방 헷갈리지 않게 단톡방 이름을 각자의 방법으로 정리해 주세요.
> 내일 공항에 SS교수님과 HS실장님 마중 나가는 학생은 경쟁이 심했는데, SS가 나가기로 했다. 아무래도 현지 운전사와 함께 새벽에 공항에 이동하는 것은 여학생보다는 남학생이 가는 게 좋겠지. SS교수님이 얼굴을 아는 생물교육과이기도 하고 … 아침을 먹는 중에 SS가 라이브톡으로 공항 모습을 보여준다. 제야의 종보다 더 떨린다고. 드디어 SS교수님과 HS실장님 만남!

　단톡방이 많을 때 주의할 점은, 특히 학생들만으로 구성된 톡방에서 얘기되는 내용 중 중요한 것을 학생 대표가 단장에게 잘 전달해야 하는 점이다. 하나의 단체에서 의사소통은 여러 갈래일 수 있지만, 의사결정은 하나로 통일되어야 한다. 니카라과 현지 코티처와 봉사단원, 인솔자 사이의 소통이 엇박자를 내며 의사결정에 문제가 생겨 큰 감정 갈등이 발생한 적이 있다.

> 전체 톡방에서 바지, 토시, 모기 퇴치제, 여행 정보 등에 대해 서로 알려주면서 교류한다. 지금까지 학생들끼리 만든 단톡방에서만 얘기한 것 같은데, 이것은 내년에 확실히 주의를 줘야 하겠다. 모든 정보는 나를 통해야 한다는 점. 첫해에 문제가 발생한 것에 대해 충분히 주의를 줘야 하겠다. 교수가 같이 들어있는 단톡방에서는 아무래도 자연스럽게 얘기를 하기 어렵겠지만, [학생 단톡방에서] 어떤 얘기가 오가는지는 내가 알아야 하고, 내가 손쉽게 도와줄 부분이 있을 수도 있다.

　현지 방문 일시나 활동 시간 등 중요한 내용에 대해서는 SNS의 글로만 얘기하지 말고 직접 말로 내용을 확인하는 게 좋다. 현지 사람들뿐 아니라 한국인끼리의 의사소통도 물론 그렇다.

> 청소년 센터에 프로그램을 보냈다. 시간표를 알기 쉽게 정리해서. 그런데 나중에 보니 하루 2시간 수업하는 것을 오전 오후 2시간씩 수업하는 것으로 잘못 전달되었다. 한국인이라도 의사소통에 문제가 언제든 발생할 수 있다.

(현지) 학교에 보낼 시간표를 정리해 달라고 *** 샘에게 시켰다. 그런데 일부 표만 정리하면 될 것을 전체 페이지를 모두 번역해 보냈네. 며칠 걸려서. 그냥 내가 해도 되었을 일인데, 내 맘 같지 않네.

봉사활동을 몇 년간 수행하면서 단톡방을 점점 더 많이 활용하게 되었다.

과테말라 관련 영상 찾아보기: 유튜브 과테말라 여행 영상, 세계테마기행 – 저녁때 여유 있게 누워서 검색하면서 보고 단톡방에 소개해 주고 그랬다. 카톡에 내용을 간단히 정리하면서. 어느덧 개인 카톡은 내 일과를 정리하는 도구, 한글이나 엑셀을 돕는 보조 프로그램이 되어 버렸다.

하지만 SNS는 분명한 한계가 있다. 매일 아침 전체 단원이 모였을 때 짧게 조회하며 일정과 주의 사항을 말로 재확인하는 것이 좋다. 카톡에 사진이나 파일이 저장되는 기간이 점점 짧아지는 것도 문제다. 그날의 베스트 컷 사진을 단톡에 올리면 그것을 일괄 다운받아 두는 역할이 필요하다.

저자는 매일 1~2시간 정도를 투자하여 봉사활동 일지를 적고 이것을 단원들과 SNS에 공유하면서 많은 이야기와 느낌, 정보와 감정을 전달했다. 이런 일지 공유를 통해 예비 교사에게 기록의 소중함과 중요성을 가르친다. 또한 여러 대학 봉사단장이 연결된 SNS도 매우 유용하다. 이는 단장끼리 어려움을 공유하는 심적 안식처가 된다.

B대는 2월 3일부터 이제야 첫 수업 시작이라며 눈 덮인 킬리만자로산이 보이는 호텔 사진을 올려 주었고, H대 교수님과는 안부 전하는 보이스톡을 했는데, 다들 배탈이 났었고 단원 1명은 귀국했다고 하신다. S대 교수님은 작년 쿠바에 다녀오셨는데, 거기는 인터넷이 되는 곳도 정해져 있다고 말씀해 주신다. 단장끼리 이렇게 서로 안부를 물으며 봉사활동 진행을 하는 것이 심적으로 많은 도움이 된다.

봉사단이 SNS를 많이 쓰니, 코티처도 SNS를 많이 쓰게 되었다.

아침을 먹으며(저녁때에도) 다니엘라가 니카라과에 있는 다른 코티처와 화상 통화를 하며 우리를 비춰 인사시키고 그랬다.

SNS가 연결되기 전에는 이메일을 사용하는데, 어떤 경우에는 메일도 믿으면 안 된다. 대학 메일 서버가 불특정 이메일을 거부하는 경우가 있었다. 중요한 메일을 주고받을 때는 메일 주소를 두 개 알려주는 게 좋다.

4-8. 아무것도 없는 학교에서 수업하기

니카라과의 학교 교실에는 화이트보드와 책걸상만 있을 뿐 거의 아무것도 없다. 특히 공립학교의 시설은 한국의 학교와는 너무나도 차이가 크다. 실험실은 물론 없으며, 교실에 전기가 들어오지 않는 경우도 종종 있다. 초등학생부터 고등학생까지 2부제로 다니는 학교의 교실 책상은 어린아이들에게는 너무 크고 고등학생에게는 너무 작다. 선풍기나 에어컨이 없는 매우 더운 좁은 교실에 학생들이 가득 차 있어 간단한 실험 활동도 어려울 때도 있다. 야외에서 수업할 때는 블루투스 스피커를 가지고 가야 한다. 현지 시설의 제약은 수업 준비와 실행에서 극복해야 하는 문제들이므로 현지와 긴밀히 연락하며 확인해야 하는데, 현지 정보를 얻는 게 항상 쉬운 것이 아니다.

열악한 니카라과 공립학교

교육봉사활동을 위해서 교과서를 비롯해 교육 기자재와 수업 재료를 가능한 한 한국에서 모두 가져가야 하고, 봉사활동이 끝난 후에는 현지 학교에 기부한다. 수업을 안 해도, 기부하기 위해 축구공, 농구공, 배구공 등을 가져간 적이 있다(공기 펌프 포함).

교과서는 현지 언어로 제작하고, 부피를 줄이기 위해 조별로 제본한다. 현지에서 수업을 계속 수정, 변형하며 유인물을 인쇄할 수 있도록 프린터도 준비하면 좋다. 처음엔 휴대용 소형 프린터를 사 갔는데 현지에서는 토너를 구할 수 없는 기종이어서 기부하고도 불편했다. 다음엔 한국에서 프린터를 사서 들고 갔는데 이동 과정에서 고장이 나서 가자마자 고쳐야 했다. 그다음엔 현지에서 토너를 구할 수 있는 프린터를 선구매해 달라고 부탁하고 나중에 돈을 지급했다.

빔프로젝터는 꼭 필요한 경우만 준비한다. 현지 학교 창문에는 암막 커튼이 거의 없어, 밝은 곳에서도 작동이 되는 프로젝터를 가져가야 한다. 태블릿 PC, 간이현미경, 각종 실험 장치와 수업 교보재 등을 운반

하는 게 쉬운 일이 아니지만, 현지에서 구할 수 없는 경우를 대비하여 최대한 준비해 가야 한다. 물론 부피가 너무 크거나(예, 다량의 페트병) 무게가 너무 많이 나가거나(예, 변압기), 위험하거나(예, 화학 시약과 유리 기구), 쉽게 상하는 것들은 현지에서 구한다. 현지 물품 구입 예산은 초기에는 지원되지 않았지만, 국립국제교육원의 이 사업이 수년간 계속되면서 지금은 별도 항목으로 책정되어 있다.

수업 기자재는 매시간 교실로 가지고 다녀야 한다. 이를 위해 대형마트의 큰 장바구니를 가지고 가서 물품을 넣고 다니면 편하다. 아니면 중간 크기의 캐리어를 활용해도 좋다.

중미 학교에는 대부분 과학 실험실이 없지만, 일부 학교에는 실험실이 있기도 하고 실험 도구도 제법 갖추어져 있기도 하다. 엘살바도르의 한 학교는 공립학교임에도 시설이 제법 있었다. 학교의 수준 차이는 어느 국가에나 있는 것이겠지.

> 로비 게시물을 자세히 보니 이 학교가 STEM 교육을 잘하는 학교라고 기사 난 것을 붙여놓은 것이다. 좋은 로봇, 3D 프린터, 증강현실, 코딩 교육 클럽 등 첨단 과학을 가르치고 있다. 물품 보관하는 곳에 들어가서 이 얘기를 하니 자신이 공학자라고 말하는 뚱뚱한 남자가 교육 장비를 보여주며 자랑한다. 좋은 정전기 발생 장치도 있다. 전국 대회에서 상을 많이 받았다 한다. 그러면서 금요일 2시에 클럽 활동을 하는데 봉사단과 같이 1시간 정도 이야기를 하는 시간을 가지면 좋겠다고 한다.

현지 학교에는 봉사단원의 대기실이 있어야 한다. 수업 물품과 소지품을 보관하고 수업이 없을 때 쉴 수 있는 공간이다. 모든 단원이 수업할 때는 대기실의 문을 잠가야 하는데, 잠금장치가 없어 단장이 짐을 지키는 역할을 하기도 하였다.

5. 규 칙

5-1. 봉사활동 사업에서 지켜야 할 규칙: 공고문

이 봉사활동은 국립국제교육원의 사업 지원으로 진행되므로, 사업 공고문이나 협약서에 명시된 내용을 따라야 한다. 공고문에 따르면 예비 교원만이 봉사단이 될 수 있고, 교육봉사 프로그램이 수원국의 수요를 반영해야 하고, 사전 연수, 안전 관리, 성과 관리 방안이 있어야 하고, 예산을 적절하게 활용해야 함 등이 필수 조건이며, 기초교육 중심 활동, 학점 인정, 대응 자금 투자, 타 사업과 연계 등이 우대 조건이다. 또한 우선협상이나 협약 서류에서는 안전 관리를 최우선으로 하며, 정치적이거나 종교적인 문제가 발생하지 않도록 하며, 결과 보고서를 양식에 맞게 제출하는 등의 내용이 명시되어 있다. 이러한 지침은 매년 조금씩 달라졌고, 사업에 선정된 대학들은 지침을 충실히 이행하며 봉사활동을 수행하려고 노력한다.

그런데 일부 지침은 봉사활동 운영이 제한을 주기도 한다. 수업 내용을 수학, 과학, IT 등으로 강조하다 보면 해당 전공이 아닌 봉사단원은 익숙하지 않은 내용으로 그것도 외국어로 수업을 준비해서 진행해야 하는 점에 불만이 생길 수 있다. 가능한 다양한 전공의 예비 교사를 뽑아 그들의 전공을 살린 수업을 하도록 하는 것이 좋다. ODA 사업은 현지의 요구를 기초로 해야 하는데 지정된 과목이 요구와 맞지 않기도 한다. 과테말라 천사의 집이 그랬다. 수업보다 돌봄이 더 필요한 아이들과 놀아주는 게 더 중요했을 수 있다. 교육에 특화된 우리 봉사단을 처음 맞으며 교육봉사에 대해 알게 되었고, 봉사단도 교육 이외의 돌봄 봉사 경험을 하게 되었다.

봉사 기간에 대한 의견은 조금 차이가 있어서, 시간이 흐르며 봉사단이 느슨해지므로 3주로 줄여야 한다는 의견도 있고, 4주가 적당하거나 조금 더 늘리는 것이 좋다는 의견도 있다. 국립국제교육원에서는 이 사업에 대한 홍보를 강조하며 여러 다양한 나라에 봉사단을 파견할 목적으로 세계 지역(대륙)별 할당제를 두고 있는데, 다양한 국가 선정보다 일회성이 아닌 지속적인 봉사활동이 실질적으로 중요하다는 의견이 나오면서 곧 폐지되었다.

봉사단 구성에 현직 교원을 1~2명 포함해야 하는 규칙이 있다. 방학 때 4주간 해외에 나가 봉사활동을 할 수 있는 현직 교사를 찾는 건 쉬운 일이 아니다. 현직 교사를 섭외했으면 출장 협조 의뢰 공문도 꼭 보내야 한다. 시간강사는 현직 교원이 아니라고 해서 첫해에 교사 선발에 약간의 우여곡절이 있었다. 그런데 어떤 대학에서는 퇴직 교원을 봉사단에 포함하기도 하였다.

모든 단원의 출입국사실증명서도 내야 한다. 봉사활동이 끝나고 자비로 여행하고 싶다는 단원이 있었지만, 그것을 허락하지 못한 것이 참 아쉽다. 4주 기간만 포함이 된다면 가능했을 텐데, 봉사활동 초창기에는 규칙을 너무 엄격하게 지켰다.

5-2. 봉사활동 사업에서 지켜야 할 규칙: 예산

예산을 산정하고 활용하는 데 항목 간 예산 변경이 거의 되지 않는 문제가 큰데(예, 교통비를 아껴 활동비로 사용할 수 없음), 특히 교수 학습 활동비가 200만 원으로 제한되어 있어 이 안에서 모든 봉사단원이 4~5주 동안 수업을 진행할 교구, 교재, 사무용품을 모두 사는 데 한계가 많다. 예산의 한계는 수업 주제나 내용을 선정할 때도 영향을 주어, 고가의 기자재를 사용하는 수업은 정할 수 없으며, 현지에서 수업을 변형하거나 개선하는 데 필요한 컴퓨터나 프린터를 사는 게 불가능하다. 공문에 명시된 IT 수업을 하려면 컴퓨터가 있어야 하지만, 현지에 그런 장비가 있지도 않을뿐더러, 살 수도 없다. 그래서 첫해에 언플러그드 소프트웨어 교육을 계획해서 실시했지만, 현지 학생 호응도 좋지 않았고 수업을 맡은 봉사단원도 불만이 많았다.

예산을 줄이기 위해 다양한 방법을 찾아야 한다. 예를 들어 소량 구매인 경우는 인터넷 구매(배송비 부담)나 업체(수수료 부담)를 통하지 않고 직접 현금으로 사도록 하였다. 어떤 해에는 이렇게 현금 구매로 사용된 예산이 거의 300만 원이나 소요되기도 했는데(코팅지 구매, 비상약 구매, 운동기구 구매 등), 그 해에 다행히 후원금을 많이 모아 겨우 충당할 수 있었다. 예산 활용의 제한은 자비로 진행된 현직 교사의 봉사활동(한재영 등, 2015)에서는 나타나지 않은 문제이다.

하지만 예산이 부족한 것을 단원에게 너무 강조하지 않도록 한다. 우리는 주어진 예산안에서 봉사활동을 하면 되는 것이다.

> 로봇 부품을 사 온 게 되지 않는다며 학생들이 걱정이 많다고 전해 들었다. B조가 모여 있는 곳에 가서, 부품이 고장 나서 못하는 것 걱정하지 말라고, 로봇이 하나만 되더라도 수업할 수 있는데 지금은 4개나 된다고(7개 중 3개 고장), 추가 물품 구매 등을 위해 돈을 모아 온 것이라고, 재료가 부족해지면 I'm sorry 하면서 그에 맞춰 수업을 하면 되는 것이라고 안심시켜 주었다. 봉사활동 준비 단계에서 예산 절약을 너무 강조했더니 학생들이 위축되어 있다. 봉사활동을 시작할 때는 현지에서 필요한 경우 추가 물품 구매가 가능하다는 말을 해 주어야 한다.

수업 재료의 수량이 정해지면 봉사활동 수업 시간도 정해진다. 보통 120명 분량의 수업 재료를 준비하도록 했는데, 현지에서 더 수업해 주었으면 하는 경우가 생긴다. 수업 재료가 떨어지면 'Lo siento' 미안하다고 말하며 수업을 그만하면 된다고 말했지만, 가능한 한 많이 가져가는 것이 좋다.

> 1, 2학년은 봉사단 수업에서 배제되었는데, 음악 수업을 참관 들어간 존재만으로도 2학년 학생들이 매우 좋아했다는 말을 듣고 조금 미안했다. 수업 재료를 120명으로 제한한 것에 대해 벌써부터 후회하고 있다. 다음엔 남더라도 예산을 더 끌어와서라도 더 많이 가져와야지.

국립국제교육원에서 지원하는 예산은 집행도 투명하게 수행되어야 한다. 예로 해외 비행기표는 금액이 크기 때문에 입찰을 통해 집행해야 한다. 처음에는 이 절차를 몰라서 학생회관의 여행사에 비행기표를 구해 달라고 말했다가 취소하기도 했다. 입찰 과정은 매우 복잡하여 경험이 있는 직원의 도움을 받아야 한다. 항공사에서 직접 표를 살 때는 입찰을 거치지 않아도 된다는 말이 있다.

같은 대학의 교수에게 강사료를 지급하는 것은 나중에 감사에 걸릴 수 있어 조심해야 한다. 또한 단원으로 뽑은 현직 교사나 단장 교수는 강사료를 받을 수 없다. 다른 대학의 동일 사업 예산에 따른 강사료도 못 받는다. 이처럼 복잡한 예산 집행을 담당하는 직원은 혹시 나중에 감사에 지적될까 봐 신경을 많이 쓰게 된다. 이건 좀 개선되기를 바란다. 사업을 수행하는 단장은 스스로 좋아서 하는 일이니 수당을 받지 않아도 되지만, 다른 교수들이나 직원은 그렇지 않다.

이 사업의 예산 항목에는 봉사단장을 위한 업무추진비는 책정되어 있지 않으며, 공무원 여비 규정에 따른 출장비(교통비, 숙박비, 식비 등)가 지급되지 않는다. 단장으로 현지 인사들과 만나 교류하거나, 현지 학교 교직원이나 단원들에게 식사라도 한 번 내기 위해선 업무추진비가 있어야 한다. 그래서 처음 봉사활동을 인솔할 때는 봉사단장이 사비를 지출하기도 했으며, 예산을 아껴 쓰며 후원을 받기 위한 노력을 다각적으로 시도하게 되었다. 대학 재무과에 조르고 졸라서 업무추진비를 100~200만 원 받은 적이 있으나, 그걸 받기까지 너무 노력이 든다. 다른 대학에서는 필요한 경우 단원들이 경비를 부담하게 한 경우도 있지만, 충북대에서는 개인적인 비용(예, 선물 구매) 이외의 경비를 추가로 걷지는 않았다. 개인 부담금이 있으면 봉사단원의 참여가 더 적극적으로 되는 장점이 있다고 한다.

> CJ에게(단원 대표) 긴급하게 사용할 일이 있으면 먼저 쓰라고 공금의 일정 금액을 주었다고 KO 선생님이 말씀하신다. 맞다. 이것이 필요한 때도 있다. 내가 생각하지 못한 부분, 내년 사업 지침(노하우)을 정리해 놓는 엑셀 파일에도 기록해 둬야지.

예산을 아끼기 위해 현지에서 1박 2일로 여행가는 주말에 숙박비를 제해 달라고 호텔 예약할 때 미리 얘기하는 게 좋다. 현지 숙소에서 인솔 교수라고 꼭 1인실을 배정할 필요는 없다. 예산 절약을 위해 직원이나 교사와 같은 방을 쓰기도 했다.

> 여행 가는 동안 호텔 방을 비우고 짐을 1~2개 방으로 옮겨 놓으면 비용을 빼줄 수 있는지 알아보기로 했다(매니저에게 직접 물어봐야 한단다.). 또 약속이 어쩌고저쩌고하면서 돈을 빼주지 못한다면 길게 얘기하지 말라 했다. - 다행히 매니저는 1박 비용을 빼주기로 했다.

현지 코티처에게 교통비를 지급해 주어야 하고, 식사는 당연히 우리가 사 주어야 한다. 봉사활동을 도와준 현지 대학에 봉사단원이 모금한 1,000달러를 기부하곤 했는데, 이때 코티처에게 지급하는 금액을 정해주는 게 좋다. 대학에 기부하는 절차도 나라마다 다르다. 니카라과와 과테말라의 대학에서는 기부금을 대학 관계자가 현금으로 바로 받았다. 하지만 엘살바도르의 대학에선 기부금은 정식으로 계약서를 쓰는 절차를 밟아야 줄 수 있으며, 그 계약서에 돈을 어떻게 쓸지 다 적어야 한다.

> 대학에 돈을 기부하면서 어떻게 쓰라고 말하는 것은 조금 어색하기는 하지만, 국립대 학생들이 어려운 학생이 많다는 것을 들으니, 교통비 보조를 해 주라는 말을 꼭 해야 하겠다.
> 1,000불이 충북대학에서 온 것이냐고 물어서 봉사단원들이 모금한 것이라고 말해 주었다.

과테말라 대학에 갔을 때는 한국의 종교 단체에서 온 봉사단을 만난 적이 있다. 부족함 없이 예산을 지원받아 와서 좋은 호텔에 머물며 현지 대학에 어떤 지원도 요청하지 않고 풍족하게 활동하는 모습이 우리 봉사단과 비교되었다. 한국은 정부보다 국민이 더 돈이 많으니 어쩌랴. 우리는 가난한 초보 봉사단이고 그쪽은 활동을 많이 다닌 럭셔리한 프로의 느낌이 났다. 교회에서는 전도를 위해 해외 봉사를 많이 나간다 (한진순, 2019).

> 나와 CY 선생님이 먼저 가본 다음, 11시에 학생들도 같이 가보았는데, 학교 봉사활동 마지막 날 할 문화 체험을 이렇게 한다는 것을 시연하는 셈이 되었다. 정해진 기준을 통과하면 사탕을 주는 방식으로 참여를 유도한다. 제기, 딱지, 공기놀이, 타투 스티커, 뽑기, 한복 입기 체험 등을 보며 내년에 우리도 하면 좋은 아이디어를 많이 얻었다. 특히 타투 스티커는 저렴하게 여러 명 해 줄 수 있고, 한복은 버려지는 것을 기부받아 가져와 입히고 사진 찍어 주면 좋겠다.

한복은 좋은 수업 소재가 된다

5-3. 봉사활동 사업에서 지켜야 할 규칙: 발대식

국립국제교육원에서는 전체 발대식이나 성과보고회를 개최하며, 여기에 참석해야 한다. 학교 버스를 빌리거나 관광버스를 임대하고 따로 시간을 내서 먼 곳까지 갔다 오는 것은 어떤 면에서는 낭비적이기도 하다. 코로나 이후에는 온라인 행사로 바뀌었다. 하지만 여러 대학의 봉사단원이 모여 봉사의 의지를 공유하고 결과를 발표하며 활동사진이나 영상을 보는 행사는 나름 큰 감동을 준다. 첫 봉사활동에서 찍은 사진 중에 가장 잘 나온 것을 크게 인쇄하여 전시했던 것을 행사가 끝난 후 떼어서 가져왔다. 그 사진은 나의 연구실 문에 오랫동안 붙어 있었다.

여러분은 한국을 대표합니다. 여러분 한마디와 행동 하나를 통해 니카라과 학생들은 한국을 봅니다.
[단원의 말] 발대식을 하지 봉사활동을 나가는 느낌, 더 열심히 하고 싶은 마음이 듭니다.

국립국제교육원에서 바쁜 사전교육 기간을 쪼개 발대식을 진행하는 가장 큰 이유는 홍보이리라. 인근 대학과 연합 발대식을 한 적도 있는데, 이 경우 단지 모여서 몇 마디 말을 듣고 사진을 찍고 끝내는 것은 조금 허무하다. 그렇다고 프로그램을 알차게 구성하기 위해 사진전을 준비하거나 강사를 섭외하는 것 등은 조금 부담되는 일이다. 예로, 연합 발대식 주관 대학을 정하기 위해 학장과 협의하고, 일정과 장소를 정하고, 현수막 만들고, 식순이나 홍보 ppt 준비하고, 행사 진행하고 정리하고 하는 것들이 모두 일이다. 연합 발대식 전에 보도자료를 미리 준비해서 각 대학에 검토받는 것도 잊지 말아야 한다.

국립국제교육원 발대식

5-4. 봉사활동 사업에서 지켜야 할 규칙: 행정

　봉사활동을 준비하는 과정에서 공문 처리, 예산 집행, 행사 준비, 장소 섭외, 학점 부여, 홍보 등 다양한 일을 하며 대학의 행정 체계와 절차에 내재한 규칙을 따르는 법을 배우게 된다. 대학에서 이런저런 일을 할 때는 모두 공문으로 만들어 처리해 두는 것이 근거와 실적이 된다. 이것은 불편하면서도 안전장치가 되기도 한다. 공문에 있는 수치(장학금, 발전 기금 등)가 틀리는 때도 있으니 꼭 확인한다. 자비로 운영된 동티모르 봉사활동에서는 이런 공문 처리는 거의 필요 없다. 대학의 대응 자금을 구할 때는 총장을 찾아가 얘기하기 전에 재무과나 총무과, 학생처 등에 가서 먼저 상의하는 것이 좋다. 재원을 마련해 주는 것은 결국 총장이 아니라 직원이기 때문이다. 총장의 명령에 따라 재원을 마련하는 것과 직원이 먼저 알아본 다음에 총장의 허락을 받는 것, 어느 절차가 직원의 사기를 높여 줄 것인가?

　행정에 내재한 규칙에는 작은 선물도 포함된다. 제안서 작성이나 대응 자금 마련에 도움을 준 부서에 제주 감귤을 사 가기도 했고, 봉사활동을 마치고 돌아오면서 커피를 사 와서 감사를 표하기도 했다. 해외로 나가기 전에 총장에게 인사를 하러 갈 때는 같이 가는 직원이 떡을 좀 준비하겠다고 한다(이런 건 좀 배워야 한다). 연말에 복권을 한 장씩 사서 돌리는 것도 소소한 웃음을 주는 감사 방법이다('이거 1등 당첨되면 어떻게 하죠?' '어느 날 갑자기 조용히 사라지시면 됩니다.'). 제안서 작성이나 봉사활동 준비에 도움을 받은 부서(학생처, 재무과, 홍보처, 사범대 등)에 선물을 잊지 말고, 식사를 한번 대접하는 것도 고려한다. 단원들에게 계절학기 "해외 교육 문화의 이해와 교육봉사 실습" 교양 강좌를 수강하도록 하여 3학점을 부여한다. 봉사단원 이외의 학생이 신청하면 취소하라고 연락하고 이해시키는 게 어려워, 학사과에서 따로 수강 신청 관리를 하도록 요청한다(봉사 단원에게 먼저 수강 신청받은 후에 일괄 개설). 계절학기 수강료에서 나오는 강사비는 다시 봉사활동에 활용한다. 강의계획서를 수정해야 그것을 근거로 강사료가 지급된다고 한다.

2017년 니카라과의 학교 모습

5-5. 봉사활동 사업에서 지켜야 할 규칙: 점검단

사업 운영 지침에는 없으나 국립국제교육원에서는 현지 봉사활동을 할 때 점검단을 파견한 적이 있다. 그러나 현지 점검 결과가 따로 공표되거나 봉사단에 피드백으로 제공되지는 않았다. 어떤 해에는 사전교육을 할 때도 담당자가 참관을 온 적이 있다. 국립국제교육원에서 발주한 사업이 잘 진행되는지 점검하기 위해 관련 자료(사진, 문서 등)를 수집해 간다. 또한 세부 운영 계획서를 제출하고 사업을 수행해야 하며, 일정이나 인원, 학교 등 계획이 변경되면 계속 수정해서 보고해야 한다.

현지에서 바쁘고 힘들게 봉사활동을 할 때 현지 방문단이 온다고 하면 조금 귀찮고 방해받는 느낌이 들기도 한다. 하지만 이들은 국립국제교육원에서 이 사업을 지속하는 데 중요한 의견을 낼 사람들이니 잘 대접해야 한다. 방문단은 대사관도 방문하는데, 대사관으로선 향후 사업을 논의하는 기회가 된다.

> 현지 방문이 봉사활동을 점검하고 돕기 위해서라는데, 그들 일정까지 관리해 주어야 하니 오히려 혹을 더 붙이는 느낌이다.
> 국립국제교육원 방문단을 맞이하고 대학 미팅에 가기 위해 양복에 구두를 신는데, 신는 순간부터 발이 조금 낀다. 목발을 한쪽만 이용해서 걸어 다녔는데, 1교시 5개 학급을 한 바퀴 돌고 나니 더 힘들어서, 다시 목발을 두 쪽 다 이용했다. 수업을 참관하는 게 아니라 수업 참관을 안내하는 처지가 되니, 수업 내용은 눈에 들어오지 않고 봉사단의 수업이 참관자에게 어떻게 보일까에만 신경을 쓰게 된다. 이것도 새로운 경험이군.
> 방문단도 봉사단장과만 얘기하지 않고 학생들과도 얘기해 보는 것이 좋겠지. 배웅을 마치고 나니 큰 짐 하나 던 기분이다. … 방문단도 나름 현지 봉사활동에 피해를 주지 않기 위해 노력을 많이 했을 거로 생각한다.

단장 혼자 일하다 방문단 숙소 예약과 같은 중요한 일을 놓친 적이 있다. 중요한 정보는 공유해야 한다.

> 국립국제교육원 현지 방문단이 카톡을 보내 호텔과 교통편, 점심 회의 식당 예약을 부탁한다. U코이카 소장이 해 주기로 했는데 지금 한국에 출장 중. 카톡으로 연락하며 우리가 묵는 호텔에 방 하나 예약을 했음을 알렸다. 그런데 나중에 오후에 본인들이 호텔 예약을 마쳤다고 카톡을 보낸다. 내가 호텔 예약했다는 말을 엉뚱한 단톡방에 올린 것이다. 봉사단 인솔하는 도중 다른 일을 하다 보니 실수가 나오네. 내일 점심 식사하며 회의할 수 있는 식당을 예약해 달라고 하는데, 그것에 대해서도 내가 예약해 주기로 말했던 것을 잊고 방문단이 예약하기로(코이카 소장을 통해) 하지 않았는지 되물었다. 잘 적어두지 않으면 완전히 잊어버리는 버릇이 또 나왔네.

현지 방문단도 여러 번 받다 보면 노하우가 생긴다.

> 국립국제교육원에서 한국에서 출발해서 여기로 온다고 연락이 왔다. 6일과 7일 손님인 우리가 또 손님을

받네. 봉사활동 1~2기에는 물주(!)가 온다고 긴장했지만, 이제는 그렇지 않다. 우리가 하는 모습 그대로 보여주면 되는 것이고, 이것이 어떤 평가에 들어가는 것도 아니고. 국립국제교육원 담당 직원은 새로 이 일을 맡게 되어 이 사업에 관한 한 내가 더 많이 안다.

방문단과 라포를 형성하는 게 중요한데, 다른 아는 사람 통해 친해지기도 한다.

주무관님은 대전외고를 나왔다 하여 큰딸애가 같은 학교를 나왔다고 말하며 아는 사람이 되었고, 연구사님은 내가 중동고등학교에서 교사할 때 같이 근무한 수학 교사의 절친이라며 또 아는 사람이

¡Encuentra tesoros usando el GPS! (GPS 보물 찾기)

위도와 경도로 보물 찾기

되었다. 한국 사람은 10분만 얘기하다 보면 다 알게 된다는 말이 또 맞았다. 그렇게 연결고리가 생기니 얘기가 한결 부드러워진다.

이 봉사활동에 대해서는 현지 기관에서도 이해해야 한다. 처음 갈 때는 어떤 것을 부탁할 수 있는지, 어떤 것을 도와주어야 할지 서로 모른다.

HS 신부님께 차량 섭외를 부탁드리니 일요일 저녁인데도 바로 전화를 해서 알아봐 주신다. 수요일 6시간 정도 움직이는데 1000께찰. 이 정도면 싼 거라 하신다. 그러면서 우리 봉사단에 가이드/매니저가 왜 없는지 물으신다. 대사관이나 코이카에서 해 주어야 하는 것 아닌가 하신다. 신부님께 우리 봉사단 사업에 대해 많은 설명을 해드려야 할 필요가 있네. ... 천사의 집이나 우리나 모두 이 봉사활동으로 처음 만나는 것이라, 서로 이해하는 시간이 필요하다.
신부님께 이 봉사활동을 소개할 때 가장 핵심은 예산이다. 국립국제교육원 예산은 4주간 체재비가 1인당 120만 원, 하루에 식비, 숙박비, 교통비로 약 43,000원 정도가 책정되어 있다. 그래서 싼 숙소를 찾았다가 낭패를 당했다. 첫해 니카라과 봉사활동에서는 돈이 모자라 고생한 후 후원금을 마련하려 바자회도 열고 학교에 지원 요청하고 그랬다. 올해는 돈을 많이 모았지만, 그래도 항상 아껴 써야 한다.

5-6. 해외로 나갈 때 지켜야 할 규칙: 여행

해외로 나갈 때 가장 중요한 것은 늦지 않게 잘 모이는 것이다. 1월에 출발하는 날 갑자기 눈이 와서 집합 장소까지 운전해서 가는 데 차가 3번이나 미끄러진 적이 있었다. 새벽 3시에 출발하기 위해 학생들은 전날 밤에 미리 학교에 와서 밤새며 대기했다. 추운 겨울 1달간 차를 운행하지 않을 것이니, 배터리가 방전되지 않도록 선을 빼놓는 것이 좋다. 버스를 전세해 공항까지 같이 이동하는 게 가장 안전하다. 버스 선반에 지도를 두고 내려 후발대로 오는 교사가 가지고 온 적도 있고, 의자에 스마트폰을 두고 내려 버스가 다시 공항으로 되돌아온 적이 있다. 버스에서 내리거나 공항에서 짐을 찾거나 할 때 자기 짐뿐 아니라 다른 사람의 짐도 챙겨주는 태도가 필요하다. 이동 시 인원 체크는 기본이고

미국을 거쳐서 갈 때는 미국 비자가 필요하다. 비자 발급 업무는 여행사가 대행해 주며, 관련 정보(영문 이름 등)만 제공하면 된다. 여권은 보통 잔여 유효기간이 귀국일 기준으로 6개월 이상이어야 하고(이걸 점검하지 않아 출발 못 한 경우가 있다), 단수여권(1회 한해 외국을 드나들 수 있는 여권)은 안 된다. 현지 입국 심사할 때 직원이 도장을 찍어 주고 체류 가능 기간을 적어 주는 것을 꼼꼼히 확인해야 한다. 그 날짜를 직원 실수로 잘못 적어 주어 기간 초과로 벌금을 낸 경우가 있다.

애틀랜타 공항행 비행기는 대한항공에서 가장 긴 노선으로 매우 피곤하다. 어떤 해에는 엑소(EXO)와 같이 비행기를 타고 간 적이 있다. 엑소를 가까이에서 보고 온 여학생 중 한 명은 '피로가 다 풀린다'라고까지 한다. 엑소를 바라보는 여학생들의 환한 미소를 카메라에 담았다. 발이 부어 구두가 꽉 끼는 경우가 있으니 넉넉한 신발을 신고, 양말도 하나 챙겨 두고, 편안한 바지로 갈아입는 것도 좋다. 비행시간이 긴 경우 내리기 전에 발을 물티슈로 닦고 양말을 갈아 신으면 매우 개운하다. 환승 공항에서는 화장실에 꼭 들러 발을 씻고 양말을 갈아 신는다. 새 양말을 신었을 때의 그 청량함이 피로를 조금 풀어준다.

외국 항공사에서 비행기표를 갈아타거나 출국 수속을 받을 때는 시간을 넉넉히 두도록 한다. 여권의 한글 이름을 읽는 것도 느리고, 손도 너무 느리다. 한국 사람이 일하는 것처럼 기대해선 속 터진다. 한국 공항에서는 단체 여권을 모아서 한꺼번에 수속하는 게 빠르지만, 외국은 개별적으로 하는 게 더 빠른 경우가 많다. 니카라과로 가는 첫해에는 단원들의 짐 5개가 분실되는 사고가 있었다. 공항에 수화물 분실 신고를 하고 보험사에 연락한 뒤 다행히 가방을 호텔까지 배달받을 수 있었다.

교수는 외국으로 나가기 전에 공무국외여행 신청서를 늦지 않게 제출해야 하고, 귀국 후에는 결과 보고서도 기한 내에 내야 한다. 또한, 이 사업은 총장 명의로 진행하는 것이니 봉사활동 전후로 총장에게 보고하는 것이 좋다.

> 공무국외여행 신고하고 가기. 사전교육자료 정리를 하면서 놓친 것을 알았네. 체크리스트를 만들어도 놓치다니. 중요한 일은 굵은 글씨로 해야겠다. 아니면 체크리스트를 나눠주면서 각자 할 일을 찾아 날짜를 기록해 두라고 해야지. … 이것이 중요한 것 같다. 스스로 준비하는 능력을 길러주는 것.

환전도 꼼꼼하게 챙겨야 한다. 인천 공항 식당에서 100달러 지폐를 쓰려면 60달러 이상을 사야 하니, 잔돈을 미리 준비한다. 현지에서 외국인 환전 금액이 정해져 있는 곳이 있는데, 그런 경우에는 현지인을 통해 거래하는 등 다른 방법을 미리 마련해 두어야 한다. 20명이 단체로 움직이므로 큰돈 환전이 필요하다. 현지 체재비는 학생들이 관리하는데(여비로 선지급), 그것을 모아 한꺼번에 환전하지 않고 개별 환전하는 게 좋다. 대학생들이 계좌는 1일 인출 한계가 정해져 있어서, 만약 하나의 통장으로 돈을 모았다가 한꺼번에 찾는 것이 안 된 적이 종종 있었다.

> 보이스피싱 우려로 30분을 기다려야 인출이 된다고 연락한다. 같은 실수를 반복하는 학생들. 정보 공유가 되지 않아서 그렇다.

현지에 가서 꼭 해야 하는 일 중 하나는 유심칩을 바꿔 현지 전화번호를 만드는 것이다. 현지인들은 일하는 속도가 느려 20명의 유심칩 바꾸는 데 시간이 너무 많이 걸리는 것을 고려한다.

안전 매뉴얼은 한번 만들어 놓으면 다른 나라로 가더라도 조금만 수정하면 된다. 처음 만들 때는 이전에 봉사활동을 수행한 다른 대학의 도움을 받았다. 해외에서 단복을 입고 다니면 표적이 될 수 있어서 학교에서 활동할 때 이외에는 입지 않는 것이 좋다. 봉사단의 체류 기간이나 구체적인 일정을 함부로 말하는 것은 위험하다.

> 수업 바로 시작하는 사람만 택시로 태워 보내고 나머지는 걸어갔다. 저녁때나 선선해지는 오후에 걷는 것과는 달리 뜨거운 햇빛 아래 도보 30분은 힘들다. 1시 시작에 맞춰 학교에 가는 중학생들과 같이 걸어가는데, 주변 사람들이 노란색 단복을 입고 가는 걸 쳐다본다. 원숭이 되기.

대학 정교수가 되면 출장 갈 때 비즈니스석을 이용할 수 있는데, 이 사업 예산으로는 그렇게 할 수 없다. 좋은 자리에서 편하게 오간다고 해서 시차 적응이 빨리 되지는 않는다고 한다.

> 비행기를 무료로 업그레이드 받는 요령도 들었다. 깔끔한 복장(양복)과 직원에게 친절하게 웃어주는 사람, 잠시 옆으로 나와 있으라고 할 때(예비 선발) 짜증 내지 말고 여유 있게 미소 지으며 유머 한 마디 던지는 사람(제가 타면 인원 초과로 알람이 울리나 보네요!?)이 행운을 얻을 수 있다. (나중에 다른 사람에게 이 얘기를 하니, 업그레이드할 수 있는 좌석이 정해져 있단다. 단체로 여행사에서 사는 싼 좌석은 아예 업그레이드 안 된단다. 귀국할 때 양복 입고 타볼까 했는데 바로 포기)

5-7. 해외로 나갈 때 지켜야 할 규칙: 항공 규정

해외로 나가는 비행기 탑승 규정은 그때그때 확인해야 한다. 항공사에 따라 허용 수화물의 종류, 무게, 부피, 수량이 정해져 있어 이를 따르기 위해 수업 내용까지 조정해야 한다. 일반 화물로 가져갈 수 없는 위험한 약품이나 실험 장치를 이용한 수업은 배제해야 한다. 예로, 혈액형 실험을 하기 위해 혈청을 가져가야 하는데, 항공기 규정에 어긋날 수도 있고 채혈 부위의 감염 문제도 있어 결국 포기했다. 보통 겨울에 봉사활동을 나가는데 중미 현지는 매우 덥다. 공항까지 입고 가는 옷은 부피를 쉽게 줄일 수 있는 옷으로 준비하면 좋다. 공항에서 겨울옷 보관 서비스를 받는 것도 좋지만 귀국 후 찾는 데 시간이 든다. 대학에서 공항까지 오가는 버스에 겨울옷을 보관해 달라고 맡기는 것도 방법이다(또는 대학에 출발할 때 보관). 하지만 미국을 경유하는 경우 미국 공항은 추우니 가져가는 게 좋다. 환승 비행기(델타 또는 아비앙카 항공)가 캐리어 1개(21kg)만 가능하다고 계속 강조했더니 모두 큰 캐리어 1개만 준비한 적이 있다. 기내용 작은 캐리어까지 하면 2개까지 가능했는데. 이렇게 사소한 것까지 자세히 안내해 주어야 한다. 환승 때 1개 이상 짐에 대해 추가 요금(짐 1개당 40달러)을 내야 한다고 들었는데 그걸 안 받는 때도 있다.

공동으로 가져가는 여분 짐이 있을 수 있으니, 추가 예산을 마련해 두거나 비행기 입찰 시에 조건을 넣는다. 기내에 반입하면 안 되는 것(예, 칼, 가위, 손톱깎이, 액체류 등)과 화물에 넣으면 안 되고 기내에 보관해야 하는 것(예, 보조배터리, 라이터 등)을 확인해야 한다. 노트북은 기내에 가지고 타는 것이 좋다. 화물에 넣으면 충격으로 파손될 우려가 있다. 액체류(예, 축광 풀)를 반입할 때는 공항 약국에서 파는 빈 플라스틱병을 사서 10mL 이하로 나눠 담고, 뭐냐고 물으면 물감이라고 말하면 된다. 수화물에 넣은 드론에 들어있던 보조배터리가 걸린 적이 있고, 꽃 만드는 데 쓰는 철사가 걸린 적도 있다. 아마도 폭발물의 도화선처럼 생겨서 그런가보다. 깻잎, 메추리알, 고추장, 쌈장, 참기름 등 밑반찬은 공항 면세점에서 사면 너무 비싸니 미리 사서 랩으로 둘둘 말아(옆에서 상표가 보이게) 화물 짐에 넣는다.

> 미국에 반입이 안 된다고 하는 반찬은 미리 처리했다. 소고기 장조림과 빵을 먹으니 매우 맛있었다.
> 볶은 김치는 1달이 넘었는데도 상온 보관에도 맛이 변하지 않았네.
> 출국 수속 짐 검사에서 일부 빼앗기는 경우가 생겼다. 탄산수소나트륨은 안 빼앗겼지만, 구연산나트륨을 빼앗겼다. 물에 녹아 산성이 되므로 빼앗은 것 같다.

현지에서 돌아오는 비행기를 탈 때도 마찬가지다. 진흙팩이 걸려 설명하느라 힘들었는데 그걸 barro라고 한다. 깨졌을 때 무기가 될 수 있는 유리는 기체 반입 금지다. 공항 면세점에서 술을 산 경우는 어떨까? 기내는 100mL 이상이면 모두 압수이니 짐가방에 넣도록 한다(특히 과테말라의 경우). 커피는 기내에 1개만 가지고 들어갈 수 있고 나머지는 모두 트렁크에 넣어야 한다.

짐 검사에서 감사패가 걸렸다. 유리는 기내 반입이 되지 않는다고 ... 처음부터 안 된다고 분명히 말해 주었다면 밖에서 대기하고 있는 한국인(배웅을 나온 사람들은 출국 수속에서 이렇게 문제가 생기는 경우가 있어 바로 돌아가지 않고 더 기다리고 있다)들에게 바로 맡길 수 있었는데 아쉽다. 전화번호를 적어두었으니 폐기되지는 않을 거다. 유리가 깨질까 봐 안전하게 들고 타려고 한 것이 패인.

짐 무게도 줄일 겸 화산재 진흙팩을 생전 처음으로 해보았다. 너무 덕지덕지 발랐고, 떼어내고 샤워하고 진흙 청소하느라 고생했다. 하지만 피부가 매끈매끈해지는 것이 느낌이 좋다. (마지막에 비누칠을 하지 말았어야 한단다.)

기내 가방에 커피를 많이 넣어두었더니 그것을 하나씩 꺼내 헝겊(종이?)으로 닦아내고 질량분석기로 폭발물 검사를 한다.

봉사활동 짐 싸기

5-8. 해외로 나갈 때 지켜야 할 규칙: 출입국

미국 입국 시 무작위로 SSSS로 선정된 승객은 정밀검사를 받게 된다. 소고기 수프가 들어간 라면은 미국 세관을 통과하지 못한다고 하니 골라서 사가야 한다.

출국 심사를 언제 했는지 기억나지 않는데 벌써 게이트 면세점에 와 있다. 짐을 검사하는 곳 앞에서 약식으로 출국 심사를 한 것이다. 들어올 때는 엄격하게 심사하고 나갈 때는 대충 하는구나. 대신 짐 검사는 조금 철저히 한다. 마약 탐지견이 심사받으러 가기 전에도 한 번, 게이트 앞에 앉아있을 때도 또 한 번 돌아다니며 냄새를 맡는다. 사람이 통과되고 말고를 개가 결정하고 있는 것이네.

입국 심사에서는 조심해야 한다. 과테말라의 HS신부님은 입국 심사를 받을 때는 '하나님 앞에서보다 더 겸손하게 행동'한다 말한다.

여행사 직원이 주의 사항을 설명해 준다. 세계에서 가장 기분 나쁘게 입국 심사를 하는 미국 공항, 말이 안 통하면 그냥 yes하지 말고 손을 들면 통역 요원이 와서 도와준다는 팁.
미국의 못된 입국심사장 직원들 때문에 피해받은 이야기가 이어진다. 짐 검사에서 윗도리를 벗으라고 해서 'what?'이라고 한 단어 말했는데 끌고 가서 1시간 있다 풀어주기, 나이 많은 노모와 같이 가는데 아무 이유 없이 노모만 2시간 억류하기 등. 신부님은 아이들 25명 데리고 합창 공연을 하러 비행기를 타는데 아이들 다 들여보내고 가장 어린아이와 함께 양복을 입고 들어가려니, 아이 유괴범으로 의심을 받아 계속 묻고 따지고(어떻게 이렇게 어린 애가 합창단이냐?) 다른 데로 데려가 서류 작업하고 전화 확인하고 그러다가 결국 비행기를 놓쳤다고 하신다. 연말에 비행기를 구하기 어려워 돈도 더 내고, 비행기 출발하는 탑승구에 가서 빈자리 있느냐 확인하며 몇 명씩 보내고 그렇게 어렵게 비행기를 타고 가서 도착 2시간 만에 공연했다고 한다.

그리고 출입국 심사에서 세관 검사나 짐 검사를 할 때 규정도 따라야 한다. 국가별로 입출국 시 세관 신고를 해야 하는 한도 금액(예, 1만 달러)을 확인하고 공금을 분산 소지하도록 한다(한국도 그렇다). 니카라과로 갈 때 미국을 거쳐서 갔는데, 수업 내용 중에 멸치를 해부하는 것이 있었다. 그런데 미국 세관에서 짐 속에 멸치가 있는 것이 걸리면 무조건 압수당한다고 하여 마음을 졸였던 적이 있다. 밀봉 상태의 멸치 제품은 통과할 수 있다고도 하며, 중미 현지에서 한국 마트에서 조금 비싸게 살 수도 있다.

또한 현지 국가의 입국 심사 중에는 수량이 많은 물품이나 상대적으로 고가의 물품에 대해 관세를 부과하거나 압수하는 때가 종종 있다. 대사관을 통해 해당 국가의 정부에 세관 통과를 협조하는 공문을 요청하여 봉사활동에 필요한 물품임을 공식적으로 알리는 게 필요하다. 가지고 가는 모든 물품(수업에 활용하고 나중에 기부하고 오는)의 종류, 수량, 금액 등을 정리해서(영어 또는 스페인어로) 공문에 첨부해야 한다(이것도 손이 많이 가는 일이다). 하지만 이러한 공식 서류가 있어도 압수당하는 경우가 있다고 한다. 공항에서 protocol 통로를 이용하는 방법이 있다고도 한다. 공식적인 경로로 수업 기자재를 우편 등으로 먼저 보내는 방안도 필요하다.

입국심사장까지 현지 대사관 직원이 들어와 도움을 주는 것도 가능하다. 엘살바도르와 과테말라에 봉사활동을 갔을 때 그런 도움을 받으며 세관 통과를 아주 쉽게 하였다.

> 의전 통과에 대한 평가가 갈리지만, 나로서는 아무런 시비 없이, 빼앗긴 짐 없이, 분실된 짐도 없이 그대로 모두 입국을 마친 것은 매우 다행스러운 일이다.

LA 공항에서 갈아탈 때 주의할 것은 짐을 찾아 세관 신고를 한 뒤, 다시 환승 벨트에 짐을 올려놔야 하는 것이다. 그러지 않고 짐을 가지고 나와서 단원 전체가 발이 묶인 적이 있다.

> 여행사 직원의 도움으로 모두 해결이 되었지만, 시간이 많이 지연되었다. 자의건 타의건 시간을 흘려보낸 세 학생은 마음고생을 톡톡히 했다. 공항 직원이 실수를 해도 그로 인한 피해는 고스란히 승객이 감수해야 하는 경우가 종종 있다. 나는 돌아다니며 여행의 진수를 경험하고 있다고 얘기했고(즉, 자잘한 사고로 인한 기다림, 또 기다림), 여행사 직원은 travel의 어원이 trouble이라고 하며 그런 고생을 즐길 줄 알아야 한다고 말했다. 여행하고 나면 집이 가장 편한 것을 알게 되긴 하지.

공항에서 수속할 때 갑자기 문제가 생기기도 한다.

> 수속을 시작했는데 비행기표 예약이 뭔가 문제가 있어 일부 사람들만 25달러를 내야 했다. C샘이 열심히 클레임을 했지만 먹히지 않았다. 짐 무게가 초과한 사람 다시 짐을 정리하는 등 역시 작년처럼 정신이 없었다. 캠코더 네모 가방을 가지고 가기 어려워서 두고 왔다.

미국 공항의 셔틀버스 운전사들은 팁을 노골적으로 요구한다. 미국을 경유하며 1박을 하는 경우 비싼 호텔 요금에 놀라게 된다. 호텔 체크인을 할 때 보증금을 카드로 내야 하기도 하는데, 학생들이라고 말하니 보증금을 면해 주었다. 비싼 미국 호텔에서는 물을 주지 않으며, LA에 있는 레스토랑에서는 술을 팔지 않는 게 참 신기했다.

> 늦게 오는 조에게 물도 24개 사 오라고 했다. 호텔 물은 1병에 4달러인데, 마트에서 사 온 생수는 20개에 4달러가 채 안 된다니, 이런 호텔 도둑.

5-9. 비행기 안에서 지켜야 할 규칙

비행기 빈 좌석 선점에는 암묵적인 규칙이 있다. 좌석이 많이 남는 경우 빈자리가 연달아 있으면 먼저 가서 눕는 사람이 임자다. 한번은 TV가 고장 난 자리에 배정되었다고 좌우 옆자리를 비워 주었는데, 덕분에 누워서 갈 수 있어서 매우 편했다. 승무원이 선호하는 자리는 비상구 앞자리가 아니고 앞에 가방을 놓고 그걸 밟고 있을 수 있는 중간자리라고 한다.

> KO 선생님께서 여행사에 부탁해서 인솔자 5명 자리를 비상구 앞으로 해 달라고 하셨다. 편히 이동할 수 있도록. 물론 사고가 나면 직원을 도와야 하는 자리이기는 하지만. 그런데 정작 앉고 나니 앞쪽에 어떠한 짐도 놓을 수가 없어 불편한 점도 있네. 그래도 다리를 쉽게 뻗을 수 있고 아무 때나 자유롭게 일어날 수 있다는 점은 매우 좋다.
> KJ가 앉은 좌석은 D열인데 앞자리가 비어 있다. 그 자리를 탐내는 사람이 많아 100달러까지 경매가 올라갔다. 비상구로 좌석 하나를 없앤 것이다. 다음에 좌석 변경을 할 수 있으면 이 자리를 먼저 지정해 앉아야지.

장시간 비행기를 타고 가면서 누릴 수 있는 소소한 호사는 컵라면을 달라고 해서 먹는 것이다. 단, 돌아오는 비행기에는 컵라면 서비스가 없으니 주의한다. 기내 압력은 0.8기압으로 끓는점이 낮아져 컵라면이 잘 익지 않는다. 지면과 기압 차로 요거트 등이 부풀어 오르다 터지기도 한다. 요거트가 터져 있었다고 말하면 승무원이 미안하다며 새것으로 두 개 가져다준다. 하지만 장시간 비행은 그 자체로 참 피곤하고 힘들다. 비행기에서 진동이 가장 적은 좌석은 무게중심이 위치하는 날개 앞쪽 근처 자리라고 한다.

> 어떻게 해도 편한 자세가 나오지 않아 뒤척이다 일어나 1,000보 정도 걸어 다녔다. 비행기 앞쪽을 향해 걷는 것이 뒤쪽을 향해 걷는 것보다 약간 더 힘들다. 왜 그럴까? 바닥이 기울어져 있어 그럴 거로 생각했는데, 실제로 그런지는 나중에 이유를 좀 찾아봐야지. 비행기가 공항에 서 있을 때는 바닥이 수평이지만 날 때는 앞쪽이 조금 위로 올라가 있을 것 같다.

대한항공을 탈 때 공항 면세점에서 물건을 사는 것보다 기내에서 사는 것이 더 싸다고 한다. 기내 면세 물품은 공항 자릿세 등을 내지 않기 때문이다. 항공 운행 중 가방이 파손되면 교환을 요청할 수 있다. 바로 대한항공 가방으로 바꿔 주던가, 자체 교환이 되는 브랜드는 연락처를 준다.

5-10. 니카라과에서 지켜야 할 규칙

　니카라과는 국민투표로 대통령을 뽑기는 하지만 거의 사회주의 독재 국가라고 할 만큼 정부의 통제력이 매우 강하며 자존심도 세다고 한다. 그로 인해 처음 니카라과로 봉사활동을 가기 위해 준비하는 과정이 매우 힘들었다.

　니카라과 정부의 허락을 받지 않거나 정부가 원하는 대로 하지 않는 경우 외국의 도움을 거절하거나 내쫓기도 한다. 이 봉사활동은 겨울방학 기간인 12월 말에서 2월 말에 모두 끝내야 하는데, 니카라과 교육부에서는 2월 중순부터 활동하라고 했었다. 1월 중순에 시작하는 것으로 일정을 조율하니, 이번에는 교사 연수를 하라고 했다. 그래서 아직 예비 교사인 대학생이 니카라과의 현직 교사를 연수하는 게 어렵다고 말하며 중등학교에서 봉사활동을 할 수 있도록 요청했다. 이러한 조율 과정은 대사관을 통해 어렵게 진행되었는데, 단장으로서는 매 순간이 참 고통스러웠다.

> 만약 니카라과에서 오지 말라고 하면 페루나 파라과이, 브라질 등 다른 나라로 가도 된단다. 니카라과 대사관에 연락을 해서 일정을 조정해 달라고 하였고, 대답을 많이 기다리게 되었다. 이렇게 중간에서 조율하고 기다리고 마음 쓰고 그러는 것이 내가 하는 일이다.

　니카라과는 12월 중순부터 1월 초까지 연말 휴가라 공무원은 물론이고 아무도 일하지 않는다(한국 대사관은 일을 한다). 첫 해 출국하기 10일 전까지 누구(교사 또는 학교 또는 고아원)를 대상으로 봉사활동을 할지, 어느 지역의 어느 학교에서 할지, 어떤 언어로 할지(국제학교에서 한다면 스페인어가 아닌 영어로) 결정되지 않은 것이다. 지역이 결정되지 않으면 숙소도 정할 수 없다. 입국 후 공항에서 대학 버스를 이용할 수 있는지 여부도 모른다. 우리는 모든 게 급하지만, 니카라과 정부는 전혀 급할 게 없다.

　반면 두 번째 해에는 니카라과 교육부로부터 봉사활동 허락을 매우 일찍(7월에) 받았다. 당연하다고 생각하는 게 당연하지 않을 수 있다. 봉사활동의 섭외와 준비에 교육청이 관여하지 않고 교육부에서 직접 관리하는 것으로 보인다. 학교 섭외가 어려울 때 고아원에 가서라도 하려 했다고 말하니, 니카라과에서는 고아원을 대통령이 관할 하여 영부인의 허락을 받아야 한다고 한다. 고아원은 수입이 많다. 니카라과에서는 정치 얘기는 일절 하지 말아야 한다. 정치 경제 사회 등 모든 일이 책상 아래에서 진행되는데, 많은 저개발 국가가 부정부패가 심한 것과 비슷하다. 니카라과에서 공무원에게는 국가에서 보험도 들어주고, 보수도 좋고, 연금도 나온다고 한다.

　니카라과는 인정이 많고 눈물이 많고 정이 많은 곳, 한국과 정서가 비슷하다. 사람들이 베푸는 것을 좋아한다. 또 니카라과 사람들은 남녀 모두 말하는 걸 좋아한다고 한다. 그래서 선교사님 차가 잠깐 속도를 위반했는데 스피드건을 들고 있는 경찰이 다른 경찰과 얘기하느라 측정하지 않아 단속에 안 걸리기도 했단다.

반면 니카라과 사람들은 자존심이 높아, 평소에는 친하다가도 개인의 권리가 침해되는 등의 일로 화가 나면 무섭다 한다. 니카라과에서는 정부를 비판하는 것은 막아 놓았지만, 노조를 인정하고 고소 고발을 하는 것은 자유롭게 했다고 한다. 그런데 노조는 사장을 고소할 수 있지만 사장은 노조를 고소할 수 없다. 그래서 기업인으로선 어려움이 크다고 한다.

중미에서는 전자결재가 아니고 수기로 결재한다. 한국도 예전에는 모두 수기 결재였다. 총장을 만나기 위해서는 줄을 서서 기다려야 한다.

> [총장에게] 기념패를 전달하는 것을 시도해 보기로 했다. 왜 '시도'라는 표현을 썼는지, 매주 수요일 전체 간부회의를 매우 길게 해서 점심 먹을 시간이 없을 정도이며 총장 결재나 면담하려고 복도에 사람들이 길게 줄을 서있는 것을 보고 그 이유를 알게 되었다. 알레한드라가 끝발이 있어서 우리보다 먼저 온 사람보다 빨리 일 처리를 할 수 있었다. 총장이 회의 중에 밖으로 나와 기념패를 받고 우리 봉사단을 위한 인증서에 사인을 직접 하나하나 해 주었다.

환영식에 왔던 교육청장은 1년에 1~2번 정도 일이 있을 때만 학교에 방문하는데, 마나구아의 모든 학생은 교육청장의 사인이 있어야 졸업하고, 매년 40만 장 정도 사인을 직접 손으로 한다고 한다.

니카라과 호수의 장식

5-11. 단체 활동에서 배우기

어느 교사 모임 홈페이지에 내가 봉사단의 단체 활동에 대해 적은 글과 그에 대한 댓글이다.

> 단체 활동 개념이 조금 부족한 대학생이 있는 듯하다. 단체의 일원이라면 개인을 희생해야 할 때가 있음을 가르쳐야 한다.
> 아이에게 부족한 점을 발견하여 보완할 기회를 제공하는 것을 교육이라 정의하고 싶어요. 아이에게 아무런 기대감 없이도 끊임없이 관심을 제공하는 것을 사랑으로 불러도 되는지는 의심하는 중이고요.

예비 교사들은 이 봉사활동을 하면서 단체 생활을 통해 많은 것을 배우게 된다. 단체 활동에서는 협동 능력이 필수적인데, 이것은 서로 도움을 주고받는 걸 의미한다. 예로 수업에 쓸 재료와 기구를 현지에 가져가야 하는데 비행기 수화물에는 부피와 무게 제한이 있다. 짐이 많은 다른 단원의 짐과 공동으로 가져가야 하는 짐(예, 현수막, 선물 등)을 배분해서 이동하는 것은 기본이다. 이를 위해 개인적인 짐을 최소화해야 한다. 솔선수범하는 자세를 가지고 도움을 주기 위해 적극적으로 나서는 태도를 배운다.

실제로는 도움을 주는 것보다 받는 게 더 어렵다. 현지 대학생과 같이 코티칭을 할 때, 처음에는 현지 코티처들이 무엇을 도와주어야 할지 몰라서 힘들어하기도 했다. 예비 교사는 혼자 수업을 준비하고 실행하는 데 익숙하므로, 동료에게 도움을 요청하는 건 다소 생소한 일이다. 예비 교사는 개인 수업이 아닌 조별로 같이 수업을 진행하면서 주위 사람들을 수업에 활용하는 방법을 배우게 된다.

단체 활동에 익숙하지 않은 단원 중 다소 소외되거나 배제되는 경우가 나타나기도 한다. 이런 일이 생기지 않도록 모든 단원은 항상 주변을 살피며 다른 단원을 챙겨주도록 노력해야 한다. 이렇게 다른 단원까지 신경 쓰기 위해서는 우선 개인 관리를 철저히 하는 게 필요하다. 본인이 아프거나 정서적으로 힘들 때는 다른 사람에게 도움을 줄 수 없으며, 피해를 줄 수도 있다. 이 봉사활동은 체력적으로 매우 힘들며(조혜영, 2015), 20명 이상의 단체에서는 건강에 문제가 있는 단원이 종종 나오게 된다. 이런 경우 서로 배려해 주면서 아픈 사람이 편히 쉴 수 있도록 도와줄 필요가 있다.

단체 활동에서는 정보의 공유와 교류가 매우 중요하다. 특히 몸이 아픈 것은 숨기지 말고 바로 얘기해야 한다. 몸은 언제든 아플 수 있으며, 몸이 아픈 것은 잘못이 아니다. 하지만 주위에 얘기하지 않는 것은 잘못이다.

> 지금부터 매우 중요한 얘기를 다시 합니다. 모든 정보는 즉시 공유하도록 하세요. 개인이 새로운 정보를 얻으면 아무리 사소한 것이라도 봉사단 전체에게 알리는 것을 연습해서 몸에 익혀야 합니다.

예비 교사들은 봉사 기간 중 생일파티를 하거나 '마니또 게임' 등을 하며 서로를 챙기는 것의 소중함을 배우게 된다. 봉사 기간은 4주라 그 안에 생일이 없는 사람이 더 많으므로 약간 형평성의 문제가 생기기도 한다. 특히 중미 코티처 생일을 챙길 때는 한 명만 챙기지 말고 여러 명을 같이 챙기는 것도 좋다. 봉사 기간 이외에도 단톡방에서 생일을 서로 축하해 준다. 어떤 해에는 생일파티를 몰래카메라처럼 진행하기도 했다.

> 내일이 센터장 생일이라 케이크도 살 것인데, 케이크 위에 꽂는 축하합니다 글자 새겨진 것을 챙겨온 학생이 있다. 이렇게 디테일한 봉사활동 준비물 아이디어는 여러 사람이 공유할수록 좋다.

단원 생일 케이크와 편지

단체 활동에서는 배려가 중요하다. 단원은 물론이고 코티처도 또한 배려해야 한다. 우리가 힘들면 코티처도 힘들다.

> 호텔에 모두 같이 도착하여 자두를 먹으며 쉬고 있는데, 봉사단원은 모두 앉아있지만, 코티처는 다 서 있거나 계단에 앉아있었다. 조금 더 배려한다면 코티처들 먼저 앉도록 했으면 좋았겠다. 우리는 바로 호텔 방으로 들어가 쉬면 되지만 코티처들은 집에까지 또 가야 하니까. 특히 발목을 다친 바네사는 피곤한 기색이 역력하다. 점심때에도 우리 단원들이 모두 앉아서 먹고 있는 동안, 코티처들은 아직 안 온 조가 있다며 로비에서 기다리고 있었다. 하지만 의자가 부족하여 다 앉아 먹을 수 없기 때문이었다. 그것을 안 순간 나는 바로 자리에서 일어나 돌아다니며 점심 먹는 것을 살펴볼 겸 서서 피자를 먹었고, 코티처가 점심을 안 먹고 기다리고 있음을 눈치챈 단원 몇 명은 로비에 가서 같이 바닥에 앉아 점심을 먹어 주었다. 내일은 모두 같이 앉아 먹을 수 있도록 2층 로비에서 먹으려 한다.

4주 이상 단체로 숙식하며 봉사활동을 할 때는 서로 지켜야 할 생활 수칙이 필요하다. 이 생활 수칙은 단원들이 직접 만들게 하는 것이 좋다. 외국에 가기 전에는 어떤 수칙이 필요할지 모르는 경우가 많으므로, 현지에 가서 생활 수칙을 계속 수정해 나가는 게 좋다. 첫 봉사활동에서 봉사단 내부에 커플이 생기면서 과도한 스킨십 문제가 발생한 적이 있다.

현지에 가서 단체 활동을 하며 배우기도 하지만, 준비하거나 정리하는 과정에서도 배운다. 특히 준비 단계에서는 시간과 약속을 지키는 것이 중요하고 어렵다.

> [봉사활동 경험이 있는 단원의 이야기] 예산수정 오늘까진데 내일까지 올릴까 합니다! 혹시 오늘 파일 정리하시면서 많이 기다리실까 봐 미리 말씀드리며, 사실 단체 생활에서 기간 지키기가 중요한데, 죄송합니다!

단체 활동에서는 '케미'가 중요하다.

> 춤도 케미가 맞아야 하고, 손 코팅도, 코티칭도, 모든 봉사활동이 케미가 맞아야 한다. 그래서 오늘 일지 제목은 케미.

이처럼 예비 교사들은 단체 활동을 통해 의사소통, 협력 등의 사회적 능력을 기르게 되며(박인심, 2019; Khasanzyanova, 2017), 함께 생활하면서 공동체 인성도 기르는 기회를 얻는다(김국현, 2018). 실제로 이은승과 이성철(2016)은 해외 봉사활동을 통해 상호작용 역량이 크게 향상됨을 보고하였다.

5-12. 기부에 대한 관점 차이

이 봉사활동은 처음부터 끝까지 교육을 중심으로 진행된다. 즉 봉사단원이 현지인에게 줄 수 있는 것은 교육일 뿐, 다른 노력 봉사(예, 공사, 수리)는 어렵고 금전이나 물품을 기부할 수도 없다. 하지만 현지에서는 물품 기부를 과다하게 요구하거나, 심지어 기부금이 적다고 야유를 보내는 때도 있다. 어떤 경우에는 ODA 수원국과 한국 사이에 갑을 관계가 바뀌는 때도 있다고 한다. 봉사활동을 하게 해 주는 대가를 무리하게 요구하여 어려움을 겪거나 봉사활동 자체가 취소되기도 한다. 이럴 때 단장은 기부받는 것에 익숙한 현지인(오단이, 2014)에게 인내심을 가지고 교육봉사의 목적을 분명히 설득하며 'no'를 말하는 법을 배우게 된다.

> 기부금 전달은 매우 썰렁했다. 학회에서 너무 적은 돈을 주어 150달러를 기부한다고 패널만 크게 만든 셈이 되었다. 그 뒤에 1,000달러를 기부한다고 말했지만, 영어로 말해서 학생들이 잘 알아듣지 못한 것 같다. 선물 쇼핑백을 여러 개 나열하고 그중에 지도를 꺼내 펼치고 사진을 찍은 것은 그나마 뭔가 있어 보였다. 이곳은 기부를 많이 받는 학교, 다른 손님에게 이렇게 환영 행사를 하며 받는 기부금은 매우 클 것이다. 그런 곳에서 달랑 150달러를 기부한다고 하니 아무리 착한 학생들이라도 야유(?)할 수밖에. 우리는 교육봉사를 하러 왔고, 그 교육활동을 준비하는 데 들어간 돈과 시간이 엄청나다는 것을 현지인에게 설명하는 것은 거의 불가능이다.

현지 학교나 학생들에게 필요한 물품을 가져가 기부할 때도 주의해야 한다. 중고 노트북이나 스마트기기를 가져갈 때는 깨끗이 정리하거나 수리하여 잘 작동되는 것만 주어야 한다. ODA 수여국이 해외 여러 나라에서 원조받는 경우 보통 새 물품을 받기 때문에, 너무 상태가 안 좋은 물품은 안 주는 만 못하다.
처음 봉사활동을 나갈 때는 니카라과 학교 학생들에게 선물로 주기 위해 문구 모음 함을 설치했었다. 처음 있는 일이라 많은 학생이 문구를 기부하여 꽤 많은 양을 모았는데, 문제는 그것을 가져가는 데 화물을 추가하는 비용을 내야 하는 것이었다. 결국 아주 일부만 가져갈 수 있었다.
매년 기부 물품으로 준비한 것은 동그란 플라스틱 부채였다. 봉사활동 로고가 그려진 동글 부채는 더운 현지에 알맞은 선물로 많이 가져갈 수 있다. 손 선풍기를 대량으로 싸게 만들어 현지에 기부할 수 있도록 국립국제교육원에 건의했었는데 성사된 적은 없다.

5-13. 현지 문화 따르기: 수업

현지의 문화는 봉사단이 지켜야 할 규칙으로, 이것이 봉사활동에 영향을 주는 경우도 대비해야 한다. 한국에서 준비해 간 수업이 현지 사정에 맞지 않으면 진행하기 어렵다. 예를 들어 Kpop 수업을 준비할 때 너무 선정적인 안무는 지양하고 건전한 노래를 선택하도록 주의해야 한다.

현지 학교나 나라마다 정해진 규정이나 예절, 문화가 있다. 니카라과의 경우 일부 국제학교를 제외하고는 모든 초중등 학교에서 하루에 5시간만 수업하고 학생들을 귀가시켜야 하므로 이 시간 안에 봉사활동을 마쳐야 한다. 이를 지키지 않고 학생들을 더 남겨 교육하면 학교가 제재를 받는다. 하지만 과테말라에 있는 기숙학교에서는 오후에도 수업이 가능하다. 재료를 많이 쓰지 않는 수업을 준비하면 더 많이 수업할 수 있다.

> 소녀의 집 수녀님께서 전화하셔서 통화를 하는데, 9시에 와서 3시에 가는 것이 맞냐고 하신다. 교통이 막혀 조금 늦게 가고 일찍 출발하겠다고 하니, 과테말라에까지 와서 왜 그것만 수업하느냐고 (야단치는 듯한 목소리로) 말씀하신다. 수업 준비물이 제한되어 많은 시간 수업을 못 한다고 설명했지만 잘 이해하지 못하시는 것 같다. 학교에 방문했을 때 학교에 안 계셨었고, 수요일에 가서 말씀을 잘 드려야 하겠다.

봉사단이 5개 조여서 동시에 5개 학급의 수업이 가능하다. 그래서 학급을 5개 골라 달라고 했는데 그것을 곧이곧대로 해석해서, 특정 학급(우수반)에서만 반복해서 수업하도록 배정한 경우가 있었다. 중미 학교로선 외국에서 온 봉사단이 수업하니 현지 학생들의 태도가 걱정되었을 수 있다.

> 나중에 평가회 때 들은 얘기인데 우리가 봉사활동 수업을 하는 학급은 성적순으로 나눈 ABC 섹션 중 공부 잘하는 A 섹션 아이들이라 한다. 수업을 받지 못하는 학생들이 우리를 보며 열광하는 이유가 있었네. 봉사활동 취지에 맞으려면 모든 학생에게 고르게 기회를 주는 것이 좋은데, 현지 학교에서 이렇게 지정해 주니 그걸 따라야 하겠지. 이곳에도 관습이나 학교장의 운영철학이 있을 테니.
> B반 학생들에게 수업한다고 하니 학생들이 정말 좋아했다고 한다. 좀 더 일찍 모든 학생에게 수업받을 기회를 주지 못한 것이 내 실수였다고 말했다.

니카라과에서 성인 남자는 공식적인 자리에서 반바지를 입지 않는 문화가 있어, 봉사단원들은 더운 날씨에도 긴바지를 꼭 입었다. 여자의 경우 중미에서 가슴골이 보이는 것은 괜찮지만 하체가 과다하게 노출되는 것은 문제가 된다고 한다. 나는 단장으로서 여행이나 관광할 때 빼고는 항상 양복을 입었다. 예의를 갖추기 위해서였지만 더운 날씨에 너무 힘들었다. 두 번째 봉사활동에서 다리를 다쳤을 때는 환송식에서 양복바지 대신 반바지 차림을 했다고 양해를 구했다. 과테말라에는 바지를 길게 입는 문화가 있어, 남녀 모두 반바지를 입고 있으면 쳐다보며, 여자 치마는 무릎 위로 올라가면 안 된다고 한다. 아침을 먹으러 갈 때도 잠옷이나 반바지에 슬리퍼를 신는 것은 피하는 게 좋다.

> 아침 먹으러 나오는 학생들이 잠옷 차림으로 나오기에 그건 한국에서는 유행이고 멋이지만, 여기는 그렇지 않으니 갈아입고 오라고 말했다. 여기 아이들이 볼 때 힘들게 일어나서 나왔다고 생각할 수도 있지만, 일어나기 싫은 것 억지로 일어나 옷도 못 갈아입고 나왔다고 생각하기 쉽다.

니카라과가 아니라도 교육에서 교사가 너무 화려한 옷을 입는 것은 학생들의 주의를 분산시킬 수 있으니 자제하는 게 좋다. '무늬 들어간 건 주말 관광 등에 입고, 수업에는 단색으로 입으세요.'

니카라과 학교에서는 학생 수가 자주 변동되며, 개학 전에는 정확한 학생 수를 알 수 없다. 개학과 함께 학교에 등록해야 학생 수가 정해지기 때문이다. 그래서 수업 물품의 수량을 결정할 때 어려움이 있었다. 개학하는 날 봉사활동을 시작한 적이 있는데, 환영식, 입학식, 반 배정이 동시에 진행되면서 매우 혼잡했었다.

니카라과 학교는 등하교 시간을 제외하고는 문이 굳게 닫혀 있고 수위가 방문자를 확인한 다음에야 문을 열어준다. 미국 학교처럼 학생들을 보호하기 위해서 그렇게 하는 것이다.

학교의 분위기는 분명 수업에 영향을 준다. E학교는 니카라과 정부에서 대홍수 이후 빈민을 강제로 모아둔 우범지대에 있어, 학부모나 학생이 교육에 관심이 적다. 그래서 엄격하게 학교 규율을 철저히 지키고 문제를 일으키면 퇴학시킨다고 한다. 그런 엄격한 분위기에서도 수업해야 한다.

> 마나구아 학교 교장선생님이 환영식 사회를 보는 모습을 보면서 학교 분위기가 다소 엄격하다는 느낌을 받았다. 우난대 부채춤 공연을 보면서 일어나고 환호성을 지르는 게 당연한데, 그것도 통제하네.
> 평가회에서는 티피따빠와 다른 분위기 얘기가 많이 나왔다. 다양한 학교, 학년, 학급, 학생, 학부모를 만나야 하는 교사가 되기 위해 많은 경험을 가지는 것이 필요하다. 손 하나가 없는 아이(장애아)도 있다.

과테말라 소년의 집은 수녀님들이 운영하는 학교라 전반적으로 조용하고 차분했다.

> 학생들이 말을 참 많이 한다고 하시는데, 조금 생각해 보니 이 학교에서 이렇게 큰 소리로 떠드는 것은 우리뿐이다. 학생들이나 교사나 수녀님 모두 조용조용 행동한다.

5-14. 현지 문화 따르기: 환영식과 환송식

니카라과에 처음 봉사활동을 가서 첫 학교로 들어갈 때 전교생들이 교문에서부터 강당까지 길에 좌우로 서 있었다. 늘어선 사람들의 박수를 받으며 걸어가는 경험이 있는 사람이 몇이나 될까? 학교 입구에 현수막도 걸고, 봉사활동 로고도 휘장에 새겨 학교 가로등에 죽 걸어 놓았다. 최고의 환영을 받은 셈이다. 과테말라 소녀의 집에서도 황송한 대접을 받았다.

> 강당으로 들어가기 전에 한꺼번에 모여 들어가도록 안배하는 수녀님, 일하는 센스가 있으시다(손님을 많이 받으셨겠지). 강당 입구에 양쪽으로 도열한 학생들이 박수를 쳐 주었고, 강당 안에는 전교생이 율동과 함께 노래를 부르며 우리를 맞이한다. 앞쪽에 준비된 의자에 단원이 모두 앉은 후 공연을 시작하는데 끝이 없네. 합창, 추수 감사 춤, 민속춤, 마림바 공연, 남녀 복장의 춤, Kpop 비슷한 춤, 그리고 마지막으로 부채춤. 한글학교에서 받은 스트레스가 모두 힐링이 되는 연속 공연이다.

길 양쪽에서 봉사단원을 맞이하는 니카라과 학생들

환영식이나 환송식에서는 봉사단원을 귀빈 대접하며 단상에 앉히고 축하공연을 하는 조금 어색한 상황에 놓이기도 한다. 첫날과 마지막 날 행사를 성대하게 하는 것은 현지의 문화이기도 하고 최대한 예의를 갖추는 것이기도 하다. 다른 대학의 경우엔 그렇게 원조받으며 진행하는 행사가 형식적으로 진행되어 식상한 느낌을 받는 때도 있다고 한다. 환영식을 하는 긴 시간 현지 학생들이 모두 서 있는 것을 보고, 초등학교 때 지루한 조회에 서 있었던 것이 기억났다.

> 9시 30분에 시작된 환영식, 아이들이 더운데 서 있는 걸 보고 바로 동글 부채를 가져와 하나씩 나눠주도록 했다. … 애국가가 나올 때도 뭉클, 4학년 학생들이 한국말로 노래를 부를 때는 나오는 눈물을 막을

수 없었다. '당신은 사랑받기 위해 태어난 사람' 노래가 시작되는 순간 매우 놀라는 봉사단 학생들의 얼굴을 영상으로 찍지 못해 아쉽다. 부채춤도 좋았고 Kpop도 좋았고 발레를 배워 학생들이 스스로 안무를 만든 춤도 좋았다. 부채춤을 배우고 싶어 하는 데 부채가 없다고 하며, 학생들이 훌라후프를 잘라 만든 것으로 맨 마지막에 부채춤 피날레를 흉내 낸다.

성대한 환송식을 받을 만큼 한 일이 크지 않았다고 생각했는지, 형식적인 행사에 대한 거부감이 있어서인지, 한 단원이 환송식에서 조금 거만하게 껌을 씹고 있는 걸 보고 즉시 뱉도록 조치하고 저녁 평가회에서도 일침을 놓았다. 봉사단은 국가 대표임을 잊지 말아야 하고, 현지 문화를 존중하며 예의를 갖추어야 한다.

환영식과 환송식 순서는 미리 조율한다. 식순은 보통 개회사, 양국 국가, 현지 학교장 인사, 현지 학생 인사, 봉사단장 인사, 봉사단원 소개, 코티처 소개, 현지 문화공연, 봉사단 문화공연, 선물 증정, 폐회사 등으로 구성하며, 사정에 따라 축하기도, 내빈 인사, 현지 대학생 공연, 기부금이나 기념품 또는 인증서 부여(환송식에서), 봉사단원의 인사, 현지 학생의 감사 인사 등을 적절히 추가한다. 봉사단장은 인사를 위해 대본을 준비하는데, 한국어와 스페인어를 한 문장씩 번갈아 읽는 게 좋다. 한 단원은 마지막 인사말을 밤새 외워, 중간에 두 번 원고를 보면서 떠듬떠듬 말하는 노력에 청중이 감동하였다. 코티처에게 인증서를 주는 순간은 매우 기쁘다. 감사장을 받으며 정말 좋아하는 코티처의 얼굴이 기억에 남는다.

환영식은 현지 대학에서 1번 하고, 봉사활동 학교에서는 환영식과 환송식을 각각 1번씩 한다. 환송식에서는 단원들이 일렬로 서고 학생들이 줄지어 허그 인사를 하기도 했다. 저자도 줄의 마지막에 서서 허그 인사를 했는데, 봉사단원에게는 허그 인사를 빠짐없이 하면서 나에게는 조금 거리를 두거나 악수만 하고 지나가서 약간 서운했다. 나중에 (꼬미꼬 유튜브에서) 얘기를 들으니, 나이가 좀 많은 사람에게는 예의를 지키기 위해 허그 대신 악수한다고도 한다.

한국 학생들을 일렬로 세워 입장하라고 하여 양쪽에 서있는 고등학생 사이로 걸어 들어가는데, 여학생이 와서 팔짱을 낀다. 여자한테는 남학생이 팔짱을 끼고 자리까지 에스코트해 주는 것이다. 니카라과 국가와 태극기 4절을 하는 동안 사회자가 가슴에 계속 손을 얹고 있다. 그 모습을 보며 뭉클해지고 눈이 붉어졌다. 이어서 기도와 시 낭송, 조금 어린 여학생 3명이 전통춤을 춘다. 선물 증정식에서 니카라과에서 유명한 단단한 나무로 만든 커피잔 세트 걸이를 받았다. 봉사단 전체와 우난 학생들에게는 우쿨렐레 나무 장식 열쇠고리를 하나씩 선물한다. 쟁반에 담아서 가지고 와서 하나씩 전달해 주었다. 감사의 글을 내가 한글로, SY가 스페인어로 번역했다. 그리고 교장선생님 두 명에게 외장하드 선물을 전달했다. 또 다른 쟁반이 와서 음료수를 나눠주고, 눈빛이 강렬하고 늘씬한 여고생이 예쁜 전통복을 입고 나와 춤을 춘다. 이어 멋있는 남학생들이 나와 춤을 추었고 돼지 껍데기 튀긴 전통식을 가져다준다. 그걸 먹는 동안 계속되는 남학생들의 춤. 교장선생님과 몇몇 교사가 일렬로 와서 허그 인사를 하였다. 플래카드를 놓고 사진을 찍고 자연스럽게 이어지는 춤판. 초등학교 교장 선생님이 춤을 추는 앞에 P샘이 춤을 따라 추었고, 나도 가서 말춤을 추었다. 니카라과식 환송식이 이렇구나.

단원 한 명도 환송식의 감동을 아래처럼 적고 있다.

다음은 환송식, 환영식을 한 게 엊그제 같은데 벌써 환송식을 하는 날이 오다니, 사실 별 다른 감정을 느끼지는 못하였다. 그저 그동안의 나날들이 감사했고, 모든 사람이 수고했고 그 정도였다. 그렇지만, 한글과 영어로 편지를 써준 한 학생의 낭독은 그런 내 마음을 적시고 말았다. 한국어로 말해서 나오는 감동 이전에 영어로 들려지는 말 '그동안의 수업에 감사하고 많은 것을 배웠습니다' 난 그들에게 많은 것을 주지 못했다. 아이들에게 다가가는 것도 어떤 과학에 대한 흥미라도 난 그들에게 주었던가, 그 학생이 그저 대표이기에 우리에게 하는 예의상의 말일지라도, 그 친구가 말하는 것과 나의 모습들, 아이들의 모습이 겹치면서, 그만 울음이 나왔다. 그것도 낭독이 끝나고 노래를 부르는 밝은 순간에, 흐르는 눈물이 창피해 멈추려 했지만, 아이들의 정성이 담긴 선물을 받으니 더 흘리게 되었다. 그렇게 끝이 난 환송회 많은 아이와 포옹으로 인사를 하고 화냈던 아이에게도 사과했다. 그동안 모든 기억과 추억에 감사하다.

한국인 수녀가 운영하는 과테말라 소년의 집에서 환송식 때 강당에 모인 전교 학생들이 부른 한국어 노래는 정말 감동이었다.

남학생 1,000여 명이 부르는 만남은 감동이었다. 무슨 노래인지 아는 순간부터 눈물이 나오네. 이거 너무 공감을 잘 해도 곤란. 저 노래를 외워서 율동과 같이 부르는 게 쉽지 않았을 텐데. 나중에 들어보니 2학년부터는 이 노래를 알고 있고, 영문도 모르는(봉사단 수업도 받지 못하는) 1학년들은 입학하자마자 이 노래 연습하느라 매우 힘들었단다.

과테말라 소년의 집 전교생의 환송식

5-15. 현지 문화 따르기: 호텔

현지 호텔에는 종종 수영장이 있다. 한번은 대학생들과 함께 밤늦게 수영장을 이용하며 시끄럽게 떠들어 다른 숙박객의 항의를 받기도 했다. 이건 중미가 아니라도 어디서든 지켜야 할 예의인데, 아차 했다. 중미 호텔에서도 직원이 교대로 근무하는데, 인수인계가 잘 안되는 경우가 종종 있으니 주의한다. 식사 메뉴라는지 차량 출발 시간 등을 한 사람에게 한 번만 말하지 말고 여러 사람에게 여러 번 말해야 하곤 했다. 특히 중요한 일정은 계속 챙겨야 한다.

> 내일 점심 샌드위치 가격, 들어가는 내용물, 2겹인지 3겹인지, 삶은 달걀 추가 등에 대해 호텔 사장과 협상했다. 내일 저녁 메뉴도 골랐다. 저녁에 샌드위치가 나오기 전 콜라를 가져다주는데, 음료숫값이 포함된 것인지, 우리가 사다 놓은 음료수는 왜 내오지 않는지, 음료 대신 물을 주기로 하지 않았는지 등에 대해 또 얘기했다. 카운터에 있는 직원에게 얘기한 것이 식당 직원에게 제대로 전달되지 않은 것이다. 여기선 대학에서도 얘기가 잘 전달되지 않는데 뭐.

어떤 호텔에서는 안내판에 한국을 환영한다고 써놓기도 했는데, 보기만 하고 피드백을 해 주지 않았더니 그걸 다시 들고 와 보여준다. 정성 들여 손님을 환대하는 서비스에는 아는 척하고 감사를 전하는 게 좋다. 호텔 문은 항상 닫아야 하고 함부로 열어주면 안 된다. 특히 밤에는 더 조심해야 하며, 초인종을 누르면 작은 구멍으로 누구인지 확인하고 주인이 열어주도록 해야 한다. 보안 때문에 그런지 대학 강의실도 문을 닫으면 밖에서 열 수 없게 바로 잠겨 버리는 곳이 있다.

호텔에는 다른 손님도 있고 미관상 좋지 않으니, 빨래를 방밖에 널지 말아야 한다. 이것은 모든 호텔에서 지켜야 한다. 한번은 무료로 빨래 건조를 해 준다고 옷을 가져갔는데, 건조기에 넣으면 안 되는 재질의 옷이 마구 구겨져 와서 다시 빨아도 주름이 펴지지 않는다. 그런 고급 재질의 옷은 봉사활동에 가져가지 않는다.

호텔을 구할 때는 호텔에서 보여주는 사진은 믿으면 안 되고, 방에 직접 들어가 보는 것이 필요하다. 엘살바도르에서 손님이 모두 차 있다고 방을 보여주지 않았는데, 나중에 알고 보니 방이 너무 작아 안 보여준 것이었다. 수업 준비를 위해 트렁크를 열어놓으면 발 디딜 틈이 없이 작아 불편했다. 호텔이 너무 좁으면 운동 부족도 생긴다. 저렴한 호텔은 위생적이지 않아 건강 문제가 발생할 수 있으니 피해야 한다.

> 화질 좋은 비디오를 보내주었고, 그것을 보고 동의했으니 이미 우리가 모든 것을 알고 온 거라 한다(비디오에 바퀴벌레나 남학생, 찬물은 나오지 않잖아!).
> 남학생 방에서는 샤워를 하면 물이 밖으로 나와 물바다가 되었다는데, 그걸 CY 샘에게 얘기하지 않았다. 왜 얘기하지 않았느냐, 하니, 얘기하면 나에게 전달될 테고 그러면 교수님 힘들어질 것 같아 얘기하지 않았다 한다. 착한 학생들, 감동으로 눈물이 나지 않으냐 CY 샘이 하신다.

대학 근처에 있는 숙소 이름에 레지던스가 들어가도 그것을 대학 기숙사로 오해하면 안 된다.

> 알레한드라에게 물으니, 레지던스는 대학 소속이 아니고 개인 소유라 한다. 대학 기숙사라고 하면 한국에서는 대학 소속인데, 그렇구나, 우삭 대학은 이 문제를 해결해 줄 수가 없구나.

호텔에 오래 머물 때는 몇 호에 누가 있는지 적어야 관리가 쉽다. 다른 손님이 있는 경우에는 보안 문제가 있으니, 봉사단원만 숙박하는 경우만 적어두거나, 한글로 적는다.

> 각 방문에 단원 이름, 공용물품 등을 적어 붙이라고 했고, 흰 종이에 각자 써서 붙였다.

호텔 음식은 보통 매일 비슷하다. 오래 머무는 사람이 많지 않기 때문이다. 그런 호텔식이 질릴 때를 대비하는 것도 필요하다.

> 아침 메뉴는 프렌치토스트에 과일(바나나와 수박), 삶은 달걀이 나왔다. 어제 남은 시리얼과 우유를 더 먹는 학생이 많다. 시리얼/우유는 좀 더 사다가 식사마다 놓는 게 좋겠다.

호텔 가까이 마트가 있으면 장점이 많다. 쇼핑으로 스트레스를 해소할 수도 있다.

> 마트에 들렀다 오는 팀과 호텔로 바로 오는 팀으로 나누어 이동하는데, 결국 호텔까지 가는 길은 같았다. 호텔 도착해서 파인애플 잘라 대접하고 이런저런 얘기를 하고 있다. 마트에 들른 사람들은 약 1시간 넘게 걸려서 늦게 왔다. 안 그래도 힘든데 고생 많았다(우울했다가 쇼핑하며 기분이 좋아졌다는 단원도 있기는 하다).

중미 국가의 호텔을 예약할 때 한국에서 하면 안 되는 경우가 있다. 특히 당일 예약이 그런데, 왜냐하면 한국은 날짜가 다음 날짜로 변경되어 있기 때문이다.

5-16. 현지 문화 따르기: 파티, 춤, 음주

중미는 파티 문화가 발달 되어 있어 환송 파티를 하는 경우가 있다. 파티복(원피스 등)을 준비하지 못한 첫해에는 보세 시장에서 사 입기도 했는데, 미리 준비해 가면 좋다. 단원과 코티처에게 파티복으로 갈아입을 시간을 배려해 주는 센스가 필요하다. 호텔에서 파티할 때는 장소 이용료를 내야 할 수도 있다. 호텔 회의실을 사용하는 것에도 전기료 조로 돈을 받기도 한다. 파티에는 음악이 있어야 하니 휴대용 스피커를 챙겨간다.

> 가장 멋있는 옷으로 빼입은 학생들. 원피스를 처음 입어 보았다는 여학생. 한국에서는 이런 옷을 입기 어렵지. 특히 사범대학에서 그런 원피스를 입었다간 전교에 소문날 것.

파티 후 헤어지는 데 1시간 걸린다

그라나다는 관광도시라 클럽이 여러 개 있다. 교수는 학생들이 가는 클럽에 따라가지 않는 게 좋다.

> 어제 클럽은 2시쯤 끝났고, 다른 클럽에 (학생들끼리) 갔을 때는 1차에서 춤을 안 추던 학생들도 춤을 추었다고 한다.

중미엔 야한 춤이나 노래가 많다. 원어민이 해 주는 중미 문화 특강에서 데스빠시또를 부르는 한국인 여가수 영상을 처음 보았다. 노래가 너무 좋아서 그걸 외워 인생 노래로 삼을까 하니, 가사가 너무 야한 노래라고 학생이 말린다. 행사에서 어린 여자아이(초등학생)가 현지 전통춤을 추었는데 복장이나 동작이 조금 민망스러웠다. 과테말라의 경우 성문화가 조금 이중적이라고 한다.

동영상에서 키스 장면이 나오니 아이가 단원의 눈을 가리더라 말하니, 신부님도 같은 일이 있었다 하신다. 이곳 아이들은 15살이면 성적으로 개방이 되는데, 반면에 원주민의 의식이 남아있어서 전통복만 벗어도 수치라고 생각한다고 한다. 정반대의 성 문화가 공존하는 셈. 아이들을 데리고 롯데월드에 간 적이 있는데 퍼레이드를 보면서 더럽다고 했다 한다. 미니스커트를 입고 있어서.

학교 안에 머무는 동안에는 당연히 금연과 금주를 해야 한다. 반면 호텔에서 숙식할 때는 특히 주말에 술을 조금 마시는 것도 필요하다. 물론 술은 과하지 않도록 양을 조절해야 한다.

맥주 한도를 개인당 2캔으로 했다가, 개인당 1.5리터로 바꾸었다. 토요일과 일요일에 적당히 나눠 마시게 하려고. 그러니 술 못 마시거나 안 마시는 사람에게 부탁하는 경우가 당연히 생기겠지. 돌아다니며 많이 산 학생들에게 주의를 주었다. 술을 통제하는 이유(예전에 통제하지 않아 양주를 사서 마시고 토하거나 술 냄새 풍기면서 현지 학교에 간 경우 있음)를 말했다. 다음번 봉사단원 뽑을 때는 주량도 조사해야 하나. (나중 추가: 맥주가 12도짜리라 한국보다 두 배 독하다. 큰 것으로 두 캔 먹으면 한국으로 치면 8캔 마시는 셈. 알코올 도수도 제한해야 하나.)

니카라과 학교에서는 음악과 미술을 가르치지 않는데, 니카라과 사람 중 음악, 미술, 춤에 소질이 있는 경우가 많다고 한다. E학교의 주말 예배에 참석한 적이 있다.

찬양할 때 모두 서서 같이 노래를 부른다. 10곡 정도 한다고 했는데 거의 1시간은 한 것 같다. 나는 목발을 가지고 있는 관계로 앉아서 스페인어 찬송가 가사를 읽고 있었지만, 같이 간 3명은 내내 서 있었다. 가사의 뜻은 대충 알 것 같은데 노래로 스페인어를 하는 건 또 다른 차원이네. 찬송가 부르기 대회를 하는데, 어떤 팀은 반주가 하나도 필요 없을 정도로 제멋대로 음정이다. 이곳 교회에는 찬송가 책이 없고, 있어도 악보를 볼 줄 모르고, 각자 집에 노래방 프로그램도 물론 없을 테니, 음정을 맞춰볼 방법이 없었겠구나 했다. 반주하는 청년도 악보 없이 음악을 듣고 외워서 키보드를 치는 거다.

악보를 읽을 줄 아는 건 실은 굉장한 능력이다. 하지만 악보를 못 읽어도 얼마든지 음악을 할 수 있다.

음악 선생님이 고등학생 몇 명을 데리고 와서 같이 연습을 하자고 한다. 내가 그린 악보를 보여주며 연주해 줄 수 있냐 하니 교사가 악보를 못 읽는다고 한다. 학생들을 가르칠 때도 악보 없이 한다. 아, 그래서 아까 점심 이후 트럼펫으로 까르보네로 노래하는 소리가 들리는 곳으로 가보니 칠판에 계이름만 적혀있었구나.
킴이 와서 전자기타를 설명해 주며 치는데 수준급이다. 킴은 정말 못 하는 게 없는 학생이다. 그런데 킴도 악보를 볼 줄 모르고 코드가 있어야 반주할 수 있다고 한다. 악보를 모르지만 전자기타 반주할 수 있는 학생과 악보를 읽을 줄 알지만 반주할 줄 모르는 학생, 어떤 학생이 음악 교육을 잘 받았다고 할 수 있을까?

5-17. 현지 문화 따르기: 안전

봉사활동에서는 안전이 매우 중요한데(임진호, 변선주, 2021), 니카라과의 경우 다른 중미 나라에 비해 치안이 잘 되고 학교 안에서 숙식을 모두 해결하므로 외부의 위험으로부터 보호를 받을 수 있었다. 하지만 전통시장 등을 방문할 때는 니카라과 코티처들과 함께 다니며 소매치기 등을 당하지 않도록 유의한다. 엘살바도르처럼 대학교에 자체 경찰이 있는 국가도 있다.

> 하나둘씩 도착하는 코티처, 그 뒤로 경찰차와 경찰들이 보인다. 우리가 시내에 가는 것을 호위하려고 경찰까지 불렀나 생각했는데, 이들은 대학교 자체 경찰이다. 역시 밤늦게까지 우리를 호위해 주었다.

두 번째 봉사활동에서 입원했던 니카라과 최고 병원은 시설이 매우 좋다. 하지만 시스템은 좋은 시설에 따라가지 못하는 것 같다. 퇴원 후 다시 간 병원에서는 내 진료 기록이 없고, 예약 내용도 없다고 한다. 이전에 진료받았던 서류에 적힌 의사를 찾으니, 10시 예약인데도 11시 30분이나 되어야 온다고 한다. 니카라과 병원 시스템은 의사가 병원에 상주하지 않고 환자가 오면 연락을 받고 의사가 온단다. 반면 한국 보험사에 연락하니 한국은 일요일 아침인데도 의사와 연결이 되었고 원격 진료를 받을 수 있었다.

단원이 다쳐 병원 진료를 받고 치료비를 내야 하는데, 현금으로 내면 조금 싸게 해 주면서 영수증도 문제없이 써 주겠다고 제안받은 적이 있다. 의사가 외국인을 상대로 탈세하려는 것이다. 나중에 보험 청구 서류에서 문제가 생길 수 있어 주저하다, 병원에 같이 간 코티처를 배려해 주기로 하였다. 의대를 졸업해도 직장을 못 잡아 다른 공부를 하고 있는데, 이 의사를 아느냐 물으니, 대학에서 수업받은 적이 있다고 한다. 그래서 내가 의사가 하자는 대로 하면 코티처에게 어떤 식으로든 도움이 되리라 생각하고, 두 사람을 믿고 제안대로 하겠다고 하였다. 코티처는 내 말을 듣고 매우 고마워하였다.

니카라과 아이들은 위생 상태가 겉으로 보는 것과 다르다. 학교 교복과 신발은 국가에서 매년 지급하기 때문에 깔끔하지만, 손을 보면 손바닥과 손톱 아래를 거의 씻지 않는 것을 볼 수 있다. 그 손 가득 과자를 쥐어 나에게 준 아이가 있었고, 기꺼이 받아먹었다.

5-18. 현지 문화 따르기: 생활

니카라과에도 팁 문화가 있는 걸 잊지 말아야 한다. 니카라과 국립대학의 버스를 이용할 때, 운전사에게 팁을 주거나 받지 않으면 간단한 선물(부채, 손톱깎이, 얼굴 팩)을 주는 것이 좋다. 공항에서 봉사단을 밤새며 기다리다 감기에 걸린 운전사에게 감기약을 주니 매우 고마워했다. 팁을 줄 때는 사장에게 주면 안 되고 직원에게 직접 줘야 한다. 호텔 숙박비를 계산할 때 팁을 포함해서 계산하지 말고, 귀찮더라도 학생들에게 팁을 나눠준 뒤 침대에 놓아두도록 하는 게 좋다.

> [HS단원 일지] (카약 비용을) 깎은 만큼 우리 카약을 들어준 사람에게 팁을 주었다. 여행 경험이 없는 나에겐 낯선 팁이 점점 익숙해진다. 내가 지급한 비용은 사장님한테 들어가지 이 지역 사람들에게는 안 돌아간다는 것 그리고 이 사람들에게는 팁이 굉장히 중요하다는 것을 어렴풋이 볼 수 있었다.
> [KN단원 일지] 저녁 바비큐 파티를 위해 마트에 들러 상추와 피망, 음료수를 샀다. 물건을 계산하면 옆에서 담아주고 차까지 옮겨주는 사람이 있는데 이 사람은 월급이 적어 팁을 받아 생활한다고 한다. 10꼬르도바...[약 350원] 오는 길에 신호에 걸려 서 있는 우리 차로 두 명의 아이가 다가와 유리창을 닦는다. 이것도 10꼬르도바.

그라나다에서는 낮에 가끔 공포탄을 쏜다. 중미 국가는 소음에 조금 관대한 것 같다. 그야 한국에도 소음공해라는 말이 예전에는 없었다. 니카라과 독립기념일에는 퍼레이드한다.

> (엘살바도르 호텔에서) 노래를 크게 틀어놓은 소리가 나는데, 주인이 외출을 하기 위해 차를 타고 켜 놓은 노랫소리다. 우리나라 같으면 이렇게 크게 노래를 틀면 당장 나와 조용히 하라고 했을 것이다.

관광 도시인 그라나다

중미에서는 먹을 때 소리 내면 안 된다. 탁자 위에 세워 놓지 않고 눕혀진 생수가 약간 어색했다.

내빈 테이블에 생수를 하나씩 놓아두는데, 우리나라는 생수를 세워 두는 반면 여기는 화장지 위에 눕혀 놓네.

그라나다에서 택시를 탈 때 합승이 가능하다. 그래서 먼 거리를 돌아서 가기도 한다. 또 택시 기사가 길을 잘 몰라 오히려 내가 가르쳐 준 적도 있다. 니카라과는 대중교통이 잘 갖추어져 있지 않다. 의대를 나온 코티처인 M이 병원이나 학교에 올 때 버스를 타야 하는데, 사람이 많으면 못 타서 몇 번이나 늦게 왔다.

중미에서는 중고차를 많이 볼 수 있다. '닭장차'라고 부르는 버스는 미국 스쿨버스를 개조하여 시내 또는 시외버스로 쓰는 것인데, 매연이 심하게 나오곤 한다. 봉고차 위에 짐을 많이 싣고 다니는 모습, 버스 에어컨을 여닫는 방식 같은 간단한 것도 한국에서 보기 힘든 문화다.

KJ가 계속 콧물을 흘린다. 감기는 아니고 매연을 맡아서 알레르기 반응을 하는 것 같다. 내가 대학 다닐 때는 이런 매연을 내뿜는 차가 참 많았는데.
대학에서 우리를 맞으러 나온 차는 25인승 봉고와 작은 트럭뿐이다. 봉고 위에 짐을 올리는 모습을 보니 비전문가다. 동티모르 봉사활동에서 그런 차에 짐을 싣는 인부들의 모습을 본 것을 떠올려, 사다리 중간에 올라가서 가방을 아래에서 받아 위로 전달하는 역할을 시연했다. 이런 것도 교육하게 되네. 버스 에어컨 나오는 입구 꼭지를 돌리면 잠기는 것도 설명해 주었다.

과테말라에서는 나무를 훼손하지 않도록 주의해야 한다.

과테말라에서는 나무를 함부로 훼손하면 벌금을 어마어마하게 낸단다. 가로수는 물론 자기 집 안에 있는 나무도 마음대로 없앨 수 없다. 가지치기는 가능하다. 그래서 주위가 온통 초록색이라 눈 나쁜 사람이 많지 않다고 한다. 한국에서는 초등학교 때부터 안경을 쓰지만 여기는 그렇지 않다고.

중미 국가에서는 화장지를 변기에 넣지 않는다. 한국에서 이렇게 바꾼 것은 얼마 되지 않았다.
니카라과의 단골 개념은 한국과 다르다. 단골이니 돈을 더 내라고 한다. 외국인이라서 그랬을 수도 있다.

CY선생님이 아직 도착하지 않았다. 당연히 과일 장수가 늦게 왔겠지. 과일 가격을 비싸게 불러 흥정하느라 늦었단다. 한국에서는 두 번째 사면 좀 싸게 해 주는데, 여기서는 두 번째 사면 돈을 더 받으려고 한다. 니카라과에서도 단골을 만들면 더 비싸게 요구한다는 것과 비슷하다.

5-19. 문화 충격

　봉사활동 중 가장 큰 문화 충격(진선주, 2015)은 고등학교 교실에서 밸런타인데이에 베이비 샤워하는 장면을 본 거다. 실제로 만삭의 여고생이 동료 학생들의 축하를 받으며 즐겁게 시간을 보내는 것을 보고, 어떤 측면에서는 한국보다 선진적인 문화가 있음을 엿볼 수 있었다. 이렇게 예비 교사들은 해외에 나가 타문화를 이해(김지혜, 2015)하며 문화상대주의의 시각을 가지는 기회를 얻는다.

　　교실을 돌아다니다 뒤쪽 건물 끝에 있는 반에 가보니 풍선이 엄청나게 매달려 있고 여학생들이 시끄럽게 얘기하고 교사도 함께 있다. 들어가도 좋으냐 물으니 어서 오라고 하며, 준비한 내용을 설명해 준다. baby shower라고 적힌 사진틀을 크게 만들어 놓고 배가 산처럼 나온 여학생과 다른 학생들, 교사가 같이 사진을 찍고 그런다. 처음엔 밸런타인데이 기념으로 임신한 것처럼 위장한 줄 알았다. 나 혼자 보기 아쉬운 장면이라 봉사단원을 더 데려왔다. 그런데 그 여학생은 정말 임신했고 3월에 출산 예정인데 밸런타인데이에 맞춰 축하해 주는 것이다. 한국에서 온 대학생과 허그하면서 축하를 받는 여학생은 분명 행복한 아이를 낳을 것이다.

베이비 샤워로 축하받는 임신한 여고생

　밸런타인데이는 전 국민이 축하하는 행사다. 학교에서는 그날 수업 없이 반별로 축하 파티하는 바람에 봉사단도 수업하지 않았다. 수업 시간 계획을 잡을 때 현지의 공휴일을 고려하곤 하는데, 공휴일이 아니면서도 이렇게 쉬는 날이 없는지 현지인에게 물어봐야 한다.

　　호텔 로비에 하트와 입술 모양 장식이 예쁘게 꾸며져 있고 해피 밸런타인데이라고 적혀 있다. 이곳은 밸런타인데이를 매우 크게 하는구나. 유치원에서도 아침에 밸런타인데이 행사를 하고 있었다고 KM 샘에게 들었다.

각 나라에는 특유의 인사법이 있는데, 예로 중미에서는 허그로 인사하며 스킨십을 많이 한다. 봉사단원과 코티처는 처음에는 악수로 인사를 하지만, 몇 주 같이 생활하며 친해진 뒤에는 허그 인사를 한다. 코티처는 한국 사람들이 허그 인사를 하지 않는 것을 배려하여 처음에는 허그 인사를 자제하였다. 함께 사진을 찍을 때 어깨에 손을 올리거나 허리를 팔로 감싸는 스킨십을 자연스럽게 하는 문화에 일부 봉사단원이 민감하게 반응하기도 하였으나, 이내 상대방의 문화를 이해하게 되었다. 좋을 때나 싫을 때나 어쨌든 허그 인사를 한다.

[숙소 문제 협상] 우리가 제시했던 안은 받아들일 수 없고, 선급금 50%에서 우리가 낸 3박 비용을 제외한 금액 1,748달러를 받아야겠단다. ... 씨알도 먹히지 않는 표정. ... 잠시 CY샘과 얘기한 후 바로 OK했다. 내일이나 모레 변호사와 만나 마무리하자는 약속을 하고 (끔찍한) 허그 인사로 끝냈다.
밖에서 사진을 찍고 가려는데 현지 여자아이가 와서 사진을 같이 찍자고 한다. 여기선 사진을 찍을 때 옆 사람 어깨동무를 하거나 허리를 팔로 감싼다. 어린아이가 그러는 것을 보니 그런 문화를 알겠다.

니카라과에서 환영식이나 환송식 때 시를 낭송하는 것도 낯선 풍경이었다. 니카라과에는 루벤다리오라는 시인이 있는데 여느 대통령보다도 유명하고 칭송받는 인물이라 국제공항 로비에 그 동상이 있을 정도다. 2월에 루벤다리오 축제가 열릴 때는 관광도시인 그라나다에서 호텔 예약이 어려우니 일찍 해 두어야 한다.

5-20. 시간 맞추어 온 것을 자랑하는 운전사

중미 사람들이 약속 시간을 잘 지키지 않는 건 많이 알려져 있다(구경모, 2018; 최영수, 2005). 8시에 시작한다는 말은 8시에 사람들이 오기 시작해서 준비되면 대략 9시쯤 시작한다는 뜻이다(김달호, 2014).

> 11시 25분에 UNAN 대학 버스가 도착했고, 안내 담당 Miguel이 늦지 않게 왔다고 자랑한다. 11시 30분에 모두 모여 대학으로 출발했다.
> 4시에 시작한다던 축제는 … 그 시간에 아무 일도 없었다.

대학 차량 직원(왼쪽)과 운전사 미겔(오른쪽)

차라리 현지의 시간 문화에 익숙해지는 것이 마음 편하다. 첫 봉사활동에서 점심 배달도 늦고 대학생 대상 수업 시연 시작도 계속 늦어져 짜증이 났다. 일정이 계속 밀리면 마지막에 하는 평가회가 소홀히 되거나 귀찮고 힘들게 되지만, 어쩔 수 없는 일이니 그러려니 해야 한다. 대신 정말 중요한 일이라면 계속 시간을 확인하며 독촉해야 한다.

> 4시 50분쯤 이제 정리하고 가자고 말하며 버스는 어디에서 탈 거냐고 알레한드라에게 물으니, 그제야 기사에게 전화한다. 5시에 출발이라고 했으면 미리 도서관 쪽에 와서 기다리도록 해야 했는데, 전혀 그런 감이 없다. 시간 약속에 대해서는 이곳 사람들을 계속 독촉하며 챙겨야 한다.

니카라과 초중등 학교에 처음 방문했을 때도 약속한 환영식 시간에 맞추기 위해 서둘러 갔지만, 정작 그곳 교육청장이 온 다음에 식을 시작하느라 많이 기다려야 했다. 현지의 느긋한 시간관에 익숙해지는 건 문화체계를 이해하고 차이를 존중하는 것이다(구경모, 2018).

평가회에서 엘살바도르의 느긋한 문화에 대해 상대방을 존중하는 태도가 필요하다는 KM선생님 말씀을 듣고 반성했다. 여기는 한국보다 많이 느리니 좋은 것 아닌가!

반면 중미에 있는 한국인은 일을 빨리 처리한다. 엘살바도르로 봉사활동을 나갔을 때 코이카 부소장은 숙소나 학생 모집 방법 등에 대해 바로 회신해 주었다. 역시 한국인. 한편 엘살바도르에서는 아침에 일을 시작하는 시간이 매우 이르다.

엘살바도르에서는 보통 아침 6시나 7시에 공식 업무를 시작한다고 한다. 그럼 더 일찍 일어나 직장에 가야 하니 저녁에는 8시에서 10시쯤 일찍 잠자리에 든다고 한다. 우리나라보다 2~3시간 정도씩 빠르네. 더운 낮에 활동을 피하기 위해서겠지.

구경모(2018)는 한국인이 중미인을 평가할 때 '게으름'과 '느긋함', '확실치 않은 의사 표현'과 '약속 어김'을 종종 언급한다고 한다. 하지만 저자가 어릴 때만 하더라도 한국에도 코리안 타임이 있었다. 이것이 '시간은 돈이다'라는 말과 함께 어느 순간 사라졌고, 지금 저자는 시간을 철저히 관리하며 생활하고 있다. 그러나 빨리빨리 문화에 비해 느린 문화가 장점을 가지는 때가 있다. 특히 파티할 때 그렇다. 파티 준비에 많은 시간이 드니, 손님이 조금 늦게 오는 게 주인에게도 좋다.

멕시코에서는 내일이라는 의미의 mañana를 '가까운 미래'를 나타내는 것으로 인식한다(김우성, 2013). 어떤 사람은 mañana에 한다는 말을 결국은 하지 않겠다는 부정으로 생각하기도 한다.

6. 커뮤니티

6-1. 대학 직원의 도움이 필수적이다

국립국제교육원의 사업에 선정이 되려면 대학의 지원이 필요하다. 제안서 심사에서 대학의 대응 자금이 우대 조건이며, 지원받는 20명 이외에 추가로 참여하는 인원은 대학의 대응 자금이 없으면 봉사활동을 갈 수 없다. 그런데 점점 열악해지는 대학 재정으로 인해 총장과 대학 본부를 설득하여 이 대응 자금을 지원받는 게 쉬운 일이 아니다. 사업 협약서는 대학 총장 명의로 작성하므로 이 사업은 대학 전체의 사업이 되지만, 학기 중 공모 사업이므로 연간 예산 계획에 미리 포함되지 않아 더욱 그렇다.

이 대응 자금을 마련하기 위하여 봉사단장은 사범대 학장과 함께 대학 총장을 비롯하여 학생처, 재무과(사무국장 포함), 국제교류본부, 산학협력단, 취업지원본부, 총무과, 동창회 등 학교의 여러 본부 기관을 '헤집고 다니며' 어려운 부탁을 해야 했다. 이 과정에서 인맥이 조금 늘어나기도 하여, ODA 사업을 하는 교수 중 고등학교 동문 선배가 있음을 처음 알게 되었다. 또한 대학의 ODA 실적도 제안서에 정리해야 하므로 여러 기관의 협조가 있어야 한다. 이렇게 헤집고 다니며 봉사활동을 이야기한 것은 봉사활동을 알리는 기능도 하였다.

대응 자금은 추가 인솔자(예, 행정 직원)의 여비, 봉사단 장학금(체재비 추가 지원) 등으로 사용된다. 함께 봉사활동을 나가는 교직원은 현지 활동뿐 아니라 국내의 준비와 정리 단계에도 많은 일을 하므로 이 해외 교육봉사활동에 매우 크게 이바지한다. 대학 직원의 도움 없이 봉사단장 혼자서 이 해외 교육봉사활동을 운영하는 건 불가능하다. 대학 직원은 CHAT의 주체에 버금갈 정도로 중요한 인적 자원이다. 대학 직원은 주체에 포함할 수도 있지만, 직원은 국립국제교육원에서 지원하는 20명의 인원에 포함되지 않으므로 커뮤니티로 분류하였다. 니카라과에 처음 봉사활동을 나갈 때 직원 2명이 같이 가는 재원을 마련하느라 고생을 많이 했지만, 그것은 좋은 선례가 되었다. 2016년 충북대가 니카라과 국립대와 MOU를 맺은 후 처음 교류를 하는 사업이라 지원을 얻기 쉬웠다. 운이 참 좋았다.

그런데 봉사활동에 대해 누구나 긍정적인 생각을 하는 것은 아니다. 봉사활동이 임용시험 준비에 방해되니 할 필요가 없다거나 하지 않는 게 좋다고 생각하는 사람도 있다. 대학교수 중에는 본인의 생각이나 주장을 너무 강하게 하는 경우가 종종 있어, 봉사활동의 필요성에 대해 아무리 얘기해도 이해하지 못하곤 한다. 심지어 봉사활동 진행을 방해하는 경우까지 있으니, 주변에 그런 사람을 만나지 않는 것이 복 받는 것이다. 인솔 교수는 봉사단 외부의 사람과 좋은 인간관계를 맺으며 봉사활동의 필요성과 중요성을 타인에게 이해시키는 방법도 배우게 된다. 도움을 준 사람들과 장도식을 겸하여 회식하거나 식사를 따로 지원하는 것도 좋다. 타인에 대한 설득에서는 적절한 선에서 포기하는 것도 매우 중요한 방법이다. '막히면 돌아가

라.'

해외 교육봉사활동 사업의 주무를 누가 할 것인가에 대해서도 많은 얘기가 있었다. 학생처의 봉사활동 담당 직원이 할 수도 있었지만 실제로는 사범대학 행정실에서 담당하는 것으로 조율되었다. 이 사업은 간접비가 배정되어 있지 않을뿐더러 결과 보고서에 예산 집행 결과도 보고해야 하므로, 아무리 봉사활동이라는 좋은 일이라고 해도 직원 처지에선 결코 하고 싶지 않은 일이다. 혹시라도 예산 집행에서 문제가 생기면 담당 직원부터 책임을 져야 하기 때문이다. 즉 이 사업은 대학생을 제외하고는 대학이나 직원이나 교수에게 남는 게 별로 없는 귀찮은 일이 되기 십상이다.

그런 의미에서 중미에 3번을 같이 갔던 KO 선생님에게는 정말 큰 빚을 졌다. 스페인어를 한마디도 못하지만 호텔비 흥정도 하고, 차도 얻어 타는 등 적응력이 대단한 분, '사막에 떨어져도 살아남을' 분이다.

> 신문사에서 취재를 나올 거라고 했는데, 기자가 오면 챙겨줄 선물을 잊고 가져오지 않았다. 그래서 KO선생님과 IC선생님이 다시 숙소로 돌아갔다 올 때까지 기다렸다. 호텔에 갈 때는 걸어갔지만 올 때는 직원 차를 얻어 타고 오신다. 역시 KO선생님이다.

대학 차원에서 해외 봉사활동을 강화하는 방안을 마련하는 것도 필요하다. 학교 혁신 방안으로 정리해 제안하기도 하였고, 총장 선거철에는 후보를 만날 때마다 해외 봉사활동을 지원해 주도록 부탁하고 이것을 대학 특색 사업으로 만들도록 제안하기도 했다.

충북대 봉사단의 로고

6-2. 소중한 코티처: 니카라과

　　니카라과 현지인 중에서 봉사활동에 가장 큰 도움을 준 사람은 니카라과 국립대 대학생인 코티처들이다. 이들은 한국어를 공부하며 한국에 관심이 많은 학생으로, 봉사단과 함께 수업을 준비하고 교실에 함께 들어가 수업 진행을 보조했으며 수업에 대한 평가도 제공해 주었다. 수업을 함께 준비하는 것은 처음부터 계획된 것은 아니었다. 한국 봉사단과 니카라과 대학생들의 교류 프로그램을 생각하다, 수업 관련 얘기를 하는 시간을 가지는 게 좋겠다는 아이디어를 현지 코디 K 교수가 처음 제안했다. 스페인어 사용의 어려움을 극복하는 데 이들의 도움은 필수적이었다.

　　코티처 선발은 현지에 일임하되, 선발 후 SNS로 봉사단과 연결하여 미리 연락 주고받는 것이 좋다. SNS를 통해 수업 준비뿐 아니라 봉사활동 유의 사항을 전할 수 있다.

> 코티처 한 명이 근처 노점에서 파는 슬러시를 사서 단원들에게 주었다. 그것을 보고 바로 가서 못 먹게 했는데 이미 먹은 사람도 있다. 길거리 얼음을 먹으면 안 된다고 아무리 말해도 현지에 더운 곳에 가면 순간 잊게 된다. 그것을 사 준 코티처에게 이걸 왜 먹으면 안 되는지(한국 학생이 먹고 설사하거나 심지어는 죽기도 한다) 말해 주고 모든 코티처에게 주의 사항을 알려주라고 했다. 내년에 올 때 코티처에게 주의할 내용을 미리 정리해 주어야 하겠다.

　　코티처에게 줄 단복도 여유 있게 맞춰 가서 주는 게 필요하다. 니카라과에 두 번째 갔을 때는 코티처들이 따로 단복을 준비해서 입고 있었다. 그래서 그다음부터 코티처 단복을 따로 준비해 갔다. 조금 잘 사는 나라인 과테말라에서는 한국 대학생들을 위한 단복까지 현지 대학에서 준비해 놨다. 코티처와 한국 대학생은 빨리 친해지는 게 좋다. 이름을 외우는 아이스브레이킹 게임을 하거나 도미노 스틱을 하면 좋다. 코티처는 한국 대학생을 돕기 위해 매우 헌신적이다.

> 점심은 건물 앞 계단에서 맑은 바람을 맞으며 양 많은 치킨밥이나 소고기 밥을 먹었다. 콜라 페트병을 모은다는 말을 듣고 코티처들이 버리지 않고 주고, 혼자 먹고 있는 충북대 학생에게 무슨 문제 있냐고 물어보기도 한다. 손님을 맞이하는 처지에서 우리 일거수일투족을 보면서 부족함이 없는지 챙겨주려는 모습이다.
> 우리는 니카라과 학생들에게 봉사활동을 하고, 코티처는 우리에게 봉사활동을 하는 것 같다.

　　봉사단원이 힘든 만큼 코티처도 힘들다. 코티처에게 감사 인사를 수시로, 매일 하는 게 좋다. 코티처도 바쁜 본인 일정을 쪼개 우리를 돕는 것이다.

> 물에 갔다 온 학생들이 돌아왔고, 함께 갔다 온 코티처 한 명이 소파에 뻗어 자고 있다. 물이라도 하나 주려고 내가 다가갔는데도 잠이 깊게 들어있어 그 옆에 두고 왔다. 내일 만나면 어제 수고 많았다고 고맙다고 얘기해

주라고 했다.

첫 봉사활동을 마치는 날은 코티처에게도 감동의 순간이었다. 중남미에서는 파티가 끝나고 헤어지는 데만도 1시간 걸린다고 하는데, 정말 그랬다.

> 대기실에서 마지막 전체 정리를 하였다. 이제 교사에서 학생으로 돌아온 충북대 학생들에게, 그리고 우난 대학생들에게 함께 영어로 말하는데 또 울컥한다. 하지만 꾹 참고 영어로 빠르게 말을 마쳤다. 고마움, 가르치며 배움 축하, 니카라과를 기억할 것, 나중에 힘들 때 봉사활동을 생각하고, 모두 성공할 것이라고. 그리고 이전 학교에서 교직원들이 일렬로 서서 허그한 것이 생각나, 우난 학생들을 일렬로 세우고 우리 봉사단이 한 명씩 모두에게 허그하며 지나가는 예식을 했다. 허그하며 눈물을 쏟는 우난 학생들, 고마움, 미안함, 아쉬움, 마지막, 칭찬, 기억, 서로 배움 등의 말을 하며 상당 시간을 보냈다. 니카라과에서 허그는 중요한 것 같다. 허그 인사를 하지 않는 것은 마치 우리나라에서 머리를 숙여 인사하지 않고 손만 살짝 흔드는 것 정도 느껴지지는 않을까 생각했다. 우난 학생들이 봉사단에게 각각 선물을 주었고, 나도 카드 한 장 받았다. 그 선물들에 들어있는 우난 학생들 마음이 보인다.

코티처가 주는 많은 도움에 비해 그들에게 해 줄 수 있는 게 별로 없다. 봉사활동 첫해부터 코티처에게 수당이나 강사료를 지급하는 방안이 얘기되었지만 예산 집행이 어려워 못 했다. 대신 봉사활동에 도움을 준 것에 대해 인증서(certificate)를 만들어 가서 준다. 이를 위해 코티처의 full name을 알아야 하고 그것을 틀리지 않게 적었는지 확인하는 과정이 필요하다. 이 봉사활동은 대학 총장 명의로 수행하는 것이므로 총장 직인이 들어간 인증서를 만드는 게 좋지만, 국제교류본부장이나 사범대 학장 명의, 또는 단장 명의 인증서도 상관없다. 코티처에겐 한국에서 발급해 준 인증서 자체가 매우 자랑스러운 스펙이 되는 것 같다.

단원들은 소소한 선물을 많이 준비해 가는 게 좋다. 한국어가 적힌 볼펜이나 카드, 스티커 등을 미리 준비해 가면 현지에서 유용하게 쓸 수 있다. 누구한테 어떤 도움을 받고 감사 선물을 줘야 할지 모르니, 넉넉하게 가져갔다가, 남으면 코티처에게 한꺼번에 넘겨주며 다른 사람에게 주라고 하면 된다. 코티처에게 선물을 줄 때는 빠트리는 사람이 없도록 한다.

> 어제 코티처들에게 주는 선물로 한복 접기를 해서 얼굴을 인쇄해서 예쁘게 꾸며 주는 걸 하는데, 매일 온 10명만 선물을 준비했었다. 많이 오지 못한 멜리사(우난대 교수인데 교육청 파견 나가 있어 자주 올 수 없음), 코티처를 한다고 한 후 직장을 잡아서 카톡으로만 검토해 주고 오지 못한 신디 등에게도 같은 선물을 해 주면 좋겠다고 말했다. 남은 선물 목록 배분 계획을 세웠다. 우난대, 환송식, 마예를링, 레베카, 코티처 등.

코티처는 여러 명이라 그 안에서 불협화음이 생기기도 한다. 불성실하고 비협조적이라 잘 어울리지 못하는 코티처 한 명에 대한 왕따 비슷한 문제가 있었는데 봉사활동을 같이 하면서 그동안 곪아온 것이 터졌고 그 과정에 봉사단원이 개입되는 매우 복잡한 일이 있었다. 코티처의 부모까지 나서서 법적으로 처리하겠다고 하면서 중간에 있는 니카라과 K 교수가 매우 곤란한 일을 겪었다. 이 일은 그다음 봉사활동에까지 영향을 줘서, 이전 코티처와 만나 식사를 하는 자리도 계획했다가 취소하게 되었다. 우리 봉사단원 사이의 문제뿐 아니라 코티처 학생들 사이의 문제도 대비해야 한다. 예로, 코티처 활동 여부에 함부로 개입하지 않는 것이 좋다. 두 번째 갔을 때 N이 나에게 같이 하게 해 달라고 부탁하는 걸 허락했다가 곤란한 상황이 만들어졌다. 두 집단이 만나 같은 활동을 할 때 어떤 식으로는 갈등이 발생할 수가 있다.

코티처와 단원 사이에 시간 여유 불균형 문제도 있다. 코티처들은 무엇인가를 도와주고 싶어 하지만 무엇을 어떻게 도와야 하는지 모른다. 단원들은 할 일이 많은데 어떻게 코티처의 도움을 받고 요청할지 모른다.

> 코티처들이 같이 놀고 싶다고 20분만 시간을 달라고 했는데, 내일 전시회 준비, 환경미화, 짐 정리, 아픈 학생 등 때문에 시간이 없다고 했단다. 같이 놀기 위해 게임을 준비해 오고, 서프라이즈라고 안 알려주기까지 했다는데, 조금 미안하다. 마나구아 학교에서 해도 되지만 거기는 멀어서 못 오는 코티처가 있다고 한다. 평가회 끝나고 늦게 코티처들 카톡방에 미안하다는 말을 적고, 레베카 선생님에게 잘 말해 달라고 부탁하였다.

코티처 중 기억에 많이 남는 사람이 몇 명 있다. 제리카는 그라나다에서 현지 가이드 역할을 했고, 안젤라는 의대를 졸업한 학생으로, 내가 병원에 입원했을 때 도움을 많이 주었다.

> 제리카가 3월에 충북대에 와서 약 1년간 있는다고 해서, 이번 봉사단원들에게 소개해 주었다. 작년 코티처이면서 그라나다 봉사활동에서 contact person과 같은 매우 큰 역할을 했었다. 한국에 오면 잘 해줘야지.
> 제리카는 원래 오늘 일하는 날인데, 휴가를 내고 나와 선생님 두 분에게 관광 안내를 해 주기로 했다. 제리카가 한국에 왔을 때 나는 그렇게 해 줄 수 있을까?

코티처 중에 한국에 방문을 한 사람이 두 명 있다. 충북대에서 니카라과 국립대와 MOU를 맺으며 한국어 연수생을 1명 받기로 했는데, 현지에서 한국어 말하기 대회를 하여 1등을 한 빌손이 2016년 왔었다. 그다음 해에는 대학 예산 문제로 지원이 어렵다고 하여, 내가 나서서 모금 활동을 해서 비행깃값을 지원해 주어 다니엘라가 왔다. 두 학생은 한국에 오는 꿈을 이루었고, 봉사활동 준비에 많은 도움을 주었다. 스페인어는 물론이고 현지 사정이나 정보를 알려주어 사전교육에 매우 유용했다.

빌손은 인천 공항에서 충북대까지 택시를 타고 왔다. 니카라과는 거리에 무관하게 택시비가 별로 차이가 나지 않는 것을 생각하고, 인천 공항 택시 기사들이 호객행위에 넘어간 것이다. 생활비로 가져온 20만 원을 모두 택시비로 날려버려, 봉사단을 위한 스페인어 교육 강사로 쓰며 비용을 일부 충당해 주었다.

니카라과 코티처들이 추는 부채춤

6-3. 소중한 코티처: 엘살바도르와 과테말라

엘살바도르에 갔을 때는 대학에서 100km 정도 멀리 떨어진 청소년 센터에서 봉사활동을 해야 해서 코티처 전체와 같이 숙식한 적이 있다. 역시 같이 먹고 자면 확실히 친해진다. 코티처와 같이 놀 수 있는 프로그램도 미리 준비해 가면 좋다. 서로 한국 이름, 스페인어 이름 지어 주기하면서 금방 친해진다.

> 뭘 하면서 웃는지 정말 크게 웃고 있어 궁금해 가보니, 사진 얼굴 바꾸기를 하면 놀고 있다. 바네사 얼굴로 간 PG가 제일이었다.

그 당시 엘살바도르는 치안이 매우 안 좋아서, 외국인이 혼자 거리를 걷거나 대중교통을 탈 수가 없었다. 그래서 매일 코티처가 호텔에 와서 학교까지 함께 이동하곤 했다. 신호등이 별로 없는 찻길에서 수신호로 차를 막고 우리 봉사단이 길을 건너게 도와준 것이 코티처도 기억에 남는다고 한다. 너무 위험해서 현지인도 쉽게 가기 어려운 시장 속 성당 관광을 위해 현지 관광청에 부탁해서 안내인을 섭외해 주기도 했다.

가장 오랜 기간 같이 활동했던 엘살바도르 코티처와는 정말 정이 많이 들었다. 그중 2명은 다음 해 봉사활동지인 과테말라에까지 찾아왔다.

> 해외 봉사활동에서 현지 대학생과 같이 협업하는 경우는 많지만 이렇게 호텔에 며칠씩 묵으며 지내는 경우는 정말 극히 드물다. 인생 경험이라고 할 정도. 우엘 학생 중에는 아직 산살바도르시 밖으로 나가본 적이 없는 학생도 있다고 한다. 그런데 이렇게 다른 도시에 외국 대학생과 같이 와서 같이 관광할 것이니, 그들에게는 정말 역사적인(우엘 코티처의 표현대로) 만남이 되겠다.
> 호텔에 엘살바도르 코티처가 도착했다는 것을 왓츠앱으로 대화해서 확인한 후, 서둘러 앞장서서 호텔로 왔다. 1년 만에 파비올라와 디아나 만남, 자연스럽게 허그 인사를 하였고, KJ, BM, CY 선생님도 반가운 환호성을 지르며 허그했다. 여기 오기 위해 13시간 버스를 타고 온 그 끈끈한 정이 느껴진다. 파비올라는 졸업 후 프랑스어를 가르치고 있고, 디아나는 아직 직장을 잡지 못했단다.

엘살바도르 코티처 중 에두아르도는 매일 6시간을, 그것도 축구하다 팔을 베어 깁스한 채로 집에서 왕복하며 도움을 주었다. 코티처에게는 봉사단과 같이하는 활동이 소중한 기회가 되는 것 같다.

> 평가회가 끝날 때까지 기다려 에두아르도가 나와 얘기를 하자고 한다. 음료수를 하나 주고 식당에 가서 캔을 따 주었다. 자기 잘못이라 미안하며 자신을 팀에서 빼지 말아 달라고 부탁한다. 우엘 코티처들에게도 이 봉사활동 경험은 정말 소중한가보다.
> 방송국에서 나온 사람과 인터뷰하는데 통역은 에두아르도가 해 주었다. … 에두아르도가 TV 방송 인터뷰를 통역하는 기회를 주어 고맙다고 한다.

평가회가 끝나고 에두아르도가 호텔에 머물게 해 주어 진심으로 감사하다고 인사를 한다. 그동안 매우 힘들었던 것이 감사 인사에 담겨 있다.

엘살바도르 코티처에 대해 시를 쓰려했지만 쓰지 못한 게 아쉽다. 시는 그 당시 감정이 응축된 상태에서만 써진다.

학교로 걸어가며 든 생각은 코티처들이 4주 넘게 우리와 같이 하면서 분명 힘들고 어렵고 짜증 나는 일이 있었을 텐데 거의 내색을 하지 않았다는 점이다. 꼭 얘기하고 싶은 내용이 있으면 매우 정중하게 이렇게 하는 게 좋겠다고 말할 뿐, 기분 나쁜 말은 한 번도 하지 않았다. 우리 단원들은 평가회를 하면서 울기도 하고 웃기도 하며 감정을 공유하지만, 코티처들은 그런 자리도 거의 없어 혼자 힘든 감정을 삭여야 했을 텐데, 참 대단하다는 생각이 또 든다. 정말 고맙다. 내일 마지막 인사말을 다듬으면서 한 마디 넣었다. '여러분들로 인해 엘살바도르가 아름다워졌습니다'.

한편, 현지 대학생인 코티처를 구하는 건 쉬운 일이 아니다. 과테말라에서는 대학생을 구하기 어려워 교수와 직원도 코티처로 섭외했다. 하지만 이들은 너무 바빠 수업에 도움을 주지 못했다. 과테말라에서는 대학이 개강한 후여서 코티칭을 연습하는 장소를 섭외하는 게 어려워 결국 도서관 회의실에서 했다.

코티처 중에는 대학교수도 있고, 대학 직원도 몇 명 있고, 한국에 와서 박사 학위를 받은 사람도 있다. 작년 우삭 총장과 함께 충북대를 방문하여 나와 얘기를 많이 했던 직원(호세)도 코티처 중 한 명으로 반갑게 인사를 한다.

코티처는 아니지만 과테말라 국립대에서 대학생 3명이 충북대를 방문해서 봉사단원과 교류했다. 방문 시기에 저자는 장기 출장을 가야 해서, 대신 단원 몇 명이 서울에 같이 관광 가도록 지원해 주었다.

서울 구경을 3명(과테말라)+3명(한국 대학생)이 아니고 5명(한국 대학생)이 같이 가겠다고 해서, 그렇게 하라고 말했다. 넉넉하게(50만 원: 교통비, 식비, 한복 대여비 등) 돈을 주었으니 더 간다고 하겠지. 대학생 때 누가 이렇게 돈을 주면서 놀러 가라고 하는 경우가 있을까? 그들은 이런 일의 가치를 잘 모를 거다.

코티처에게 학점을 부여하는 방식도 고려해 볼 만하다. 현지 대학 본부와 단과대학이 MOU를 맺고 코티처에게 학점을 부여하도록 요청하면 된다.

수녀님 얘기대로 봉사단을 둘로 나눠 활동하는 것을 내년에 추진해 볼까? 조의 인원을 2명으로 줄이고, 코티처를 좀 더 많이 섭외할 수 있다면 가능하긴 하다. 알레한드라에게 코티처를 더 많이 섭외할 수 있느냐 물으니, 올해도 언어학과와 MOU를 맺고 여기에 참석하는 학생들에게 학점을 주는 것을 고려했었다고 한다. 내년에 오게 되면 이것을 적극 논의해 봐야지. 영어, 스페인어, 한국어까지 배울 수 있고, 문화 교류도 할 수 있고, 무엇보다 친한 친구를 사귈 수 있고, 코티처는 학점 그 이상을 얻을 수 있다. 우엘 대학에서도 이번 봉사단을 돕는 코티처들에게 학점을 부여할 것이라는 얘기를 들었다. 이쪽 학사 제도를 잘 모르지만, 이 학생들은 분명 학점을 받기 위해 봉사활동을 돕는 것 이상의 일을 하고 있다는 느낌이다.

코티처의 건강도 매일 확인하며 챙겨주어야 한다. 단원이 아프면 쉬듯, 코티처도 쉬어야 한다.

출발하려는데 코티처 한 명이 열이 많이 나고 아프다. 38.8도. 그래도 같이 가고 싶다는 걸 설득해서 호텔에서 쉬면서 열이 내려야 한다고 해열제를 주었다. 코티처 한 명을 같이 있게 해 주면서. 이래서 코티처를 조별로 2명으로 해 달라고 부탁했던 거다.

한국 대학생이 매우 바쁘듯, 현지의 코티처도 바쁜 대학생임을 알아야 한다.

코티처 중 졸업반인 학생들은 논문을 써야 하는데, 논문 주제로 어떤 것이 좋을지 생각해 달라고 했단다. 어제 자기 전에 몇 가지 생각해 놓았다. 전체에게 동시에 얘기해 주고 서로 알아서 정하라고 하는 게 좋을까, 아니면 부탁을 한 코티처에게만 말해 주는 게 좋을까? PG에게 부탁했다고 하는데, 그 전에 나에게도 어떤 코티처가 논문을 써야 한다고 말했던 것이 기억난다.

가장 기억에 남는 코티처는 아무래도 첫 봉사활동에서 함께 고생한 니카라과 대학생들이다. 그리고 가장 헌신적으로 봉사활동을 도와준 코티처는 함께 숙식까지 했던 엘살바도르의 코티처이다. 니카라과 코티처와 가끔 카톡으로 안부를 전하곤 하는데, 시간이 지날수록 연결이 잘 안되어 아쉽다. 한국에 오고 싶어 하는 코티처에게 도움을 줄 방법이 거의 없어서 또 아쉽다. 다시 가서 만나기 전까지 그저 한순간 소중한 기억으로 간직해야지.

그런데 니카라과의 다니엘라가 2023년 한국정부장학금인 GKS를 받아 한국에 유학을 왔다. 엘살바도르의 코티처였던 디아나도 똑같이 한국에 왔다. 대학 졸업 후 그 장학금을 받기 위해 엄청난 노력을 기울인 것이다. 우리나라로 치면 70년대에 미국 정부 장학금을 받아 미국으로 유학 나간 것에 해당한다. 이 봉사활동으로 인해 두 코티처에게 한국에 오고 싶은 꿈이 생겼고, 그 꿈을 이룬 모습을 보며 너무나 뿌듯했다. 한국에 온 코티처는 저자의 어머니 장례식장에 참석하기도 했고, 처음으로 단원끼리 맺어진 결혼식장에 오기도 했다.

6-4. 현지 학교와 학생

　봉사단의 수업을 받는 현지 초중고 학생들은 이 봉사활동의 수혜자이면서도 수업 활동을 함께 해 나가는 참여자로, 가장 기본적인 커뮤니티 구성원이 된다. 니카라과에서 한국은 매우 멀고 생소한 나라이지만, 현지 학생들은 한국 봉사단의 방문을 환영하며 봉사단원들에게 많은 관심을 가졌다.
　스페인어가 자유롭지 않으니 현지 학생들이 봉사활동 수업에 대해 어떻게 생각하는지 알기는 쉽지 않다. 하지만 이전에 받았던 수업과 분명히 달라 좋아하는 눈치다.

> 두 번째 학교 교장샘의 아이가 저번 금요일에 수업을 들었는데 집에서 아주 좋았다고 말했단다. 학교의 다른 학생들도 좋았다고 말한다.

　생물 수업이 끝난 후, 간이현미경이 몇 개 없어졌다는 보고를 받았다. 다른 수업에서 써야 하므로 찾아야 한다고 하기에, 찾지 말라고 했다. 그 현미경을 가지고 간 학생은 그걸 들여다보면서 커서 나중에 과학자가 될 거라 말했다.
　그런데 이러한 현지 학생들의 많은 관심은 문제가 조금 되기도 한다. 교육이나 수업에서는 교사와 학생 사이의 상호작용과 관계 형성 매우 중요하다. 교육봉사활동에서 맺은 관계가 지속되기 위해서는 봉사활동이 1회로 끝나지 않아야 하는데, 이는 실제로 어려운 일이기 때문이다.
　봉사 단장은 수업을 직접 하지 않으므로 현지 학생들과 친해질 기회가 별로 없다. 엘살바도르에 갔을 때 유일하게 친해진 아이가 한 명 있다. 아직 초등학교에 입학하기 전이지만 엄마가 학교에서 일하고 있어 운동장에 혼자 놀고 있었다. 단원들이 수업하고 있는 교실을 돌아다니다 만나 몇 마디 인사를 나누었다. 그 다음 날 꾀죄죄한 손에 사탕을 들고 와서 나에게 준다. 봉사활동을 하는 학교를 옮겨서 더 이상 그 아이를 못 보게 되어 아쉬웠는데, 떠나기 전에 다시 그 학교를 들러 그 아이를 찾아 작은 선물을 해 주었다. 아이 엄마가 고맙다고 말하며 허그 인사를 하라고 시키는 모습이 기억난다.

> 학교로 걸어가는 길에 에스빠냐 학교 벽이 보여, 코티처 한 명과 들렀다 가기로 했다. 그 학교에서 나에게 선물을 준 유일한 아이에게 선물을 주지 못하고 떠난 게 못내 걸렸었다. 매점 근처에 가보았지만, 사복을 입고 혼자 놀고 있던 그 아이는 보이지 않고, 코티처가 매점 아주머니들에게 물어봐서 아이 엄마를 찾았다. 동글 부채를 하나 주고, 가방 속에서 내가 대나무를 그린 접이부채를 꺼내 이름을 NAOMI 써 주고 있는데 그 아이가 왔다고 한다. 오늘 처음으로 학교에 다니려고 등록하고 교복을 받아 오는 길이다. 학교 다니기 전에는 씻지도 않고 빨래한 지 오래된 옷을 대충 입고 있었는데, 학교에 오는 첫날에는 예쁜 옷으로 갈아입고 있네. 아이 엄마가 고맙다고 말하라고 하자 아이가 와서 안긴다. 봉사 단복만 보면 소리를 지르는 여학생들을 뒤로하고 학교를 나오는 발걸음이 가벼웠다.

과테말라 소녀의 집에 처음 방문했을 때는 정말 감동이었다. 봉사단을 맞이하기 위해 정말 많은 준비를 하여 황송할 따름이다.

주차하고 걸어가며 보니 군악대가 서 있다. 설마 우리를 위해 준비한 것? 맞다. 10시 이전부터 제복 입고 무거운 악기 메고 서서 기다렸을 것을 생각하니 너무나 미안하고 황송하다. 이렇게까지 하지 않아도 되는데, 여기서는 외부에서 손님이 오면 항상 이렇게 한다고 수녀님이 말하신다. 분명 학생들 수업 중일 텐데, 전국 대회에서 1, 2등을 하는 실력을 우렁차게 뽐낸다. 여학생들 표정이 속으로 계속 웃고 있는 것임을 나중에 설명을 듣고 알았다. 군악대 옷을 입고 있을 때는 말도 하면 안 되고 웃어서도 안 된다고 한다. 그런데 연주가 끝나고 퇴장하면서 연신 우리를 쳐다보며 미소를 참지 못하는 여학생들이 몇 명 있다. 나는 교실을 보고 싶었는데 수녀님은 체육관을 한번 보고 학교를 둘러보자고 하신다. 오래된 체육관에 의자가 주욱 놓여있는 모습이 소년의 집과 비슷하다. 그런데 맨 앞쪽에 팔걸이의자가 놓여있고, 그쪽으로 걸어가니 교장 수녀님이 나와 인사를 하고, 무대 뒤에 한복을 입은 학생이 잠깐 보인다. 이런! 우리를 위해 부채춤을 준비한 것이다. 한복을 예쁘게 차려입은 여학생 11명이 많이 연습한 부채춤을 춘다. 오늘 봉사활동을 하러 온 것도 아니고 단지 학교를 방문하여 수녀님께 인사드리러 온 것인데 이러한 대접을 받다니. 같이 온 알레한드라가 덕분에 좋은 볼거리를 생전 처음 보며 영상을 계속 찍는다.

소녀의 집 군악대

현지의 학교에서 우리 봉사단에게 수업 시간을 내주는 것은 분명 감사해야 할 일이다. 모든 학교는 나름의 교육과정을 운영하는 것이 빠듯하다.

과테말라 여학생들은 초등학교만 졸업하면 결혼하여 애를 낳는 경우가 많은데, 이 학교에 다니면서 선생님도 되고 변호사도 되는 꿈을 가지고 노력하는 학생이 있다고 하신다. 바느질을 가르쳐 직업을 가지게 돕고, 비서가 되는 데 필요한 컴퓨터 능력 등도 가르친다. 전국에서 어려운 학생을 뽑는데, 우수한 학생을 뽑는 게 아니다. 일반 학교는 하루에 5시간만 수업하고 끝나는데, 이 학교는 하루 8시간 수업을 한다.

그래서 중학교 1, 2, 3학년에 이어 고등학교 1, 2학년은 4, 5학년이라고 하며 1년 먼저 졸업할 수 있다(수업시수가 많으므로).

현지 학교의 교장은 매우 많은 일을 하여 너무 바쁘다. 한국처럼 교감이나 부장 교사가 없어, 봉사단 관리를 직접 한다. 교장 혼자 일하니 한번 말한 것을 잊어버리곤 한다.

여기 학교는 교장샘 다음에는 모두 각 학급을 맡고 있고, 교무부장 같은 사람이 없어, 봉사단 관리 담당 일을 교장이 모두 해야 한다. 오늘 아침 한 달에 한 번(?) 하는 무료 급식 행사를 하면서 외부에서 촬영이 나와 교장이 그걸 신경 쓰느라(어제는 회의하느라 못하고) 학급/교실 변경을 우리에게 잘 알리지 않은 것이다.
환송식을 준비하는 것, 점심 파티를 준비하는 것도 봉사단 몫이다. … 그런데 11시가 넘었는데도 아직 식을 시작하지 않아 언제 시작하니 물으니 그제야 세르히오가 교장에게 다녀와서 하는 말, 환영식에 A반 학생만 모이게 할지 전체 학생 모두 모이게 할지 묻는다. 아까 아침에 전체 학생 모아 달라고 얘기했잖아! 너무나도 느긋한 교장이 11시 5분쯤 전체 학생들에게 가방 가지고 운동장에 모이라고 방송한다.

학교에서는 사소한 것도 모두 교장의 허락을 받아야 하는데, 그렇다고 교장의 권한이 큰 것도 아니다. 교장이라도 복사 한 장 마음대로 못 하기도 한다.

도서관에 [전시물] 테이블을 넣고 문을 잠글 수 있냐고 사서에게 물으니, 교장에게 허락받으라고 한다. 이런 간단한 일도 교장 허락을 받아야 하나보다.
교장은 식순을 얘기하면서 손으로 적는다. 복사해 달라고 하니 엔지니어에게 얘기해야 한다고 컴퓨터실 문을 두드리지만, 사람이 없다. 복사 대신 사진 찍어 놓았다.

과테말라 천사의 집 아이들은 창의력이 뛰어나다고 한다. 교육이나 사회문화의 틀에 갇힌 한국 학생들과 대비된다.

동글 부채 선물을 학생들에게 줄 수 있는지 물으니, 전체적으로 모두 선물을 주는 것은 괜찮다고 하신다. 단지 아이들 창의력이 뛰어나서 선물이 어떻게 변형될지는 모른다고 하신다. 롤러스케이트를 선물 받은 적이 있는데 아이들이 별로 재미가 없다고 모두 분해해서 신발 따로 신고 바퀴는 벽에 굴리고 다니고 놀았다 하신다. 무언가 기성품을 사 주면 아이들 창의력이 떨어지며, 아이들이 주변 나무 쓰레기 등에서 찾은 것들로 만들어 오는 것을 보면 깜짝 놀랄 정도라 하신다. 멸치 해부를 하고 나면 주변에 있는 모든 동물이 (학생들이 해부를 해서) 남아나지 않을 거라 하신다.

천사의 집 아이들은 어떤 면에서는 봉사활동에 대해서는 전문가다. 마치 부설 학교 학생이 매년 교생을 만나서 교육실습에 익숙하지만, 사범대 학생은 교육실습이 처음이라 모든 것이 생소한 것처럼 말이다. 현지 아이들이 오히려 봉사단원을 위해 봉사하기도 한다.

7일 활동이 끝난 후 계속 머물 것인지를 물으시기에, 주말에 우리끼리만 여행 다녀오고 그러는 것이 아이들 보기에 안 좋을지 걱정된다고 말씀드렸다. 다른 봉사단도 그렇게 했다 하시며 그건 문제 되지 않는다고 하신다. 하지만 아이들이 언제 돌아오냐고 묻곤 해서, 미리 알고 계셔야 한다.

숙식하며 아이들과 함께 생활하며 봉사할 수 있는 과테말라 천사의 집은 봉사활동에 최적의 장소다.

여기 오기 전 묵었던 호텔을 물으시기에 명함을 꺼내 드렸다. 별 많은 호텔이 아니라면 천사의 집 숙소가 가장 좋을 거라 하신다. 맞는 말씀이다. 놀러 오는 게 아닌 봉사활동을 위해 과테말라로 온다면 이 정도 숙소를 갖춘 봉사활동 장소를 찾기는 어려울 것이다.

천사의 집 아이들은 나이는 모두 중학교 이하로 어리지만, 세상 풍파를 많이 겪어 봉사단 대학생보다 성숙해 있기도 하다.

아침을 8시쯤 먹는다고 해서 조금 늦게 가니 빵이 다 나갔네. 아이들이 미안해하는 얼굴을 짓는다. 반면에 우리는 봉사단 식당에 와서 남은 밥, 김, 김치, 샐러드, 카레, 생당근 등을 해서 든든히 먹었다. 식당 커튼을 열어 두었는데 아이들이 봉사단 숙소에는 들어오지 못하지만, 식당 안쪽을 볼 수 있어, 우리가 밥을 못 먹어도 따로 먹는다는 것을 알 수 있다. 이것을 통제하지 못했다고 얘기하니 괜찮다고 하신다. 아이들도 한국인들이 현지 음식 잘 못 먹는 것 알고 있다고

한편, 과테말라의 미인 기준이 참 독특하다.

과테말라에서는 젖은 머리를 미인이라고 한다. 그래서 천사의 집 아이들이 머리에 물을 묻히고 다니거나, 물이 없을 때는 샴푸를 발라서 항상 젖은 머리처럼 보이게 한다고 한다. 비가 오면 샴푸 바른 머리에서 거품이 일어 들통이 난단다.

6-5. 현지인의 도움은 절대적으로 필요: 니카라과

현지인에는 니카라과에 있는 한국인과 니카라과 사람이 포함된다. 모든 해외 봉사가 그렇듯 현지 코디네이터나 현지 협조자(contact person)의 역할이 매우 크다.

우선 주니카라과 한국 대사관의 H 대사님과 직원이 해외 봉사활동을 처음부터 안내하며 적극 도와주었다. 모든 해외 대사관에서 대학생들의 봉사활동을 반기지는 않는다는 이야기가 있다. 대학생 중에 스펙만을 쌓기 위해 해외에 나가 봉사활동을 성실하게 하지 않는 경우가 있나 보다. 대학생 해외 봉사활동 스펙을 노리고 사기를 치는 사람들도 있다. H 대사님은 충북대학교 사범대학 출신으로 니카라과 봉사활동을 적극 유치하며 많은 도움을 주었다. 니카라과 대사 임기를 마치고 새 부임지로 가게 되면 그 나라로 봉사활동을 와 달라고 1년 전부터 부탁할 정도였고, 실제 과테말라에서는 봉사활동을 할 학교까지 미리 섭외해 주었다.

니카라과에서 외국인이 학교에서 교육활동을 하려면 사전에 교육부의 허락을 꼭 받아야 하며, 교육부가 지정한 학교에서만 활동해야 한다. 이 문제는 현지 대사관의 도움으로 해결할 수 있으니, 향후 봉사활동을 계속할 때 이러한 현지 사정에 따른 절차를 밟는 것이 중요하다. 특히 니카라과 사람들은 자존심이 강하여, ODA 사업을 수행할 때 조심해서 접근해야 한다. 선교 봉사활동인 경우는 교육부 외에 외교부의 승인을 받기도 한다. 니카라과에서는 교육에 대해 조금 민감하게 생각하고 있어, 교육부를 거치지 않고 들어오는 게 가능하다 해도 좀 위험 요인이 크다.

해외 봉사활동을 할 때 대사관과 연계하지 않기도 하지만, 기본적으로 해당 국가에 도착한 후 전화 등으로 대사관에 통지하거나 직접 방문하여 안전교육을 추가로 받으며 긴급사태 발생에 대비하는 것이 좋다. 특히 이 봉사활동은 정부의 재원으로 지원받는 공적인 사업에 해당하므로, 처음부터 대사관에 연락하는 것이 좋다. 봉사단이 많이 출입하는 국가의 경우 대사관에서 상투적이고 소극적으로 대응하기도 하지만, 니카라과에서는 대사님이 직접 봉사 현장을 방문하여 대학생들을 격려함으로써 이 활동이 국가 차원에서 공신력 있게 인정받는다는 인식을 주기도 하였다. 니카라과에 처음 갔을 때 대사님이 후배 대학생들을 보며 계속 미소를 짓고 계신 모습이 선하다. H 대사님은 정말 배울 점이 많은 분이다.

> 대사님 방문단 만찬에 갔다. 마나구아 저녁때 길이 참 많이 막힌다. 한국 ODA 사업의 문제(콘트롤 타워가 없고 산발적으로 되어 중복되거나 서로 불필요한 경쟁을 함), 니카라과의 현실, 국립국제교육원 사업 내용 논의, 단기 해외 교육봉사의 의미 등 많은 얘기가 오갔다. 확실히 니카라과 대사님은 얘기를 나누면 나눌수록 깊이가 있고 본인의 일에 최선을 다하는 모습이 드러난다.

니카라과에 두 번째 갔을 때 한국연구재단의 다른 사업 제안서를 쓰기 위한 준비도 같이했었다. 내가 잘 모르는 축산 개발 분야 ODA 사업을 니카라과 국립대학에 유치하기 위해 대사관, 대학 관계자 등과 만나야 했다. 봉사활동을 인솔하면서 새로운 사업에 대한 중간 다리를 놓는 일인데, 이 일을 하며 나도 많이 배웠다.

> 카톡으로 내일 사업 미팅 얘기가 계속 오간다. 서로 다른 사람/집단/나라 사이에서 중간 다리 역할을 맡는 사람은 정말 중요한 일을 하는 것이다. 그 일은 절대 쉽지 않은데, 그것을 즐기며 최선을 다한다는 대사님 말씀이 다시 마음에 와닿는다.

현지에 있는 코이카 직원이나 파견 단원도 도움을 많이 주었다. 니카라과에서는 그라나다의 현지 정보(특히 줌바 댄스 정보)를 많이 얻었고, 공항에서 빼앗긴 유리 감사패도 한국 귀국 때 가져다주었다. 엘살바도르에서는 코이카 부소장에게서 호텔과 학교 섭외 등 절대적인 도움을 받았다. 부소장은 굿네이버스 기부자였는데 현지를 방문해 본 후 활동가가 되었다 한다. 과테말라에서는 코이카 소장이 학교를 방문할 때 김밥, 어묵, 떡볶이를 사와 단원들이 맛있게 먹었다.

> 우리 봉사활동을 하는 것을 보러 온 것이지만, 새로 파견된 코이카 소장이라 소년의 집을 둘러볼 필요도 있었다. 그래서 식당, 강당을 거쳐 도서관까지 간 다음에 다시 우리 수업하는 건물로 와서 수업 참관을 했다. 역시 전문 분야가 달라, 보는 눈이 다르다. 식당에서는 창문 위쪽이 뚫려있는 것을 보고 환기가 잘 되게 지어졌다고 하는데, 그 말을 듣고 보니 정말 창문 위쪽이 뚫려있었다. … 나는 도서관에 가면 어떤 책들이 있는지 보고, 교실에 가서는 학생들이 수업하는 것이나 교사의 모습을 본다. 하지만 코이카 소장님은 우리가 수업하는 장면을 문밖에서만 대충 보고 가려고 하여 내가 안에 들어와 보도록 권해야 했다. 코이카에서는 주로 개발, 보건 사업을 많이 해서 교육봉사에 대한 감이 다소 떨어진다.

엘살바도르에서 봉사활동을 하며 현지 한국인의 도움을 거의 받지 않다 보니, 니카라과에서 현지 한국인의 도움이 매우 컸음을 알게 되었다.

> 평가회를 하면서 코티처에게 많은 도움을 받으며 좋은 정보를 얻고 있음을 여실히 느낀다. 차량 섭외, 간식 배부, 음식 준비 등에 품이 많이 들어가는 것을 보면서 작년까지 봉사활동에서 우리에게 도움을 준 보이지 않는 손이 많았음을 새삼 느낀다.

니카라과에서 교육활동을 한 학교 중에는 한국인 선교사가 운영하는 학교가 포함되어 있다. 봉사단은 이 학교에서 숙식하면서 봉사활동을 진행하였으므로 선교사 내외분으로부터 전폭적이고 헌신적인 지원을 받았다.

> 평가회에서 여러 사람 눈물을 닦기 위해 화장지가 필요했다. K선교사님은 본인의 손이 아픈데도 J의 어깨를 세게 주물러 주셨고, 내 발이 부었을 때도 세게 지압을 해 주셨다.

니카라과의 어떤 현지인은 선교사의 소개로 봉사단에게 니카라과 전통 음식을 대접하기도 하였다. 이렇게 현지인들과 봉사단 사이의 관계 맺기는 봉사활동이 계속되는 발판이 될 것이다. 첫 봉사활동이 어려운 것은 이런 인적 네트워크가 없기 때문이다. 현지에 진출해 있는 한국 기업인과 만나 식사 자리를 함께하면서 현지 정보를 많이 얻을 수 있었다.

한편 봉사활동이 현지 사람들에게 도움을 주기도 한다. 선교사 한 분이 봉사단원을 도우며 일상을 돌아보는 기회가 되었다고 하며, 우리 봉사단 활동이 국제학교로 되는 데 도움이 되기도 하였단다. 태권도는 한국의 브랜드로 해외 봉사활동에서 많이 한다(정상원, 조성균, 2019).

> 선교사님이 갑자기 나에게 오면서 생뚱맞게 '고맙습니다' 한다. 오늘은 교회 지도자[현지인]들이 모여 회의하는 날인데, 보통 같으면 선교사님이 회의를 주재해야 하지만 우리가 와 있어서 회의에서 빠질 수 있다고 한다. 그러면서 현지인들이 스스로 자치하는 모습을 옆에서 볼 수 있는 기회를 가지게 되어 고맙다고 하신다. 일상에서 벗어나 일상을 볼 수 있는 기회는 흔치 않지.
> 늦게 온 교육부(문교부) 차관은 이 학교가 국제학교로 되는 데 매우 중요한 역할을 한 사람이라고 한다. 작년에 우리 봉사단이 와서 태권도 수업을 하는 것을 보고 자극을 받아 국제학교 승인에 애써 주었다고 한다.
> 작년(2016년도) 봉사활동 유치는 잘하는 건지 못하는 건지 긴가민가했는데, 올해는 유치하기를 정말 잘했다고 하셨다.

봉사활동은 현지 학생들에게도 소중한 경험이 된다.

> 학생들이 사진전을 보는 동안 단원 한 명이 다음 수업 대본을 읽고 있으니, 몇몇 학생들이 가서 대본을 보며 읽는 방법, 내용 등을 알려준다. 교사를 가르쳐주는 경험은 니카라과 학생들에게 매우 소중한 경험이 될 거다.

봉사단 20명을 인솔하는 것이 이렇게 힘든데, 학교를 하나 운영하는 것은 얼마나 힘들까? 종교적인 신념과 사명이 없이는 정말 힘든 일이다. 봉사단원은 그러한 학교에서 봉사활동을 하는 기회를 얻은 것에 감사해야 한다. E학교에서 교장을 맡고 있는 다른 선교사도 너무 일이 많아 밤이 되면 거의 쓰러질 지경이 된다고 한다.

> 영어 수업이 가능한 교사를 비싸게 고용했는데 그 사람(니카라과인)이 자기 맘대로 학교 운영을 바꾸려고 해서 조금 골치 아픈 일이 있다고 한다. 내가 도와줄 수 없는 문제이니 그냥 듣고 있는 수밖에. … 한국에서도 학교 운영이 어려운데 말과 문화가 다른 이곳에서 학교를 운영하는 것은 보통 사람은 좀처럼 하기 어려운 일이다. 그 문제 때문인지 선교사님이 점심을 반도 못 드신다.

봉사활동 수행을 원활히 하기 위해 선발대를 운영하는 것도 고려해 볼 만하다.

내년에는 선발대로 2~3명이 먼저 와서 장소를 섭외하고 상황을 점검하는 걸 적극 추진하겠다 생각했다. 한인회 회관에서 머물 수 있고, 선배님께 연락해서 차량 지원받고 그렇게 다니면 최소 예산을 들여 숙소도 점검하고 학교 답사도 모두 다닐 수 있으며 유심도 사고 환전도 하고 차량 섭외도 하고, 시간이 남으면 티깔에도 다녀올 수 있겠다. 선발대 경쟁률이 높을 것이 벌써 걱정되네.

교육봉사활동을 둘러싼 커뮤니티 봉사활동을 도울 수도 있고 방해할 수도 있다(한재영, 임성민, 2017). 해외 교육봉사활동은 봉사단원만의 노력으로 이루어지는 것이 아니라 다양한 사람들의 도움을 받고 여러 상황에 맞춰 진행되는 것이다.

봉사단원, 코티처, 현지 학생과 교사, 선교사가 함께 봉사활동을 만든다

6-6. 현지 코디네이터: K 교수

니카라과 국립대학에서 한국어를 가르치는 K 교수는 니카라과 봉사활동의 준비와 실행 과정에서 가장 큰 도움을 주었다. 해외 봉사활동을 수행하는 데에는 한국에서 준비해야 할 일이 많지만, 현지에서 봉사단을 맞이하기 위한 일도 만만치 않게 많다. 처음으로 니카라과 대학에 도착하여 받은 환영식은 너무 황송하게 잘 준비되어서, 대학 발전 기금을 100만 원 정도 기부하게 되는 출발점이 되었다. 아래는 K교수와 같이 한 일의 목록이다.

- 환영식 준비: 장소 섭외, 내빈 초청, 식사와 간식, 물 준비, 부채춤 공연 준비, 대학생 섭외, 사회 선정, 식순(양국 국가, 환영사, 답사, 축하공연, 선물 증정식, 발전 기금 증정식, 사진 촬영)
- 봉사활동 학교 소개: 학교 수 정하기, 시간 협의(정규 수업 또는 방과 후), 니카라과에서는 정부에서 소개하는 학교에서 해야 한다.
- 코티처 선발: 한국어 과정 학생들, 봉사활동 기간에 맞춰 휴가를 내겠다는 사람도 있었다(제리카).
- 스페인어 번역 도움
- 일정 조율, 수업 시간 논의
- 봉사활동 내용 공유
- 니카라과 대학생과 교류하는 방식
- 호텔 예약, 체재비(숙박비, 식비, 교통비) 산정

첫날 봉사단에게 식사와 물을 대접한 것이 개인 비용을 쓴 것임을 나중에 알게 되었다. 코이카 사업에서처럼, 현지 코디네이터에게 줄 수 있는 활동비가 필요하다.

> 김밥과 치킨과 고추 물김치, 환영식을 도와주러 온 코이카 직원 2명, 목사 1명, 한국인 사업가 1명, 공항에 마중 나왔던 수학과 교수, 한국어 배우는 학생들. 다른 지역에서 봉사활동하고 있는 코이카 직원이 레베카 선생님이 우리 봉사단을 맞을 준비를 하면서 굉장히 힘들었다고 말하며 식사나 물 대접도 자비를 들였다고 귀띔을 해 준다.
> K장로님과 K목사님의 얘기를 통해 K 교수님이 우리를 맞이하는 것이 얼마나 힘들었는지(내가 느낀 감정적 굴곡을 비슷하게 느낌), 혼자서 준비한 것이 아니라 니카라과 한인들의 숨은 도움이 매우 컸음을 알았다.

첫 봉사활동에서는 모든 것을 처음 만들어 가면서 정말 많은 이야기를 나누었다. 새로운 길을 개척하는 것은 설레면서도 어렵다.

> 봉사활동이 처음이니, 이리저리 따져 보면서 가장 최적 방법을 찾아보는 것을 목표로 합니다. 그러니 계획이 조금씩 수정될 것을 참작하십시오

K 교수는 늦은 밤 단원이 아파 병원에 갈 때도 도움을 주었다. 병원에 가서 통역이 필요하니 어쩔 수 없이 부탁했는데, 단장이나 지도교사가 같이 따라갔어야 했는데 그러지 않아 미안했다.

그라나다에서는 K 교수 대신 대학 졸업생인 J가 코디네이터 역할을 했다. 우리 봉사단을 맞이하기 위해 직장에서 휴가를 내기까지 했다. 학교 안내, 호텔 섭외, 통역, 관광, 식사 예약 등 많은 일을 해 주어 정말 고맙다.

> 식사가 늦게 오니 J가 스트레스를 받는다. 우리 봉사단을 대접하는 것은 쉬운 일이 아니다. J가 한국어 공부하는 교재를 가지고 와서 발음을 묻는다. 수줍음이 많은 성격이라 듣는 것은 잘 하지만 말하기는 잘 못한다. 발음을 많이 해봐야 느는 것인데 우리를 만나 영어만 계속 쓰고 있으니 한국어 실력 늘 기회가 별로 없네.

코디네이터로서 고생을 많이 하고 일부 코티처와 갈등이 있어 힘들어했던 J를 파티할 때 옆자리에 앉아 계속 챙겨주었다. 그래서 그런지 마지막 날 J의 부모가 와서 자기 집이 나의 집이라 생각하고 언제든 오라고 한다.

코디네이터 J와 인솔교사

어떤 나라나 처음 도착 직후 정착하는 며칠간 통역이 가장 많이 필요하다. 두 번째 갔을 때는 코티처 중 한 명인 B를 같은 호텔에 조금 머물게 하며 도움받았다. 엘살바도르에 갔을 때는 니카라과 코티처 3명

이 와서 엘살바도르 대학생에게 봉사활동에 대해 잘 설명해 주도록 했다. 현지에 오래 살아 현지 정보를 많이 알고 통역이 가능한 한국인이나 현지 사람을 1명 고용하는 걸 적극 고려해 볼 만하다.

우리와 숙식을 같이 하면서 차량을 가지고 있거나 우버를 이용해 필요한 물품을 사고 돌아다닐 수 있는 코티처를 섭외하면 좋겠다는 생각이 들었다.

6-7. 현지 코디네이터: 대학 담당자

현지 대학의 해외 교류 담당자들도 봉사활동에 도움을 주었다. 현지 대학생 코티처와 한국 봉사단원들이 함께 코티칭하기 위해서는 수업을 함께 준비하며 연습해야 해서, 대학에서 3일간 활동한다. 이때 대학 담당자(교수, 직원)가 환영식, 장소 제공 등의 도움을 주었다. 봉사단은 2016년에 성대한 환영식을 받으며 즉석에서 기부금을 모아 '한국어 교육 발전 기금'을 니카라과 국립대학에 전달하였고, 이 기금은 니카라과 코티처들이 봉사활동을 도와주는 데 활용되었다. 환영식에서는 두 대학의 대학생들이 준비한 공연으로 문화 교류를 하였다. 니카라과에 두 번째 방문했을 때는 대학에서 가장 최신식으로 새로 지은 건물에서 환영식을 해 주었다.

> [대학 환영식] 우난대 학보사(?)에서 취재한다고 인터뷰를 하자고 스페인어로 뭐라고 뭐라고 한다. 난 에스파뇰 운 뽀끼또 하고 우난대 국제교류본부장에게 도와달라고 말했다. 영어로 하면 스페인어로 번역을 해 주는 우난대 교수, 내가 잘 대답을 못했는데도 알아서 잘 내용을 추가해 번역해 주는 것 같았다.

과테말라에서 봉사단 안내를 담당한 알레한드라는 경험이 많은 프로였다. 입국 기념사진을 찍기 위해 작은 현수막까지 미리 준비해 가져왔고, 처음 전체가 만날 때는 봉사단원에게 선물을 주기도 하였다.

> 옆자리까지 짐을 싣고 출발하려 하니 그 전에 입국 기념사진을 찍자고 한다. 대학에서 bienvenios 찍힌 작은 플래카드를 펼치고 사진을 찍을 때 칠 일은 칠 칠 일은 칠을 계속 외우라고 했다.
> 코티처에게 줄 티와 배지를 조별로 나눠 주었고, 코티처들은 봉사단원에게 우삭(USAC)에서 만든 티와 팸플릿 볼펜 등이 들어있는 선물을 주었다. 우리처럼 명찰을 준비했는데 사서 만들지 않고, 코팅해서 만들었다. 이렇게 만드는 방법도 있구나. 우리 명찰은 내일 나눠주기로 했고, 조별로 서서 이런저런 얘기를 나눈다.
> 알레한드라는 대학생 50명 정도를 인솔해서 다른 국가에 세미나 발표 등을 하러 나가기도 했고, 국가 개발위원회 소속이기도 하단다. 조금 끗발 있는 자리. (나중에 들은 얘기인데, 국립대 직원이 되기 위해 공무원 시험 등을 보는 게 아니라, 총장 후보 시절 같이 일을 하며 도왔고, 총장이 선출된 다음에 직원으로 임명되었다고 한다. 과테말라 정부 조직 사람들도 그렇단다. 대통령이 바뀌면 고위 인사들이 싹 갈린단다. 그래서 행정 공백이 생겨 국가 발전에도 저해된다.)
> 점심때는 우삭 대학에서 우리 활동하는 사진을 편집하여 보여주었다. 알레한드라가 매우 바빴을 텐데 이런 것까지 해 주었네. 역시 프로다.

알레한드라에게는 매우 미안하다. 봉사단을 돕는 일 말고 많은 일을 하는 직원이었는데 너무 많은 부탁을 했었다.

오늘 레지던스 일이 끝난 후 소년의 집에 가자고 하니 조금 당황하는 모습을 보였는데, 11시에 코이카에서 방문한다고 말하니 어쩔 수 없이 왔다. 그런데 나중에 보니 항상 들고 다니는 노트북이 없다. 다시 대학으로 돌아가서 일을 할 생각이었나 보다. ... 소년의 집에 도착하니 수업이 막 시작되고 있었다. 조금 돌아다니며 수업 진행 상황을 점검한 후, 준비실에서 알레한드라와 목요일까지 일정을 시간대별로 정리했다. 진작 이렇게 계획을 세우며 추진했어야 했다. 알레한드라도 매일 우리가 일정을 변경하니 일하기 어려웠을 거다.

알레한드라(맨 앞)와 코티처들

6-8. 두 번째 가면 눈 감고도 할 수 있어

해외 현지 기관이나 현지인들과 긴밀한 협조는 봉사활동의 진행에 필수적이다. 현지 대학생과 함께 활동하기 위해 현지 대학에 미리 연락해서 봉사활동에 대해 논의해야 하는데 이것이 항상 쉬운 게 아니다. 현지 사정으로 연락이 닿지 않거나 회신이 1달 이상 늦어지기도 하며(대통령 선거 업무로 대학이 바쁘거나, 이메일이 휴지통에 들어가 있기도), 메일을 열어본 내용이라도 확인과 점검을 재차 해야 한다. 같은 곳에서 봉사활동을 2번 이상 할 때는 많은 것들이 '세팅'되어 있고 '신뢰'가 쌓여 있어 편하지만, 매년 다른 곳으로 갈 때는 모든 게 새로운 상황이라 현지로부터 체계적인 협조를 받는 데 어려움이 많다. 현지의 주 협조자(contact point)와 신뢰 관계를 잘 구축해야 봉사활동에서 어려움을 덜 겪게 된다.

> [니카라과로] 두 번째 가니 처음 갈 때와 같은 감흥이 덜하다. 대신 걱정만 많이 되고 ODA 사업 건으로 머리가 복잡하다. 작년에 있었던 일이 똑같이 반복되지는 않겠지만 어느 정도 다 예상이 되는 일들이라, 조금 여유가 있을 거로 생각했다.

봉사활동을 처음 나갈 때는 정말 하루 종일 준비하곤 했다. 모든 일이 다 새롭고 처음 하는 일이기 때문이다.

> 하루 종일 니카라과 일을 하는 건 아니다. 하지만 하루 종일 그 생각이 머리에서 떠나지 않는다.

니카라과에서 두 번 봉사활동을 하고 엘살바도르에 처음 봉사활동을 하러 갈 때, 니카라과의 코티처에게 엘살바도르에 며칠 와 달라고 부탁했다. 봉사활동이 진행되는 방식을 잘 알고 있으니 엘살바도르 코티처에게 설명해 주기를 바랐다. 그런데 출입국 서류와 교통편 문제로 인해 하루 늦게 오면서 가장 중요한 때 도움(봉사활동에 대한 안내, 스마트폰 개통 등)을 받지 못했다.

같은 나라에서 두 번 이상 봉사활동을 한 경우는 니카라과와 인도네시아, 네팔이다. 특히 인도네시아는 저자가 봉사활동 문을 열고 다음 해에 해외 봉사의 경험이 없는 다른 교수가 인솔했는데도 문제없이 잘 진행되었다. 네팔의 경우에는 10일 내외로 짧게 다녀왔던 것이 많은 도움이 되었다.

6-9. 현지의 열악한 상황

다양한 인적 자원 이외에 현지의 제반 상황은 봉사활동에 크고 작은 영향을 준다. 가장 중요한 상황은 안전이나 건강에 관한 것이다. ODA 사업을 많이 하는 어떤 교수는 너무 못사는 나라로 가면 힘들어서 어느 정도 사는 나라를 선정해 사업을 하는 것이 좋다고 한다. ODA 국가는 소득수준에 따라 최저개발국, 기타저소득국, 하위중소득국, 상위중소득국으로 구분된다. 저자가 봉사활동을 한 국가 중 동티모르와 네팔은 최저개발국에, 니카라과, 엘살바도르, 과테말라는 하위중소득국에 포함된다. 놀랍게도 중국, 멕시코, 브라질, 터키, 피지 등은 상위중소득국으로 분류되는 ODA 수여국이다.

니카라과는 한국에 비해 매우 덥고 건조한 지역에 있으므로, 봉사단원 중 열사병이나 물갈이 등으로 고생하는 경우가 종종 생긴다. 추운 겨울 한국에 있다가 현지에 가면 옷을 얇게 입고 있다가, 에어컨을 세게 틀어놓은 곳(대학 환영식 강당, 식당, 숙소 등)에 가고 그러면 감기에 걸리기 십상이다. 색상이 너무 요란하지 않은 단색 냉장고 바지(반바지 대신)와 쿨토시를 공동구매 해서 가지고 가는 게 좋다. 냉장고 바지는 너무 싼 것을 사면 오히려 더 덥다. 온도 변화에 대비하여 얇은 웃옷을 가지고 다니는 것이 좋다.

풍토병에 대한 사전 예방접종을 해야 하는데, A형 간염, 장티푸스와 파상풍 접종 등을 한다. 파상풍 주사를 맞고 나면 팔이 아프고 몸이 노곤해진다. 말라리아 예방약은 부작용이 심하다고 하여 개인 선택으로 하였다. 약품 구비가 어려울 수 있으니 일찍 맞도록 한다. 예방주사 맞은 기록은 해당 병원에서 등록해야 검색이 된다. 그런데 다른 병원에서 이미 예방주사를 맞은 적이 있으면 추가 등록이 안 된다고 한다. 손 세정제는 현지에서 구해 쓴다.

> 마트에서 온도계도 하나 사고(겨드랑이에 넣어 재는 것, 아픈 사람만 측정용), KJ 아이디어로 손 세정제도 샀다. 위생관리를 위해 손 세정제를 현지에서 사 쓰는 것은 매우 좋은 아이디어다.

현지에선 위생을 고려하여 물은 판매되는 생수만 먹도록 한다. 생수를 많이 사 놓고 개인별로 배부하는데, 생수를 아껴먹지 않고 관리를 소홀히 하는 경우가 많다. 생수병에 이름을 적도록 하고, 빈 병을 가져오면 교환해 주는 것도 방법이다.

환자에 대한 응급처치, 비상 의약품 관리, 병원 이송 등에 대해서는 철저한 준비가 필요하다. 배탈, 설사, 두통, 두드러기, 몸살, 감기, 멀미, 눈병, 구내염, 타박상, 찰과상 등에 대비한 약품, 일상 건강 점검에 필요한 기구(예, 체온계) 등에 대한 예산 지원이 필요하다. 특히 감기약이 많이 필요하며, 모기향도 가져가는 게 좋다. 또한 해외에서 치과 진료를 우리나라처럼 받기 어려우므로, 출국 전에 치과에 들러 구강 건강을 점검하는 것이 좋다.

니카라과에서는 개미에게 물리지 않도록 조심한다. 어디든 개미가 있으니 음식 보관에 유의한다. 엘살바도르에서 학생들에게 나눠 줄 빵을 식당에 두었는데, 포장이 엉성하여 밤새 개미가 들락거렸다. 모기 등

날벌레가 많은데, 모기퇴치 팔찌는 별로 효과가 없다. 한번은 커피에 벌레가 빠진 것을 모르고 한 단원이 마셨다가 벌레에 혀를 물리기도 했다. 한 학교에는 봉사단원들을 위한 모기장 텐트가 구비되어 있다. 현지 식물을 함부로 만지는 것은 위험하다. 꽃 관찰 수업을 돕기 위해 주변의 꽃을 꺾다가 강하고 역겨운 냄새가 손에 배어 밥을 못 먹은 적이 있다. 한 학생도 닭을 잡다 식물 줄기에 스치면서 두드러기가 나서 고생을 많이 했다.

> 그 못된 허브 때문에 밥을 거의 못 먹고 고기만 조금 먹었다. 밥에서 비슷한 냄새가 약하게 나는 것 같다. 조금이라도 유사한 냄새가 들어오면 막 울렁거린다. 그 전엔 몰랐는데 주변에 그 냄새가 조금씩 있다는 걸 알았다.

한국 봉사단원은 해외에 나갈 때 국립국제교육원에서 일괄적으로 가입하는 보험을 들고 나간다. 그런데 현지에서 같이 활동하는 코티처는 보험을 들어주지 않는다. 코티처가 골절상을 당한 경우가 있었는데, 치료비를 예비비에서 지출해 주어야 했다. 우리 봉사활동을 돕기 위해 그런 것이니 당연히 그래야지. 그런데 외국에선 보통 의료보험을 들지 않거나 보험 체계가 한국과 달라서 현지인임에도 병원비가 엄청 비쌌다.

숙소를 정할 때는 여러 가지를 고려해야 한다. 너무 저렴한 곳은 시설이 안 좋을 뿐 아니라 안전 문제도 생길 수 있다. 집을 하나 빌려서 음식을 해 먹는 방법은 이러한 보안 문제 때문에 하지 않았다. 요금을 사람 수로 계산할 때는 가능한 방을 많이 빌리도록 한다. 3인 1실은 불편하다. 호텔 방이 너무 작으면 개인 짐과 수업 물품을 관리하기 어렵다. 방이 너무 작으면 호텔에서 안 보여주려 하니 꼭 보자고 한다. 조식이 포함되지 않는 경우가 있으니 예약할 때 꼭 확인하도록 한다. 세탁 서비스 유무도 중요한데, 세탁비는 좀 비싼 편이다. 접이식 세숫대야와 가루세제, 빨랫줄을 가져가 직접 세탁하는 것을 권한다.

> 더운물을 틀어 쓰는 걸 실패했다. 온수를 틀었다 잠그면 안 나온다는 설명이 찬물에 떨며 샤워하고 나오니 카톡에 올라와 있다.

숙소를 예약할 때 계약서나 보증 관계를 꼭 확인해야 한다. 숙박 날짜나 금액에 대한 계약서에 사인했다면 나중에 그것을 취소하기 어렵다. 숙박 계획에 대한 보증을 누가 서주었다면 그것도 문서로 남겨두었는지 확인해야 한다. 외국인과 분쟁이 벌어졌을 때 현지인이 할 수 있는 것은 출국금지를 거는 것인데 그러려면 여권 사본이 필요하다. 따라서 믿을만한 호텔에 머무는 게 아니라면 여권을 함부로 복사해 주지 않는 게 좋다. 중미에서는 100달러, 200달러에도 목숨을 거는 경우가 많아 조금이라도 손해를 보는 것 같으면 소송을 걸고, 현지 사법 체계에서는 외국인이 거의 진다. 과테말라에서의 숙소 문제를 통해 많은 것을 배웠다.

> 결국, 돈으로 해결할 수 있는, 돈으로 해결해야 하는 가장 쉬운(?!) 문제가 되었다. 다른 편법을 써서 도망갈 수도 있지만 이 사업의 지속성을 생각할 때, 대사관이나 한국 정부(교육부)에 부담을 주지 않아야 하

고, 내가 잘못한 부분도 있고 하니, 돈으로 합의를 보기로 했다.

교통편을 마련하는 것도 중요한 일이다. 현지 대중교통은 위험하며, 심지어 도로를 걸어 다닐 때도 현지인과 같이 다니는 것이 안전하다. 봉사단이 이동할 때는 주로 미니버스를 전세했고, 입국할 때와 출국할 때는 현지 대학에 버스 사용을 요청하기도 했다. 그런데 아무리 대학 버스라고 해도 현지 대학에서는 엄연히 인건비와 기름값과 같은 비용이 들어간다. 너무 강하게 요구하지 말고, 대학 버스를 이용했을 경우 반드시 고마움을 표한다. 니카라과에서 2016년 25인승 미니버스(운전사 포함)를 하루 빌리는 데 약 100달러가 들었다. 니카라과보다 조금 더 잘 사는 엘살바도르나 과테말라에서는 조금 더 많이 든다.

주말에 학교 버스를 제공할 수 없다고 말한다. 별도로 돈을 내야 하는데 학교 예산으로는 불가능하단다.
국립대 재정 상황이 나빠 충분히 이해된다.

첫해에 스마트폰이 잘 안되어 불편한 적이 있었다. 현지에서 서로 연락하는 것이 매우 중요하니, 고장나기 직전의 폰이라면 아예 안 가지고 가는 만 못하다. 저자 개인적으로 절약하는 습관을 유지하는 것도 좋지만, 해외 봉사를 나갈 때는 단체를 위해서 좋은 폰을 준비한다.
두 번째 봉사활동에서 방문했던 다른 학교는 정말 가난한 동네에 있었다.

가는 길 좌우의 집은 매우 열악하고 이런 곳에 학교가 있다니 믿기 어려웠고, 학교로 들어가면 신천지라고 하는 이유를 가보면 알게 된다. 원래 학교터는 동네 쓰레기장으로 아직도 죽은 짐승 뼈가 나온다고 한다. 짐승처럼 살고 있는 주변 사람들을 인간답게 살게 하는 게 목표라고 하는 선교사님은 10년을 이곳에서 학교를 운영하였다고 한다. 새삼 봉사활동의 의미를 되새기게 된 방문이었다.

현지에 가서 문구를 사는 것은 권하지 않는다. 한국 문구의 질이 최고로 좋다.

한국 사인펜을 좋아한다고 한다. 여기 사인펜은 금방 마르는데 한국 것은 오래 간다고.

6-10. 기억에 남는 사람들: 니카라과, 엘살바도르

커뮤니티를 구성하는 주체 이외의 많은 사람이 봉사활동에 도움을 주기도 하고 어려움을 주기도 한다. 봉사활동을 하면서 만난 사람 중 좋은 기억으로 남은 경우로는 통역을 도와준 현지 대학생 코티처(보수 없이 진정한 봉사를 도움), 현지 대학의 직원이나 학교장(봉사활동을 헌신적으로 도움), 현지에 있는 한국인(선교사, 신부 등 헌신적으로 봉사를 하고 있음), 현지 학생(학업에 대한 열정을 가지고 당당한 모습) 등이 있다.

반면 호텔 지배인(부실한 서비스, 계약 위반 등으로 다툼), 현지 대학생(코티처 사이에 왕따 문제가 발생), 현지인(성추행 사건, 도난 사건) 등은 봉사활동에서 인솔 교수를 힘들게 한 경우이다. 이처럼 인솔 교수는 현지의 많은 사람들과 관계 맺으며 현지인들과의 파트너십이 봉사활동 수행에 매우 중요한 역할을 함(오지은, 전현주, 2020)을 깨닫게 된다. 특히 과테말라에 갔을 때 대학 인근 호텔에 생긴 문제는 다시는 생각하고 싶지 않다.

> 대화 내용도 그렇지만 레지던스 주인의 표정과 몸짓, 그 큰 눈이 더 커지며 튀어나오는 모습이 주는 의미가 너무나 강했다. 자기에게 손해가 되는 일에 대해서는 물불 가리지 않고 덤벼드는 중미 사람의 특징을 이미 알기에, 법적으로 나간다는 말의 의미를 알기에, 그 이후로 아무것도 할 수 없었다(보통은 노트북을 켜고 일지를 정리하며 할 일을 봉사활동 자료집에 적으며 챙긴다). 어쩔 수 없이 호텔 근처의 골목을 거닐며 분을 삭이고 있는데 길 건너편에서 레지던스 주인이 걸어온다. 순간 뒤돌아 갈까 하다 눈이 마주치고 내가 먼저 팔을 들어 흔들며 아는 척을 하니 나를 보고 웃는다. 그렇게 화났던 얼굴에서 나오는 웃음을 보는 느낌이 참 묘하네. 나중에 얘기를 들었지만, 호텔 주인들은 싸울 때는 험악하게 목숨 걸고 싸워도 다음 날 아침에 인사하면 또 웃으며 안녕 인사한단다. 감정 통제를 자기 직업의 일부로 하며 훈련된 사람과 달리, 나는 전혀 그걸 할 수 없다. 포커를 칠 때에도 내 패가 얼굴에 다 드러나는. (후~! 이 내용은 일주일도 더 지난 후, 아띠뜰란으로 놀러 가는 차 안에서 맑은 마음으로 정리하고 있는데도 머리가 쭈뼛쭈뼛해질 정도네.)
> 숙소 문제로 인한 스트레스로 오늘은 아무것도 하지 않고(못하고) 일찍 잠자리에 들었다. 이런 날은 쉬어야 한다. 하지만 침대에 누워도 잠을 잘 수가 없다. 숙소 주인의 표정과 눈빛이 깨어 있어도, 눈을 감아도, 잠이 들어도 앞에서 사라지지 않는다.

E학교에서 만난 어떤 교민 한 명이 봉사단원과 코티처 사진을 찍는 과정에서 문제를 만들기도 했다. 흔히 말하는 '나이 든 사람의 갑질'을 한 것인데, 저렇게 늙지 말자고 단원과 얘기했다.

니카라과의 호텔에서 만난 나이 많은 한국인은 한국에서 고등학교 졸업하고 미국에 가서 대학 다니고 직장 생활을 하고 은퇴했다고 한다. 니카라과에서 장학 사업을 하며 전도하고 있다고 한다.

두 번째 봉사활동에서 병원에 입원해 있을 때, 현지 대학교수가 아들을 데리고 병문안을 왔다. 니카라과 국립대 총장이 충북대를 방문할 때 같이 왔던 교수인데 한국과 어떻게든 연결을 해보려고 노력한다.

현지의 의류가공 H기업 이사한 말도 기억에 남는다.

이사님은 외국에서 오래 생활하시면서 좋은 말씀을 많이 해 주셨다. 한국 직장 생활에서 찾을 수 없는 '여유'를 가질 수 있다는 말이 가장 인상 깊다.

코티처 M은 의대 출신이기도 하여 특히 병원에 입원해 있을 때 도움을 많이 주었다. 니카라과에서 최고로 치는 그 병원에 들어오면 숨 쉬는 것도 돈을 받는다고 너무 비싸다고 말했었다. 2박3일 전체 병원비가 3,000달러 넘게 나왔으니 그리 말하는 게 당연하다. 병원 간병해 준 것에 대해 기분 나쁘지 않게 사례를 해 주었다(안 받는 건 예의가 아니라고 K 교수에게 설명해 달라고 하며). 퇴원 후 치료를 도와주러 와서는 즉석 진료소를 차리고 단원들 상태를 봐 주기도 했다.
니카라과 대사관 관용차를 운전하던 청년도 기억난다.

학교로 돌아오는 차량은 대사관에서 마련해 준 귀빈용 차량이다. 운전사 영어가 정말 수준급인데, 외국에 한 번도 안 나가고 국내에서 영어 연습을 엄청 많이 했다고 한다. 한국말도 연세어학당 인터넷으로 공부하고 있다고 자랑한다. 똑소리 나게 생긴 니카라과 청년. 갑자기 담배가 한 대 생각나서, 운전사에게 담배를 피우냐고 묻고, 차를 세우고 같이 담배를 한 대 피웠다. 그리고 가지고 있던 뚜어 피던 담배 두 갑을 선물로 모두 주었다.

엘살바도르 고등학교의 사서 교사도 참 걸출했다.

점심은 도서관에 마련해 준 자리에서 먹는데, 도서관 사서가 매우 친절하게 대해준다. 밥 먹기 전에는 한국 고유 음악을 찾아 틀어주고, 어떤 노래를 좋아하느냐 묻기에 엘살바도르 신나는 노래를 좋아한다고 하니 경쾌한 댄스 음악을 틀어준다. 화장실도 자유롭게 사용하라고 열쇠 꾸러미를 나에게 준다. 여기서는 열쇠 꾸러미를 주는 것이 매우 큰 호의로 보인다. 우리나라에서 곳간 열쇠를 귀하게 다루는 듯이. 밥을 먹고 있는 동안에는 사서가 자신이 가수라며 노래를 불러주겠다고 한다. 스스로 흥에 겨워 즐겨 노래하며, 스스럼없이 먼저 와서 말을 걸고, 쉽게 친해지며, 남을 즐겁게 해 주는 스타일, KM 선생님 버금가는 스타일이라고 얘기했다.

엘살바도르 호텔에 찾아온 가족은 평생 잊지 못할 경험을 가졌을 거다.

3시에 온 여학생은 B반으로 들을 기회가 1번밖에 없었다. 그런데 JK는 어떻게 그 학생과 친하게 된 것일까? 어쨌든 학생 엄마와 동생이 같이 맛있는 음식을 가지고 왔다. 바나나 도넛, 고구마, 빵, 길쭉한 튀김, 전통 음료, 시럽 등. 점심이 조금 부실했는데 간식으로 잘 먹었다. 아침 내내 준비한 음식이라고 한다. 국병이가 이미 아이들 선물을 두둑이 준비했고, 부채, 스펀지밥 등을 담은 USB, 즉석 사진 인화, 고급 머리빗 등을 챙겨주었다. 한국어를 공부하고 싶다는 아이는 꿈이 참 많았고, 여동생 아이는 매우 귀여웠다. 봉사단과 재미있게 어울려 놀고 있는 아이들을 흐뭇한 눈길로 보고 있던 엄마는 초콜릿을 만들어서 화요일쯤 또 오고 싶다고 얘기하는데, 시장에서 가게를 하는 사람이라 평일에 또 오라 하기 부담스러워 오늘 온 것으로 충분하다고 CY 선생님이 정중히 말하였다. adios 하며 가던 꼬마 아이가 다시 뛰어와 JK에게 안기는 영화를 찍으며 눈물을 흘렸다는 후문. 오늘 가장 행복한 사람은 엘살바도르 가족 3명인 듯하다.

호텔로 찾아온 엘살바도르 가족

6-11. 기억에 남는 사람들: 과테말라

과테말라 소년의 집 아셀라 수녀님은 참 인상적이다. 나중에 알고 보니 한국 정부로부터 해외 봉사 관련 큰 상을 받으신 분이다.

아셀라 수녀님의 안내로 학교를 조금 둘러보았다. 한국 진돗개(정문 옆에 있음), 여러 나라에서 지원받아 지은 건물, 학생들이 프로젝트 학습을 하며 지은 정자, 하루 종일 빵을 굽는 식당, 자동차 용접 실습실, 과학실, 커피, 운동장 등등. 나라에서 땅을 제공하고 후원을 받아 운영한다. 학생들이 만든 작품(예, 나무 의자 등)은 바자회를 열어 판 돈으로 또 재료를 산다. 교육은 돈이다. 후원을 많이 받을수록 좋은 교육을 할 수 있고, 돈이 없으면 교육의 질이 떨어진다(예로, 과학 실험 재료를 못 사면 실험을 못 함). 수녀님의 젊음을 바쳐 일군 학교, 이제는 일을 놓고 뒷받침하고 계시다 한다. 퇴임하면 평생 헌신한 학교를 떠나야 한다고 말하시는 억양에 아쉬움이 묻어 있다. 비슷한 상황이었던 동티모르의 팔로모 신부님이 생각난다. 아셀라 수녀님이 빵과 음료수를 싸 주신다. 한국을 떠난 지 25년이나 되어 젓가락질도 김치도 모두 잊었다 하시지만, 한국인의 정은 남아 계신다.
실험실이 있는 건물로 이동하면서 수녀님께서 컴퓨터가 필요하다고 [코이카 사무소 소장에게] 계속 조르신다. 대사관에서 컴퓨터를 기증받기로 했는데 어디론가 사라졌다고, 코이카에서 컴퓨터 60개 정도로 컴퓨터실을 꾸며 달라고 하신다. 수녀님은 평생 학교를 짓고 시설을 늘이는 일을 하셨고, 그것을 해 줄 수 있는 사람에게 요청하는 것이 능숙하다. 소년의 집은 1달 식비가 1억이라 하신다. 아셀라 수녀님은 대한민국 봉사상도 수상하셨다 한다.

나와 동갑인 대사관 경찰 영사님도 생각난다. 여권 분실과 숙소 문제를 해결해 주었다.

수속 전에 2층에서 아침을 먹고 있는데 경찰 영사님이 오셔서 확인해 주시고 그 뒤로도 전화를 해서 비행기에 탑승했는지도 물으신다. 역시 일을 끝까지 확실히 처리하는 모습이 믿음직스럽다. 복장이 조금 독특했는데, 승마하고 오셨거나, 공항에 들러 승마하러 가시거나.
박물관 나오는 출입구에서 대사관 경찰 영사님을 만났다. 가볍게 인사하고 스쳐 가려다, 영사님께 숙소 문제를 상의드리는 게 좋을 것 같아 선두를 멈추게 하고 그간의 일을 간단히 말씀드렸다. 계약서를 썼는지, 보증을 누가 섰는지 등 핵심 쟁점을 짚은 뒤, 문제가 되면 변호사를 데리고 오겠다는 말씀을 듣고 조금 위안이 된다. 그 뒤로 좀 마음 편하게 안티구아 거리를 돌아볼 수 있었다.
LE 선생님이 지갑을 소매치기당하면서 여권까지 잃어버리는 일이 일어났다. 바로 경찰 영사님께 전화를 드리고, 내일 경찰서 방문하여 police report를 받고 대사관에 재발급 신청을 하기로 했다.

해외 교민 중에는 민주평화통일자문회의 임원으로 활동하는 사람들이 있다. 평통 위원은 출장도 다니고 해야 해서 어느 정도 여유 있는 사람을 추천한다. 과테말라에서는 이들과 식사도 하고 선물을 주고받기도 하였다. 농심 라면을 20박스나 받기도 했다.

과테말라에서 많은 도움을 받았던 YJ씨는 잊을 수 없다. 처음 만난 봉사단을 위해 기꺼이 본인의 시간과 차량을 내어 도와주었다.

오늘이 마침 생일이라는 YJ 씨에게 선물을 한 무더기 전해주었다. 우산, 화장품, 부채, 손톱깎이, 비누, 양초. SY가 하는 사업에 대해서도 간단히 소개해 주기도 했다. 서로 연결이 되어 사업 대박 나면 좋겠다. KS 샘과 선생님 두 분은 차 한잔하러 나가신다.

퇴임 후 과테말라 천사의 집으로 파견 봉사를 가신 YY교수님에게도 많은 것을 배웠다. 전자공학 전공이지만 패션에 대한 소설도 쓰실 만큼 박학하시다.

HS신부님은 아이들의 생존 문제에만 관심을 많이 기울이고, 교육이나 취업 문제에는 관심이 덜하다. 당연히 생존이 필요한 아이들이니 그렇겠지. 그런데 고등학교를 세우는 것은 아이들에게 직업교육을 하기 위해서다. 소프트웨어 등을 할 수 있는 아이를 키우는 것 고등학교와 대학교까지 천사의 집이 커지게 하는 것, 과테말라의 발전에 맞게 발 빠르게 움직여 변화하는 것이 YY교수님이 바라고 계신 것이다.
걷는 것을 매우 좋아하셔서, 한국에 계실 때에도 전국을 걸어서 다니신 듯하다. 여기서도 매일 아침 천사의 집 내정을 몇십 바퀴 약 7킬로를 걸으며 명상하고 기도하신다고 한다.

과테말라 HS 기업의 이사님은 과테말라에서 성공적으로 사업하는 것에 자부심을 가진 모습이 인상적이었다.

재미있게 말씀하시는 경찰 영사님 이야기를 듣고 싶었지만, 나와 실장님은 이사님의 이야기를 들어드려야 했다. ... 쉬지 않고 계속 말씀해 주시는 것을 들으며 동의해 드리며 추임새 넣어 드렸다. 나는 잠시 봉사단에 대해서만 얘기했을 뿐이다. 역시 이야기를 들어 주는 것이 성공의 비결인 것 같다. 내가 얘기를 잘 들어드리고 그랬더니 이사님이 기분이 좋아지셔서, 명함에 폰번호를 적어 주신다. 원래 명함에는 사무실 전화번호만 적혀 있는데, 내년에 오게 되면 다시 연락하라고, 그럼 이런 자리 또 마련하겠다고 하신다.

과테말라에서 Rainier group의 HS 회장 초청 특별강연을 들은 적이 있다. 미국에서 성공한 1세대 이민자의 이야기가 감명 깊었다.

기다림의 시간은 창의적 사고의 시간이라는 발상의 전환. 한상대회는 세계한인상공인단체총연합회를 말하며, 중국이 크게 된 것이 전 세계에 퍼져 나간 화상들의 역할이 큰 것을 본떠 시작한 것이다. 종업원에게 종업원이라고 불러본 적이 없다고 하신다. 많은 프랜차이즈 호텔을 운영하는 기업 회장(미국 동부를 가족여행 할 때 묵었던 호텔도 들어있네). 이민 1세대의 애환(일하고 자식도 키워야 하고) 얘기를 듣고서 질문하기 어려웠지만, 2, 3세대가 버릇없는 것에 대해 어떻게 생각하시는지 질문했다(봉사단의 존재감을 알리기 위해서라도 일부러 질문한 거다). 폰키드라는 말하시며, 버릇없다는 것은 반대로 자신의 의견을 명확히 표현하는 측면이 있어 바람직한 방향이라고 볼 수도 있다 하신다.

천사의 집에서 외톨이로 지내다 나와 한글 이름을 쓰며 시간을 보냈던 알바는 지금 어디서 살고 있을까?

놀아주기 1시간을 끝내고 숙소로 오는 길 HS신부님 집무실로 가서 알바가 쓴 것을 보여 드렸다. 10살 때 처음 이곳에 임신을 해서 와서 아이를 낳았고, 나갔다가 다시 애를 배서 와서 애를 낳고 도망쳐 나갔고, 또 임신을 해서 들어왔다고 하신다. 정신이 약간 부족한 아이인데 어떻게 16살이 되기도 전에 세 번 임신할 수 있을까? (평가회 때 이 얘기를 마지막으로 더 이상 말을 잇지 못했다)

과테말라에서 마지막 날에 만난 충북대학교 출신 교포 기업인은 좀 더 일찍 만났다면 좋았을 것 같다.

대사님이 회식 진행 제안을 하고, 실장님이 장내를 장악하며 진행을 하시고(실장님 특기 재발견), 나는 조금 도울 뿐이었다. 내빈은 모두 한 말씀씩 꼭 하도록 안배해야 한다. 선배님은 청년들에게 인내심, 용기, 정의가 필요하다고 말씀하신다. … 충북대 선배는 정말 든든하다. 봉사활동에 도움이 필요한 내용을 말하니 모두 자기에게 연락하면 해결 가능하다고 하신다. 교통편 마련이 어렵다 하니 버스를 임대하거나 필요하면 하나 사지 뭐 하신다.
회장, 오너로서 젊은이들과 어떻게 소통하느냐는 질문에, 매우 어려운 문제라고 하시며, 청년들을 이해하기 위해 책을 많이 읽고 코미디 오락 프로그램도 보며 노력을 계속하신다고 한다. 겉으로는 대충 사는 것처럼 말씀하시지만, 역시 오너는 뭔가 다르다. 그리고 과테말라 현지인들을 하대하지 않고 동등한 관계로 대한다고 하신다. 상대를 인정해 주는 것이 성공의 비결인 듯하다.
선배님은 세계 80여 개 나라를 다니셨지만 사진 찍은 것은 10장 정도라 하신다. '사진 찍어 뭐하나?' 한마디로 이유를 말씀하신다. 메세나 회원이라고 하시는데 그것이 뭔지 아는 사람은 아무도 없었다. 기업인들이 문화예술을 지원하는 모임을 말한다. 외국에 계시면서도 한국의 문화예술 지원까지 하시네. … 1등을 하려고 하면, 100점을 맞으려고 하면 사는 게 팍팍해지고, 95점만 맞으면 되고 천천히 살라 하신다.
호텔과 겸하고 있는 고급 레스토랑에 사람들이 줄을 서고 있다. 학생들이 무엇을 먹을지 몰라 주저하고 있으니, 아무거나 시키라고 하신다. 나는 선배님이 계산하실 걸 알고 학생들에게 뭘 주문해도 좋다고 얘기했다. 이런 자리에서 돈 버는 선배가 가난한 대학생 후배에게 얻어먹는 때는 없다.

다른 사람들은 나를 어떻게 기억할까? 인도네시아에 교육 ODA 사업 컨설팅을 해 주러 처음 보는 사람들과 출장을 간 적이 있다. 그중 한 명이 대구교대 모 교수가 나를 알고 있다고 말하고 또 외교부에서도 나를 아는 사람이 있다고 말했다. 나를 알고 있다는 게 누구일지 궁금하다고 하니, 유명인은 본인이 아는 사람보다 본인을 아는 사람이 많다는 말까지 해 준다. 유명해지고 싶은 욕심은 별로 없지만, 유명해지는 것은 기분 좋은 일이긴 하다.

과테말라 화산 등반. 맨 왼쪽이 충북대 출신 교포 기업인이다.

6-12. 나만 이상한 사람이 아니라는

여러 대학의 인솔 교수가 모여 봉사활동 준비나 발대식, 결과 평가 등을 하는 기회를 저자가 만들었다. 처음에는 몇몇 대학끼리 모였는데, 정보 교류하는 것이 매우 유용해서 다음 해부터는 국립국제교육원에 얘기해서 정식으로 8개 대학 단장 모임을 진행했다. 각 대학이나 국가별 사정이나 형편을 들으며 자신의 봉사단에서 고려하지 못한 내용을 파악할 수 있고(예, 시간 관리 역할: 모임 10분 전에 돌아다니며 공지), 새로운 활동 아이디어를 얻으며(예, 학예발표회를 하여 활동 정리하기, 벼룩시장), 봉사활동을 하며 직면했던 문제점과 해결 방안을 파악해 유사한 상황에 대비할 수 있고(예, 성추행 사건), 행정 기술적인 과정과 방법도 공유할 수 있다(예, 항공권 입찰 방법, 여행자 보험은 국립국제교육원에서 일괄 계약).

> **에서 인솔 교수 회의를 했다. 도움을 얻는 것보다 내가 주는 게 많은데, 조금 아쉽기는 하다. 가장 경험이 많은 사람이 주는 게 맞기는 하지만, 나도 누군가에게 도움을 받고 싶다. 그동안 충북대에서 해 온 프로그램을 정리해 주기로 했다. 연합 발대식을 충북대에서 하기로 날을 잡았고, 학생들 대표끼리 만나는 자리도 마련하기로 했다.

인솔 교수끼리 모여 열정을 공유함으로써 서로 용기를 북돋아 주고 노고를 위로하고 도전을 격려하며 힘을 실어주게 된다. 그 첫 모임에 '힐링'이 되는 듯한 느낌을 아래와 같이 표현하였다.

> 해외 봉사활동에 관여하고 있는 사람들을 만나면 동질감을 느낀다. 나만 이상한 교수가 아니라는.
> 다들 모임에 빠지지 않으려고 다른 교수를 대타로 보내기도 했다. 다음 모임은 바빠서 하지 말자고 그럴 것 같았는데, 의외로 또 하자고 한다.

인솔 교수뿐 아니라 학생 대표들끼리도 모임을 가지도록 했다. 첫해에는 대구에서 모였고, 두 번째 해에는 청주에서 모였다. 인솔 교수는 얘기가 끝이 없지만 학생들은 아직 봉사활동 이전이라 얘깃거리가 많지는 않았다. 하지만 학생들끼리 얘기한 것을 정리해 올리도록 하니 그동안 해 온 봉사활동 준비 내용에 대한 피드백이 자연스럽게 되었다. 예로, 학생들이 문화 교육을 서로 하고 싶어 하는 걸 알게 되었다.
이런 모임을 위해 날짜와 시간, 장소, 참석 인원을 정하는 것은 소소하면서도 짜증이 나는 일이다. 카톡 투표가 편한데, 카톡 투표에 익숙하지 않은 사람에겐 직접 연락해야 한다. 모임 때는 사진을 꼭 찍어 결과 보고서에 넣는다.
다른 대학과 봉사활동 연구하는 걸 해보려 했지만 실패했다. 이걸 보면 봉사활동을 하면서 연구를 놓지 않고 있는 저자는 좀 더 이상한 교수 맞는 것 같다.

> 공동연구를 제안했는데, 호응하는 사람은 없었다. 그 자리에서는 매우 필요하고 중요한 일이라고 하며 관

심갖는 듯했지만, 실제 하겠다고 한 사람은 그 전부터 인맥이 있는 *** 뿐이었다. 뭐, 상관없다. 논문을 쓰는 게 중요하지 않을 수 있지. (중략) 논문보다 학생들 데리고 봉사활동 나가고 그러는 것, 이리저리 밖으로 돌아다니는 것을 좋아하는 이상한 교수들이니, 이미 연구는 중요하지 않겠지.

제안서를 작성하는 단계에서도 도움을 주고받은 때도 있다. 첫해에 제안서 작성이 막막할 때 도움을 준 대구대 C교수와 서원대 H교수에게 감사를 표한다. 네 번째 봉사활동 제안서를 쓸 때는 내가 작성한 1차 완성본을 다른 대학에 공유하기도 했다.

보은 차원에서. 모두 잘 되어서 연구가 잘 진행될 수 있으면 좋겠다. 제안서를 마무리한 다음에 보는 것이 더 많이 도움이 될 거라 말했다. 제안서 오류를 찾아주기도 했다.

충청 지역 대학 연합 발대식

6-13. 일상과 가족의 소중함

    방학 중 4~5주 봉사활동을 위해 해외로 출장 나가는 것을 허락해 준 가정의 협조를 언급하지 않을 수 없다. 그 기간 가장이나 자식의 역할을 하지 못한 미안함, 이 책을 통해 가족에게 감사의 말을 전한다. 특히 안전하지 않은 국가로 봉사활동을 나가며 가족이 걱정을 많이 하게 한 점도 미안하다.

> 니카라과 가 있는 동안 어머니께서 읽을 책을 대출했다.
> [직원 회식 중] 사범대 직원이 모두 갈 수 있도록 계속 사업에 선정이 되면 좋겠다고 한다. 해외 봉사활동을 나가게 허락해 준 집사람에게 감사한다는 말이 나왔다. 그렇지.
> 축산학과 프로젝트가 되면 또 다른 형태의 봉사활동이 진행될 것인데, 걱정 반 기대 반이다. 새로운 접점이 만들어지며 연구논문 자료가 생산될 것임은 분명하다. 집사람에게 미안하기는 하지만, 그만큼 앞으로 평소에 잘해야 하겠다.

    열악한 공적개발원조 수원국에 가서 몇 주간 생활하는 것은 전혀 짧지 않다. 숙박 시설, 화장실, 수도, 전기, 냉난방 등 현지의 낙후되고 비위생적인 시설, 낯선 현지 음식과 음료, 한국과 다른 기후(더위 또는 추위), 열악한 통신인프라 등 새로운 환경에 적응하는 것이 쉽지 않다. 이런 곳에서 생활하며 그동안 일상에서 누려온 것의 소중함을 배운다.

> 한 단원이 중미에서 봉사활동을 하고 귀국하는 길에 환승을 하면 1박을 한 미국의 한 호텔에서 이렇게 외쳤다. '선생님, 참 신기해요. 수도를 틀고 옆에 샤워기를 틀었는데 물이 양쪽에서 동시에 나와요!'[중미 현지에서는 수압이 약했다.]

    한번은 스페인어를 전공하는 큰애와 봉사활동을 같이 간 적이 있다. 특히 한국인으로서 스페인어를 할 줄 아는 것은 수업 준비에 매우 큰 도움이 되었다.

> 봉사단원 각자도 수업 준비를 위해 큰 노력을 기울이고 있고, 코티처들도 매우 큰 역할을 하고 있고, 두 분 선생님이 수업 준비, 실행, 반성과 개선을 돕는다. 겉으로 잘 보이지는 않지만, 봉사단 예산 관리나 홍보, 생활 관리, 기록 등은 교육봉사 단원이 교육에 집중할 수 있도록 지원한다. K교수님은 물론 티삐따빠 학교의 구성원 모두가 이 봉사활동의 성공을 위해 돕고 있다. 한국에서 출발하기 전 충북대학의 여러 구성원의 도움도 필수적이었다. 내가 여름방학, 겨울방학 매번 해외 봉사활동을 나가도록 결재해 준 가족, 집사람은 0순위다. 그렇게 내가 벌인 이 일은 여러 사람의 도움으로 '사랑받기 위해 태어난' 것이다.

6-14. 현지 정보

 봉사활동을 가기 전에 현지 정보를 많이 수집하고 숙지하는 것이 좋다. 세계테마기행, 세계는 지금, 걸어서 세계 속으로 등의 TV 프로그램이나 유튜브를 검색해 본다. 예로 KBS 다큐 공감에서 과테말라 천사의 집을 소개한 영상은 현지 봉사활동 전에 꼭 보면서 그곳 학생과 학교에 대해 이해할 필요가 있다. 아래는 과테말라 천사의 집 아이들이 한국에 와서 공연한 영상과 그에 대한 감상평이다.

> https://www.youtube.com/watch?v=PtUk7kRpAis
> [교사1] Eres tú, 우리말로 부르는 푸른 하늘 은하수, 마법의 성, 아리랑 등이 잔잔하게 마음을 울리네요.
> [교사2] 천 개의 바람 들으니 거의 눈물이 나네요. 감동적입니다.

 과학 실험 수업을 할 때는 기구가 많이 필요하고, 특히 화학 실험에서는 유리 기구가 있어야 한다. 유리 기구를 가져가거나 현지에서 구하는 것은 쉽지 않다. 현지의 대학과 협업이 잘 되면 대학 실험실에 있는 기구를 빌려 사용하는 것도 가능하다. 니카라과 UNAN 대학에 처음 갔을 때는 현지 교수가 화학 기기실과 실험실 등을 보여주면서 공동 협력 연구를 요청하기도 하였다.
 현지 정보 중에 가장 중요한 것은 날씨나 기후 정보다. 니카라과는 건조하고 더우며 바람이 많이 분다. 두 번째 니카라과에 갔을 때는 이상 한파가 몰아치면서 중간 경유지인 애틀랜타에 눈이 내렸고 그 건조한 니카라과에 비가 내렸다. 덕분에 니카라과 호숫가에서 멀리 내리는 비-무지개를 볼 수 있었다. 하루에 스콜이 두 번 내리기도 했는데, 우리는 시원해서 좋았지만, 현지 수박 농사는 망친다고 한다.
 과테말라에는 고산지대가 많으며 안개가 자주 낀다. 저지대에서 보면 구름이니 낭만적으로 들리지만, 실제 그 안에 사는 것은 그렇지 않다. 구름 속 운전 위험!

> 컴퓨터를 끄고 잠을 좀 자려는데 CY샘이 짙은 안개에 운전 조심하라고 운전사에게 말하는 말이 들린다. 10분 정도 잤을까? 눈을 뜨니 너무나도 짙은 안개에 차들이 너무 위험하게 바짝 붙어가고 있어 잠이 확 달아났다. 고산지대에 생기는 안개라 하더니만, 실제로 산을 조금 내려오니 안개가 싹 걷히네.

 에어컨 없는 숙소에 있을 때 밤에 더워 밖에 나와 자는 대학생이 있었는데, 새벽에는 기온이 내려가고 갑자기 스콜이 내리면 감기에 걸리기 쉬우니 조심해야 한다.
 중미에 가면 자외선이 더 강해지는 느낌이다. 자외선은 한국 봉사단원에게만 나쁜 게 아니고 현지인들에게도 나쁘다. 함께 갔던 대학 직원이 2주 만에 먼저 귀국하면서 급히 단체 사진을 앞당겨 촬영하였는데, 현지 어린 학생들이 선크림을 바르지 않은 채 햇볕을 오래 쬐지 않게 사진을 빨리 찍고 교실로 들여보내야 했다.

맨 앞줄 1, 2학년은 무릎에 앉히도록 했다. 내 무릎에도 앉으라고 남자아이에게 몇 번 권하니, 싫다고 울려고 한다. 어린 남자아이는 나이 많은 남자를 무서워하지 참, 게다가 이상하게 생긴 외국인이 오라고 했으니.

햇볕이 강한 니카라과

니카라과의 가난한 동네를 답사해 보는 것도 의미가 있다. 중미에도 동티모르처럼 수도가 공급되지 않는 곳에 물차가 다닌다. 이 책을 쓰는 동안 '워터, 물이 평등하다는 착각' 책을 보았다(맷 데이먼, 개리 화이트, 2022). water.org에 한 번 방문해 보기를 권한다.

방에 들어와 쉬고 있는 중 거리 답사를 나가는 소리가 들린다. 휠체어를 타고 같이 갈까 했지만 짐이 되게 분명해서 그냥 있었다. 대신 집 사진 찍은 것을 조금 보았는데, 동티모르보다 잘 사는 걸 알 수 있다. 평가회 때 학생들이 거리를 직접 나가본 것에 대해 많은 이야기를 한다. 봉사활동을 다니면서 한국에서 돈 쓰는 습관이 변하고 후원에 관한 관심이 늘었다고 얘기했다.
[CK 단원의 일지] 학교 밖으로 나가보았다. 3집을 둘러보았는데 그중 한 집이 가 반의 '유리?뉴리?'라는 아이의 집이었다. 가 반 수업에서 가장 먼저 반겨준 아이였기에 기억하고 있었다. 학교에서 보던 모습 그대로 웃는 얼굴로 반겨 주었다. 잠깐의 시간이었지만 바깥을 돌면서 많은 생각이 들었고 모든 단원 또한 많은 생각에 잠겼겠다고 생각한다. 내가 이들에게 해 줄 수 있는 건 내 수업은 끝났지만, MH이나 JJ가 수업을 하면서 아이들이 하나라도 더 배울 수 있도록 최선을 다하는 게 아닐까 생각이 든다.
[YY단원의 일지] 점심 먹기 전 아이들의 급식 배식을 도와줬다. 처음에 아이들을 봤을 땐 액세서리, 신발, 예쁘게 정리한 머리가 먼저 눈에 들어왔다. 그런데 지금은 작고 예쁜 손에 난 수많은 상처, 구멍 뚫린 옷, 때 탄 옷들이 먼저 보인다. 울컥하는 마음에 더욱 꽉 끌어안고 놓아주지 않는다. ... 내일 입을 단원 티

하나를 남겨두고 빨아놓은 남은 티 하나와 조끼, 모자 그리고 수업에 사용했던 정든 태블릿을 깨끗이 닦고 밖에 내놨다. 내가 사용하던 물건을 기부하는 건 아마 처음인 거 같다. 잘 사용해 줄까?

과테말라의 2월 날씨는 매우 변덕스러우니 조심해야 한다.

6시 반 기상, 공기는 차지만 이불 속은 따뜻하다. 추워서 문을 꼭 닫고 있었더니 방에서 냄새가 나는 것 같아 옷 잔뜩 입고 양쪽 문을 활짝 열었다. 과테말라 2월은 미친 2월이라고 한다. 건기인데 비도 오고 엄청 춥고, 오늘처럼 밤에 비 오고 난 아침이 과테말라에서 가장 추운 날씨.

택시를 탈 때 현지 호텔을 통해 예약하면 싸게 해 주기도 한다.

6시에 택시가 출발한다고 해서 호텔 로비에 가서 다시 택시 예약 확인을 하니, '아, 택시가 필요하다 했죠?' 하면서 이제야 콜택시를 부른다. 이렇게 태평천하로 느릴 수가! 15분 기다려야 온다는데, 가격은 싸게 해 주었다. 보통 공항에서 시내까지 30불인데, 왕복 40불에.

현지에 사는 한국인들은 쏠쏠한 정보를 많이 준다.

과테말라에서는 아시아인을 우습게 본다, 변호사에게 사기를 당하는 경우도 있다(영주권? 해준다고 하면서 사기). 식당 주인아주머니가 오셔서 또 이런저런 얘기를 해 주신다. 공항 세관 통과가 점점 어려워지는 것은 거기에서 돈이 많이 남기 때문이란다. 전자제품, 음식 등은 재수가 나쁘면 걸려서 빼앗기기도 한단다. 우리가 이번에 개구멍으로 나오지 않았다면 큰일날 뻔했다. 출국할 때도 노트북 등을 기록해야 한단다. 내년에는 '외교행낭'이라는 것을 이용하도록 시도해 봐야지. 과테말라에 한국인이 많이 줄어들었는데, 산업 구조가 바뀌어서 그렇다고 한다. 예전에는 신발 공장이 많았는데 모두 없어졌고, 섬유 가공은 아직 조금 남아있고. 과테말라서 살기 좋은 것 중 하나는 식모를 아주 싸게 쓸 수 있다는 것이다. 20만 원이면 한 달을 쓸 수 있단다. 빈부격차가 너무 심해서 부자는 경비행기까지 가지고 있다. 외국인은 땅을 살 수는 있지만 건물을 지을 수는 없다. 요즘 과테말라에서는 부동산이 뜨고 있다고 한다. 여기 한국인들은 서로 관계를 맺는 것을 꺼리는데, YJ씨는 왜 우리를 이렇게 돕는지 모르겠다며, 참 심성이 착하고 성실하다며, 성실하면 여기서 성공할 거라고 칭찬 또 칭찬한다.

한편, 현지 정보에 대해 현지 개인에게 듣는 얘기를 모두 믿지 말고 검증하는 것이 필요하다고 대사관에서 말한다. 예를 들어, 과테말라에 교과서를 출판하는 인쇄소가 없다고 들었지만, 실제로는 교육과정이나 교과서가 모두 있으며, 인쇄소나 출판사도 있다.

6-15. 현지에서 먹은 음식들

현지에서 봉사단이 먹는 음식은 4~5주의 봉사활동에 매우 큰 영향을 미친다. 니카라과에서 한국인 선교사가 운영하는 학교에서 활동할 때는 최소 하루에 1번은 김밥, 떡볶이, 불고기 등 한국식 음식을 먹을 수 있었고, 라면도 먹었다. 단원이 생일이면 미역국도 끓여 주셨고, 속병이 난 단원에게는 죽도 쑤어 주셨다. 배탈 나는 학생을 위해 비상용 죽을 가져오는 것이 좋다. 난 아보카도를 싫어하는데, 삼겹살과 같이 먹으면 좋다고 하여 평생 먹은 아보카도보다 더 많은 양을 한 끼에 먹기도 했다. 초록색 여주를 무친 것도 맛있었다. 봉사단원에게 랍스터를 맛보여 주기 위해 2시간 넘게 운전하여 태평양 연안에 가서 배를 기다려 사 오시기도 했다. 니카라과는 양면이 바다이지만 냉동차가 없고 도로망이 발달하지 않아 내륙에서 해산물을 먹기가 쉽지 않다.

> 역시 여행에서 피로를 푸는 데에는 한국 음식이 최고다. 배가 부르니 기분이 상향으로 기운다, 동물처럼. 랍스터는 역시 맛있었다. 머리 분리하고 등을 눌러 가운데 잘리게 해서 껍질을 벗긴다. 큰 것 하나 포함해서 4개 먹으니 배가 부르다. 김치를 남기지 않기 위해 밥에 물 말아 먹었다.
> 도미구이는 사는 것도 어렵지만 준비도 참 손이 많이 간다. 내장 빼내 다듬고, 애벌 튀기고, 양념 바르고, 다시 구워낸 거다. 난 생선을 좋아하는데 정말 맛있었다. 콩나물 김칫국도 좋았고, 함께 나온 과일(구아바?와 군고구마처럼 생긴 것) 두 가지도 맛있었다.

방목하는 닭이 낳은 갖가지 색의 달걀도 쫄깃쫄깃하고 매우 맛있었다. 닭을 잡아 요리하고 싶어도 잡을 수가 없었는데, 30달러 내기 닭잡기를 하니 한 봉사단원이 한 마리를 잡았다. 그 덕에 선교사님도 닭을 맛볼 수 있었다 한다.

선교 학교라 학교 내에서 음주를 금하고 있는데도 봉사단을 위해 술을 사다 주신 적도 있다. 그런데 그 술이 너무 과했다. 수업을 모두 마치고 환송식만 남은 날이고 화산 관광도 다녀오고 난 뒤라 분위기가 너무 많이 올라가 있었다. 다음 날 술 냄새가 나지 않도록 청소하고 환기하고 단장이 먼저 멈추었어야 했다. 한밤중 야식도 먹은 적이 있다.

> 밤에 선교사님이 어디를 다녀오시면서 김밥 도시락을 가져오셔서 단원들에게 야식을 주신다.

이렇게 음식을 준비해 주는 것은 물론 쉬운 일이 아니다. 한 학교의 봉사활동이 끝나는 날에는 교직원과 함께 피자 파티를 열곤 했다. 현지 학교 교사, 코티처, 학교 관계자들을 빠짐없이 초대하고(식당 아주머니, 음악 교사를 빠트린 적이 있다) 그들이 먼저 음식을 받도록 안배한다. 현지 교사들은 남은 음식을 싸간다.

> 총인원은 약 70명, 일 인당 피자 두 조각과 치킨 한 조각, 음료수를 준비하기로 했다. 원래 배달이 안 되

어 찾으러 가야 하는데, 나중에 들어보니 주인과 잘 아는 사이라 배달해 주기로 했단다. 카드 결제기도 가지고 와서. 피자 파티 하나 준비하는 것도 이렇게 생각할 게 적지 않은데, 우리가 와 있는 동안 식사를 매번 준비해 주시는 건 얼마나 힘들까.

교직원과 피자 치킨 파티

니카라과 공립학교에서 활동할 때는 간단한 호텔 조식이나 현지식 도시락 등을 먹으면서 부족함을 많이 느꼈다. 현지 음식을 잘 못 먹는 단원에게는 '한국 음식에 대한 충성도가 너무 높다'라고 칭찬해 준다. 국립국제교육원에서 체재비를 산정할 때 이러한 어려움을 좀 더 고려할 필요가 있다. 다행인 것은 니카라과 주식이 쌀이라, 고추장이나 비빔 가루, 김 등을 챙겨 가면 현지의 느끼한 음식 맛을 잠시 면할 수 있다. 중미의 쌀은 한국의 찰진 쌀이 아닐뿐더러, 밥을 할 때 기름에 볶는 과정이 들어가 매우 기름지다. 기름진 밥을 먹을 때는 콜라가 필요하다. 몇 주 정도 중미 현지식을 먹고 나면 담백한 한국 채소가 그리워진다. 심지어 생파까지!

> 니카라과에서 밥을 지을 때 먼저 쌀을 식용유로 볶은 다음에 양파 등 채소를 우려낸 물로 밥을 한다고 한다. 그래서 니카라과 사람이 칼로리 섭취량이 많아 몸매가 변한다고.
> 야채 코너에 파가 보이는데, 생파를 보면서 먹고 싶다는 생각이 드는 때가 있다니!
> 5주는 길구나. … 한국 식당에 들러 먹을 메뉴가 일찌감치 올라왔다. 맥주 소주와 막걸리는 음료로, 난 된장찌개가 1등, 그다음은 돼지불고기. 이름만 보아도 미소가 나온다.

1월~2월은 건기라 열대 과일이 많지는 않지만 그래도 있다. 부족하기 쉬운 비타민을 따로 챙겨가기는 하지만, 과일은 보이는 대로 많이 사 먹는 게 좋다. 니카라과는 땅이 넓어도 생산물이 많지 않아 눈에 좋은 것이 보이면 사 두어야 한다. 코코넛은 1개 1달러 정도로 빨대를 꽂아 하나씩 먹으면 좋다. 수박은 역시 우리나라만 한 게 없다. 파파야를 많이 먹으면 모기에 잘 물리지 않는다고 한다. 망고는 살짝 철이 지나는 시기인데, 엘살바도르와 과테말라에 갔을 때는 아직 나고 있어서 맛볼 수 있었다. 파인애플은 참 맛있는데, 쉽게 상해서 알코올 발효된 파인애플을 맛보게 될 수도 있다. 복숭아와 자두는 달지 않거나 시니 비추다.

드넓은 땅에 무엇을 심지 않고 그냥 놀리는 것이 아깝다고 말하는 한국인이 많다고 한다. 그런데 그렇게 땅을 놀리는 게 이곳 사정에 맞다 한다. 어설프게 작은 규모로 무엇인가를 심어 생산해도, 그것을 유통할 수 있는 시스템과 소비층이 없다고 한다. 예를 들어 수박을 많이 심어 한참 출하하는 시기에 판로를 개인이 찾지 못해 그것을 다 팔지 못하면 그냥 밭에서 썩게 되는 것이다.

나는 간식을 잘 먹지 않지만, 나만 얼음 초콜릿 바나나를 먹지 못했다며 [엘살바도르에 온] 니카라과 코티처들이 하나 사 주기에, 감사히 먹었다. 나를 챙겨주는 그들의 마음이 고맙다.

엘살바도르 시장에서는 큰 강낭콩같이 생긴 것을 먹어보았다. 사뽀떼(sapote)는 꼭 군고구마처럼 생긴 과일이다.

커다란 강낭콩처럼 생긴 것을 팔기에 물어보니 빠떼르나(떼에 강세)라는 과일이란다. 고구마처럼 생긴 과일도 있다. 같이 돌아다닌 우엘 코티처가 1달러어치 사 주어 까서 먹었다. 콩깍지를 벗기면 강낭콩처럼 씨가 죽 들어있는데, 그걸 하나씩 입에 넣고 안쪽 씨를 감싸고 있는 과육을 벗겨 먹는 것이다. 달달한 맛이 좋다.

생아몬드도 까먹어 봤다.

며칠 전 디아나가 집에 있는 나무에서 따다 준 익은 아몬드 열매를 며칠 두니 곰팡이가 생기고 상하고 있었다. 그래서 바로 칼로 깎아서 과육 맛을 보았는데 조금 거친 과일 맛, 정글에서 며칠 굶으면 맛있게 먹을 수 있겠다. 안쪽에는 호두처럼 단단한 씨가 있고, 그 안에 아몬드가 들어있다. 그 씨를 깨기 위해 망치(martillo)를 달라고 하니 드라이버만 주면서 깨 보라고 한다. 정말 단단해서 깨지지 않는다. 고생하고 있으니까, 주인이 펜치를 가지고 와서 같이 깬다. 호텔 밖에 적당한 다른 도구를 찾다가 철 막대가 있어 그것으로 내려치니 깨진다. 주인도 옆에 앉아 계속 두드려 깼다. 부채 선물을 준 효과로 아몬드를 같이 깨준 것 같았다. 씨 안쪽에 1개 들어있는 생아몬드는 말랑말랑했다. 남학생들과 콩 하나 나눠 먹듯 먹어보니 덜 볶은 땅콩 맛이 고소하게 난다. 지금까지 먹어본 아몬드 중 가장 맛있었다.

현지 대사의 소개로 여러 기업인이 단원들에게 좋은 식사를 많이 대접했는데, 어떤 경우에는 한국에 있을 때보다 더 잘 먹기도 했다. 과테말라의 최고급 레스토랑은 4명이 먹을 때 200달러 정도 드는데 그곳 한 달 평균 월급이 500달러라고 한다. 하몽 이베리꼬는 정말 맛있었다.

니카라과에서 제일 고기를 맛있게 한다는 고급 레스토랑에서의 만찬은 S그룹 회장이 마련했다. 엄청난 양의 소고기, 여자는 2만 5천 원, 남자는 3만 원 정도 하는데, 한국에서 그 정도를 먹으려면 두 배는 줘야 할 거다.
목사님의 소개로 방문한 스페인식 해물 요릿집. 빠에야와 생선, 바닷가재, 홍합, 문어, 오징어, 새우 등이 푸짐하게 나온 큰 접시.
H 기업 저녁 만찬에는 대사님이 또 오셨다. 이것으로 총 4번 대사님을 만난 것이다. 니카라과를 방문하는 단체로서 이건 정말 이례적인 경우. 충북대 출신 선배로 후배를 챙기는 모습이라 생각한다. 쿠바식 식당, 언제 이런 것 또 먹어볼 수 있을지.

현지 레스토랑에서는 15% 정도 팁을 따로 받는다. 채소와 돼지고기가 들어있는 8개 조각이 나오는 음식을 주문했는데 한국의 그 흔한 작은 군만두가 나왔다. 약 15000 원짜리 군만두를 먹어보다니! 어중간한 현지 식당보다 메뉴가 정해져 있는 맥도날드가 입맛에 맞기도 한다.

점심은 코티처가 예약한 전통 식당 말고 맥도널드로 모두 모였다. 넓은 빠띠오에서 햄버거를 먹으니 더 맛있네.

현지에서 절대 먹지 말아야 할 것, 바로 얼음이다. 뚜껑을 따지 않은 생수병 채 얼린 얼음은 괜찮지만, 각 얼음은 어떤 물로 어떻게 만들어 얼마나 위생적으로 관리되었는지 알 길이 없다. 실제로 길거리에서 파는 아이스크림을 먹고 단체로 배탈이 난 적이 있고, 레스토랑에서는 맥주를 꽂아 놓고 있던 각 얼음을 내놓기도 한단다. 엘살바도르에서 힘들게 오른 산 정상에서 더운 날씨에 누가 주는 아이스크림을 무심결에 한입 베어 물었다가 다시 뱉어냈다.
당연히 물은 생수를 먹어야 하고, 수돗물은 먹으면 안 된다. E학교에서는 정수 사업을 한다. '물 사역'을 한다고 하는 곳에 가보니 정수장치가 있고, 커다란 물통(정수기에 거꾸로 꽂는)이 쌓여 있다. 시중에선 한 통에 70 코르도바인데 한 달에 8~10통을 주면서 70 코르도바를 받는다고 한다. 그걸로 운전사와 인부 월급을 주고 유지보수비로도 일부 쓰고 한다. 아는 사람은 그 돈을 내고 정수를 먹지만 나머지는 그냥 오염된 물을 먹는단다.
가능하면 개인 컵을 가져가서 불필요한 일회용 컵의 사용을 줄인다. 니카라과에는 종이컵은 없고 모두 일회용 플라스틱 컵을 쓴다. 봉사단을 생각해서 위생 문제가 생기지 않도록 일회용 수저와 포크, 나무젓가락을 사용하는데, 가능하면 개인용 수저를 가지고 다니며 관리하는 것이 좋다. 계곡물이나 천연 수영장에 있는 물도 조심해야 한다. 소모또 계곡에 물놀이를 갔다 온 이후 단원 몇 명이 설사 증세를 보였다.
음료수(차) 중에는 과테말라에서 먹은 따마린또가 좋다. 현지인에게 꼭 마셔봐야 할 음료수를 추천해 달라고 하면 좋다.

음료수(따마린도)가 입에 맞아 2잔 마시고 또 탁자에 남아있는 것을 페트병에 담아 들고 다니며 마셨다.
대학으로 돌아오는 길 안드레아가 꼭 먹어봐야 하는 엘살바도르 음료라며 콜라참판을 사 준다. 캔에 들어있는 탄산음료인데 어렸을 때 먹던 불량식품 맛이 살짝 난다. 하지만 시원했다.

현지 학교에서 학생들에게 주는 급식을 같이 먹은 적이 있다.

어제와 마찬가지로 오늘도 점심 급식 배식을 도왔다. 오늘은 까요뻰또와 옥수수 음료다. 국제교육원에서 오신 분들은 우리나라에서 김치와 밥 한 가지 먹는 것과 비슷하다고 한다. 한국에서 이렇게 급식이 나오면 어떨까. 그런데 니카라과 아이들은 정말 맛있게 먹는다. 교사들도 함께 이 음식을 먹는다. 얼른 이 나라가 지금보다 잘살게 되어 아이들이 더 나은 환경에서 자라나기를 기도해 본다.

점심 배식 봉사

더운 나라라 음식이 쉽게 상해 튀긴 음식이 많고, 향신료를 많이 넣는다.

갈비탕에는 고수 등의 향료가 조금 들어 있었는데, 이런 향신료 음식을 먹어야 중미 모기에게 물리지 않거나 물려도 피해가 적다고 하신다.

중미에서는 팥밥을 많이 먹는데, 참 익숙해지기 어렵다. 중미 사람들이 간 팥을 먹는 걸 보고 옛날에 스페인 정복자들이 '진흙을 먹는다'라고 표현했다고 한다.

아침은 까사미엔또(팥밥)가 나왔는데 난 이건 아직도 잘 못 먹겠다. 어떤 한국 학생도 까사미엔또만 남기고 다 먹었는데, 같은 테이블의 우엘 코티처는 까사미엔또만 먹었다. 그래서 서로 접시를 바꿔 주면서 더 먹으라고 했다.

그 나라에서만 먹거나 살 수 있는 것을 알아두는 것도 좋다. 중미의 닭고기는 가슴살이 퍽퍽하지 않고 맛있고, 소고기도 참 맛있다.

사까빠 XO는 과테말라에서만 구할 수 있으니, 공항에서 꼭 사라고 하신다.
커피빈을 튀긴 뒤 초콜릿을 입힌 것을 맛보라 주신다. 이건 수험생들이 각성제로 먹기에 좋다고 하는데, 난 커피를 잘 마시지 않아 그런지 더 먹고 싶지는 않았다.
과테말라의 닭고기는 가슴살이 맛있고 다리 살은 별로, 한국과 반대다.

현지인은 즐겨 먹지만, 못 먹어본 음식도 있다.

고등학교를 지으면 슈퍼를 만들 계획이고, 거기에서 라면땅을 만들어 팔거나 토스트(마가린으로 구워 설탕을 뿌린 것)를 팔면 잘 팔릴 거라 하신다. 중미에서는 단것을 좋아해서, 아이들은 arros con chocolate (물에 쌀과 초콜릿을 넣고 끓인 것)를 좋아한다. 우리가 방문했을 때는 이 메뉴를 하지 않았는데, 쌀밥을 초콜릿과 같이 먹는 걸 상상해 봐라.

가끔 현지의 한국 식당에 가서 먹기도 한다. 남은 반찬을 싸 올 수 있는 통을 가져가도록 한다. 현지 음식을 계속 먹다 보면 어쩌다 한번 가는 한국 식당이나 중국 식당에서 남은 음식을 단원이 알아서 싸 온다.

다른 반찬을 먹느라 많이 남은 김치, 백김치, 갓김치는 포장해 달라고 해서 가져왔다. CY 선생님이 남은 김치를 싸 오려고 통을 가지고 가셨다. 거기에 신김치도 한 통 싸 주신다. 시간이 되면 한 번 더 들르라는 말씀과 함께. 주인아주머니(?)는 70이 넘으셨는데, 처음에 딸이 운영하다 작년부터인가 식당을 운영하는데 반찬도 많이 나오고 좋아졌다고 한다. 바로 옆에도 한국 레스토랑이 있는데, YJ 씨가 이곳을 추천해 준 것.

한국에서 가져가면 좋을 음식이 있다. 현지 음식만 먹다 보면 '짭조름한' 한국 반찬이 그립다. 깻잎과 불닭 소스(기름진 밥을 싸 먹거나 비벼 먹는 데 제격), 메추리알 조림이나 장조림(의외로 입맛을 돋운다), 참기름(특히 기내식과 같이 나오는), 보리차 티백, 젓가락도 가져가는 것이 좋다.

저녁은 맥주와 함께, 호텔에서 준 수프, 멕시코 식당에서 사 온 요리, 컵라면, 과일 등 푸짐했다. 남은 채소를 모으니 양이 많아, JC가 고추장 비빔밥을 먹고 싶다 한다. 음식 배달용 도시락 뚜껑(스티로폼)에 채소 넣고, 햇반을 데워 넣고, 고추장 넣고 비비고 있자니 대한항공 비행기에서 받은 참기름이 생각이 난다. 오래간만에 맡는 참기름 냄새. 완전 양푼 비빔밥이 완성되고 한 숟가락씩 나눠 먹었다. 마지막에 매콤한 한식을 먹으니, 지금까지 먹은 게 모두 한식이 되는 느낌.

힘든 봉사활동 하루를 정리할 겸, 스트레스도 해소할 겸, 단원과 함께 태우는 담배는 여러모로 도움이 된다. 대학생들과 담배를 피우면서 자연스럽게 얘기를 나누게 된다. 물론 어떤 해에는 4주 내내 거의 금연하기도 했다.

접대 담배를 한 대 같이 피웠다. 과테말라에 와서 처음 태우는 담배. 왜 진작 담배 한다고 말하지 않았느냐 하셔서 피곤할 때 담배를 피우면 몸이 더 피곤해져서 봉사단 운영을 위해 끊었다고 말씀드렸다. 담배로 피곤해진다면 끊으라 하시는데, 그래도 스트레스 해소에는 도움이 된다.

7. 역할 분담

7-1. 정말 다양한 역할들

해외 교육봉사활동에서는 주체와 커뮤니티의 인적 자원들이 각자 역할을 나누어 분담한다. 인솔 교수는 봉사활동 준비에서 정리까지 총괄하며, 현장 교사는 예비 교사를 지도하면서 인솔 교수와 함께 활동 전체를 운영하며, 예비 교사는 실제 수업을 준비하여 교육봉사 활동을 수행한다. 조별 활동을 위해 조장을 임명하고, 학생 대표와 부대표도 뽑는다. 인솔 교수는 짧은 기간이지만 집단을 이끌기 때문에 자기 나름의 리더십이 있어야 한다. 이러한 리더십은 때로는 현장 교사나 조장에게 옮겨가기도 한다. 봉사 단원들은 현지 단체 생활에 필요한 역할을 분담하기도 한다. 잊지 말아야 할 중요한 일은 여러 명이 같이 챙기도록 한다.

> KM 샘이 내일 혼자 오는 데 LA 공항에서 오는 법을 정리해 알려드리도록 다시 말했다. 중요한 것은 여러 명에게 말해야 한다.

분담하는 역할에는 행사 관리(바자회, 합숙 교육, 사진전 등), 예산, 자료 수합, 디자인, 촬영, 기록, 건강 및 약품, 선물, 영상 편집, 출석 점검, 친화(춤, 파티, 게임), 프린터(포토 프린터, 드론), 폴라로이드 카메라, 여행, 식사 메뉴, 물과 간식 준비, 통역 등이 있으며, 단원들은 각자 역할을 충실히 해야 함을 배우게 된다.

식사 메뉴 관리는 중요한 일이다. 점심을 도시락으로 주문할 때 메뉴를 잘 골라야 한다. 또한 호텔에서 나오는 음식이 조금 부실하거나 입맛에 맞지 않으면 보충을 요구하거나(달걀을 삶아 껍질째 주면 보관 용이) 대체식(시리얼과 우유 등)을 준비하기도 한다. 보통 호텔에서 점심을 제공하지 않아 추가로 주문하거나 배달을 시켜 먹어야 한다. 또한 물 관리도 필수다. 생수를 많이 사 배분하되, 낭비하지 않도록 주의한다. 식사 외에 간식도 관리할 필요가 있다. 신체적인 활동량이 많으므로 간식이 있으면 체력 관리에 도움이 많이 된다. 신선한 과일 간식이 제일이다.

역할은 국내에서 봉사활동을 준비할 때, 현지에서 활동할 때, 봉사활동을 정리할 때 전체에 걸쳐 있는데, 이를 모든 조원에게 고르게 배부하는 것은 쉽지 않은 일이다. 일부 역할이 중복되거나 편중되는 경우가 있어 이를 조정하기 위해 의사소통을 원활히 하며 솔선수범을 하는 태도가 많이 필요함을 알게 된다. 학생 대표와 교사, 교수 등 운영진은 끊임없이 역할 수행 상황을 점검하며 역할 분담을 조율해야 한다. 현지에서 새로운 지역이나 학교에 가면 환경이 바뀌므로 역할 배분을 재조정할 필요가 생기기도 한다. 아래는 역할에 대해 단원이 적은 반성일지 내용과 그에 대한 조언이다.

> J: 하고 싶은 역할을 맡지 못해 아쉽다.
> C: 아쉬운 점이 있지만, 그만큼 다른 사람에게 더 봉사한다고 생각하면 좋을 듯. 하고 싶은 역할을 다른 사람이 할 때, 옆에서 도와줄 수도 있고.
> J: 봉사단 역할이 다양한 것에 놀랐고, 모두 모여야 하나가 됨을 알았다.
> C: 단체 활동의 묘미.

대학의 여러 직원은 봉사활동을 지원해 준다. 이들은 학생 모집, 재정 지원, 현지 파견, 제반 행정 업무, 예산 관리, 항공권 입찰, 물품 구매, 홍보, 행사(발대식, 출정식, 합숙 교육, 해단식, 사진전, 바자회 등) 지원, 학교 차량 지원, 사전교육 강의실 섭외 및 관리 등의 실질적인 도움을 준다.

예산 관리에서 특히 신경 써야 할 것은 식사 관련 예산이다. 가끔 풍성하게 먹으며 피로 해소 하도록 할 필요가 있다. 예산을 최대한 융통성 있게 운용하는 능력 있고 손이 큰(장점) 직원에게 큰 도움을 받았다. 주말에는 근무 외 시간이 되어서 학교 차량 지원을 잘 안 해 주려고 해서, 특별히 부탁해야 한다. 해외 봉사활동을 3년간 도와준 이 직원은 인맥이 매우 넓고 수완도 좋아 최고의 지원 인력이었다. 이 글을 통해 다시 한번 감사의 말을 전한다. 이 책을 쓰기 위해 지난 기록을 되돌아보니, 컬러 인쇄와 코팅을 하는 것까지 도움을 주었다. 또한 사업 제안서 작성에 도움과 정보를 제공하고, 결과 보고서 작성도 지원하면서 봉사활동 전체 과정에 관여한다.

대학의 ODA 관련 실적은 직원의 도움이 없으면 넣을 수가 없다. 근거자료를 하나하나 확인하며 인쇄, 정리, 쪽수, 인덱스 등을 작업하는 것은 단장 몫이었다. 매년 지난 5년간 자료를 제출하는데, 그 전해에 만든 근거자료 원본(인쇄본)을 저장해 두면 도움이 된다. 왜 원본을 저장하는 방법을 5년 차에나 알게 되었을까! 그 이전에는 제안서를 부랴부랴 마무리하는 것에 바빴다.

니카라과의 경우 대사관에서 현지 정부나 대학에 봉사활동을 알리며 공식적인 기초 업무를 담당해 주었고, 니카라과 국립대학의 K 교수는 코티처 선발, 대학 행사 준비, 숙소, 교통, 통역, 관광 등 코디네이터의 역할을 해 주었다.

그리고 봉사활동을 수행했던 학교를 운영하는 선교사 내외도 숙소, 식사, 행사, 홍보, 의료, 물품 구매, 교통, 안내, 사진, 플래카드, 선물 등 자잘한 일들에 부족함 없는 도움을 주었다. 또한 니카라과의 또 다른 도시에서 활동할 때는 현지인인 J가 식사, 이동, 통역, 안내 등 코디네이터 역할을 해 주었다. J는 K 교수님에게 한국어를 배운 학생이었으며, 봉사단이 방문하는 기간인 10여 일 동안 다니던 직장을 휴직하기도 하였다. 생전 처음 보는 사람들을 위해 휴직할 수 있는 사람이 얼마나 될까!

현지에서 도움을 주는 한국인이 거의 없었던 엘살바도르나 과테말라로 갈 때는 숙소, 식사, 교통, 관광 등 많은 일을 한국에서 미리 처리하는 게 매우 어려웠다. 그러면서 이전에 현지 코디네이터로부터 정말 많은 도움을 받았음을 알게 되었다. 숙소는 인터넷을 통해 예약하는 데 분명한 한계가 있다. 계약 내용을 잘 못 보아 식사가 포함되지 않은 경우가 있었다. 또한 엘살바도르에서 숙소를 대학 근처로 정했는데, 그곳은 구시가지로 별로 안전하지 않은 곳임을 몰랐다. 현지 한국인은 그 근처에 얼씬도 하지 않는다 한다.

인도네시아에 교육 ODA 사업 컨설팅을 다녀온 적이 있다. 처음 나간 컨설팅이었는데, 오히려 내가 많이 배우고 많은 것을 생각하게 한 출장이었다. ODA 사업 컨설팅이나 현지 점검을 해보면 사업단장만 열심히 하는 경우가 종종 있다고 한다. 하지만 이 해외 교육봉사활동은 결코 혼자만 열심히 한다고 할 수 있는 일이 아니다. 여러 사람이 각자 역할을 충실히 수행해야 가능한 일임을 알 수 있다.

하지만 진정한 역할 분담은 봉사활동이 거의 끝날 때 완성된다.

나는 일지 쓸 때를 제외하고는 거의 가만히 앉아있지 않는다. 하지만, 계속 움직이고 있는 나에게 각자 맡은 일에 대해 상의하러 오고, 그러면 내가 결정을 내리거나 방법을 안내하는 식으로 하루 일과와 일정 관리가 돌아간다. 봉사활동이 끝나갈 때 비로소 이상적인 봉사활동 운영 모습이 구현되는구나.

평가회에서 공지한 행복 점수는 100점. 여행하는 날 이외에 만점을 주는 경우는 드문 일이다. 특별한 날이 아닌, 봉사활동이 이루어지는 평상시 모습에서 이상적인 순간을 맛보다니.

니카라과 대학 환영식에서. 봉사활동은 혼자 하는 게 아니다.

7-2. 학생 대표와 부대표의 일

　봉사단 학생 대표는 매우 중요하면서도 어려운 역할이다. 공식적으로 카페 관리, 단톡방 공지 관리, 의견 수합 등의 역할을 맡지만, 대표가 하는 일은 단장처럼 거의 모든 일에 걸쳐 있다. 우선 대표가 일정 정리를 해 주면 단장에게 많은 도움이 된다. 단장이 일을 추진하면서 실수하거나 기억 못 하는 경우가 가끔 생긴다. 이것을 챙겨주는 역할을 대표가 한다. 학생들끼리 운영하는 단톡방에서 이야기되는 내용을 정리하여 운영진에게 알리는 역할도 매우 중요하다.

　첫 봉사활동에서 수업 준비를 잘못한 것을 반성하고, 두 번째 봉사활동에서는 수업의 질을 높이기 위해 처음부터 노력을 많이 기울였다. 하지만 대학생들이 학기 중에 수업을 모두 들으며 봉사활동 수업 주제를 찾고 피드백을 받아 수정하고 수업 시연까지 하는 건 매우 어렵다. 이에 대해 학생 대표는 일정을 조금 조정하자는 의견을 제시하였다.

> [대표의 말] 개인 지도안과 예산안을 짜느라 다들 정신없는 나날을 보내고 있는데 일단 고생한 서로에게 박수 한 번씩 쳐 주고 계획에 대한 중간 점검을 할 필요가 있다고 생각합니다. … 먼 길을 가기 전에 신발 끈을 새로 묶는다는 심정으로 교수님과 선생님들이 설정한 기간별 목표와 계획에 대한 공유, 그리고 서로 스케줄에 대한 이해가 필요한 거 같아요.
>
> [단장의 조율] 근간 일정은 아마 웬만한 현직 교사도 소화하기 어려운 일정일 겁니다. 실제 현직 교사들이 해외 봉사활동을 준비하는 과정에서도 이런저런 갈등이 생기곤 합니다. 그런 갈등을 감지하고 조율하는 것이 대표와 운영진의 역할입니다. 또한 이렇게 갈등을 조정해 나가는 일도 상당히 중요한 능력이고 배워야 할 과정입니다. 이 모든 모습이 보기 좋네요. 모두 파이팅!

　대표는 첫해를 빼고는 모두 봉사활동 경험자 중에서 선발했다. 경험이 있는 대표에게 단장이 배우는 일도 생긴다.

> 3시 짐 배분 전에 ***이 미리 공동 짐을 나눠 놓자는 제안을 하고 몇 명이 선뜻 그렇게 하겠다고 자원을 했다. 3시에 가보니 미리 잘 나뉘어 있었다. 이것도 내가 배울 점이다.

　자칫 대표에게 일이 몰리는 경우는 단장이 경계하며 챙겨야 한다.

> 카페가 아니라 클라우드에 사진을 올릴 수 있도록 폴더 만들라고 사진 담당에게 시켰는데, 결국 그 일도 ***이 하였다. 이렇게 일이 몰리는 것은 좋지 않다. ***이 나와 비슷해서 본인이 못 참고 일을 다 해버리는 것 같다.

부대표는 대표 부재 시 대표 역할, 대표 일의 분담, SNS 개설 및 관리, 단원 목록 정리, 오프라인 구매 관리 등의 역할을 맡는다. 단원 목록이나 연락처를 정리할 때 이름, 학과, 학년, 전화번호뿐 아니라 생년월일도 추가한다. 우리나라 사람이 '민증을 까야' 하는 것은 호칭이 달라지기 때문이다. 오프라인 구매는 소량 구매 시 발생하는 배송료를 줄이기 위해, 각자 개별 구매 후 영수증을 제출하면 돈을 돌려받는 방식이다. 10만 원 정도 현금을 지원한다. 모든 단원이 다양한 역할을 맡지만, 봉사활동을 준비하고 수행하다 보면 예상치 못한 일이 발생하는 경우가 종종 있다. 그런 경우 부대표가 자원하여 그 일을 담당하기도 한다. 예를 들면 학생처에서 지급하는 특별봉사장학금을 요청하는 데 단원들의 계좌번호를 조사해 정리하는 일을 해야 한다.

학생들이 자율적으로 봉사활동을 진행하도록 하려면 대표와 부대표를 믿고 일을 맡기는 것이 필요하다. 처음 봉사활동 첫날 평가회에서 단장인 내가 감정이 격해지면서 회의를 마무리하지 못하고 나왔는데, 그 이후 활동 진행의 문제점을 확인하고 스스로 해결해 가는 모습을 볼 수 있었다.

> 호텔 방 밖에서 음식 등을 먹은 뒤에는 뒷정리를 잘 하자는 단원의 자발적인 공지가 올라왔다. 매우 좋다.

충북대의 단원 중 스페인어를 잘하는 학생은 지금껏 1명 있었다. 첫 봉사활동에서 그 학생은 학생 대표와 통역 역할을 맡았고 수업은 하지 않았다. 하지만 봉사활동이 끝날 때쯤에는 스페인어로 수업하지 않은 것에 대한 아쉬움을 토로했다. 두 번째 봉사활동부터는 대표도 수업했는데, 대표의 역할을 강조한다면 수업을 최소화하는 게 좋다.

충북대 봉사단 카페 https://cafe.naver.com/cbnuvoluntarios

7-3. 현직 교사의 일

현직 교사는 두 명과 같이 갔다. 처음에는 현직 교사의 역할을 따로 구분하지 않았지만, 두 번째부터는 한 명은 수업 시간 관리를 맡고 다른 한 명은 기타 일정과 예산 관리를 맡았다.

봉사활동 수업 시간 계획을 세우고 관리하는 일은 매우 복잡하다. 봉사활동 시간표를 짤 때, 한 조는 모두 같이 수업을 들어가고, 환영식과 환송식을 고려하고, 초반에는 수업 준비를 위해 비는 시간도 필요하고, 조별 프로그램(학예회)은 마지막 날에 하고, 학교와 호텔 이동도 고려해야 하고, 금요일 오후에는 시간을 비우고, 단원 1인당 10시간 이하로 고르게 수업하도록 안배하고, 현지 요청도 반영하는 등 많은 내용을 고려해야 한다. 이것은 현지 활동 경험이 있어야 제대로 할 수 있는 일이긴 하다. 이렇게 시간표를 미리 작성해도 실제로는 현지 사정에 따라, 단원 개인이나 조별 사정에 따라 바뀔 수 있다.

> (현직 교사가 시간표) 초안을 만들어 보냈는데, 현지 봉사활동 상황을 전혀 모르고 짠 것이다. 그래서 내가 다시 짜겠다고 말하고 엑셀 작업을 했다. 이거 시간 많이 걸리는 일이네. 시간표 작성을 처음 해보는 교사에게 자세히 설명해 주었어야 했다.
> 이번 봉사활동이 잘 흘러가는 것에 대해 생각해 보았다. 한국에서 학교 수업을 배분하는 역할은 수업계가 하는데, 그 역할이 C 선생님과 이 학교 교감 선생님이 한국말로 의사소통하면서 잘 수행된 것이 중요한 것 같다.
> F조는 둘이 함께 진행하는 방식이고 조원 수도 적어서 매일 2~3시간씩 수업을 하게 되어 너무 힘들고 형평에도 어긋난다. 그래서 수업 횟수를 2일에 3번 정도로 조정하고 수업이 없는 시간에 다른 조 수업을 돕는 방식으로 하기로 했다.
> KM 선생님이 시간표를 짜 보내신 것을 보며 얘기했는데 잘 정리가 되었다, 학생들의 의견을 들으며 시간표를 짜면 시간은 오래 걸리지만 불만은 줄어들 수 있다.

엘살바도르의 고등학교는 2부제로 운영되고, 대학처럼 학생들이 이동하며 수업을 들어 시간표가 너무 복잡해 수업 계획을 세우기 매우 힘들었다.

> 학교에 도착하여 화학실이 열리지 않아 기다리고 있는데 어떤 교사가 와서 오늘 일정이 어떻게 되느냐 묻는다. 처음 주었던 2시간짜리 시간표를 들고 있어서 바뀐 것을 주겠다고 하고 도서관에 가서 KM 선생님을 찾았다. KM 선생님이 상담 교사와 얘기하고 있는데 어제는 1개 교실에서 계속 수업할 수 있게 해 줄 거라 말했는데 오늘은 3시간을 각각 해야 한단다. 시간별로 교사와 교실이 정해져 있어서 우리가 요청한 대로 하기 어렵다는 것이다. 하지만 오늘 준비해 온 수업은 2개뿐. 빨리 결정을 내려 처음 두 시간만 45분씩 교실을 옮겨가며 하기로 했다. 어제 1개 교실 고정 사용을 여러 번 요청하고 확인까지 했건만, 잘못 알아듣고 말로만 그렇게 해 주겠다고 한 것이다. 니카라과에서는 학교 교장이 한국인이라 수업 시간표 조정이 쉬웠는데, 여기

선 이러한 것으로 의사소통하는 것이 참 힘들고 제대로 되지 않는다.

교육봉사활동을 나갔지만, 수업 이외의 일정 관리도 일이 많다. 대사관 방문, 현지의 한국 기업이나 공장 방문, 한글학교 방문, 현지 한국인 만남, 주말 관광이나 쇼핑, 봉사활동 학교 이동, 병원 등 긴급 상황 관리 등을 해야 한다. 이런저런 일정을 전화와 카톡 등으로 조율하고 교통편도 마련하고 그러다 보면 수업 참관도 못할 때가 있다.

처음 봉사활동에서 학교 방문 일정이 어긋나 문제가 생긴 적이 있다. 중요한 일정은 단장이 직접 챙기며 여러 번 확인하도록 한다. 처음 가는 학교에는 미리 가서 시간표 협의를 해야 한다.

> 갑자기 PM 샘이 뛰어오더니 왜 10시까지 오기로 하고 오지 않느냐 연락이 왔단다. 학교에서 교육부로 연락해서 대사관을 통해 J주무관이 연락한 것. 일정 조율, 시간표 작성한 것 등이 그러나다 학교로 전달이 되지 않은 것이다. 1차 책임은 나에게 있지만, 그러나다 학교 연락처를 한국에서 출발하기 전까지 주지 않고, 대사관-교육부를 통해 내용 통보를 하겠다고 한 니카라과 교육부의 일 처리 방식이 가져온 결과. 답답하지만 그러려니 해야지. 그러나다 학교에서 10시부터 우리를 기다리고 있었을 학생들에게 제일 미안하다.

예산 관리도 일이 많다. 환전을 안전하게 하고 식사비 처리, 추가 물품 구매, 여행 비용 배분 등을 해야 한다. 예산 관리는 함께 나가는 대학 직원이 담당하다 2주 후 귀국하면서 일을 넘겨받는다.

봉사활동 자료집은 봉사활동을 안내하는 모든 자료와 현지 일지를 기록하는 책자이며, 기존 자료집을 참고하여 이것을 제작하는 것도 현직 교사가 맡는다. 자료집을 제작하면서 처음 봉사활동에 참여하는 교사는 봉사활동 전반을 파악할 수 있다. 자료집도 물론 초안을 만든 다음에 여러 사람이 검토하며 수정 과정을 거친다.

> 활동 일지를 칸을 나누지 말고 그냥 빈칸으로 두는 게 좋다는 의견이 나왔다.
> [천사의 집 파견봉사단원인] YY교수님께서 봉사활동 자료집을 보시고 준비를 많이 해 온 것 같다고 말씀하신다.

현직 교사가 가장 공들이며 해야 하는 일은 대학생들의 수업을 지도하는 일이다. 수업 지도안을 검토하여 피드백을 주며, 수정에 참고할 정보(동기 유발 자료, 활동 재료 대체물 등)를 제공한다. 교과서와 대본도 검토해 준다. 제일 중요한 것은 수업 시연을 참관하고 피드백을 주는 것이다. 봉사활동을 여러 번 수행하면서 수업 내용을 검토하는 일에 현지 경험이 많이 필요하게 되었다. 그래서 단장도 함께 수업 시연 영상을 보며 피드백해 준다.

현지에 가서는 교사가 봉사단원으로서 모범을 보여주어야 한다. 딱지 만들기를 할 때 두꺼운 종이를 찾기 어려웠는데, 교사가 대학 매점이나 문구점 등을 돌아다니며 박스를 구해 오는 모범을 보이기도 했다.

현직 교사와 단장은 운영진 미팅을 하는 게 좋다. 이 미팅은 준비 단계에서도 필요하고 현지에 가서도 필요하다. 어떤 해에는 봉사단 조장도 같이 운영진 미팅을 한 적이 있다.

> 5시에 조장과 대표 미팅이 있다고 공지가 되어 가보니 KM선생님이 소집을 하신 거다. 전체 평가회 전에 얘기할 내용을 미리 점검하는 자리로 세세한 내용 말고 언급할 내용 중 빠진 것이 없는지 아이디어를 모으는 자리다. 이것은 처음 해보았는데 괜찮은 방법 같다. 생각하지 못한 내용이 나온다. 예를 들어 카톡에서 공지하는 내용 중 중요한 것이나 우엘 코티처에게 알려야 하는 내용을 와썹에도 공지하는 것, 평가회를 우엘 코티처끼리도 하도록 하고 전달할 내용을 평가회 전에 알려달라고 하기(내가 생각한 것도 있지만, 혼자 생각했다면 생각해 내지 못했을 것이다).

이전에 해외 봉사활동 경험이 있는 현직 교사는 분명 도움이 된다. 하지만 본인들은 이전 경험으로 인해 봉사활동을 할 때 이전과 비교를 하며 방해를 받기도 한다.

> 이번 내 니카라과에서 보낸 시간이 그랬던 것인가. 기존에 중미를 여행하던 그 순간들, 그때의 느낌들과 교육봉사를 했던 그 순간들. 선 경험과 선 느낌이 이렇게 방해하고 있다니.

현직 교사가 즉흥 춤을 춘 적도 있다.

> 환영식이 시작되고 소장이 사회를 보는데 완전 클럽 MC다. 춤을 준비했다고 말하며 음악이 들어있는 USB를 전해주었다. 그런데 말을 잘못 알아듣고 자기가 고른 음악을 틀어주고 춤을 추라고 한다. 약간 어색한 순간이 흐른 뒤 뒤쪽에 있던 KM 선생님이 춤을 추며 단상에 올라와 신발까지 벗으며 춤을 추신다. KM선생님 뽑기를 잘했지. 내년엔 교사나 학생들 뽑을 때 춤과 노래 오디션을 볼까나?

현직 교사는 외국에 나가서도 한국 일을 같이 해야 하기도 한다.

> 두 분 선생님은 공문 결재를 하느라 시스템에 접속해야 하는데 인터넷이 느려 어려움을 겪는다. 나는 공문 결재를 생략하고 다른 사람에게 일임하는 것으로 하고 왔지만, 선생님들은 그렇게 할 수 없다 한다. 나는 한국 일과 거의 단절될 수 있었지만(오기 전에 그렇게 준비), 두 분은 그렇지 못했네. 그러면 한국과 엘살바도르를 왔다 갔다 해야 하니 더 힘드셨을 텐데.

7-4. 영상의 힘

해외에 나가면 사진을 많이 찍는 게 당연하지만, 이 봉사활동에서는 사진을 훨씬 더 많이 찍는다. 한국과 다른 자연환경과 인문환경, 교육봉사활동을 하는 장면 등을 남기기 위해 봉사단원 중에 촬영 담당을 따로 지정한다. 그런데 사진을 찍을 때 예의가 필요하다. ODA 수원국 사람들은 '빈곤 포르노'의 대상이 되기를 원하지 않는다. 어떤 대학에서는 교육봉사활동을 할 때 현지 사람들의 얼굴이 나오지 않도록 엄격하게 금지하기도 하였다. 또한 어떤 경우에는 봉사단원이 현지 학생과 찍은 사진이 SNS 등에 공개되면서 현지 학생이나 봉사단원의 안전이 위협받는 일도 생길 수 있어 조심해야 한다. 사진 한 장을 찍을 때도 현지 사람들에 대한 배려가 있어야 함을 예비 교사는 배운다.

봉사활동을 하는 도중에 현지 학교에서 사진 전시회를 하고, 귀국 후에도 봉사활동 사진전을 연다. 사진전을 위해 각자 찍은 사진 중 잘 나온 것을 모으고 선별하는 과정에서 서로 사진을 찍는 스타일이 다름을 알 수 있고, 좋은 사진의 기준도 공유하게 된다. 교육봉사활동은 일방적으로 교육을 제공하는 게 아니라 상호작용을 통해 교류하는 것이며, 현지 학생들에게 교육을 통해 주인 의식을 심어주는(empowerment) 일로 볼 수 있다. 따라서 봉사단원과 현지 학생이 동등한 위치에서 활동하는 장면이나 현지 학생이 주도적으로 활동을 하고 봉사단원이 도움을 주는 장면이 좋은 사진임을 알게 된다.

사진전 이외에 봉사활동을 홍보하고 기록하는 방법으로 동영상 제작이 있다. 여러 대학에서 만든 동영상은 유튜브에서 탑재되기도 하고, 해교진(해외교사진출사업) 카페에 소개되기도 한다. 봉사활동의 준비부터 출국, 현지 활동, 귀국까지의 전체 여정을 동영상으로 만드는 과정은 매우 어렵다. 하지만 잘 만들어진 동영상 한 편이 주는 의미는 매우 크다(예, 과테말라 봉사활동 영상이 대표적이다). 봉사단원에게는 소중한 추억을 남기는 기록이며, 성과발표회에서는 봉사활동 전체 모습을 압축하여 보이는 보고 자료이며, 일반인에게는 해외 교육봉사를 소개하는 도구이며, 후원을 해 준 사람과 미래의 후원자에게는 교육봉사 후원의 보람을 느끼게 하는 영상물이 된다. 글보다 영상에 익숙한 미래의 미디어 세대를 가르칠 예비 교사에게 이러한 동영상 제작 기회는 미래의 교육을 위한 준비가 될 수 있다.

초기에는 캠코더를 가지고 가서 수업이나 행사 장면을 촬영했다. 캠코더 1대로 전체 수업을 찍을 수 없으니 한 사람이나 한 종류 수업 당 한 번씩은 촬영하도록 했다. 이 영상은 나중에 전체 영상 편집에 활용하기도 하고, 각자 추억으로 보관한다. 이후에는 스마트폰에 수업 영상을 담았다.

7-5. 여행 가이드 정말 어려운 일이야

　관광지에서 선물과 기념품을 사거나 이국적인 경치와 문화 유적 등을 보는 것은 분명 정신 측면에서 휴식을 준다. 반면 이런 여행이나 관광을 준비하는 역할을 맡은 봉사단원은 여행 가이드의 역할이 얼마나 어려운지 알게 된다.

　20명 이상의 봉사단원이 여행을 가기 위해서는 여행 기획, 준비, 안내, 진행 등의 역할을 맡는 사람이 필요하다. 관심이 다양한 여러 사람의 요구를 수용하고 절충하며 여행을 총괄하는 일은 매우 어렵다. 하지만 이처럼 여행 가이드와 같은 일을 해보는 경험은 추후 교직에 나가 학생들의 현장 탐방 지도를 하는 데 소중한 경험이 된다.

> 알고 보니 시내에 차를 세우고 오토바이 차를 타고 흙길을 지나야 하는 것인데 그걸 놓친 것이다. 여행 계획은 꼼꼼하게 세워야 한다. 장소, 시간, 동선, 식사, 복장 등, 나중에 교사가 되어 수학여행을 인솔하는 연습을 하는 셈이다.

　여행지에 대해 잘 모르는 해외에서 여행 가이드를 하는 것은 두 배로 어렵다. 그래서 코티처나 현지 교민과 같이 가면 매우 큰 도움이 된다. 외국인에게는 통행료 등 바가지를 씌우기도 하는 것 같다.

> 이번 여행은 정말 고맙게도 E가(K교수의 딸) 정말 많이 도와주었다. 미리 친한 친구에게 산후안데수르에서 갈 만 한 곳을 알아봐 주어서 좋은 곳들만 딱딱 다닐 수 있었고 의사소통도 스페인어랑 영어로 능숙하게 도와줬다. 우리가 간단하게 할 수 있는 의사소통도 도와줘서 미안할 정도였다.
> 마을 입구에서 어떤 아주머니가 갑자기 모자를 쓰더니 운전사에게 와서 뭐라고 말한다. 몇 마디 왕래하더니 그냥 통과, 뭔가 해보려는 시도가 실패했다.

　현지 여행이나 관광 중 사고가 일어나지 않도록 대비하는 것이 중요하다. 전통시장에 갈 때는 현지인 코티처와 같이 다녀야 바가지를 쓰지 않고 위험한 상황에서 도움을 요청할 수 있다. 니카라과의 수도인 마나과 박물관 근처는 소매치기가 많아 스마트폰을 꺼내지 않는 게 좋다고 한다. 그런데 낮에 박물관 근처에 가니 경찰들이 곳곳에 있어 도난 사고는 일어나기 어려워 보인다. 여행지에서는 항상 영수증 내용을 잘 확인하도록 한다.

> 주인이 적은 영수증을 보니 주스값 20을 더 적었고, 세금을 50이나 적었네. 다른 식당에서도 세금을 이렇게 많이 내는지, 바가지 쓴 느낌. 성급하게 밥을 빨리 먹고 2시 반에서 5분 늦게 도착했는데, 버스는 오지 않았다. 역시 중미 시간 약속을 열심히 지키려 한 우리가 잘못한 것이지.

　여행 가이드는 모든 상황을 미리 대비하여 꼼꼼하게 챙겨야 한다. 첫 봉사활동에서는 여행지 호텔 체크인이 너무 오래 걸렸다. 호텔에 도착하기 전에 영문 이름으로 방 배정표를 미리 정리해 두는 게 필요하고, 호텔에 도착해서는 호텔 식사 시간과 장소, 다음 날 집합 시간, WIFI 비밀번호, 외출 시 유의 사항(밤에 호텔 문 잠금), 식수 배분도 해야 한다. 아침에 일찍 일어나는 단원은 호텔 식당 사진을 찍어 다른 사람에게 안내해 주어도 좋다. 개인은 본인의 몸 상태에 따라 여행 전에 멀미약을 미리 복용하도록 한다. 멀미용 비닐 주머니도 챙기면 좋다.

> 여행 물품 목록을 서로 말해 주며 공유했다. 컵라면, 물, 맥주, 소주, 양주, 안주, 약, 멀미약, 달구나, 코티처 선물(이건 나중에 주기로), 우쿨렐레, 여권, 모기약, 슬리퍼, 나무젓가락, 장기 자랑 준비, 복장, 수영복 등. 가져가지 말 것은 에코백.
> **가 속이 안 좋아져 화장실이 급하다고 하여 차를 세우기를 두 번째, 산골 주민 집에 부탁했다. 화장실 찾기 미션 성공! 산골 사람들이 친절하다고 한다. 그다음부터는 장소 이동 전에 화장실을 모두 갔다 오라는 말을 했다.

여행 일정은 여유 있게 잡는 게 좋다. 한국 사람의 여행 스타일은 많은 곳을 '찍고 다니는' 것이지만, 쉬기 위한 여행은 그렇게 계획하면 안 된다.

> 월마트 쇼핑은 과일 좀 많이(토마토, 파인애플, 포도, 귤), 맥주, 음료수, 컵, 안주용 과자, 생수 많이, 멀미용 비닐봉지, 지퍼백 등 공용물품만 샀다. 돌아다니면 개인 물품 필요한 것이 눈에 들어오겠지만, 아예 난 공용물품 카트 옆을 떠나지 않았다. 5시에 출발하자고 하였지만 늦는 것은 당연하다. 늦는 것을 고려해서 시간 계획을 하니 여유가 생기네.

귀국하여 공항에 내리면 바로 김밥과 물을 사서 나눠주는 것이 좋다. 귀국 비행기 기내식은 입맛에 맞지 않는 경우가 종종 있고, 자느라 먹지 못한 사람도 있고, 청주까지 이동하려면 배가 매우 고프다.

인천공항 귀국

7-6. 다쳐봐야 아는 것

해외 교육봉사활동을 나가는 국가는 모두 저개발 국가라 한국과 상황이 매우 달라, 특히 안전 관리가 중요해진다. 봉사단을 인솔할 때는 봉사활동의 성공 여부보다 무사히 한국으로 되돌아오는 것이 가장 중요한 목표가 되기도 한다. 특히 첫 봉사활동 인솔에서 그랬다. 첫해는 비행기를 타고 가는 동안에도 두 번 정도 돌아다니며 학생들 상태를 점검했다.

> **이 봉사활동 나가는 게 걱정되지 않느냐 묻는다. 학생들이 개인 행동하지 않을지, 수업을 못하지는 않을지, 스페인어도 잘 못할 텐데 등등. 그래서 내가 밤에 개인행동이 위험하다는 건 가보면 스스로 알 것이고, 수업을 잘하는 욕심은 이미 버렸고, 스페인어는 1달 배운 만큼만 하면 된다고 했다. … 나는 이제 아무 문제 없이 건강하게 다녀오는 것이 가장 큰 목표라 말했다.

봉사단원은 해외 교육봉사활동을 나가기 전에 여행 안전교육과 성인지 교육 등을 필수로 받는다. 해외여행 중에는 질병이나 상해와 같은 건강 안전사고뿐 아니라 도난, 교통사고, 납치, 테러, 지진 등 다양한 사고가 발생할 수 있어 주의를 요한다(강철호, 2019). 교육부에서 외교부를 통해 해외 대사관으로 공문을 보내 봉사단에 대한 안전을 요청하고 안전 요원을 배치해 달라고 말할 수는 있다. 하지만 인력과 예산 문제로 인해 안전 요원을 배치받는 것은 쉽지 않다.

지금까지 실제 해외에서 봉사활동이 진행되는 동안 도난(돈, 여권), 분실(카메라, 폰, 돈), 식중독(두통, 복통, 설사), 골절(팔, 다리), 자상, 화상, 감염 등 크고 작은 사고가 생겼다. 지퍼가 없는 에코백에는 없어져도 좋은 쓰레기만 넣고 다녀야 한다. 공항에서 짐 검사하는 바구니에 스마트폰을 두고 오기도 하니 주의한다. 현금을 잊어버리는 경우는 되찾기 어렵고 보험 처리도 거의 안 되어 포기하는 게 빠르다. 카드 분실 후 피해액은 돌려받기도 한다.

> 같이 온 코티처들이 도난 사고 관련해서 우리보다 더 열받아 있기에, 지금까지 해결하느라 노력해 줘서 고맙다고 말하며 여기까지 하고 머리를 좀 식히자고 했다. … 왔다 갔다 할 시간도 돈도 인원도 안 되고 보상도 안 된다고 하니, 깨끗이 포기한다. 한국보다 어려운 나라에 기부한 셈 쳐야지.

특히 주의해야 할 내용은 음식으로, 식중독에 의해 사망 사고가 발생한 사례를 보면서 봉사단원은 안전에 대한 민감성을 키우게 된다. 예로 길거리의 얼음 음료는 절대 먹지 말고, 생수보다 탄산수를 먹는 것이 더 안전할 수 있다. 특정 음식에 알레르기가 있는 단원이나 코티처는 미리 조사해 두어 사고에 대비한다. 우유를 마실 때도 한번 조금 맛을 보는 게 좋다. 처음 개봉하는 우유가 상해 있기도 했다.

동양인은 돈이 많다는 인식이 있어 도난 사고의 표적이 되곤 한다. 여학생의 경우에는 여권이나 카드를 넣은 핸드백을 메지 않는 것이 좋으며, 부득이한 경우에는 소매치기에 끌려가지 않도록 핸드백을 한쪽 어깨에 걸어야 한다(중미의 경우). 그리고 가끔 성추행이나 성폭력 사고도 일어날 수 있음을 알고 이에 대한 대처법도 미리 알아두는 게 좋다. 이렇게 예비 교사들은 해외여행 중 자신을 보호하는 방법을 숙지하는 기회를 얻는다.

> 엘살바도르에서는 외국인이 어느 호텔에 머물고 있는지, 어디에서 일하는지(봉사활동 하는 학교 이름) 등을 말하면 안 된다고 한다. 범죄 타겟이 될 수 있어서, 코티처들도 현지 학생들 스마트폰에 본인 사진 찍히는 것을 꺼린다. 특히 고등학생 중에는 범죄 집단과 연결되어 있는 학생이 있을 수 있어서, 학교에서 수업할 때 코티처는 명찰을 달지 말라고 했다.

안전 문제에 대비하기 위해 안전한 숙소 선정, 이동(교통, 도보) 방법 확보, 청결한 음식 관리, 안전한 도구 사용(칼, 가위), 적절한 신체활동 안내(과격한 활동 금지), 소지품 관리 등 많은 일에 신경을 써야 한다. 같은 국가에 두 번 이상 가거나 현지에 2~3주 정도 생활하고 나면 봉사단원들이 안전 문제에 둔감해지는 경우가 생긴다. 이러한 점까지 고려하며 인솔 교수는 마치 안전 요원이나 여행 가이드처럼 끝까지 긴장을 놓지 말아야 함을 배우게 된다.

안전 문제는 현지 기관에서도 중요하게 다룬다. 니카라과 국립대학의 버스를 사용하여 이동할 때, 화산에 가는 경우 버스 사용 허락을 받기 어려울 수도 있다.

인솔자인 저자 본인이 다친 적이 있었다. 화산 썰매를 타다 미끄러지며 화산의 열기에 마찰열이 추가되어 피부에 화상을 입었는데, 초기 조치를 잘못해 걷는 것도 어렵게 되었다. 그래서 현지 병원에 입원하고 휠체어를 타기까지 했다. 그렇게 움직임에 제약을 받아 봉사활동을 함께 하지 못하고 혼자 있으면서 우울증도 생겼다. 혈액순환이 안 되어 쥐가 자주 나고 상처가 너무나도 느리게 회복되어 걱정이 심했다. 그러면서 봉사단원에 대한 따뜻한 격려와 보살핌이 중요함을 깨닫게 된다.

> 봉사활동 첫 주에 발목을 다쳐 제대로 걷지 못해 힘들어했던 단원이 예전에 있었다. 이번에 내가 다쳐 그 처지가 되었고, 신체적으로 정신적으로 매우 어려웠다. 내가 직접 겪고 나니 그 단원이 그 당시 보였던 일탈 행동이 조금 이해가 된다.

봉사활동을 하며 건강이 중요하다는 것을 새삼 깨닫게 된다. 해외에 계속 나가려면 몸 관리를 해야 한다. 지속적인 운동과 신체활동을 통해 면역력을 높여 외국에 갔을 때 현지 바이러스에 저항력을 높이는 것이 중요하다. 중미 현지 아이들이나 가축들은 면역력이 한국보다 매우 좋다고 한다.

> 난 좋은 피부를 물려받아 상처도 쉽게 아물고 모기 물려도 많이 부풀지 않았었다. 그런데 외국 봉사활동을 다니면서 다친 상처가 비정상적으로 오래 가기 시작했다. 나이가 들어서 면역력이 약해진 탓도 있겠다. 이번에도 감염이 되기도 하고, 상처 치료가 제대로 되지 않아 오래갈 것 같다. 니카라과 봉사활동이 궤도에 들어서면 운동을 좀 열심히 해볼까 했는데 자칫 수영도 한 번 못 하게 생겼네. 움직임을 최소로 하니 바로 배가 나온다.

왼쪽 다리 부상으로 목발 신세

공항에서 카트를 밀 때 앞 사람과 닿지 않도록 조심한다.

YS가 카트를 밀다 앞 사람 발뒤꿈치를 찧었는데 아주머니가 비명을 지르며 넘어지네. 나도 한국에서 출국할 때 몇 번 당했는데 그거 많이 아프다(까져서 딱지까지 앉았지만, 병원에 갈 정도는 아니다). 공항에서 카트를 사용할 때 특히 조심해야 한다.

7-7. 단장은 다재다능해야

　단장이나 인솔 교수는 봉사활동의 준비에서 정리까지 총괄한다. 총괄한다는 말은 모든 일을 다 한다는 말이 아니다. 그리고 직접 일하는 게 아니라 관리하는 것이다. 물론 누구에게 맡기기 어렵거나 급한 일은 직접 한다. 현지 학교에서 봉사단 방문 목적과 비전을 보내 달라고 한 적이 있는데, 이것은 단장이 써야 한다. 충북대 로고가 포함된 인솔자의 편지를 보내야 할 때도 있었다. 단장은 모든 일을 할 수 있으면서도 모든 일을 하지 않아야 한다.

　　그러니까 나는 어느 활동도 직접 하지 않으면서 모든 활동에 관여한다.
　　바자회 준비를 학생들에게 맡기며 진행 상황만 챙긴다. 앞으로 교사가 되어서 해야 할 일을 연습하는 셈
　　이라 말해 주었다.

　봉사단 인솔은 정말 끝이 없는 일이다. 해외에서 20명이 넘는 인원이 사고 없이 잘 지내면서 교육적으로 의미 있는 경험을 하게 하려면 봉사단장은 강한 리더십과 판단력, 결정력, 추진력, 카리스마를 발휘해야 한다. 모든 상황과 변수를 고려하여 계획을 꼼꼼하게 세우며, 규칙을 엄격하게 적용하며 긴급한 상황 변화에 단호히 대처할 필요가 있다. 그러나 이와 동시에 다른 사람의 의견을 경청하며, 융통성을 발휘하여 수용적인 태도도 보여야 한다. 그리고 봉사활동 중 발생하는 갈등이나 돌발 상황을 해결하기 위해 봉사단과 현지인, 기관 등의 입장과 문화를 고려하고 조율하는 지속적인 상호작용도 해야 한다. 또한 경직된 분위기를 깨기 위해 노력하고, 봉사단원과 K-pop을 같이 추기도 한다. 즉 봉사단장은 다양한 역할을 한다.

　　이불이 필요하다고 신부님께 말씀드리니 그건 띠아 봄 샘에게 말하라고 딱 잘라 말하신다. 아, 이거구나.
　　역할이 분명히 나뉘어 있는 것. 하지만 중요한 결정은 신부님이 내리는 것. 이것이 집단을 인솔하는 방법
　　이구나.

　첫 봉사활동을 함께 갔던 행정실 직원이 나에게 야누스가 있다고 평가했다. 조용하게 혼자 일하는 서생 교수 같은 이미지인데 이런 봉사활동을 진행해서 놀랐다 한다. 그리고 집단 일을 진행할 때 강요하지 않으면서도 모든 일이 진행되도록 하는 무엇인가가 있고, 학생들이 그걸 읽고 따라 주는 것에도 놀랐다 한다. 학생들을 진솔하게 대하는 것이 비결인 것 같다고 한다.
　주방장 역할을 한 적도 있다. 돌아오는 날 호텔에서 챙겨준 조식은 식빵과 잼, 삶은 달걀과 음료수이었다. 공항 바닥에 앉아 빵에 잼을 발라서 나눠주었다.
　엘살바도르에서 봉사단과 코티처, 현지 고등학생 군악대의 연합 공연에서 지휘자 역할을 했던 것은 정말 잊을 수 없다.

12시 반이 되니 BM이 어김없이 나와 리코더 연습을 한다. 강당 문을 빨리 열어달라고 현지 교사에게 말하고 리코더 팀을 강당으로 오라고 했다. 현지 고등학생은 큰북과 작은북, 실로폰을 들고 오고, 교사도 튜바(?), 남학생은 트럼펫을 들고 온다. 우리가 먼저 연습한 것을 공연하고 그에 맞춰 반주를 넣는 방식으로 맞춰 나갔다. 간주를 빼지 않고 그대로 가기로 했다. HJ가 인쇄한 악보를 나눠주고, 실로폰을 치는 학생이 악보를 볼 수 없어 CY샘이 같이 보조를 하고, 음악 교사가 튜바로 전주 코드에 맞춰 박자음을 넣고, 다른 음악 교사는 BM이 박자 틀리는 부분을 고쳐 주려 하고, 남자 고등학생이 큰 북으로 3/4박자 쿵, 여자 고등학생이 작은 북으로 나머지 짝짝을 치고, 파비올라가 보컬을 이끌고, 내가 지휘했다. 4번 정도 부르면서 많이 맞춰졌다. 이틀 만에 이 정도 협연이 되다니 놀랍다.

노래 연습 강당에 먼저 가서 지휘를 어떻게 할지 연습했다. 지휘는 악기나 보컬과 달라서 모든 마디의 장단을 계속 움직여 보여야 한다. 처음 시작하는 부분과 중간에 쉬는 부분, 박자 없이 느리게 가는 부분 등을 어떻게 하면 알아볼 수 있을지 생각해 두었다. … 내일 공연은 분명 놀라울 것이고, 벌써 놀랍다. 공연은 마지막뿐 아니라 연습이 더 오래 기억된다.

까르보네로 공연은 참 좋았다. 어제 연습한 것과 반대로 왼손과 오른손을 바꿔서 지휘해야 하는 배치가 되었지만 잘 끝냈다. 두 번째 부른 노래는 춤과 함께 하니 더 잘 한 것 같다. 대중 앞에서 처음 하는 지휘였는데, 지휘자가 이런 맛에 지휘한다고 느낄 수 있었다. 노래 지휘를 마지막으로 올해 봉사단 지휘가 끝나가고 있었다. 도서관 사서는 우리가 부르는 까르보네로를 들으며 엄청나게 감동했다고 한다.

메라비언의 법칙이란 게 있다. 사람이 상대에게 받는 이미지는 시각(자세, 표정, 복장, 몸짓)이 55%, 청각(목소리의 톤이나 음색)이 38%, 언어(말)가 7%를 차지한다. 즉 말의 내용보다 비언어적인 요소가 중요하다는 말이다. 현지에 가서 우호적인 분위기를 만들기 위해서는 이미지 트레이닝이 필요하다. 웃는 표정 연습해야지.

CD조 코티처 중 약학 전공 학생이 피부 크림 만들기 준비해 왔다. 이것이 웬 것인가 놀라 물어보는 내 얼굴이 매우 친절하지 않았는지, 내가 화났냐고 물어보더란다. 평상시 얼굴이 그렇다고 내가 말했고, 단원도 그 친구에게 그렇게 대답했다고 한다. 이 나이를 먹으면서까지 고정된 평상시 얼굴을 이제 와서 고치는 건 좀 어렵겠지?

힘든 준비 과정과 현지 일정으로 몸과 마음이 지쳤을 때 단원들을 다독이고 격려하는 역할도 한다. 아래는 첫 봉사활동을 준비하며 강행군하다 힘들어하는 단원을 격려하는 직원의 말과 현직 교사의 말이다. 이렇게 따뜻하게 위로해 주는 말도 할 줄 알아야 하는데, 저자는 이를 잘 못한다. 한 단원이 와서 수업을 못하겠다며 우는데 '많이 힘들지' 딱 한 마디 하고 그저 옆에만 있어 주었다.

힘내요. 이름 잘 지은 한라봉처럼 상큼하게~~ 초석을 다지는 것 선구자가 되는 것은 쉽지 않죠. 우리가 2회였다면 엄청 쉽게 갈 수도 있지 않았을까? 생각해 보게 되죠. 1회의 자부심을 갖고 좀 더 기운 내세요. 즐주~~

힘내세요. 성장통을 겪은 후의 폭풍 같은 성장은 그냥 얻어지는 게 아닐 테죠?

단장은 가장 외로운 위치에 있다. 다른 대학의 인솔 교수는 처음 봉사단을 인솔할 때 가장 걱정된 사람이 자기 자신이라고 말했다. 맞는 말이다. 힘든 일이 있을 때 터놓고 얘기하며 스트레스를 풀 상대가 없고 모든 걸 혼자 해야 하기 때문이다. 단원으로 함께 가는 현직 교사는 단장의 이런 어려움을 조금 공유해 주기도 한다.

단원 중에 환자가 생겨 숙소에 머물러야 할 때는 혼자 내버려두지 말고 단장이나 다른 단원이 함께 있어 주도록 안배한다. 보통 호텔에선 점심을 제공하지 않아 따로 주문해서 먹도록, 이렇게 사소한 것까지 챙겨주어야 한다.

단장은 대학생들이 쉴 때 일하고, 대학생들이 일할 때는 조금 쉬는 자리라는 걸 첫 봉사활동 때부터 알게 되었다. 봉사활동 후반부로 가면 역할 분담이 잘 되어 단장의 일이 줄어드는 것 같으면서도, 다음 봉사활동을 위해 정리하고 기록하는 것을 멈추지 말아야 한다.

봉사활동 첫 해 대학생 한 명이 단장에게 '정리할 게 그렇게 많나요?'라고 물었다. 단원은 시키는 대로만 따라 하고 수업만 신경 쓰면 되지만, 단장은 시간표 조정, 코티처 연락, 현지 기업 방문 일정 조정, 선물 관리, 현지 홍보 계획, 주말 계획, 한글학교 일정 조율 등 모든 시시콜콜한 일을 다 해야 한다고 말해주었다. 하지만 단장이 되어 일해보지 않으면 잘 모른다.

> 수업은 하나도 들어가지 못하고 앉아서 이런저런 지시를 하며 일정 조정 등 내 일을 한다. 4번 들어간 6학년 수업에서 서프라이즈 선물을 주어 우리 학생이 눈물을 보이기도 했단다. 이런 독특한 소식만 듣게 된다. 환송식 인사말 정리와 인쇄(나는 한국어로, Y가 번역하기로 했다), 그라나다 행 차량 비용 연락, 호텔 방 체크인 명단 정리, 국립국제교육원에서 하라고 한 설문 실시, 여기에 놓고 갈 약품 정리, 부채 개수 확인과 그라나다 학교 인원 파악….

이렇게 단장이 봉사활동 뒤치다꺼리를 하는 일을 정리해서 일지에 올리면 단원들이 단장을 좀 이해하지 않을까 생각했지만, 모든 단원이 일지를 꼼꼼히 읽고 되새기는 건 아니다.

단장의 능력에는 재정적인 지원도 포함된다. 코티처와 학생들이 모여서 놀이할 때, 조별로 평가회를 할 때, 수업 준비를 할 때 음료수나 간식이 필요하면 바로 사비를 들여서라도 사 주는 것이 좋다. 단장이 쓸 수 있는 운영비가 예산으로 지원되지 않으면 후원을 받아서라도 준비해 간다.

예상하지 못한 상황에 유연하게 대처하는 건 참 어렵다. 과테말라에서는 숙소 문제로 꽤 오래 힘들었다. 현지에서 파는 걱정 인형을 머리맡에 두고 자면 그 인형을 생각하느라 다른 생각을 안 하게 된다는데, 별 효과는 없었다.

> 봉사활동에서 유연하게 대처해야 한다는 것을 많이 강조했지만, 이번 봉사활동에 그걸 가장 못한 사람은 바로 나라는 게 더 아프다.
> (숙소 문제로) 어제도 밤에 잠을 잘 자지 못하였다. 나는 갈등 상황을 잘 버티지 못하는가보다. … 나도 매일 한 번씩 설사하고 있다 – 스트레스성이긴 하지만.

어떤 경우에는 단장이 아무 일을 안 하는 것도 가능하다. 실제로 과테말라에서 숙소 문제가 터졌을 때 그랬다.

> 내가 봉사활동 운영에 집중을 못하게 되면서 일정 관리, 섭외 등의 역할이 분담되었다(역설적으로? 아이러니하게도? 이렇게 분담하는 게 가능하다는 것을 알게 되었다).
> 내가 일지를 미처 올리고 있지 못하다고 하니, KS 샘이 그동안 조금씩 적은 일기를 카톡에 올린다. 일지를 올리는 단장의 역할까지 해 주시네.

단장은 많은 사람을 만나지만, 누구와도 깊게 친해지기는 어렵다.

> 이 봉사활동에선 학생들과 코티처가 서로 깊게 친해질 뿐, 운영진은 그렇게 코티처들과 많이 친해지기 어렵다. 내가 알레한드라와 많은 얘기를 나누지만 그건 운영을 위한 대화일 뿐, 친해지기는 어렵다. 물론 둘 다 두 집단을 대표하여 연결하는 어려운 일을 하는 처지라 동병상련을 느끼기는 한다. 엘살바도르에서 코티처가 왔을 때, 나하고 만났을 때 반가움과 단원과 만났을 때 반가움은 질이 다르다. 나의 역할이 이렇게 단원과 코티처가 만나 친해지는 기회를 제공하는 것뿐이라 생각하면 조금 씁쓸해지기는 한다.

단장은 혼자다. 행복한 혼자.

봉사활동이 끝날 때 단원들이 선물을 많이 받아 좋아하더라도, 단장은 선물 못 받았다고 투정해서는 안 된다.

> 작년 봉사단원들이 니카라과 3명에 전해달라고 선물을 보냈고, 올해 봉사단원들도 3명에게 선물을 주었다. 그리고 니카라과 3명은 우리 봉사단원들에게도 선물을 주고 갔다. 어떤 선물을 주고받았는지 물어보면서, 교통비 지원하고 재워주고 먹여주고 관광시켜 주고 그런 나한테는 아무도 선물을 주지 않았다고 말했다. 대학생 인솔 단장은 그런 거지. 학생들끼리 교류를 뒷받침하는 일.

봉사 단원들이 스스로 움직이는 자율적인 분위기를 어떻게 조성해야 할까? 특히 봉사활동 초기에는 그렇게 하기 어렵다.

> 두 반으로 나누어 수업 시연하는데, 한 반에서는 시작했지만, 다른 반에서는 시작하지 않고 있었다. 왜 시작 안 하냐고 물으니 시작하라는 말이 없어서 기다리고 있었다 한다. 흠. 조금 답답함. 왜 이런 문제가 발생하는 걸까? 내가 너무 모든 것을 쥐고 있어서 그런가? 자율적으로 움직일 것을 기대하지만 내가 그

런 분위기를 만들지 못하는 것 같다.

단장은 피곤해도 편히 쉬기 어렵다. 교사 휴게실이 있으면 좋으련만, 열악한 현지 학교에는 그렇게 쉴 공간이 없다.

> 유일하게 에어컨이 있는 컴퓨터실에서 수업하는 것을 보며 조금 돌아다니니 배가 살살 아프다. 난 여름에 밥을 먹고 에어컨을 쐬거나 조금만 찬 곳에 있으면 바로 설사를 한다. 여기서도 그러네. 화장실을 다녀온 후엔 힘이 쭉 빠져서, 의자에 앉아 메모하고 있자니 바로 졸고 있다. 스마트폰 글자를 입력하다 계속 같은 글자 누르거나 쓴 내용 다 지우고 있거나 … 예전에 동티모르에 갔을 때 퇴임한 신부님이 우리와 함께 다니다 자리에 앉기만 하면 졸고 계셨던 것이 생각난다. 단원들과 코티처들이 열심히 수업하고 있는데 난 졸고 있을 수 없으니 바로 일어나 걷는다.

이 봉사활동 사업을 수행하는 다른 대학과의 관계도 챙겨야 한다. 이 사업에 대해서는 내가 한국에서 가장 잘 알고 있지 아마.

> 공주대에서 현지 학생들 대상 설문지 한글 파일을 요청해 와서, KO선생님을 통해 전달했다. 처음 이 사업을 하는 대학이라 미리 준비하는 게 조금 미흡하니 도와줘야지.

단장은 단원들의 변화에 민감해야 한다. 봉사활동에 잘 적응하지 못하는 학생을 파악해서 본인이 다독여주거나 다른 사람에게 도움을 주도록 안내해 주는 것이 필요하다.

> 어제 한밤중에(1시쯤?) 잠이 깼는데 밖에서 얘기하는 소리가 들렸다. 늦은 시간에 누가 아직 안 자고 있나 나와 보니 단원 한 명이 한국으로 전화하고 있는 소리다. 아직 안 자면 내일 피곤할 텐데 이 시간까지 전화하다니 무슨 일이 있는 건 아닌지? 오늘 물어보니 별일 아니라 한다.

사범대학에서 수행했던 시민교육 사업에서 봉사활동에 지원받은 적이 있다. 이것은 부단장 교수에게 일임했다. "교수 둘이 같이 준비하니 일이 줄어드네."
너무 솔직하지 않아도 된다. 거짓말을 하는 법도 알아야 하네.

> 과테말라와 엘살바도르와 니카라과 중에서 어디가 제일 좋은지 물어서 그냥 모두 다 좋다고 말하니, 과테말라에서는 여기가 제일 좋다고 말해야 한다고 훈수를 두네. 난 말을 참 고지식하게 하는 게 문제.

7-8. 소진 경험에서 배운 것

리더는 봉사활동에서 솔선수범을 보여야 하지만, 이것도 지나치면 좋지 않다. 봉사단장이 모든 일을 다 할 수도, 기억할 수도 없다.

> 도미노 스틱으로 수업 시연 연습해야 하는데, 없다고 해서 연구실 들어가 찾아보라고 하고, 공지 올리고 … 결국 연수원장실에 있었다. 물품 관리 중요하다. 모든 것을 내가 하려고 하니 나중에 기억이 나지 않는 경우가 종종 생긴다.
> 제가 생각해서 일을 배분해야 하는데, 제가 일을 직접 하는 데에만 머리를 쓰고 있어서, 어떤 도움을 요청할지 생각이 나지 않습니다.

저자는 봉사활동 초반 긴장감과 걱정, 육체적인 피로가 겹치면서 소진되는 경험을 여러 번 했다. 혼자서 무리하게 모든 일을 다 하려 하다 한계를 넘어 폭발한 것이다. 평가회에서 감정이 격해지며 화를 내고 말았는데, 이것은 봉사단 전체에 전혀 좋지 않다. 혼자 일하는 것이 화학 전공자의 특성이라는 말도 있지만, 고쳐야 한다.

> 나는 다른 교수와 함께 갔을 때도 여전히 혼자 일을 했다. 도움을 요청하지 못했다. 위로와 공감을 요청하지도 않았다. (내가 화를 낸 일은) 나를 챙겨주지 않아 투정 부린 것. 결국 자신을 돌보고 관리하는 것은 스스로 해야 할 일이었다.

이러한 소진 경험을 통해 봉사활동은 혼자 하는 게 아님을 재확인하게 된다. 집단 봉사활동에서는 각자가 스스로 관리해야 하는데, 진정한 자기 돌봄은 누군가의 도움을 받는 조건에서 건강히 이루어질 수 있다 (임상희, 2020). 이러한 내용은 봉사활동을 처음 할 때부터 알고 있었던 내용이긴 한데, 실행이 어렵다.

> 해외 봉사활동은 준비가 참 어렵고 중요한데, 이번 봉사활동은 준비 기간이 너무 짧아 더 많이 어려운 겁니다. 힘들고 어려운 것은 자연스러운 것이니 본인이 그렇다고 말하세요. 다른 사람에게 도움을 요청하는 것은 굉장히 중요하고 꼭 배워야 할 '능력' 중 하나입니다. -- 솔직히 나도 그런 능력이 부족합니다.

소진되지 않으려면 적당한 선에서 포기할 줄 아는 것도 필요하다.

> 할 일을 조금씩 정리해 나간다. 후원받는 것도 줄이거나 포기하고, 학생 동아리 지원은 없는 것 같으니 포기, 현지 한국인 찾아보는 것 등. 예전에 바자회를 하면서 기부자 명단이 빠진 것을 찾으려 하다 못 찾고 포기. 최선을 다할 뿐, 완벽할 필요는 없다.

그리고 다른 사람은 내가 봉사활동에 대해 생각하는 만큼 똑같이 생각하지 않는 것도 알아야 한다.

[내년 예산 요구서 작성에 관하여] 직원 처지에서는 출장 중 연락을 할 만큼 중요한 사안이라 생각하지 않는 것 같다. 그야 나니까 이 봉사활동이 넘버원 우선순위가 있는 일이지, 다른 사람은 그렇지 않겠지.

현지 봉사활동을 할 때 주말에 인근 자연 문화 환경을 탐방하거나 여행하는 일은 전적으로 학생들에게 맡기고 단장은 학생들의 결정에 따랐다. 봉사활동 중 인솔자의 역할에서 벗어나 학생들이 계획한 여행 일정을 아무 생각 없이 따라가는 것은 심적으로 많은 휴식이 된다.

엘살바도르의 작은 폭포 물놀이

7-9. 역할 분담 시 주의할 점

봉사활동을 여러 번 반복하면서 저자는 역할을 배분하는 방법을 조금씩 알게 되었다. 봉사활동을 준비할 때부터 역할 분담이 필요하다. 단장은 일의 진행 상황을 점검하는 역할을 맡는다.

> 학생들이 프로그램 소개 3줄 영어를 보내주었는데, 바로 현지에 보내기 전에 *** 선생님께 검토를 부탁했다. 내가 할 수도 있지만, 일부러 역할 분담을 했다. ... 영어 검토는 며칠 걸렸는데, 그래도 바쁜 교사 처지에서는 최선을 다해서 빨리해 준 것이다. 운영자/관리자는 일을 분담하고 기다릴 줄 알아야 하나보다. ***에게 과테말라 노래를 하나 추천받아서 카톡에 공유했다. 노래 가사 정리, 악보 찾거나 그리기, 편곡 등을 할 사람을 찾는 글을 카톡에 올렸다. 작년에는 내가 직접 했지만, 사소한 것들도 일을 분배해야지. 단장은 일을 하는 사람이 아니고 분배하는 사람.

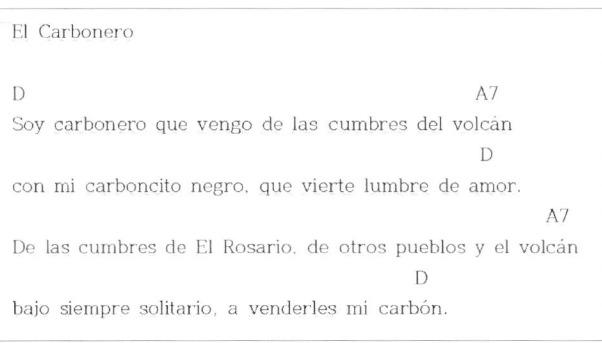

엘살바도르 전통 노래 코드 넣기

하지만, 역할 분담을 하는 게 항상 쉬운 건 아니다.

> 역할 분담을 하는 게 매번 어렵다. 내가 하는 게 빠르기도 하고 나 혼자 일을 하는 것이 내 스타일이기는 한데, 그게 나를 피곤하게 하기도 하고, 다른 사람이 보기에도 좋지 않은 것 같다. 월요일에 ***이 *** 교수님은 뭘 하시는 거냐고 묻는다. 학생들이 보기에도 교수가 두 명 가는데 한 명만 열심히 하는 게 별로 안 좋아 보이나보다.

일을 시키기 위해서는 자세히 설명해 주어야 하는데 그 과정이 시간도 걸리고 모든 내용을 완벽히 설명하기도 어렵다. 하지만 처음부터 모든 단원이 일을 잘하는 것은 불가능하고, 일하면서 배워 나가는 것을 생각하면, 일이 느리고 힘들더라도 역할 분담으로 진행하는 것이 장기적으로는 더 바람직한 방법이다.

모든 역할이 다 중요하지만, 현지와 의사소통하는 역할은 매우 중요하다. 봉사단과 현지 학교, 코티처 사이에 이견 조율을 원만히 하는 건 어려운 일이다. 봉사활동 첫해에 이런 의사소통이 안 되어 터진 코티처 숙박 사건은 참 힘들었다. 학교가 도심에서 멀리 있어 코티처가 왕복이 힘들어 캐리어에 짐을 싸서 왔고, 내가 학교에서 숙박하는 문제를 논의해서 조율하기로 했다. 그런데 내가 모르는 새 벌써 얘기가 오고 갔고 숙박을 안 하는 것으로 결론이 났다.

> 그리고 이어지는 일은 정말 견디기 힘들었다. 비좁은 K 교수님 차 짐칸에 팔려 가는 닭처럼 끼어 앉아 가는 학생[코티처]들 모습은 그러려니 할 수 있었다. 자려고 가져온 짐을 내리는데 무거운 물통을 함께 내린다. 오늘 아침 이곳이 정전으로 단수(우물물을 퍼 올리지 못해)되었다는 말을 듣고 한국 학생들을 위해 물을 담아온 것이다! 물을 담아온 학생은 또 다른 한국인이 나가는 곳까지 데려다주기로 하여 기다리는데, 출발이 하염없이 늦어진다. 점심도 늦었고, 시간표 작성하느라 기다리고, 한국인들 잡담 옆에서 기다리고, 이런저런 사유로 기다리던 그 학생은 5시가 넘어서야 가게 되었다. 그 모습을 보는 난 너무도 미안하여 기다리는 내내 좌불안석. 그 자리에 있기 힘들어 강당으로 왔지만, 차 소리가 날 때마다 밖을 보았다. 너무 미안해서 오늘은 자고 가라고 말했지만, 이미 너무 늦었다. (그 학생은 의사 면허증이 있는데도 취업을 못하고, 다른 시험을 준비하고 있다고 나중에 들었다.) 학생은 갔지만 남아있는 물통. 휴우~
> [그다음 날] 탁자 위에 놓인 수박이 웬 거냐 물으니, 코티처 학생이 같이 나눠 먹으려고 사 왔다고 한다. 아니, 이럴 수가! 나중에 알아보니 그 학생은 어제 물통을 가져온 의사였다.

의사소통 라인이 엉키면서 생긴 이 일로 인해 장문의 사과 편지를 써서 K교수와 코티처에게 전해야 했다. 그리고 현지와 연락하는 역할을 따로 만들어 일원화하고 다른 사람은 함부로 말을 전하지 말도록 하였다. 코티처에게 역할을 분담할 때도 고르게 배분되도록 조심해야 한다.

> 환영식이 끝난 다음에는 방송국 인터뷰하는데, 빌손과 다니엘라에게 가위바위보를 시켜 이긴 사람에게 번역을 하라고 했다. 이후에 방송국이 하나 더 취재하러 와서 다른 사람에게도 번역 기회를 주었다.

사람들은 책임지기를 원한다(피트 데이비스, 2003, 63). 역할을 부여함으로써 책임감을 느끼고 전체 봉사활동에나 본인 스스로 의미 있는 사람이 될 수 있다.

8. 니카라과의 교육과 사회문화

이 장에서는 해외 교육봉사활동을 둘러싼 니카라과의 교육, 사회, 문화적 상황을 이야기한다. 니카라과의 제반 상황은 니카라과의 초중등 및 대학 교육에 영향을 미치므로, 교육봉사활동에도 영향을 미친다. 이러한 상황은 CHAT에서 커뮤니티와 규칙에 해당하며, 교육봉사활동을 제한하거나 활동에 어려움을 주기도 한다.

그런데 니카라과에 잠깐 방문하여 봉사활동을 하는 사람과 현지에 오래 머물며 살고 있는 사람이 느끼는 니카라과는 매우 다를 것이다. 그래서 니카라과에서 오래 살고 있는 한국인 두 명과 이야기를 나누며 자료를 수집했고, 가능한 관련 문헌 자료, 인터넷 자료 등을 찾으려 노력했다. 하지만 니카라과 관련 정보가 충분하지 않아 일부 내용은 개인적인 의견이나 느낌에 해당할 수도 있다. 매우 중요한 내용이라면 니카라과 대사관에 내용 자문받아야 한다.

이 장에서 알아보고자 하는 내용은 '니카라과에서 교육의 의미와 중요성은 어느 정도인가?', '니카라과의 사회, 경제, 문화가 교육에 미치는 영향에는 어떤 것이 있는가?', '니카라과의 상황은 봉사활동에 어떤 영향을 미치는가?' 등이다.

Q. 니카라과에서는 교육열이 한국에 비해 높지 않은 것 같은데, 그 이유는 무엇일까? 혹시 최근에 니카라과 교육열이 향상되었다면 그 계기가 무엇인가?

A. 니카라과의 교육 수준은 그렇게 높은 적이 없다. 특히 코로나 때는 모든 학교, 학생, 교사가 가상 환경에 적응할 수 있는 도구나 자원이 없었기 때문에 교육에 대한 관심도가 훨씬 낮아졌다. 부모가 자식 교육에 관심이 없는 이유는 친부모가 아닌 경우가 많아서일 수도 있다.

> 이 나라에 교육열이 높지 않은 이유를 나는 열심히 공부해서 대학 졸업해도 취업이 잘되지 않기 때문이라고만 생각했는데, 선교사님은 학생 부모가 친부모가 아닌 경우가 많아서 잘 교육하지 않는다고 한다.
> 초등학교는 대부분 보내지만, 중고등학교를 다니도록 부모가 지원하지 않는단다.
> 자기 생일이라고 갑자기 학교를 오지 않는 니카라과 교사 이야기, 학부모들을 교육하는 이야기

Q. 왜 교육열이 높지 않을까? 한국 교육열의 근원은 무엇일까? 언제부터 교육열이 높았나?

A. 한국인의 높은 교육열의 기원에 대해서는 조금 논란이 있다. 배움과 교육을 강조하는 유교 전통에서 출발한다는 주장(허수열, 2016)도 있고, 근대 이후 교육을 통해 신분 상승이 가능해진 이후라는 주장(우대형, 2015)도 있다. 어쨌든 한국에서 교육을 통해 학력과 학벌을 얻고 출세를 하는 사람들이 많아지면서 증가한 교육열은 쉽게 가라앉기 힘들다(오욱환, 2000). 이를 고려하면 니카라과에서 교육받아 출

세하는 사람이 별로 없어서 교육열이 낮을 수도 있겠다. 서양에서는 성경을 읽기 위해 교육을 받아 문해율이나 취학률이 높아졌다는 얘기도 있는데, 그 이상의 교육열은 없는 것 같다.

Q. 니카라과 학생들이 선호하는 직업은 무엇인가? 어떻게 하면 그 직업을 얻을 수 있나? 직업의 귀천을 따지는 정도는 한국과 비교하여 어느 정도인가?

A. 니카라과 학생들은 건축이나 농업, 축산처럼 육체적 노력을 많이 요구하는 직업보다는 지적 노동을 선호한다. 대학생들은 엔지니어링, 회계, 경영학, 의학, 마케팅 및 디자인과 같은 학사 학위에 관심갖고 있다. 니카라과 청년들은 가족을 부양할 수 있도록 급여가 많은 직업을 가지길 원하지만, 실무 경험이 없는 사회 초년생이 취업하는 게 매우 어렵다.
실제로 봉사활동을 도와주었던 의대생 한 명은 병원 취업이 되지 않아 변호사 시험 등 다른 것을 공부하고 있다고 들었다.

Q. 니카라과에서 교육과 직장(취업)이 어느 정도 연결이 되나? 고등학교나 대학교를 나오는 것이 취업에 어느 정도 도움이 되나?

A. 학력이 높을수록 좋은 일자리를 얻을 수 있는 기회가 더 많다. 그런데 가족이나 친척 중에서 직장의 상사와 인맥이 있다면 취업에 훨씬 유리하다. 중고등학교만 졸업하면 공장에서 생산직이나 일용직에서 일한다. 재택 간호, 경비원, 슈퍼마켓의 직원은 고등학교나 대학 학위가 없어도 된다.
과테말라에 있는 소년의 집이나 소녀의 집은 5년간 숙식과 함께 중등 교육을 무상으로 제공하고, 졸업 후 취업할 수 있도록 직업교육을 하므로 인기가 많다. 소년의 집과 소녀의 집을 통틀어 한 가정에서 1명 학생만 들어올 수 있는데, 유일하게 그 규칙을 깬 여학생이 1명 있다고 한다. 소녀의 집에서 군악대 지휘를 하던 당찬 여학생.

> 길거리 걸어가는 원주민들은 참 키가 작다. 그렇게 작은 아이들을 데려와 잘 먹여 키를 크게 하니 소년의 집이 참 큰일을 한다.

엘살바도르에서 충북대학교로 유학 온 한 학생은 한국 대학생이 엘살바도르에 가보면 한국이 '헬조선'이 아니라는 것을 알게 될 거라고 말하기도 했다.

Q. 니카라과에서 사립학교와 공립학교는 많이 차이가 나나? 니카라과에서 선호도가 높은 사립학교에는 어떤 곳이 있나? 그 사립학교를 선호하는 이유는 무엇인가?

A. 니카라과의 공교육은 거의 발전하지 않고 있으며, 공립학교와 사립학교 교육의 질적 수준이 큰 차이를 보인다. 공교육만으로는 전문 직업을 가지기 어렵고, 사립학교에 가려면 부모의 경제적 뒷받침이 필요하다. 국제학교를 비롯한 몇몇 유명한 사립학교는 미국의 교육과정에 맞추어 운영되고 학생들의 대학

진학을 실질적으로 지원한다.

Q. 니카라과 학생들(고등학생, 대학생)의 꿈이나 희망은 무엇인가?
A. 가족을 돕거나 가정을 꾸릴 수 있는 보수가 좋은 직업을 찾는 것이다. 일부 학생들은 외국으로 유학 나가기를 원하며, 코로나 이후에는 미국으로 떠나는 가정이 많아졌다.

> 이 나라는 교육에 투자하지 않으니, 학생들이 희망이 없다. 의사는 의사 자식이 되고, 변호사가 되는 것은 변호사 자식이다. 승자독식 구조인 니카라과인데, 국민이 별로 불만이 없다. 부모도 그렇게 살았으니, 자식도 당연히 그렇게 사는 것. 국민 5%는 금수저, 5%는 깨어서 돈을 벌려고 하고, 나머지 90%는 그냥 포기하고 살아간다고 한다.

Q. 니카라과의 사회 경제 문제 중 교육에 큰 영향을 주는 것이 무엇이 있을까?
A. 니카라과는 고용 창출이 매우 낮은 편이다. 니카라과에서 좋은 교육을 받는 것은 매우 비싸서 사실상 일부 특권층만 받을 수 있다. 가난한 학생이 좋은 대학에 진학하여 장학금을 받으며 공부하는 기회가 별로 없다.

> 오늘 우난대에서 대학생 데모가 있었다고 한다. 그런데 그게 친정부 데모다. 원래 대통령 한 번만 하게 되어 있는데, 대통령을 한 사람이 계속하는 것에 찬성하는 데모. 그런 데모를 주도한 학생은 정부에서 멕시코 등으로 유학을 보내준다고 한다.

니카라과는 빈부격차가 심하다. 단원이 병원에 다녀오면서 길가의 subway에 들러 샌드위치를 먹은 적이 있다. 종류에 따라 100~150 코르도바. 이곳에서는 하루에 10달러를 벌면 괜찮은 직장이라는데(2017년), 그것에 비하면 쉽게 사서 먹을 수 있는 가격이 아니다.

Q. 니카라과의 문화적 상황 중 교육에 큰 영향을 주는 것이 무엇이 있을까?
A. 니카라과 사람들은 개인의 이익이나 권리 침해에 매우 민감하게 반응한다. 니카라과에서 개인주의와 부모의 자녀 교육에 관한 관심 부족은 교육에 가장 큰 영향을 미치는 요인이다. 많은 부모의 경제력 부족으로 인해 교육을 권리가 아니라 사치로 생각하기도 한다.

Q. 니카라과 초등학교, 중학교, 고등학교 모두 하루 5시간만 수업을 하는데, 국가에서 그렇게 통제하는 이유는 무엇일까?
A. 니카라과는 의무 교육에 투자하는 것을 지양하고 통제한다. 공립학교에는 학생 수가 매우 많은데 교실이나 교사가 부족해서 오전, 오후, 야간반 등 2~3교대로 운영하기도 한다. 학생들은 대학교 진학에 대한 동기를 부여받기 어려워 고등학교에서 마치며, 국가는 값싼 노동력을 얻을 수 있다.

저자 생각에 많이 교육하면 정부에 대한 비판이나 자유로운 삶에 대한 열망이 커지기 때문에, 수업 시간을 통제하면서 '우민화 교육'을 하는 것 같다.

Q. 니카라과가 발전하기 위해서는 무엇이 필요할까? (정치, 행정, 산업 구조, 금융, 교통, 문화, 인식, 교육, 지리, 관광, 인구, 치안, 보건 등등)

A. 니카라과는 언급한 모든 면에서 발전이 필요한데 특별히 교육의 투자가 국가 발전의 가장 큰 원동력이라고 생각한다. 특히 교육과 건강 분야 예산이 적다. 그래서 공립학교와 병원은 환경이 열악하고 교사나 직원의 봉급이 낮아 업무가 제대로 이루어지지 못하고 있다. 그래서 학교에서는 학생들이 그냥 놀고 있는 경우가 많고, 병원의 의사나 간호사는 태만하고 느리다.

교사 월급이 적어, 니카라과에서 좋은 교사 찾는 게 어렵다.

> 이 학교에서는 교육대학을 만들려고 하는데, 3년 과정을 마치면 초등학교 교사를 할 수 있고, 좀 더 공부해야 중고등학교 교사를 할 수 있다고 한다. 그런데 교사 월급이 한 달에 300불 정도라고 한다(그것도 이 학교에서 많이 주는 것). 숙련된 기술자보다 더 못 받는다. 어떤 교사는 오전에 이 학교에서 근무하고 오후에 다른 학교에서 학생들을 가르치기도 한다.

니카라과 사회나 국민성에 대해 안 좋은 얘기도 들었다.

> 스페인 통치를 받으면서 주인이 가진 것을 취하는 것을 나눠 가진다고 말하고, 주님이 주신 축복이라고까지 말한단다. 자기 자신의 이익을 위해 양심에 거리낌이 없이 뭐든 하고, 집을 지어 주어도 고마운 것은 딱 일주일 정도
> 원래 마나구아 학교 일대가 이태리 사람 땅인데 어린 여자애가 이태리 사람에게 들이대서 애를 가진 후 쫓아냈다고 한다. 그 땅은 그 여자애 부모가 차지하고.
> 장 보는 것을 직접 해야 하고, 이곳 사람을 시키면 견물생심 나쁜 일을 조장하게 시키는 셈이 된다.

Q. 니카라과 사람들은 자존심이 매우 강하다고 하는데, 봉사활동이나 외국 원조 등을 할 때 이와 관련하여 조심해야 할 내용이 무엇이 있을까?

A. 니카라과인들은 표현력이 풍부하고 자신의 역사와 뿌리를 매우 자랑스럽게 생각한다. 특정 음식이나 전통 음료 등을 존중해야 한다. 정치나 종교와 같은 민감한 이야기는 하지 않는 게 좋다. 치안은 나쁘지 않지만, 외부 활동할 때 사고가 발생하지 않도록 현지인과 동행하는 것이 좋다.

외국인은 감시 대상이니 봉사단은 처신을 잘해야 한다.

> 선교사님에게 무서운 얘기를 하나 들었다. 니카라과에 와서 학교를 세우거나 선교하거나 하는 외국인들은 일거수일투족이 모두 보고된다고 생각하면 된단다. 니카라과에 예전에 친미 정부가 들어섰을 때 미국에서 많은 사람들이 와서 선교도 하고 활동을 했는데, 반미 정부로 바뀐 다음에 많은 미국인들이 손을

놓고 돌아갔다고 한다. 그래서 현지인들은 "어? 쟤들 뭐지?"라고 생각하며 외국인(즉, 정치에 따라 움직이는)들을 경계하게 된 역사가 있다고 하신다.

그렇다면 니카라과에 지금 와 있는 우리가 하는 일도 모두 누군가 보고를 한다는 말인가? 수업 중에 절대 니카라과 정부 비판을 하거나 하면 안 된다고 했는데, 그 정도가 아니라 문제 삼아서 돈 빼앗고 내쫓기 위해 감시를 하기도 한다는 말. 이것과 비슷한 말을 티피따빠 선교사님도 하신 게 기억이 나네. 모든 봉사단이 처신을 잘해야 하겠다.

기부할 때 겸손하고 솔직한 태도가 중요하다. 할 수 없는 것은 바로 할 수 없다고 말해야 한다.

수학 프로젝트를 [일본과] 하는 교사는 프랙탈 카드 전시된 것을 보며 거기 놓인 교과서를 한 부 달라고 한다. 학교에 교과서를 많이 기부하니 거기서 얻을 수 있다고 말하니, 학교에 기부하는 것은 학교에 주는 것이라 자신이 함부로 가질 수 없다고 말한다. 환송식에서 교장 옆에 앉을 정도로 비중이 있는 교사지만 공과 사를 철저히 구분하네. 수학 기자재를 지원해 주거나 싸게 사는 방법을 알려달라고 하는데 내가 쉽게 해 주기 어려운 부탁이다. 선진국에서 온 사람들에게 이런저런 지원을 부탁하는 것은 어쩌면 당연한 일이다. 내가 그런 부탁을 들어줄 수 있는 처지가 아니라 미안하다고 말했다. 킴이 번역을 하면서 그런 상황을 잘 이해한다고 말해 준다.

빠듯한 예산으로 대학생을 인솔하며 봉사활동을 진행하지만, 현지인이 볼 때는 우리는 잘 사는 나라에서 온 사람들이다.

봉사활동을 나가면 봉사단을 통해 새로운 기회를 찾으려는 사람들을 만나게 된다. 아와차판에는 코이카에서 청소년 센터를 만들어 주어 마을 사람들이 한국을 어느 정도 알고 있는데, 조금 관심이 있는 사람은 이 센터를 이용해서 한국에 갈 수 있는 방법을 찾으려 한다. 센터 영어 강사가 나에게 단기 방문 코스가 있는지 물었고, 태권도 강사도 사진 같이 찍고 태권도 훈련하는 것 보여주며 본인이 한국에 가서 태권도 기술을 좀 더 배워보고 싶다고 한다.

수업하거나 학생과 얘기할 때는 현지의 사회경제적 상황에 맞는 말을 써야 한다.

HS부소장과 만나 이런저런 정보를 많이 받았다. ... 공립학교 학생들은 집안이 어려우니 빈부격차나 외모 등에 관련된 자극적인 말을 삼갈 것 ... 공립학교 학생은 이러한 특별 활동을 좋아함.

엘살바도르 사람들의 자존심은 도난 사건에서 볼 수 있었다.

호텔 사장과 종업원의 얼굴을 보니 자존심이 팍 상해 본인들의 결백을 증명하고 싶은 마음이 읽힌다. 니카라과 사람의 경우 본인의 권리가 침해되거나 약간 불평등함을 느끼거나 하면 그걸 못 참고 굉장히 강하게 따지는 경향이 있다고 한다. 같은 중미 국가이니 그런 성향이 있을 것이고, 그렇게 사장과 종업원의 태도가 이해된다. 이렇게 당사자끼리 얘기를 하다 보면 평행선만 긋게 되며, 계속 얘기를 하면 서로 마음만 상하기 때문에 여기서 멈추고 좀 더 해결 방법을 찾아보자고 하며 그 후 다시 연락한다고 했다. 1시간 남짓 얘기를 정리하고 나서는 코티처나 단원들에게 이제 끝났으니 더 이상 생각하지 말자고 했다. 도난 사고에 대해 이미 내부적으로 거의 정리가 끝난 상태에서 또 말하기 싫었는데, 오늘 미팅은 코티처와 호텔 직원을 달래주는 자리였다. 해결된 것은 아니지만 하고 싶은 말을 하게 하는 자리.

현지 교사를 비롯한 모든 사람을 평등하게 대하는 것이 필요하다.

> 선물 전달은 모든 교사가 받지 못하면 곤란하다고 해서, 식순에서 제외하고 나중에 교장에게 따로 주었다. … 손톱깎이는 교사들에게 주거나 학교 행사에서 상품으로 쓰거나 알아서 하라고 하니, 여학생들이라 손톱 위생 교육에 유용하게 쓸 거라 말한다.

Q. 니카라과의 문화 중에서 우리나라보다 선진적이거나 한국인이 본받을만한 것이 무엇이 있을까?
A. 니카라과 사람들은 겸손하고 사교적이며 친절하다. 공감력이 뛰어나고 다른 사람들을 돕는 것을 좋아한다.

니카과에서는 둥글게 모여 노는 것을 좋아한다.

Q. 니카라과에는 성별 격차(직업, 경제력, 대우, 인식, 성격 등)가 어느 정도 있나?
A. 이 질문에는 남녀가 다르게 말한다. 남학생은 직업, 경제, 정치, 종교 등에서 남녀가 평등하고 동일한 권리를 가진다고 말하는 반면, 여학생은 직장 내 차별, 여성 살해율, 가정 폭력 등을 얘기하며 성차별이 있다고 말하곤 한다.

9. 코티칭

이 장에서는 한국 예비 교사와 니카라과 대학생이 함께 수업한 코티칭의 사례를 분석하고자 한다. 코티칭은 두 명 이상의 교사가 함께 수업을 준비하고 실행하고 평가하면서 교사의 수업 전문성을 발달시키는 동시에 학생의 학습 기회도 증진하는 방법이다(Roth & Tobin, 2002). 니카라과 수업은 스페인어로 진행되기 때문에 현지 대학생의 도움이 필수적이다. 수업에서 코티칭이 일어나는 예시를 찾아봄으로써 코티칭을 통한 상호 배움, 교류, 문제점 및 해결 과정을 기술한다. 또한 다양한 코티칭 방식이 있음을 숙지하고 수업에서 코티칭을 활용하는 방안을 계획할 수 있다. 코티칭은 수업해 보면서 익혀야 하지만 소개나 설명이 필요하다.

코티칭을 활용한 수업에 관해 많은 연구가 진행되고 있다. 코티칭은 융합인재교육(STEAM) 교육에 적절하며(한혜숙, 2015), 미래인재 육성을 위한 교육에도 유용하다(윤정희, 2021). 원어민과 비원어민이 함께 언어 교육을 할 때 코티칭이 사용되고(김보라, 2022), 음악과 인문학의 융합 수업도 코티칭으로 가능하다(김혜진, 황혜영, 2018). 과학이나 지리 등의 단일 교과 수업에서도 코티칭이 보고되고(전보애, 2015; 한재영, 윤지현, 2009), 영재교육에서도 활용되었다(노태희 등, 2012). 코티칭은 중등학교와 대학교를 연계하는 수업에도 적용되는 등(김혜진, 윤영돈, 2019), 예비 교사와 현직 교사의 전문성 발달에 유용한 모형으로 생각할 수 있다.

또한 코티칭은 교육봉사 상황에서도 사용되었는데, 대학의 교육봉사 강의에서 예비 교사들이 코티칭을 수행하며 적지 않은 도움을 주고받는 동시에 코티칭 과정에서 어려움을 겪기도 한다고 보고되었다(이혜진, 2015; 이혜진, 민병미, 윤지현, 2015). 한재영 등(2020)은 해외 교육봉사를 통해 예비 교사가 전문성을 신장하는 과정을 기술하며, 수업의 준비, 진행, 반성 및 개선 단계에서 많은 배움이 일어남을 보고하였지만, 코티칭 사례를 별로로 다루지 않고 단지 요약하는 수준에 그치고 있다. 한재영과 임성민(2018)은 동티모르에서 수행된 과학 실험 봉사활동의 발전 과정을 분석한 결과, 봉사활동 시기별로 코티칭이 다양하게 증가하고 있음을 보고하였다. 동티모르 봉사활동은 현직 과학 교사의 자발적인 참여로 장기간 진행된 것으로, 코티칭에 대한 선행연구가 주로 인지적 영역에서 코티처의 상호작용을 다루지만, 여기서는 정의적 영역에서 코티칭의 사례도 탐색한다.

9-1. 수업 준비 단계

수업 준비는 출국 전부터 조별로 협동하여 철저히 수행한다. 단원 1인당 수업 1가지 이상을 주도적으로 준비하지만, 실제로는 조원과 함께 수업하기 때문에 같이 준비하는 것과 같다. 아래는 단원이 적은 반성일지 내용과 그에 대한 조언이다.

> 수업 주제 선정에서 조원이 내가 생각지 못한 것을 짚어 주어 도움이 컸다. [이에 대한 단장의 피드백] 이렇게 수업 같이 준비하는 과정은 매우 소중하고, 이 봉사활동 특유의 과정이 된다.
> 다른 단원 수업 보며 내 수업의 감을 잡을 수 있었다.

그리고 현지에서 봉사단원을 도와 줄 코티처에게 미리 연락해서 대본을 검토받거나, 대본을 원어민 발음으로 읽는 음성 파일을 받기도 한다. 현지에 가서 코티처와 함께 다시 수업 시연하면서 좀 더 정확한 수업 표현으로 대본을 교정받고 조원과 코티처가 역할을 배분한다.

현지 대학생에게 수업 시연

수업을 함께 준비하며 함께 진행할 것을 생각하면 봉사단원들은 수업에 대한 두려움을 감소시킬 수 있다. 이렇게 수업 준비와 진행에 대한 교사의 심리적 부담감이 감소(이혜진 외 2015)하는 건 코티칭 특유의 장점이며, 학생들도 코티칭에서 심리적 안정감을 느낀다고 보고된다(임아름, 2011).

> 수업이 걱정이 되지만, 남에게 도움을 청하면 도움을 받을 수 있다는 것을 알고 안심

한편, 수업을 함께 준비하면서 단원들은 다양한 감정을 경험한다. 단원은 수업 시연하며 서로 조언을 주고받는 데 익숙하지 않다. 그래서 본인이 준비한 수업에 대해 지적받으면 기분이 상하고, 다른 사람이 수

업을 잘하는 것을 보면서 자격지심을 느끼기도 한다. 또한 수업에 대해 조언하는 능력도 차이가 나는 것을 경험하며 좌절감을 느끼기도 한다.

> 수업을 준비하고 조원들에게 수업 피드백을 들었다. 사실 처음에는 상처를 많이 받았다. 누군가에게 피드백을 들어보는 것 자체가 처음이었고 나도 모르게 자신감이 계속 없어졌다.
> 내 수업에 대한 낮은 자신감 : 내가 틀에 갇혀 얽매인 수업을 하고 있었구나.
> 수업이 잘 안되었을 때 바라본 다른 학생들의 수업 : '왜 나는 못하지?'

저자가 공무원 시험 문항을 처음 검토할 때 들은 조언은 '추궁하지 말 것'이다. 즉 문항의 문제점을 지적하되 왜 이렇게 했는지에 대해 출제자를 비난하지 말라는 것이다. 그런데 예비 교사 중 특히 수업 시연을 처음 하면서 피드백을 처음 받는 경우, 본인의 수업에 대한 비판과 비난을 구분하지 못한다. 이러한 점을 고려하여 수업에 대해 지적할 때는 가능한 상대방의 감정을 상하지 않도록 유의하는 것이 필요하다. 즉 코티칭에서는 감정적 배려가 중요하다. 아래의 예에서처럼 실험이 의도된 대로 되지 않을 때 문제를 찾아 해결하는 것은 현직 교사에게도 어려운 일이라는 점(이수아 외, 2007)을 알고 부드럽게 지적해야 한다.

> A 호텔 식당 테이블에서도 수업 준비를 하고 있다. 별이 된 이쑤시개 실험이 잘 안된다. 내가 해보았는데도 계속 실패. 반 정도 잘리면서 완전히 꺾어주는 게 요령이다. 접힌 이쑤시개가 빨리 펴지지 않아 학생들이 오랜 시간 잘 관찰하지 못하면 어쩌나 걱정한다. 노란색은 별 색을 만들기 위해 넣었는데, 노란색 물질 때문에 이쑤시개가 펴진다고 생각할 수도 있다[고 얘기했다]. 이쑤시개가 충분히 있으면 학생들에게 많이 준 다음에 여러 번 시도해 보고 조별로 작품을 만들어 보라 하는 식으로 수정하라고 했는데, 그런 말을 모두 스페인어로 준비해야 하니 막막한 생각이 들 수 있다. 실험이 잘 안되니 갑자기 배가 아프다고 한다. 이런! 내가 너무 취조하듯 얘기했구나.

수업은 잘하는 사람이 있고 못하는 사람이 있다. 다른 사람의 수업이 다소 미흡해도 그에 대한 지적은 매우 조심스럽게 해야 한다. 결과가 안 좋다고 과정까지 안 좋을 것이라 평가해서는 안 된다. 이렇게 상대의 처지에서 공감하고 배려하는 자세가 필요하다(임청숙, 2008).

> 수업에 있어 노력하지 않았다는 다른 사람들의 평가에 좌절감을 느꼈었음.
> 초심을 되찾자. 우리는 대본을 몇 번 보고 들어가는가. 자신 수업뿐만 아니라 모두의 수업도 챙기자.
> 더 발전하는 자신이 되자. 수업에 대한 노력은 모두 상대적이니 인정할 부분은 인정해야.

바쁜 대학생들이 학기 중에 시간을 내어 봉사활동을 준비하는 건 매우 어렵다. 따라서 본인의 수업 이외에 다른 단원의 수업을 숙지하지 못하는 경우가 종종 있다. 그런 경우 함께 진행하는 수업에 대한 준비가 부족하여 어려움을 겪는다. 또한 조별로 1가지 문화 활동을 준비해야 하는데, 책임감이 분산되며 준비를 서로 미루는 경우도 생긴다(이혜진 외, 2015; 한재영, 2008).

문화 수업은 조별로 준비하는 것이었는데 서로 미루고 책임감이 분산되었다.

문화 수업 준비

현지에 가서 실제 수업을 하기 전에 코티처와 함께 수업 시연하면서 많은 도움을 받는다. 코티칭은 여러 번 할수록 는다. 아래는 두 번째 봉사활동에서 코티칭을 한번 해봤던 코티처에게 도움을 많이 받는 장면을 나타낸다. 대학에서 수업 시연할 때 첫해에는 대학생을 대상으로 했는데, 두 번째 해에는 코티처가 동생을 데려오기도 하였다. 실제 초중등 학생을 데리고 수업 시연하는 것은 매우 적절하다.

> 코티처와 수업에 관해 얘기하는 시간은 유효했다. 주의집중 구호도 적당히 바꾸고, 발음도 교정하고, 대본 검토하고, 수업 진행에 관해 얘기하고, 역할 분담도 하고.

현지에서 수업 재료를 구해야 하는 때는 반드시 사전 조사가 필요하다. 식물 잎을 관찰하는 수업에서 특정 장소에 식물 잎이 없는 때가 있었다.

> SS가 와서 신부님께 야외에 나가 꽃이나 잎을 딸 수 있는지 물었는데, 조금 생각해 보니 천사의 집에는 염소양(염소와 양이 합쳐진 종?)이 많아서 식물이 많지 않은 것 같았다. 그래서 학교 주변을 살펴보았지만 정말 식물이 별로 없어 수업 활동에 지장이 있을 정도였다. 그래서 SS를 나오라고 해서 같이 돌아다니며 잎을 딸 수 있는 곳을 찾아다녔고, 결론은 수업 전에 미리 잎을 따다 주면 그중 골라서 만드는 방식으로 하기로 했다. 잎을 딸 때 바닥에 있는 클로버도 찾아 따 주었다.

9-2. 수업 실행 단계

현지에서의 봉사활동 수업은 조별로 함께 수행하므로 다양한 방식의 코티칭이 일어난다(한재영, 임성민, 2018). 가장 중요한 코티칭은 스페인어 의사소통 도움이다. 스페인어에 익숙하지 않은 봉사단원은 대본을 읽기에 바쁘니, 현지 코티처가 보충 설명하거나 현지 학생의 질문에 답해 준다. 현지 학생이 언어적인 도움을 주기도 한다.

> (도미노 스틱의) 시작 부분을 만들어 주어야 한다. debajo aqui arriba aqui (여기는 아래, 여기는 위로)라고 말하고 있으니 한 학생이 debajo를 abajo로 고쳐 준다.

이외에 판서 보조(예, 설명 중 보충 판서), 조별 순회지도(예, 지도할 조 분배), 실험 활동 보조(예, 어려운 실험 조작 도움), 활동 자료 관리(예, 부족한 실험 재료 공수), 예시 작품 제작(예, 색깔 막으로 어린 왕자 모자 모형 만들어 주기), 수업 시간 점검 및 진행 조절(예, 끝나는 시간에 맞춰 활동 생략), 활동의 난이도 조정(예, 지도 찾는 활동이 어려우니 쉽게 변형), 주의집중 방해 요인 제거(예, 정전기로 광섬유를 당기는 실험에서 광섬유에 불을 켜면 그것에 눈이 가서 방해됨), 역할 분담 조정(예, 시연하거나 대본 들어주기) 등 주교사 이외의 사람이 수업 진행에 도움을 준다. 이렇게 코티칭은 특히 실험 수업의 효율성을 높인다(한재영, 2010). 장기를 둘 때 옆에서 훈수하는 사람은 몇 수 앞을 더 보는 법이다. 수업을 참관하는 인솔 교수는 수업에서 생기는 작은 문제를 발견하고 그것을 해결하는 아이디어를 생각해 낼 여유가 있다. 그런 경우 새로운 수업 방식을 바로 적용하기도 한다. 아래는 시범실험의 가시도를 높이기 위해 인솔 교수가 도움을 주며 코티처가 이어서 보충 설명을 하는 장면이다.

> 정전기 실험에서 캔을 굴리는 것을 교실 바닥에서 하려고 해서 내가 바로 앞으로 나가 칠판 앞에 있던 판자를 들어 올린 후 그 위에서 시범을 보이도록 했다. 상황을 파악한 코티처가 바로 이 판이 바닥이라고 생각하라 설명해 준다. 시범실험에서는 가시도(학생들이 모두 볼 수 있는 정도)가 매우 중요하다.

봉사활동에서는 학생 중심 수업을 하기 위해 과학 실험이나 체험활동을 많이 한다. 이러한 학생 활동에서는 안전 관리가 중요해지는데(유성창, 라종민, 2016), 현직 교사와 달리 예비 교사는 이것을 놓치기 쉽다. 이에 대해 인솔 교수가 도움을 주는 사례다. 이처럼 코티칭을 통해 실험 안전사고의 위험이 줄어들 수 있다(정금순, 2011).

> PS 열쇠고리 만드는 곳에 가니 타는 냄새가 나고 오븐에서 연기가 막 나서 보니 플라스틱이 하나 남아 있어 타고 있어 재빨리 조치했다. 멸치 해부하는 교실에 들어가니 비린 냄새가 확 나서(교실 안에 계속 있으면 모른다) 창문을 모두 열도록 했다.

더운 날에 Kpop이나 태권도를 계속하면 안 된다. 휴식 시간을 길게 가지도록 했다.
[태권도 수업 중] 남학생은 몸이 유연해서 발차기를 너무 세게 하는데 JS가 미트로 그 충격을 그대로 받아내고 있어서, 충돌할 때 약간만 대고 뒤로 튕겨내도록 했다.

교육 현장에서는 상황 변화로 인해 예상치 못한 상황이 종종 발생하는데(정영근, 2004), 해외 교육봉사 활동에서도 마찬가지다. 이때는 수업을 진행하는 사람은 크게 당황하며, 즉각적인 도움이 필요한 상황이다.

학교에서 노트북을 빌렸는데, 프로젝터와 연결이 안 된다. 전선은 따로 준비해서 연결해 주었는데, 이 학교에서 준 노트북이니 당연히 프로젝터와 연결이 될 거로 생각하고 테스트를 하지 않았나 보다. 수업 시작을 못하고 진땀 흘리며 프로젝터를 연결을 시도하는 도중 학생들이 심심할까 봐 내 개인기로 왼손 삼각형, 오른손 사각형(난이도 높이면 별)을 그리는 것을 보여주었다. 결국 연결이 안 되어서 코티처도 없이 판서를 하면서 둘이 수업하게 되었다. … (단원이) 스트레스를 많이 받아 쉬는 시간 바로 타이레놀을 찾는다.

수업 방식이 현지 학생에게서 즉석에서 나오기도 한다. 아래는 현지에서 학생 수준에 맞게 새로 개발한 영어 단어 수업에서 학생의 활동이 수업에 반영되는 사례다.

어떤 학생이 짱구 그림에 색을 칠한 곳에서 그 색이 무엇인지 영어로 적어 놓은 것을 (내가) 보고, SH에게 보여주며 다른 학생들도 색깔 이름을 영어로 적으라고 말해 주었다. 수업 아이디어는 아이들에게서 나오기도 한다.

현지 학교의 교사나 코티처는 수업 중 학생을 통제하는 역할을 맡아 도움을 준다(김보라 2022). 학생 활동 위주의 수업은 산만해지기 쉬운데, 단원은 스페인어가 익숙하지 않아 학생들을 집중시키는 데 어려움이 있다. 반면 현지인은 현지 학생들을 잘 알고 있으므로, 수업 태도를 지도하는 데 도움을 줄 수 있다. 엘살바도르의 고등학교 교사가 학생들을 떠들지 않게 지도하는 역할을 맡기도 했고, 과테말라 천사의 집에 근무하는 한국인은 수업 분위기를 차분히 만들어 주기도 했다. 이렇게 현지인은 규율 지도를 하면서 특정 학급이나 학교의 분위기에 봉사 단원이 익숙해져 현장감을 익히도록 돕는다(한재영 2010).

통통한 물리 교사는 커다란 자를 들고 떠드는 학생들을 통제하겠다고 한다.
현직 교사가 우노 도스 뜨레스(하나 둘 셋) 외치니 교실이 완전히 조용해진다. 학급 통제를 도와주고 수업에도 적극 참여하는 현직 교사에 대해 나중에 폐회식 인사말에 언급할 것이다.

코티칭은 함께 가르치는 사람이 각자의 전문성을 공유하는 것이며, 그로 인해 수업이라는 공동 행위의 목표를 달성하는 것이다. 아래는 현지 대학생이 고유의 전문성을 발휘하는 코티칭의 전형적 사례다.

> '내가 교육 내용은 잘 모르지만, 엘살바도르 학생들에 대해서는 잘 안다.'라고 한 코티처의 말이 생각난다. … YJ에게 물으니, 엘살바도르 학생들이 외국인에 대한 적대감이 심해서 처음에 잘 응대를 하지 않을 것이라고 말하며, 수업 시작하기 전에 한 명씩 이름을 말해 주고 가르쳐주기 위해 멀리서 온 대학생들이니 전혀 위험하지 않다고 소개를 해 주었다고 한다. 수업 초반에 상황 설명을 해 줌으로써 라포를 형성하는 데 도움을 준 것이다.

예비 교사는 아직 교과 내용 전문성이 높지 않아 학생들의 질문에 대답을 잘 못하는 경우가 있다(이혜진 외 2015). 이때는 현직 교사나 인솔 교수가 도움을 줄 수 있다.

> 빨래를 세탁하고 건조한 뒤 건조기에서 빨래를 꺼낼 때 빨래가 시계에 스치니 전자시계가 조금 이상해졌다고 왜 그러냐고 질문을 했는데, 그것에 대해서 잘 대답을 못해 주기에, 내가 가서 설명해 주었다. 빨래 건조기에서는 빨래들이 서로 마찰이 많이 되니 정전기가 발생하기 쉽고, 그로 인해 전자시계에 이상이 생긴 것으로 추정된다.

수업을 함께 진행하면서 봉사단원이 가장 많이 느끼는 감정은 고마움이다. 혼자서 수업하기 어려운 것을 잘 알기에, 수업을 도와주는 동료나 학생에게 감사하는 마음을 가진다. 또한 수업이 잘 안되었을 때도 위로하고 걱정해 주는 동료에게 고마움을 느낀다.

> 누가 해도 힘든 게 첫 수업이다. 걱정되기도 한다. 하지만 하면 할수록 는다.
> 함께 걱정:: 망한 첫 수업에 걱정했으나 잘 된 수업들, 걱정해 준 모든 분께 감사합니다.

열정을 가지고 수업하는 교사는 기억에 많이 남는다. 이 봉사활동에서도 수업 준비를 열심히 하고 수업 중에도 열의를 다해 도움을 주는 다른 단원을 보며 수업에 대한 열정을 배우는 원동력이 된다. 이처럼 코티칭에서는 열정이 교류된다(전보애, 2015).

> 수업에 대한 욕심을 내려놨다. 그런데 코티처 학생이 더 열심히 도와주는 것을 보았다. 그 때문에 수업 준비를 열심히 하자는 마음이 생기고 원동력이 되었다.

다른 단원의 수업을 보며 배우는 것도 많다. 산만하거나 비협조적인 학생을 지도하는 것은 쉽지 않은데, 그런 학생을 포기하지 않고 끈기 있게 지도하는 모습을 보며 자신의 부족함을 반성하기도 한다. 이처럼 자신이 잘하지 못하는 것을 다른 사람이 해내는 것을 보며 많이 배운다(강창숙, 2019).

> 유독 따라오지 못하는 학생이 한 명 있었다. GY의 수업 중에 내가 '오늘만큼은 내가(HH) 꼭 가르치자'라고 생각하고 학생을 도와주었더니 수업 내용을 이해한다고 하여 뿌듯했다. [이에 대한 교수의 피드백] GY의 수업에서 HH가 한 일은 서로의 부족한 부분을 채워주는 코티칭의 의미를 잘 보인 행동이다.

한편 질병이나 부상, 피로 누적 등으로 다른 단원의 수업을 도와주지 못하는 경우도 생긴다. 본인 수업에 도움을 받은 고마움에 잘 도와주고 싶지만, 몸이 아파 도움을 주지 못해 미안한 감정을 느끼며, 자기관리를 제대로 하지 못한 자신에 대해 자괴감을 느끼기도 한다.

아픈 몸 때문에 같은 조원 수업에 도움이 되지 못한 점 때문에 미안하다.
보조교사로서 역할을 하지 못한 듯하여 아쉽다.

조별로 수업을 진행하는 건 처음에는 어색하고 서로 무엇을 도와야 할지 모르곤 한다. 이는 코티칭 초기에 종종 나타나는 모습이다(김보라, 2022). 하지만, 조별 수업이 반복되면서 자연스럽게 역할이 나뉘고, 도움을 요청하는 것이 자연스러워진다. 이렇게 단원들은 코티칭을 하면서 필요한 때 바로 도움을 요청하고 적극적으로 도와주는 능력을 기르게 된다. 아래는 엘살바도르 봉사활동을 도운 코티처가 말한 코티칭에서의 어려움이다. 도움 요청과 제안에서 한국인의 '겸양' 문화가 나타나기도 한다.

어젯밤에 코티처들에게 가장 어려운 것이 무엇이었는지 물으니, 없었다, 원거리 교통, 고등학생의 학습태도, 영어 소통 문제, 도움 요청 문제, 대표로서 부담 등을 얘기했다. 처음 만나 얘기할 때 영어를 말하면 우리 단원들이 고개를 끄덕이는데, 그것이 이해해서 끄덕이는 게 아님을 나중에 알고 쉬운 표현과 몸짓을 이용해 의사소통했다고 한다. 처음에 도움을 주고 싶은데 무엇을 도와줄지 물으면 단원들이 필요한 것 없다고 말해서, 돕고 싶어도 도와야 할 것을 몰라 답답했다고 한다. 코티처는 엘살바도르 대표가 되어 활동하는 것인데 혹시 잘못하면 엘살바도르에 대해 안 좋은 인식을 가지게 될까 부담스러웠다고 한다. 고등학생 태도가 나빠 통제가 어려웠다는 말에 한국 학생들은 더 심하다고 말하니 깜짝 놀란다. 우리 단원들도 처음에 도움을 요청할 줄을 몰랐다고 했다. 도움이 필요해도 요청하지 않는 것, 고개를 끄덕이지만, 그것이 yes를 의미하는 게 아닌 것, 이것은 동양 문화의 모습이다.

9-3. 수업 평가 단계

봉사활동 수업은 여러 번 반복되므로 수업 평가를 통한 개선이 필수적이다. 수업 평가는 주로 코티처와 함께, 조원과 함께, 교사나 교수와 함께 정식으로 진행되지만, 수업이 끝난 직후 현지 학생들이 즉각적으로 긍정적인 피드백을 주기도 한다. 현미경을 활용하는 수업이 끝난 후 현지 학생이 '미래 과학자가 되고 싶다'라고 얘기해 주어 단원이 크게 감동하고 다른 사람에게 계속 자랑하기도 했다. 학생의 이야기는 비공식적인 대화이기는 하나 수업을 받은 대상이 내리는 직접적인 평가이며, 이는 단원의 이후 수업에 긍정적 영향을 주므로 코티칭에 해당한다.

> 수업이 끝난 후 담임 선생님의 말씀 : "청각 장애가 있는 학생의 표정이 수업 내내 밝았어요!"

이처럼 수업 시간에 함께 교실에 있었던 조원이나 코티처는 수업 직후 '잘했다.', '수고 많았다.', '수업 흐름 자연스럽고 좋았다.' 등 따뜻한 말을 단원에게 해 주는 경우가 많다. 이렇게 수업 진행자를 격려하고 지지하며 응원해 주는 말은 긴장을 풀어주며 감정적인 지원을 하는 큰 역할을 한다.

> JW의 수업 내용이 시간 채우기가 조금 부족했지만, 임기응변으로 수업을 마무리한 것에 칭찬한다.
> YJ의 캐릭터가 잘 담긴 수업이었다.
> 며칠 동안 자존심이 너무 상했다는 것에 슬펐다. 특히나 수업을 진행하는데 회의감이 떨쳐지지 않았다.
> 그런데 ○○누나가 "만약에 완벽한 수업을 원했다면 현지 교사들을 데려갔겠지."라 말해 주었다. 회의감을 떨칠 수 있었던 누나의 말이었다.

코티처나 조원과 함께하는 수업 평가는 수업 개선으로 이어지며, 이것이 반복될수록 함께 하는 수업의 팀워크가 향상된다. 수업의 어느 시점에서 주교사가 물러나고 보조교사가 개입할지, 보조교사가 어떻게 주교사의 수업 진행을 좀 더 효율적으로 도울 것인지, 어떤 도움이 더 필요하거나 불필요한지 등을 논의하며 체계적인 코티칭이 완성되도록 노력한다(Roth & Tobin, 2002). 아래는 코티처인 현지 대학생이 수업에 너무 많이 개입하는 경우 조율하는 방법을 인솔 교사가 조언하는 내용이다.

> 코티처가 너무 많이 수업에 개입하는 문제는 조율을 잘해야 하는데, CY 선생님이 코티처의 설명을 적어
> 달라고 해서 다음 대본을 수정하라는 구체적인 방법을 제안해 주었다.

수업 평가에서 수업에 대한 새로운 아이디어가 종종 나온다. 아래는 인문계 전공인 봉사단원이 부메랑이라는 과학 수업 내용에 인문학적인 요소를 추가하는 사례다. 여러 전공 단원이 함께 수업을 얘기하는 평가회가 다양한 아이디어로 풍부해진다.

꿈 얘기가 나오니, 어제 부메랑에 꿈을 적는 활동 얘기를 들으며 참 좋은 아이디어라고 생각한 게 떠오른다. 부메랑 만들기는 내가 거의 25년 전부터 하던 것인데 종이에 꿈을 적게 한 것은 처음이다.

수업 교구를 제작하는 방법도 공유된다.

JS가 정사각형 사진을 정사면체 도안에 대고 있기에 무얼 하느냐 물으니, 정삼각형 안에 사진 넣는 걸 한글이나 포토샵으로 하려 했지만, 방법을 못 찾아서 수작업으로 하고 있단다. 그래서 바로 한글에서 다각형 그리기로 정삼각형 그리고, 도형 채우기로 그림을 불러와 넣는 방법을 알려주었다.

함께 수업 교구 제작

수업을 평가하고 개선하는 과정은 본인이 직접 할 뿐 아니라, 다른 조원이나 단원이 하는 모습도 본다. 다른 사람이 수업을 개선하기 위해 끊임없이 고민하고 노력하는 모습을 보면서 예비 교사는 많은 것을 생각하고 배우게 된다. 예로, 반복되는 수업이 지루한 경우 새로운 요소나 내용을 추가하여 지루함을 극복하는 것을 보며 배운다. 수업을 잘하기 위해 노력하는 것이 교사의 본분임을 코티칭을 통해 확인하며 교직관을 형성하는 것이다. 교육실습을 통해 교사가 되려는 마음을 다잡게 되듯(이금진, 최명구, 2016), 해외 교육봉사를 통해서도 교직에 대한 확신을 확인하는 셈이다.

수업에 대한 고민을 많이 하는 SD를 보고 배워옴!
코티칭 후 확 바꿔버린 수업 : '어떻게 하면 좋은 수업을 할 수 있을까?' 고민 끝에 진행하였다. 나에 대해, 교사로서 자세에 대해 생각해 볼 수 있는 기회가 되었다. 살아있는 느낌!
"너는 지구의 마지막 날이면 뭘 할 거니?" : "나는 수업을 준비하다 죽을 것이다."
잘되지 않는 수업에 분노하고 짜증도 나지만, 교사로서 자세를 가진 듯하여 기분이 좋다.
교생 때보다 많이 한 수업, 그것을 즐거운 경험이었다. 나는 교사가 되어야겠다!

이렇게 수업을 잘하려는 교사의 자세를 서로 보여주고 함께 함으로써 실제로 수업이 개선되면서, 본인도 좋은 교사가 될 수 있다는 자신감을 얻게 된다.

> SD만큼 내가 더 전문가가 된 듯하여 뿌듯했다.
> 평가회, 수업 등을 통해 매일 매일 성장하는 학생들의 모습이 대견하다.

하지만 학불권 교불염(學不倦 敎不厭)이라고, 가르치는 일은 같은 내용을 반복하므로 지겹기 마련이다. 해외에 나가 수업하며 피로가 누적되는 경우는 게을러지게 된다. 이럴 때 동료 단원들을 보며 본인이 게을러진 것을 반성하며 힘을 내고 수업에 대해 자만심이 생기는 것을 경계하게 된다.

> 좋은 교사가 되기 위해서는 끊임없는 노력이 필요하다. 가르치는 데 있어 자만했던 나 자신을 반성한다.

한편 중미 국가에서는 한국 사람에게는 생소한 허그 인사를 한다. 허그하지 않으면 인사를 하지 않은 것으로 생각하기도 한다. 현지 초중등 학생들은 단원들에게 허그하며 고마움을 표현한다. 이렇게 학생들과 친밀해지고 정이 들면서 단원들은 봉사활동 수업에 대한 만족감이 높아진다.

> 수업 마지막에 껴안아 주던 아이들에 정이 드는.
> 행복해하는 아이들을 보고 보람과 뿌듯함을 느낌.
> 점점 실망감만 느끼던 나와 나의 수업 : 포옹을 하던 한 학생 => 나를 좋아하는 학생이 있구나를 확인하며 기쁨.

코티처는 정말 헌신적인 모습을 보여주기도 한다. 이런 모습은 무한한 감사의 마음으로 이어지게 된다. 현직 교사들 사이의 코치칭에서 업무 증가로 인한 부정적 문제가 종종 대두되는(김보라, 2022) 걸 고려하면, 현지의 코티처는 아무런 불평 없이 소중한 도움을 제공했음을 알 수 있다.

> 하늘이(코티처)는 시험 기간임에도 불구하고 늦은 시간까지 새롭게 쓴 나의 대본을 검토해 주었다. 이 덕분에 오전에는 비교적 여유롭게 수업 준비를 할 수 있었다.
> 버스를 3번 갈아타면서까지 도움을 주러 고생하면서 오는 학생들 : 고맙다. 정말 고맙다.

저자가 가본 해외 국가 중 가장 위험하다는 엘살바도르에서 봉사활동을 할 때 도움을 준 코티처들이 가장 헌신적이었다. 마지막 고등학교 강당에서 한 환송식 인사말에 처음에는 없던 "여러분들로 인해 엘살바도르가 아름다워졌다"라는 말을 추가했는데, 이것은 현지 학생이나 교사가 아니라 코티처를 생각하며 추가한 것이다.

9-4. 어려운 코티칭

아래 저자가 반성 일지에서 쓴 글처럼, 수업을 개선하는 건 매우 어려우면서도 교사로서 계속 연습하고 노력해서 개발해야 하는 능력이다. 이 어려운 일을 해외 교육봉사활동에서 코티칭을 하며 익혀 나가는 것이다.

> 이 봉사활동에서 자신의 전공과 다른 내용을 수업하는 경우 받는 스트레스는 매우 클 것이다. 부디 편하게 생각하라. 실험/활동/만들기/체험 등이 의도된 대로 되지 않으면 왜 안 되었는지 문제를 찾으면 될 뿐이다. 그렇게 문제를 찾아 고치기 위해 이렇게 수업 시연 연습을 현지에 와서 하는 것이다. 임용고시 합격하여 현직 교사가 된 사람도 자기 전공 내용으로 하는 수업을 첫 수업부터 성공적이고 만족스럽게 하는 경우는 한 명도 없다. 진짜 한 명도 없다. 수업이 제대로 되지 않았을 때 본인의 문제를 찾아내고, 학생들이 왜 못하는지 원인을 계속 찾아나가는 것, 그것이 바로 교사가 하는 일이다. 즉, 교육봉사단원은 그런 교사가 되는 연습을 하는 것이다.

다른 사람과 함께 수업의 준비에서 정리까지 함께하는 코티칭은 최근 많이 연구되고 있지만 코티칭은 생소한 교수-학습 방법이므로 충분한 사전교육이 필요하다(김보라, 2022; 이자연 & Judy Yin 2021). 새로운 수업 방식은 직접 수업해 보면서 익혀야 한다. 아래는 봉사단원이 코티칭을 소홀히 해 혼나는 장면과 코티칭을 중시하는 단장의 글이다.

> 준비하는데 너무 혼자 하여 H 교수님에게 혼났다.
> 코티칭에 대한 강의 추가하는 것이 필요하다. 벽에 앉은 파리가 아니라 적극적으로 수업에 개입하는 교사, 주교사를 방해하는 게 아니라 돕는 행동이다.
> (인솔 교수인) 나는 수업을 하나도 하지 않지만, 수업을 가장 많이 한다. 모든 수업이 내 수업이라고 생각하기 때문이다.

이 장은 봉사활동뿐 아니라 모든 교육 상황에서 교사들이 다양한 코티칭 방식이 있음을 숙지하고 수업에서 코티칭을 활용하는 방안을 계획하고 실행하는 데 참고 사례로 활용할 수 있다. 다른 사람의 수업에 대해 피드백할 때 논리적이고 딱딱한 인지적 내용을 전달할 뿐 아니라 감정적이고 부드러운 정의적 피드백도 함께 고려해야 한다. 이러한 코티칭을 통해 수업을 둘러싼 모든 사람이 공감하고 공유하고 배려하는 상호작용을 함으로써 교육 전문가로서 성장할 수 있을 것으로 기대한다.

10. 언어

10-1. 스페인어 발음과 강세

이 장에서는 CHAT의 도구인 언어에 대해 다룬다. 중미에서는 스페인어를 사용해서 수업해야 하니 봉사단원은 스페인어를 공부해야 한다. 짧은 시간에 스페인어를 공부해서 수업할 정도가 되는 건 불가능하니, 최소한 대본을 보고 읽을 정도는 되어야 한다.
영어는 스페인어 학습에 도움을 주기도 하고 방해하기도 한다. 영어와 비슷한 표현이나 발음이 종종 있어 도움이 된다.

> 스페인어 스카이프 화상 회화를 처음 했다. 요청하지 않으면 말을 느리게 해 주지 않는다. 못 알아들으면 perdon이라고 말해도 될 거로 생각하고 말했는데(영어를 생각하면서), 나중에 찾아보니 그 표현이 맞다. 영어가 적지 않은 도움을 준다.

하지만 영어와 똑같은 철자인데 발음이 전혀 다른 경우에는 익숙해지기 전에는 알아듣기 어렵다. 영어 발음을 아는 한국 학생들이 스페인어를 읽을 때 그런 단어를 영어식으로 읽는 오류를 종종 범한다. come, base, kilo, plan, venus, restaurante 등이 그렇다. 이것은 꼬메, 바세, 낄로, 플란, 베누스, 레스따우란테 등으로 말해야 한다. 따라서 영어를 아는 사람이 스페인어를 배울 때에는 언러닝(unlearning)이 필요한 때가 종종 있다.

스페인어에는 경음이 많다. c와 s는 ㅆ, k는 ㄲ, p는 ㅃ, t는 ㄸ로 발음한다. 그런데 s가 맨 앞에 올 때는 경음으로 발음하지 않는다. saber는 사베르이지 싸베르라고 읽지 않는다. ser도 세르로 읽는다.

스페인어 원어민은 어렸을 때부터 경음 발음에 익숙해져 있는 듯하다. 초등학교 저학년이 영어 수업에서 색칠하면서 영어 pink를 말하라 하니 '삥크'라고 해서, '핑크' 발음을 따라 하라고 하니 못한다. 조금 더 큰 중학생은 연습이 되어서인지 핑크 발음을 할 줄 안다.

한국어에 없거나 어려운 발음이 있다. rr과 r의 구분이 그런데, rr은 따르릉을 빨리 발음할 때처럼 r이 빠르게 진동하는 소리다. 원어민도 어렸을 때 이 발음을 못 하는 경우가 많아 많이 연습한다고 한다. 저자도 몇 년을 공부했지만, 이 발음을 못 한다. 이 발음을 연습하는 방법으로 알려진 것은 rr 발음 앞에 d를 붙여 말해보기, 혀끝을 세워 입천장에 대면 공기가 막히니 혀끝을 둥글게 말아 대며 발음하기, 큰 소리로 혀에 힘을 주며 발음하기, 입을 양쪽으로 벌리면서 발음하기, 연필을 이에 물고 발음하기, 드르르르, 흐르르르, 부르르르, ㄹㄹㄹ라, ㄹㄹㄹ리, ㄹㄹㄹ루, ㄹㄹㄹ레, ㄹㄹㄹ로 등을 계속 반복하기 등이 있다.

alli와 ahi는 원어민은 서로 다르게 발음하지만, 한국인은 그 차이를 알아들을 수 없다.

원어민에게 묻고 싶었던 것, alli와 ahi가 둘 다 저기라는 뜻인데 발음이 구분되지 않는다고 했다. 발음기호로 적으면 [aji]와 [ai]의 차이다. 빌손이 둘을 구분해서 발음해 주지만, 자세히 듣지 않으면 차이를 알 수 없는데, 그건 한국인이 [aji] 발음을 거의 못하기 때문이다. 아야어여오요우유으이에서 왜 으 다음에는 '이으'가 없는지, 이 다음에도 '이이'가 있어야 하지 않는지, 중학교 3학년 때 국어 선생님이 설명하셨던 게 아직도 기억난다. '이으'는 사투리에 사용된다. '이응감'(영감). 이 발음을 할 수 있는 사람? 이 발음은 영어에서 yield를 발음하는 것에서도 나온다. 고등학교 때 영어 발음이 매우 좋았던 영어 선생님께 yield 발음을 부탁드렸더니 그 선생님은 정확히 발음하셨었다.

영어와 마찬가지로 스페인어도 강세가 매우 중요하다. 강세만 잘해도 스페인어를 잘하는 것처럼 들린다. 하지만 E학교에 갔을 때 한국인인 교장 선생님이 강세 규칙을 별로 따르지 않는 스페인어를 하는데도 현지인들은 그것에 익숙해져서 그런지 의사소통에 전혀 문제가 없기도 했다. 그런 특이한 경우가 아니면, 강세가 틀리면 못 알아듣는다.

abanico(부채)를 아(바)니꼬로 두 번째 음절에 강세를 두니 못 알아듣다가 글자로 써 주니 아, 아바(니)꼬 라고 세 번째 음절에 강세를 두며 읽는다. 복모음으로 끝나는 alemania에는 강세가 어디 있을까? ma에 있다. ambulancia에서 강세가 lan에 있는 것처럼. 복모음에 강세를 두려면 peluquería(이발소)처럼 띨데(´) 표시를 해야 한다.

봉사활동 홍보 및 선물용 부채

스페인어를 배운 지 몇 달도 안 된 학생 한 명이 원어민처럼 발음하는 경우가 있었다. 그 학생에게 비결을 물으니, 종이의 집과 같은 스페인어 드라마를 많이 봐서 스페인어 억양에 익숙해져서 그렇다고 한다.

온라인 봉사활동을 할 때 현지 학생들의 이름을 말하며 부르며 출석을 부른 적이 있다. 학생 이름에는 외국어가 섞여 있거나 특유의 강세를 넣는 경우가 있어 틀리지 않도록 주의해야 한다. 현지 원어민 앞에서 미리 연습해 보는 게 좋다.

한국 사람에게 스페인어는 아직 블루오션이라 공부해 두면 좋다.

> 식사 장소로 가는 길에 WS영사님이 스페인어를 할 줄 알면 기회가 많다고 말씀하신다. 한국은 이미 포화가 되었고, 외국으로 나가려면 중미 스페인어권으로 가면 경쟁이 낮은 블루오션이라고. 한류로 인해 한국어를 배우려는 사람들이 많아, 세종학당을 엘살바도르에 만들려고 준비 중이라 한다.

중미 대학생들에게도 한국어는 역으로 블루오션이 된다. 니카라과 코티처는 모두 한국어를 배우고 있는 학생이었다. 그들과 같이 있으면서 두 언어를 섞어 쓰기도 했다.

> 코티처들이 얘기하는 옆에 가서 스페인어 듣기 연습도 하고 궁금했던 스페인어도 물어보고 그랬다. mala mangne라고 해서 무슨 말인가 했더니 나쁜 막내라는 뜻. 내가 buena 막내라고 했다가, 한국말이 서툴러 반말을 하기에 mala 막내라고 하니 웃겨 죽는단다.

코티처와 이야기하며 스페인어가 는다.

한국 대학생들이 서툴게 말하는 스페인어는 현지 학생들에게 흥미를 유발하면서도 비웃음의 대상이 되기도 한다. 특히 까칠한 중고등학생 일부는 어눌한 스페인어를 따라 하며 놀리기도 한다. 우리도 외국인이 한국말을 이상한 억양으로 말하거나 잘못 발음할 때 웃음이 나오지 않는가!

10-2. 스페인어 웃으며 공부하기

봉사단원과 함께 스페인어 강의를 듣고 있는데, 한 학생이 cara(얼굴)라는 단어를 읽고 '까라? 얼굴을 까라!'라고 말하며 외우는 것을 보았다. 이런 단어 암기법이나 연상법은 모든 외국어를 배울 때 유효하다. 예를 들어, '이렇게 와word되는 영단어'라는 책도 있다.

스페인어 강의를 맡은 CY 선생님도 이런 암기법을 몇 가지 소개해 주었다.

- apagar(끄다)는 아빠가 밤늦게 공부하다 잠든 아이 방에 와서 불을 꺼 주었다고 외운다.
- cuchillo(젓가락)와 cuchara(국자)는 혼동하기 쉬운데, 젓가락에는 ll 뾰족한 것이 두 개 있고, 국자는 ra로 입을 크게 벌리는 것을 연상하면 된다.

이렇게 단어를 쉽게 암기하는 방법을 모으기 위해 단원들에게 공모한 적도 있다.

- deberes는 의무나 해야 하는 것을 뜻한다. 학생의 의무는 숙제다. deberes에는 숙제라는 의미도 있다.
- 소금은 내 살과도 같은 것인데, 스페인어로 소금은 sal이다.
- paraguas는 우산인데, para는 막는다는 의미이고, agua는 물을 뜻한다. 물을 막는 것이 우산.
- boca(입)는 밥 보까먹어, 볶아 먹으면 맛있잖아 하면서 외운다.
- manga(소매)는 소매가 망가졌다고 생각한다.
- 솜이 스페인어로 뭔지 알아? 알거든(알고돈). 솜은 algodon이다.
- ¿Queda alguna?(남은 거 있어요?)는 달고나가 꽤 달구나. 남은 거 있어?를 연상한다.
- 노세 노세 젊어서 노세라는 노래가 있다. 이 노래는 몰라 몰라 젊어서 몰라라는 뜻이 된다. No sé는 나는 모른다는 의미다.
- 우리나라에는 호랑이 담배 피우던 시절이 있었다는데, 스페인에는 퓨마가 담배를 피운다고 한다. Puma fuma. (퓨마가 담배 피운다)
- 너 날씬해지고 싶으면 아들과 살아! adelgasar (살을 뺀다. 가늘게 만든다.)

한국어를 공부하는 스페인어 원어민을 위한 유머도 있다.

- 스페인어로 말하는 사람들이 가장 좋아하는 양념은 무엇일까? Qué bueno! (너무 좋아) 깨다.
- 가나다라마바사아 중에서 너(여자)에게 딱 맞는 글자는? 다와 사이다. 왜냐하면 linda, hermosa, bellesa니까. 모두 아름답다, 예쁘다는 의미로 다와 사로 끝나는 말이다.

- 한국어에서 경음은 5개이다. 까따빠싸짜 이 중에서 너(여자)를 설명해 주는 글자는? 따와 빠다. bonita guapa니까. 모두 예쁘다는 의미.
- 한국 우유가 말하는 거 알아? 특히 넘어졌을 때. ¿Sabes que la leche coreana habla? Especialmente cuando se cae.

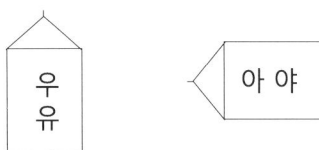

참고로 한글이나 워드에서 스페인어 문자를 입력하는 방법은 아래와 같다.

한글에서
1) [control + '] 입력한 다음에 e를 치면 é가 된다. (a, e, i, o, u 모두)
   [control + '] 입력한 다음에 shift 누르며 e를 치면 É가 된다.
2) [control + shift + `]를 친 다음에 n을 치면 ñ이 된다.
   1번 '는 작은따옴표(엔터 옆)이고 2번 `는 물결 아래, 숫자 1 옆에 있는 기호

워드나 엑셀에서
1) 설정에서 스페인어 언어를 추가한다.
2) [Window + space] 누르면 한글과 스페인어가 번갈아 바뀐다.
3) ['] 입력한 다음에 e를 치면 é가 된다. (자판에 따라 ' 대신 [를 입력해야 하는 때도 있다.)
4) ñ은 ;을 치면 된다.

큐브 만들기 작품 전시

10-3. 살아있는 스페인어

현지 학교의 원어민 초등학교 교장과 얘기를 한 적이 있다. 저자가 스페인어를 잘 못하니, 쉬운 표현으로만 말해 주어 어느 정도 소통이 되었다. 그러다 ¿Esta azul?이라고 말한다. 영어로 번역하면 Is it blue?라는 뜻인데, 무슨 말이냐 물으니, Is it clear? 분명히 잘 이해했는지 묻는 것이다. 사전에도 나오지 않는 표현이다. 이렇게 현지에 가서 원어민과 같이 얘기하다 보면 정말 살아있는 언어를 배우게 된다. 이렇게 배우는 것은 기억에도 오래 남는다. dale, colocho 등도 사전에 나오지 않는다.

> 은혜가 'dale'는 '알겠어~' 라는 뜻이라서 니카라과에서 친구들이랑 평소에 '달래달래~' 라고 말한다고 했다.
> 점심때 배운 표현: 께츌로 뚜츄초 꼴로초(남자에게) 께츌로 뚜츄초 꼴로차(여자에게)
> 편견은 prejuicio, 이중언어는 bilingüe 비링귀에 이것을 바이(bye)링귀에라고 말하면 할 말을 잊었을 때 하는 표현이라고 한다.
> 뽀뽀는 스페인어로 강아지 똥이라고 한다.
> 카트는 스페인어로 carrito라고 한다. 비는 escoba이고 쓰레받기는 pala다.

서로 다른 언어는 문화를 반영한다. invierno는 겨울인데, 사계절이 없는 곳에서는 우기를 뜻한다(조혜진, 2008). 비유물도 차이가 난다.

> 여기서는(과테말라) 뚱뚱하다는 표현으로 oso(곰)같다고 표현한다. 돼지라고 하면 귀엽다는 의미다.

한국의 언어문화가 현지에서 충돌되기도 한다. 한국인에게 현지 음식이 맛있냐고 물으면 모든 음식에 대해 항상 yes라고 답을 해서 구분이 안 된다. 그럴 때는 이 음식과 저 음식 중에 어느 것이 더 맛있냐고 물어야 한다.

> 디아나는 일본어를 배우면서 동양의 문화를 조금 알아서 yes라는 표현이 yes가 아님을 알고 있었다고 한다. 이러한 문화 차이는 단원과 현지 대학생 사이의 의사소통을 방해하므로, 처음에 양쪽 사람들이 이런 차이를 알고 주의하는 게 필요하다. 문화 교육이 필요한 거네.

언어를 배우는 능력에는 분명 개인차가 있는 것 같다. 코티처가 여학생에게 'Vaya vaya niñas'(여학생들을 재촉하는 말)라고 하는 말을 듣고, 영어 전공인 단원이 코티처에게 빨리 가자는 말을 하며 이 표현을 사용했더니 코티처가 깜짝 놀라며 그 말을 어떻게 알았냐고 하였다. 현지 코티처가 서로 얘기하는 걸 듣고, 상황에 맞는 뜻을 유추해서 말했다 한다. 스페인어는 동사 활용 문법이 매우 복잡한데, 문법적인 설명보다 이렇게 실생활에서 배우는 언어는 매우 소중한 재산이 된다.

10-4. 생소한 문법과 표현

재귀 동사는 한국어에 없는 문법 구조로, 참 이해하기 어렵다.

> me gustas = 나는 너를 좋아해
> te gusto yo = 너는 나를 좋아해
> te gustas = 너는 너를 좋아해
> me gustó lo = 나는 그것을 좋아했다
> te quiero = 나는 너를 사랑해
> me quiero = 나는 나를 사랑해
> me quieres = 너는 나를 사랑해
> No puedo creer que te guste. 네가 그녀를 좋아한다니 믿을 수 없어.

중미 스페인어의 특징도 알면 좋다. 니카라과에서는 2인칭(tú)을 사용하지 않으니 당신(usted)이나 여러분(ustedes)으로 존칭을 쓰는 것이 좋다. 따라서 수업할 때 2인칭 대신 존칭을 사용하여 대본을 작성한다. 속담이나 관용어에서 한국어와 차이점을 찾는 것도 흥미롭다. 사랑니를 muelas de juicio라고 하는데, 이것은 지혜의 어금니라는 뜻이다. 책벌레는 raton de biblioteca이고, 도서관의 쥐라는 뜻이다. 여자에게 muñeca(인형)라고 말하는 것은 우리나라에서처럼 여자가 엄청 예쁘다고 말하는 것이다. 역시 언어는 새로운 눈으로 세상을 보게 하는 안경이다.

Hijos de mis hijas, nietos de mi corazón, hijos de mis hijos, no sé si son o no son. (내 딸이 낳은 손자는 금쪽같고, 내 아들이 낳은 손자는 진짜인지 아닌지 모르겠다). 스페인어 속담에 친손주보다 외손주를 더 귀여워한다는 말이 있다. 딸이 낳은 손자는 분명히 내 유전자를 물려받은 아이가 맞지만, 며느리가 낳은 손자는 자기 자식인지 다른 사람의 자식인지 알 수 없다는 얘기다. 유전자 검사를 할 수도 없고 말이지. 이것은 현지의 개방적인 문화와 연결된다. 중미 학교의 아이들은 편부모(주로 어머니) 밑에서 자라는 경우가 많다. 그래서 수업할 때 부모의 사랑이라든지 특히 아버지와 함께 라든지 등 가족 관련 말을 할 때 조심해야 한다.

봉사활동 기금 마련을 위해 진천에 있는 어느 학교에 특강을 하러 간 적이 있다. 강의 내용과 연결해 '과학관(놀이공원)에 가서 이런 것 봤죠?'라고 말하니, 한 학생이 그런 데 한 번도 못 가봤다고 말하여 당황했던 적이 있다.

스페인어 속담은 중미에만 있는 게 아니니, 모든 스페인어 속담이 중미의 문화를 말해 주는 것은 아니다. 즉 속담으로 문화나 민족성을 추론하는 것은 매우 신중해야 한다(조경태, 2017). 하지만 속담을 통해 중미 문화를 일부 엿볼 수는 있다. 교육, 교사, 학생, 학교, 배움, 지식 등에 관련된 속담을 몇 개 정리하면 아래와 같다.

- La vida es la mejor escuela. La vida es una universidad. (삶은 가장 훌륭한 학교다. 삶은 하나의 대학이다.) 봉사 단원은 봉사활동을 직접 하면서 많은 것을 배운다.
- Cien niños del mismo vientre y todos son diferentes. (같은 자궁에 있는 100명의 아이는 모두 다르다.) 모든 사람은 독특한 가치를 가지며, 존중받아야 한다. 현지의 학생들을 모두 존중해야 한다.
- La memoria de la niñez dura hasta la vejez. (어린 시절의 기억은 노년까지 지속된다.) 세살 버릇 여든까지 간다. 교육봉사활동의 효과는 바로 나타나지 않으나 오래 기억될 것이다.
- Niño quieto y callado, es que hace algo malo. (조용하고 조용한 아이, 뭔가 잘못하고 있다.) 아이들은 시끄럽게 떠드는 게 자연스러운 것이다. 하지만 중미 학교 교육은 교사 강의 위주로 매우 조용하다. 학생들이 자유롭게 활동하게 하는 봉사활동 수업은 그들에게 낯설지만, 올바른 방식이다.
- Al vino y al niño hay que criarlos con cariño. (포도주와 아이는 애정을 가지고 키워야 한다.) 교육봉사활동에서 수업할 때 현지 학생들을 애정으로 대해야 한다.
- Hijo de viuda, o mal criado o mal acostumbrado. (과부의 아들이거나, 버릇없이 자랐거나, 잘 못 길든 사람) 가정 교육이 중요하다. 특히 엄한 아버지가 없는 집에서 자란 아이는 버릇이 없는 경우가 많다. 봉사단원은 교사로서 모범을 보여야 함을 명심한다.
- La madres hacendosas hacen a las hijas perezosas. (열심히 일하는 엄마는 딸을 게으르게 만든다.) 교사가 모든 것을 준비해 주면 학생들은 게을러지고 잘 배우지 못한다. 학생들이 직접 하며 배울 수 있도록 수업을 준비한다.
- Al cuervo su hijo le parece un ruiseñor. (까마귀는 자기 새끼를 나이팅게일로 본다.) Bonito era el diablo cuando niño. (어릴 때는 악마도 예쁘다.) 고슴도치(메추라기)도 제 자식 예쁘다 한다. 학생들을 외모로 판단하면 안 되고, 모두가 소중한 자식들이다.
- Quien ahorra la vara odia a su hijo. (매를 아끼는 자는 그 아들을 미워하는 자다.) 매를 아끼면 자식을 망친다. 자식이 귀엽거든 매를 아끼지 마라. 교육봉사에서 수업할 때 체벌은 하지 않거나 못한다. 매보다는 칭찬을 더 많이 해 주도록 한다.

11. 변화와 발전

11-1. 갈등, 배움, 가르침

CHAT에서는 활동 체계를 구성하는 요소에 내재하거나 요소들 사이에 존재하는 갈등이 전체 활동 체계의 발전을 추동하는 역할을 한다고 본다(윤창국, 박상옥, 2012; Engeström, 2001). 이 연구에서 주체의 배움이나 성장에도 이러한 갈등이 영향을 주는 것을 확인할 수 있었다.

봉사(奉仕)란 '국가나 사회 또는 남을 위하여 자신을 돌보지 아니하고 힘을 바쳐 애씀'이라는 의미로, 봉사를 하는 사람은 보편적 인류애를 가지고 자신을 낮추는 태도를 가져야 하며(박공식, 전현욱, 2018; 전현욱, 2017), 봉사단과 현지인은 수평적이며 상호적 관계이어야 한다(김준성, 임용석, 2015). 하지만 이런 사전적, 규범적 태도나 가치관은 말만으로는 형성되기 어렵다. 그보다는 직접 해외 봉사활동을 경험하고 그 경험의 의미를 반성하는 과정, 봉사활동 평가회에서 다른 사람과 소통하는 과정, 다른 봉사단원의 태도나 언행을 보며 느끼는 과정 등의 경험학습(엄미란, 이상오, 2016)을 통해 서서히 형성되는 것으로 생각할 수 있다. 즉 저자는 '세계시민교육'을 특별히 받은 적이 없음에도 봉사단을 인솔하는 경험을 통해 자연스럽게 세계시민 의식이 형성된 것으로 볼 수 있다. 봉사단 인솔 교수는 이러한 봉사자로서의 태도와 가치관을 어느 정도 형성하고 다른 단원들에게 모범을 보임으로써 가르치는 역할을 한다고 할 수 있다. 인솔 교수의 태도나 가치관은 일부 봉사단원이 보이는 모습(예, 긴장이 풀어지거나, 여행을 왔다는 생각, 거만한 태도 등)과 갈등을 일으키지만, 이러한 갈등은 봉사단원이 새로운 배움으로 나가게 되는 출발점이 된다. 일부 단원의 이런 모습은 이 봉사활동과 같은 단기 해외 봉사에서 나타나기 쉽다(권상철, 2018). 이것은 서로 다른 주체 사이의 갈등, 즉 하나의 요소 안에서의 갈등이 배움으로 이어지는 사례라고 할 수 있다.

저자는 사범대학에 근무하는 교사 교육자이다. 봉사활동을 하며 교사 교육자로서 배운 점은, 예비 교사가 교사로서 성장하는 데 봉사활동의 모든 과정이 도움이 되며, 이것을 지원하는 것이 교사 교육자의 역할이라는 점이다. 예비 교사들이 열악한 환경에서 현지어로 수업을 진행하는 것은 매우 어렵고 피곤한 일이라 매일 진행되는 평가회를 부담스럽게 생각하는 경우가 종종 있다. 저자도 피곤한 것은 마찬가지이지만 평가회와 정리의 중요성을 알기에 이것을 꼭 진행한다. 교육봉사활동이라는 경험의 의미는 반성하고 나눌수록 커지며, 평가회를 통해 모든 단원이 배우며 성장한다. 이 사례는 객체(수업, 평가), 도구(언어), 커뮤니티(열악한 상황), 주체(피로) 등 여러 요소 사이의 갈등에 해당한다고 할 수 있으며, 이 갈등은 전체 활동 체계(해외 교육봉사활동)의 발전에 이바지한다.

한편 교수가 단원들을 인솔할 때는 수업이나 평가회 같은 인지적 측면뿐 아니라 정서적 측면에서도 접근할 필요가 있음을 지적한다. 해외에 나가 몇 주간 함께 생활하며 어려움을 극복해 나가면서 봉사단원들은 매우 친해진다. 그 결과 스승과 제자의 관계가 아닌 끈끈한 동료 관계가 만들어지곤 한다.

> 일탈 행동을 하거나 동료와 잘 어울리지 못하는 단원이 가끔 있다. 한 남학생의 경우 같이 담배를 피우며 아무 말 하지 않고 기다렸더니 먼저 잘못했다는 말을 하기에 고개 한번 끄덕여 주었다. 그 뒤로 나를 믿고 따르는 것 같다. 이기적인 모습을 보이는 학생이 눈에 조금 거슬렸지만, 오히려 칭찬해 주고 도움을 주었다. 단장은 모든 단원을 이끌고 가야 한다.

봉사단원들은 봉사활동을 통해 한 인간으로서 많은 배움을 얻는다. 저자는 현지에서 아동보호시설을 운영하는 한국인인 HS 신부님께 많은 인간적인 배움을 얻었다. 첫인상은 매우 차가운 분이다. 눈치가 별로 없는 저자도 느낄 정도의 차가움이었다. 하지만 원래 말투가 그런 것을 나중에 알게 되었다.

> 우리는 가난을 관광하러 가는 것이 아니며, 상대적인 행복감[12]을 느끼러 가는 게 아니다. 현지 사람들은 한국 사람과 '비교'당하기를 바라지 않으며, 봉사단원들과 대등한 인간, 동료나 친구로서 만나기를 바란다. 선진국인 한국에 사는 사람으로서, 현지의 아이들에게 '미안함'을 느껴야 한다.

이와 같은 많은 인간적인 측면에서의 배움은 이전까지 가지고 있던 생각이 해외 교육봉사활동이라는 상황(활동 체계 전체)에서 갈등을 일으키거나 다른 여러 사람(예, 커뮤니티 구성원)과 교류하는 과정에서 습득되고 깨달음을 얻게 되는 것이라고 볼 수 있다.

유튜브에서 '과테말라 천사의 집'으로 검색해 보라.

---

12) 남의 불행을 보면서 기쁨을 느끼는 것을 샤덴프로이데(Schadenfreude)라고 한다. 이것은 자신이 열등감을 느끼거나 질투하는 대상에 대해 느끼는 감정이다.

11-2. 갈등 요소

해외 봉사에서는 다양한 어려움과 고충이 있다(박현주, 2022). 하지만 해외 교육봉사활동을 하면 긍정적인 경험을 통해 배우기도 하지만, 부정적 경험에서도 많이 배운다. 봉사활동에서는 역할 갈등이 나타나기도 하며(윤형학, 2014), 이기적인 측면과 이타적인 측면이 복합적으로 나타나기도 한다(Holdsworth, 2010). 이 봉사활동에서도 단체 활동에 익숙하지 않은 예비 교사가 함께 활동하는 것을 어려워하며 수동적이거나 배타적인 모습을 보이는 경우도 드물게 볼 수 있었다. 이러한 부정적 측면을 좀 더 깊이 이해하고 그것을 최소화하는 게 필요하다.

Q: 봉사활동 중 갈등이 그렇게 많은가?
A: 해외 봉사활동과 같은 단체 활동에서는 이런저런 갈등이 발생한다. 여기서 말하는 갈등은 일상적인 사전적 의미가 아니고 봉사활동에서 나타나는 충돌, 긴장 관계, 어려움, 문제점 등을 모두 포함하는 넓은 의미로 쓴다(한재영 등, 2015). 갈등을 분석함으로써 봉사활동의 변화와 발전을 기술할 수 있다.

Q: 주체 요소에서 갈등은 무엇이 있나?
A: 해외 교육봉사활동에서 갈등은 CHAT의 6가지 요소를 기준으로, 요소 내의 갈등과 요소 간의 갈등으로 구분할 수 있다.[13] 요소 내의 갈등은 6가지 요소의 모두에서 찾아볼 수 있다. 주체 중 예비 교사가 수업 경험이 많지 않은 점은 교육봉사활동을 수행할 때 어려움으로 작용한다. 하지만 이 점은 봉사활동을 통해 예비 교사가 많은 배움과 발전을 경험하는 이유가 되기도 한다. 주체 중 인솔 교수는 많은 어려움을 겪는데, 예로 "봉사활동을 한 번 하는 데 약 5개월의 시간이 투자"되므로 연구하고 논문을 쓸 시간이 부족해진다. 이런 문제를 해결하기 위해 저자는 봉사활동에 대한 공동연구를 기획하기도 하였으며, 개인 연구에 선정되어 이 책의 집필을 지원받게 되었다.

Q: 객체 요소에서 갈등은 무엇이 있나?
A: 객체에서 나타나는 두드러진 갈등은 일회적인 봉사활동에서 기인하는 일방적인 수업 내용 제공이다(전현욱, 2017; 박공식, 전현욱, 2018). 이 문제는 해외 교육봉사단이 최초로 방문하는 국가에서는 피하기 어려운 문제다. 봉사활동의 준비나 정리 과정은 한국 대학생들의 학기 중에 이루어지므로, 예비 교사에게 큰 어려움을 주게 된다. 실제로 준비 과정의 어려움 때문에 봉사활동을 포기하려는 학생도 있었다. 현지에서 휴식이나 여행에 관련된 문제는 봉사활동과 적절한 조화를 유지함으로써 풀어나가야 한다.

---

13) 단체 활동에서 나타나는 갈등이나 어려움은 여러 주체가 객체를 달성하는 과정에서 경험하는 것이므로, 엄밀히 말해 갈등이 각 요소 내에 독립적으로 존재한다고 보기는 어렵다. 이는 주체가 CHAT의 모든 요소에 걸쳐있다(Han & Im, 2017)는 개념과도 연결된다.

Q: 다른 요소에서 갈등은?
A: 도구 중에서 언어로 인한 어려움은 아마도 해외 교육봉사활동에서 가장 큰 어려움일 것이다. 이 어려움은 철저한 준비, 현지인의 도움, 비언어적인 도구 사용, 자신감 있는 태도 등으로 극복해야 한다. 커뮤니티에서 야기되는 가장 큰 어려움은 현지 상황이다. 저개발 국가의 열악한 상황이나 갑작스러운 상황 변화는 봉사활동 준비와 수행에 결정적인 어려움을 줄 수 있다. 다양한 상황에서 교육봉사활동을 진행하기 위해 유연성 있는 대처가 필요하다. 이러한 돌발적인 상황에 하나씩 대처하면서 예비 교사들은 봉사활동뿐만 아니라 미래의 교직 수행에 대한 자신감을 가지는 계기가 된다. 규칙에서는 제한된 예산과 주어진 내용으로 교육봉사활동을 수행해야 하는 데에서 갈등이 발생한다. 이 사업을 여러 차례 수행하거나 다른 대학과 정보 교류를 하면서 규칙에서 나타나는 제한을 극복하는 노하우가 쌓이기도 한다. 역할 분담에서는 코티칭에서 나타나는 갈등이 가장 핵심적이다. 수업을 함께 진행하기 위해서는 준비를 많이 해야 하지만, 지리적으로 멀리 떨어진 국가의 대학생들이 함께 준비해 나가는 것은 쉽지 않아, 처음 봉사활동에서는 코티칭의 전형적인 모습(윤지현, 노태희, 한재영, 2008)을 찾기 어려웠다. 니카라과에서는 이 문제를 극복하기 위해 2017년에는 조별 수업 내용을 SNS로 사전 교류하기도 하였다.

나중에 생각해 보니 어려움이 참 많았고 그것을 모두 극복해 왔다. 니카라과에서 의사소통 채널의 문제, 엘살바도르에서 일정 관리 커뮤니케이션의 문제, 중미의 느긋한 시간 약속 문화, 자유로운 수업 분위기와 엄격한 분위기의 문제 등등. 이렇게 어려움이나 갈등을 극복해 가는 과정은 하나의 논문 주제로 다루어도 될 정도다. 충북대 사례뿐 아니라 다른 대학 어려움 극복 사례도 조사하고, 이것을 CHAT 틀로 분석하는 것이 가능하다.

Q: 요소 사이의 갈등이나 어려움도 있는가?[14]
A: 예로, 해외로 교육 기자재를 운반할 때는 항공기 탑승 규정에 따라 제한을 받아 수업 수행에 어려움이 발생하는데, 이것은 커뮤니티(항공사)의 규칙(탑승 규정)으로 인해 객체(수업 수행)가 영향을 받는 것이라고 볼 수 있다. 이런 문제는 해외 봉사활동에서 종종 일어난다(한재영 등, 2015). 니카라과에서는 멸치 해부를 위해 맨손으로 멸치를 다루는 것을 현지 학생들이 심하게 꺼리기도 하였다. 이것은 커뮤니티(현지 학생)의 특성이 도구(가위, 풀, 손)의 사용에 영향을 주어 객체(수업 진행)에까지 영향을 주는 경우이다.

봉사활동에서 갈등은 CHAT 요소 내에서 특정 내용이 부재하거나 미흡하여 갈등이 발생하고 다른 요소에까지 영향을 미치면서 주체가 객체를 수행하는 데 어려움을 주는 것들이다. 이런 갈등을 해결해 나감으로써 예비 교사가 하는 해외 교육봉사활동 사업이 정착될 수 있을 것이다.

---

14) 요소 사이에 걸쳐 있는 구인으로는 선행연구(한재영, 임성민, 2018)에서 제안한 '정의/심리적인 커뮤니티-도구'도 있다. 이것은 봉사단원이 경험하는 정의적이거나 심리적인 내용을 말한다.

멸치를 손으로 직접 만지는 것을 꺼린다. 비닐 장갑을 준비한다.

11-3. 코로나와 온라인 봉사활동

2020년 코로나로 인해 거의 모든 해외 봉사가 멈추거나 취소되었다. 해외로 나가지 못하여 우울증이 생기기도 했지만, 온라인 봉사활동이라는 '새로운 길'도 시작되었다. 비대면 해외 교육봉사활동은 어떤 모습일까?

어떤 이는 교육 영상만 잘 만들면 되지 않느냐, 이미 유튜브에 좋은 영상이 많으니 굳이 봉사활동을 하지 않아도 되는 것 아니냐 질문했다. 하지만 시장에 식재료가 널려 있으니, 아무거나 골라 아무나 요리한다고 명품 음식이 되는 것은 아니다. 교육의 핵심은 교사와 학생의 상호작용이기 때문이다. 온라인으로라도 같은 시간에 접속하여 얼굴을 직접 보며 가르치고 배우는 것은 분명 큰 가치가 있다.

> 훌륭한 교사란 수업을 잘하는 선생님이 아니라 배움의 과정 내내 학생들과 동행하는 선생님이라 생각한다. (피트 데이비스, 2023, 140).

그러나 온라인 해외 교육봉사활동에는 적지 않은 어려움이 있다. 우선 학생 모집이 어렵다. 봉사활동을 위해 해외에 나가는 장점이 사라진 것이다. 하지만 그럼에도 봉사활동에 지원하는 학생을 보면 옥석이 가려지는 느낌이다. 중미와 14시간 시차가 나서 한밤중에 수업하는 것도 어려운 데다, 한국에서 평소에 하는 일을 모두 다 하며 동시에 봉사활동을 하는 것도 힘들다. 잘 모르는 학교의 학생을 가르치기 위해 수업 준비하는 것부터 어렵고, 수업 중에는 현지 인터넷이나 장비 사정이 안 좋아 연결이 끊기기도 했다. 수업 물품을 보낼 때 높은 관세를 통과해야 하고, 현지에서 필요한 물품을 구하기 어려운 문제도 풀어야 한다. 그리고 현지에서 봉사활동 운영과 수업을 도와주는 사람(한국인)의 역할이 매우 중요하게 된다.

온라인 봉사활동 수업 후 노래를 불러 주는 과테말라 학생들

온라인 해외 봉사를 해보면 그동안 대면 해외 봉사에서 당연시했던 것의 가치를 재발견하게 된다(임고운, 2023).

> 해외에 나가지 못해 아쉬운 점이 꽤 있습니다. 무엇보다 현지 아이들을 직접 만나지 못한 것이 아쉽죠. 수업 중에 교환하는 눈빛과 몸짓, 바로 옆에서 함께 활동하며 스치는 만남, 말이 통하지 않아도 가까이 느낄 수 있는 기쁨과 감사의 마음, 수업 후 안겨 오는 어린아이들, 현지 학교의 환영식과 환송식 등이 그립습니다. 현지에 갔다면 그곳 대학생과 함께 코티칭을 하면서도 교류했을 겁니다. 매일 밤 전체 단원이 마주 앉아서 하는 평가회를 하지 못한 것도 아쉽고, 힘든 봉사를 마치고 주말에 여유롭게 푹 쉬는 것도 하지 못했습니다. 현지의 자연지리나 인문 지리 탐방도 아쉽게 놓친 재미죠.

2016년 중미 봉사활동을 처음 나갈 때부터 미국에 있는 P교수와 한 얘기가 있다. ODA 공여국인 한국과 미국 두 나라가 공동으로 봉사활동을 하면 너무 멋진 일이 될 것으로 생각했다. 이 꿈은 코로나로 인해 일부 실현되었다. P교수가 한국 대학생 온라인 봉사활동 수업을 참관하기도 했고, 저자가 2021년 미국 대학생의 온라인 교육봉사 프로그램 개발을 돕거나 수업을 참관했다. 그리고 이 첫 만남은 이후 새로운 봉사활동으로 발전하게 된다.

미국 일리노이 주립대학의 P교수는 초등 과학교육을 전공하고 있는데, 미국 대학생 중 스페인어가 가능한 학생을 모집하여 2001년부터 KCA에 온라인으로 수업을 진행했다. 1년에 여러 차례 온라인 수업을 하기도 하고, 2022년부터는 11월 추수감사절 1주일 휴가 기간에 직접 니카라과를 방문해서 교사 연수를 진행하기도 했다. 2024년 추수감사절 봉사활동에 저자도 합류하였고, 한국 출신 다른 미국 교수 2명도 함께 가서 다양한 활동을 수행할 수 있었다. 2025년에는 니카라과, 한국, 인도네시아, 캄보디아로 온라인 교육봉사를 확대하며, 대학생에게 실습 시간으로 인정할 수 있게 되었다. 주체와 객체가 증가하며 여러 나라에서 봉사활동을 진행하는 내용을 비교하는 연구도 가능하지 않을까? 물론, 온라인 봉사활동은 효과가 제한적으로 나타나기도 한다(정진경, 편창훈, 2023).

11-4. 반만 하는 봉사활동

2022년도 봉사활동은 개인적인 사정으로 2주만 했는데, 너무 짧아 아쉬우면서도 가장 힘든 봉사활동이었다.

선정된 사업의 집행을 도울 행정 부서를 찾느라 이리저리 뛰어다니며 고생했고, 그에 따라 예산 집행이 늦어지며 걱정이 많았다. 심지어 항공권 입찰을 위한 서류 초안도 내가 작성했을 정도다. 간호학과 학생들을 추가로 데려가기로 하면서 많은 인원의 수업 주제와 시연 영상을 검토하는 것도 어려웠다. 입찰에 낙찰된 초보 여행사의 실수로 여권 유효기간 확인이 잘못되어 단원 1명이 함께 출발하지 못하기도 했고, 항공편 예약 오류도 있었다. 무엇보다 봉사활동 출발 1주일 전에 어머니께서 코로나에 걸리셨다. 아래는 봉사활동 준비 단계에 쓴 일지에 있는 시다.

2022. 11/22 화나는 이유

요즘 얼굴이 펴지는 경우가 거의 없다.
봉사활동 행정지원 문제도 있었고,
집 사기로 한 사람이 약속 어긴 문제도 있었지만,
거기엔 답이 있다.

이번 학기처럼 강의 중에 학생들 야단을 많이 친 경우가 없다.
이번 봉사활동처럼 단원들을 다그친 적이 기억나지 않는다.

툭하면 나오는 짜증 섞인 말투를
집사람은 진작 알아차렸다.
몇 달 만에 다시 핀 담배도 무용지물이다.
50대 남자의 호르몬 이상 문제로도 설명이 되지 않는다.

어제는 웃긴 동영상 보며 눈물까지 흘리며 웃다가,
오늘은 세상 망한 듯 슬프다.
정신과 상담을 받으라 하겠지.

왜 그럴까?
경험해 본 적 없는 일 때문.
답이 없는 일 때문.

어머니께서 많이 아프시다.
하루하루 사그라져 가는 모습을
바로 옆에서 보고 있기가 너무 힘들다.

코로나 이후 새로 봉사활동이 시작되었을 때는 다른 대학교도 늘어난 항공료, 예산 부족 등으로 어려움이 많았다. 봉사활동을 계속하려는 의지가 처음으로 꺾이는 해이기도 했다.

> 내년에는 단장을 하지 말고, 다른 대학의 봉사활동 준비를 도와주면서 수당을 받아 그 돈으로 해외 봉사활동에 따라가면 좋겠다고 생각했다고 내가 말하니, B대 교수도 적극 공감한다. 정말 그래 볼까나?

해외 현지에 나가서도 마음 놓고 즐기지 못하고 마음고생을 계속했다. 출발 전부터 현지 대학과 연락이 잘 안 되는데, 현지에 가서도 협조를 얻는 게 어려웠고 MOU 체결 과정도 쉽지 않았다. 현지 고등학교와 사전 조율이 안 되고 이 봉사활동에 대한 이해가 되지 않아, 봉사단에게 너무 적은 시간을 내준 것도 풀기 어려운 문제였다. 거기에 눈이 침침한 게 심해져 고생이 많았고 귀국 후 백내장 수술을 받았다. 2주 만에 귀국한 바로 다음 날 어머니께서 병원에 입원했고 지난한 간병 생활이 시작되었다.

> 현지에 없으면서도 계속 현지에 머무는 경험, 3주차와 4주차로 무르익어가는 봉사활동의 모습과 마지막 최고 절정의 환송식을 사진과 글로만 접하는 생소한 경험을 하게 되었습니다. 아쉬움, 미안함, 고마움, 부러움, 놀라움 등의 모든 감정이 병원에서 어머니를 간병하며 겪는 어려움과 섞였습니다.

2023년 10월 어머니께서 돌아가신 후 단톡에 올린 글이다. 이 책은 어머니께 바친다.

> 어머니는 1남 4녀를 두셨고 제가 외아들입니다. 고혈압, 당뇨, 신장 투석으로 오래 고생하셨습니다. 식사를 잘 못하시고 거동이 어려우셨지만, 정신은 끝까지 또렷하셨습니다. 마지막 9개월간은 제가 집에서 모시며 간병해 드렸습니다.
> 이번 저의 모친상에 따뜻한 위로와 격려를 보내주셔서 감사합니다. 덕분에 무사히 장례를 치렀습니다.
> 제 주변의 거의 모든 게 어머니와 연관되어 있어 마음 추스르는 일이 쉽지 않지만, 조금씩 새로운 일상으로 돌아가고 있습니다. 어머니께서 저에게 남겨주신 소중한 시간을 잘 쓰겠습니다.
> 봉사단원들은 저의 어머니께 감사를 드려야 하겠습니다. 어머니께서 아프시지 않고 건강을 유지해 주셔서 그 당시 봉사활동을 나갈 수 있었던 겁니다. 봉사활동 나가 있는 동안 참고 기다려주셔서 감사하다고 어머니께 마지막 말씀을 드렸습니다.

11-5. 1/10만 하는 봉사활동

단장 역할이 사라질 수 있을까? 사라진다기보다 역할이 다른 사람으로 이동하거나 배분된다면 가능하다. 2023년은 저자에게 매우 힘든 해였다. 어머니 간병을 전담하며 모든 일을 최소화했고, 물론 봉사활동도 할 수 없었다. 그래도 충북대학교 단기 해외 교육봉사는 진행되었다. 저자는 제안서 초안 작성과 단원의 수업 주제 선정 과정에만 도움을 주었다. 전체 봉사활동에서 대략 10%만 이바지한 정도다.

사업을 진행하던 교수의 개인 사정으로 인도네시아 현지 봉사활동에는 다른 교수(준비 과정에 거의 관여하지 않은)가 참여했고, 함께 가는 현직 교사 2명도 이 봉사활동은 처음이었다. 대신 작년 인도네시아 봉사활동 단원 KJ와 HI가 참가했다. KJ는 온라인과 오프라인 합쳐 5번째 해외 봉사였고, HI는 3번째 해외 봉사였다. 그 둘이 대표와 부대표 역할을 맡고, 또 다른 단원이 수업을 하지 않으면서 행정과 지원을 전담했다.

많은 걱정이나 우려가 있었던 봉사활동이었지만, 결론은 역할 분담이 너무 잘 되면서 계획했던 게 대부분 잘 진행된 봉사활동이었다. 물론 저자의 기준에 따르면 홍보 실적이 하나도 없다든가, 매일 정식 평가회를 실시하지 않았다는 점 등 아쉬운 부분이 있다. 하지만 처음 해외 교육봉사를 인솔한 교수가 이 활동의 진정한 가치를 경험으로 깨달았고 현직 교사와 단원도 그러했으리라 생각한다.

저자도 '내가 없어도 봉사활동이 진행될 수 있구나.'를 깨닫게 되는 소중한 계기가 되었다. 또한 KJ에게 내가 했던 말인 '너는 단장만 해보면 돼.'가 거의 실현된 셈이다. HI도 단장과 같은 대표 역할을 맡으며 많이 성장한 모습을 보였다.

그림 속 한 단원이 거의 단장의 역할을 맡았다.

11-6. 혼자 하는 봉사활동

이 연구를 수행하는 마지막 해인 2024년에는 저자 혼자 니카라과에 가서 미국에서 온 교수들과 함께 봉사활동을 짧게 수행하고 왔다. 그 경험을 Q&A 형식으로 간단히 정리한다.

Q: 혼자 가서 무슨 활동을 했나?
A: 초등학교 1학년부터 최고 학년인 고등학교 2학년까지 학생들에게 7개 종류의 수업을 하고, 교사들에게 5개 정도 수업 아이디어를 연수했다. 초등 1~2학년과 교사 대상으로 수업을 진행한 게 처음인데, 봉사활동의 수혜자 범위를 넓힌 것이 의미 있다. 초등 저학년 학생 대상으로는 활동의 내용 수준을 낮추어 적절히 수업했지만, 교사 대상 수업에서는 수준 조정에 실패하기도 했다. 주기율표 10번까지 원소의 이름과 기호를 당연히 알거라 생각했지만 대부분 몰랐다.

니카라과 학생들이 그린 그림으로 뱃지 150개를 만들어 가서 선물로 준 것도 의미 있었다. 다음에는 학생과 교직원 사진으로 뱃지를 만드는 것을 생각했다.

Q: 단장이 아닌 단원으로서 활동하면서 느낀 점은?
A: 단원이 되어보는 경험을 한 것이 소중했다. 한국에서 수업 준비물을 혼자서 가공하는 데 많이 시간이 걸려 힘들었고, 대본을 만들어 읽으며 다듬는 작업도 끝이 없었다. 현지에 가서 수업을 마친 후의 느끼는 개운함과 피로감, 다른 사람의 도움이 절실할 때 도움을 받는 고마움, 수업 준비의 어려움과 의무감 등을 느낄 수 있었다. 지금까지 대학생 인솔 봉사활동에서 총괄 관리의 역할만 해보다가 이렇게 직접 부대끼며 수업하면서 느낀 점이 많다. 단장은 가끔 단원 되기 체험을 해야 봉사단 인솔에도 도움이 된다.

> 아, 학생들이 수업 준비할 때도 이렇게 시간이 많이 들고 힘들었겠구나.
> 수업을 마치고 교실을 정리하고, 준비물을 다시 캐리어에 넣어 숙소로 향하는 울퉁불퉁한 길 위로 끌고 오는 느낌, 이런 거구나. 숙소에 돌아와 땀에 절어 있는 몸을 샤워하는 느낌까지.
> 한국인 선교사님이 스페인어가 막힐 때마다 도움을 주셨다. 몸살감기가 걸려 굉장히 힘들었을 텐데, 정말 귀한 도움을 받았다. 수업에서 코티처에게 도움받는 것의 소중함도 체험하네.
> 수업을 혼자 했으니, 평가회는 할 수 없고 대신 일지를 적는다. 수업 긴장이 풀리며 밀려오는 피로감에 모든 게 귀찮아지는 느낌도 이런 것이구나.
> 시차로 인해 가장 힘든 오후 시간이 되었지만, 내일 수업을 위해 준비물을 챙겨야 하는 의무감도 느끼게 되었다.

Q: 니카라과에서 변화된 모습은?
A: 2017년 초에 니카라과에 방문한 뒤 7년이 지난 2024년 말에 갔을 때 많은 변화가 있었다. 가장 큰

변화는 학교의 학생 수 감소다. 보통 초중등 학교에서 국제학교로 승격되면서 등록금을 받게 되고 수업 시수도 늘어나고 교육과정도 상대적으로 자율적으로 운영할 수 있게 되는 장점이 있지만, 학생 수가 약 1/3 정도로 크게 줄었다. 니카라과의 정치적 사회적 여건이 변화하면서 미국으로 이민 가는 사람들이 늘어나는 것도 학생 수 감소의 한 원인이다.

가장 눈에 띄는 변화는 교정의 나무가 훌쩍 커버린 것이다. 여러 종류의 야자나무를 심고, 보라색 꽃이 피는 '잔다'와 빨간색 꽃이 피는 식물이 학교 곳곳에서 자라면서 예전의 다소 황량한 교정이 숲으로 된 느낌을 주었다. 잔다 꽃의 색소는 천연 지시약으로 2017년 당시 수업에 활용했었고, 저자가 꺾꽂이로 번식 가능하다고 말해서 널리 퍼지게 되었다고 한다. 반면에 야생 조류와 강아지, 교실 건물, 매점 등은 변함이 없었다. 니카라과와 미국의 사이가 나빠지면서 중국이 자본을 내세워 니카라과를 조금씩 잠식하고 있다. 중국은 땅을 사고 마트나 재래시장에 손을 대고, 무엇보다도 수산물을 독점하고 있다고 한다. 한국 섬유 가공 공장 수도 줄면서 한국인도 줄어들었다.

잔다 꽃

나무가 훌쩍 커버린 KCA

Q: 새롭게 경험한 것들은?
A: 니카라과에 6일간 머물면서 세례식, 추수감사절 예배, 운동회, 음식 준비 등 다양한 경험을 했다.
　　니카라과에서는 세례식을 할 때 물에 몸을 완전히 담가야 세례받은 것으로 생각한다. 그래서 1년에 2번

세례식을 할 때 수영장을 빌려서 한다. 하얀 옷, 맑은 수영장 파란 하늘, 나무의 초록색 조화가 너무 예뻤다. 니카라과 사람들은 수영을 좋아하지만, 호수까지 오가는 시간이나 교통편, 비용 문제로 많이 하지 못한다고 한다. 그래서 세례식 때 수영장에 와서 노는 걸 아이들이 굉장히 좋아한다.

추수감사절 연합 예배에서 춤과 찬송이 끝없이 이어졌다. 새로 맞춘 옷을 입고 더운 날에 격렬하게 춤추는 게 매우 힘들 것 같은데, 군소리 없이 잘 춘다고 생각했다. 그런데 반대로 여학생들은 서로 춤추고 싶어 한단다. 춤추는 것을 좋아해서 댄스팀에 들어가는 경쟁률도 높고, 말 잘 안 들으면 잘리기도 한다고. 그렇게 하면서 세례를 받게 된다.

강당에 만국기를 걸고 처음으로 운동회를 했다. 장애물 달리기, 2인이 등에 풍선 대고 달려가 터뜨리기, 탁구공을 숟가락으로 옮기는 릴레이, 이인삼각, 피구, OX 퀴즈, 줄다리기 등을 청, 백, 홍 세 팀으로 나눠 진행했다. 운동회의 대미인 박 터뜨리기를 위해 오재미와 박을 교직원들이 직접 만들었다. 니카라과의 전통 놀이 중에 삐냐따가 있는데, 이것은 눈을 가리고 막대기를 휘둘러 종이 인형 터뜨리는 게임이다. 그걸 만든 경험이 있어 박을 적당히 잘 터지게 만들었다.

세례식(좌)과 운동회(우)

운동회가 모두 끝나고 나서 모든 학생과 교직원에게 핫도그를 만들어 나눠 준 경험도 독특했다. 음식을 직접 해 먹는 선교사님의 수고로움을 덜어드리기 위해, 미국에서 온 P 교수님은 스테이크를 굽고 나는 부침개를 만들었다. 그리고 한국에서 가져온 짜파게티 만능 소스와 양배추, 양파, 파를 가지고 짜장밥 소스도 만들었고, 막걸리 가루를 물에 타서 하루 만에 막걸리를 만들기도 했다.

살아있는 야생 전갈도 처음으로 봤다. 현관문을 여니 아래쪽 문틈에 숨어있던 전갈이 기어간다. 집 안으로 들어오면 곤란하니 밖으로 내쫓고 조금 관찰하고 사진을 찍었다.

니카라과를 입국하며 수화물을 빼앗긴 경험은 다시는 겪고 싶지 않다.

모든 짐을 다 빼앗기고 잃어버리고 나오는 발걸음이 허탈하다. 그래도 환하게 반겨 주시는 두 선교사님을 만나니 마음이 놓인다. 내가 속상해하니, 니카라과 세관 통과하며 흔히 있는 일이라고, 니카라과에서는 검사하는 사람 마음이라고 한다. 동일한 품목이 6개 이상이면 많은 것으로 보는데, 최고 150명이 할 수 있는 분량이니 걸릴 수밖에 없지. 이럴 줄 알았으면 대사관을 통해 도움을 받을 걸 후회된다. 다음에 또 오게 되면 짐을 하나도 가지고 오지 않는 주제를 택해야겠다.

학교 졸업생 중 공항 세관에 근무하는 사람이 있어, 차에 타고 나서 바로 전화를 해서 내일 공항에 가서 짐을 찾아다 달라고 부탁하신다. 안 그러면 내일 8시 이전에 가서 줄 서서 심사받고 받아 오는 데 하루 종일 걸릴 수도 있다고 한다. 와, 이렇게 바로 딱 맞는 도움을 받게 될 줄이야!

Q: 어떻게 학생과 교사를 동시에 수업하는 게 가능한지?
A: 작은 학교라 여유 교사가 없어, 교사 연수를 할 때 학생들의 수업을 담당할 사람이 필요하다. 방과 후에 교사 연수를 하면 추가로 근무해야 하고, 교통편도 마련하기 어렵고, 교사가 다른 일을 하는 경우가 있어 시간을 내기 어렵다. 그래서 생각한 게 현지 학교에서 코티처를 조달하는 방법이다. 최고 학년인 고등학교 2학년을 훈련하여 후배들의 수업을 보조하거나 전담해서 수업하게 하는 것이다. 동티모르에서 시도했던 TOT(training of teachers) 방식을 적용한 것으로, 새로운 역할 분담 방법을 처음 사용했다.

우선 11학년 10명에게 3시간에 걸쳐 수업을 체험하게 했다. 양말목으로 클로버 열쇠고리 만들기, 스트링 아트, 지구본 만들기, 잠수부 만들기, 구름 만들기, 빨대 헬리콥터, 풍선에 컵 붙이는 방법 찾기, 신경 전달 속도 게임, 홀로스펙스 필름 명함 만들기 등을 수업했다.
그리고 각자 진행할 수업을 정하고 수업 시연을 하도록 지도했다. ppt와 대본을 주면서 수업하게 했다. 학생들은 수업을 진행하는 게 모두 처음이지만 무리 없이 잘하고, 열심히 노력하는 게 보였다.
실제로 후배들에게 수업을 진행한 후 '가르치는 게 쉽지 않지?'라고 물어보니 어렵다고 대답하는 표정에 수업의 모습이 그대로 나타났다.

Q: 니카라과 코티처들은 봉사활동을 어떻게 기억하고 있나?
A: 6~7년 전 대학생 때 봉사활동을 도와주었던 니카라과 코티처들을 만났다. 졸업 후 각자 직장을 가지고 있었으며, 식사 초대를 받아 모두 예쁘고 멋있게 차려입고 있었다. 예전에 봉사활동을 도와줄 때를 생각했을 때 가장 그리운 게 무엇인지 물었다. 수업을 함께 준비했던 것, 학생들을 함께 가르친 것, 새로운 수업 방식을 배운 것, 스페인어를 가르쳐 준 것, 함께 수업하며 많이 배운 것 등이 그립다고 대답한다. 나는 뭐가 가장 그립냐고 물어서, 함께 여행했던 게 좋았다고 얘기했다. 그 당시에 나는 수업을 같이 하지 않고 전체 운영만 했으니, 코티처와 기억은 여행밖에 없다. 다쳐서 못 간 곳도 그립고, 튀긴 바나나도 그립다.

한편 두 번의 니카라과 봉사활동을 마친 직후에 코티처들은 한국 대학생과 교류를 하면서 학생들에게 재미있게 지식을 전달하는 방법을 배울 수 있었고, 이 과정을 통해 국가와 사회를 더 많은 일을 하고 싶은 동기부여가 되었다고 말했다.

니카라과 코티처들

Q: 전도사의 삶은 어떤가?
A: 학교를 운영하며 교육을 통한 전도를 하는 전도사 두 분의 삶을 조금 들여다볼 수 있었다. 종교적인 신념이 없으면 결코 하기 어려운 일이다.

이곳은 정말 끝없는 일이 많은 곳이다. 큰 행사도 이어지고, 손님도 맞이해야 하고, 건축 자재도 직접 사야 하고 학교를 운영하는 선교사가 되기 위해서는 만능 박사가 되어야 한다.
학교 운영과 선교로 너무나 바쁘신 분이 준비해 주시는 아침, 숟가락 하나 더 놓는 셈이라고 하기에는 너무나도 고맙고 소중하다.

Q: 이전 봉사활동이 어떻게 이어지고 있나?
A: 예전 봉사활동 때부터 계속 KCA를 다니고 있는 학생 한 명을 만났다. 봉사활동이 이어지고 있는 작은 사례다.

한국에 왔던 여학생 중 한 명이 와서 인사를 한다. 2018년에 니카라과에 왔던 봉사단원 한 명이 수업 후 너무 귀엽고 예뻐서 사진을 찍어 카톡에 보관해 두었던 여학생, 지난 10월에 한국에 왔을 때 저녁 식사 뷔페 장소에서 만나 그 사진이 본인 맞다고 확인했다. 정말 흔하지 않은 만남과 인연이라 잊지 못할 것 같다. 알마이리스.

두 사진에서 알마이리스가 누구인지 찾을 수 있을 것이다.

Q: 혼자 봉사 활동하며 어려웠던 점이나 하지 못한 것은?
A: 개인 봉사활동이라 해도 준비해야 할 건 거의 다 해야 한다. 일정 조율, 항공권과 여정, 보험, 공적 서류, 수업 주제 선정, 재료 구매 및 가공, 유인물 인쇄, 대본 작성, 선물 준비 등 모든 것을 혼자 해결하는 데 시간이 꽤 걸렸다. 문화 교류가 중요해서 스페인어 노래도 추천받아 연습했지만, 짐을 싸며 우쿨렐레를 가져가지 못한 것이 아쉽다. 폴라로이드 카메라도 부피가 많아 가져가지 못한 걸 많이 후회했다. 니카라과까지 가는 데 2일, 오는 데 3일 걸리고, 시차가 극복될 때쯤 되돌아오면서 육체적으로 매우 힘들었다. 멕시코 공항에서 안개로 인해 5시간 정도 연착된 것이 피로를 더했다. 학기 중에 출장을 갔다 오는 것은 매우 바빴다. 결국 귀국 비행기 안에서 걸린 감기로 2주간 앓으며 고생했다.

11-7. 한국에서 혼자 한 봉사활동

니카라과 KCA
코리안크리스티안
아카데미 방문맞이

하루인데 할일많네
시설견학 문화교류
MOU와 체험활동

학생봉사 2주지원
얼마나힘 드셨을지
이제조금 빚을갚네

충북대에서 니카라과 전통춤

　니카라과의 KCA는 중미 봉사활동을 처음 했던 학교이며, 온라인 봉사활동과 개인 봉사활동까지 총 5번을 봉사한 학교다. 그 학교에서 고등학생 5명과 교직원 두 분이 충북대를 방문했다.

　렌터카 빌려 오송역에 데리러 가고, 충북대 와서 MOU 체결, 도서관과 박물관 관람, 과학 체험활동, 사범대 시설 견학은 시간이 부족해 생략, 춤과 노래로 문화 교류(Kpop 학생 섭외), 저녁 식사 장소로 이동, 밤에는 증평에 있는 충북대 천문대에 가서 천체 관측, 숙소 이동 후 렌터카 반납, 다음 날 아침 충북대에서 지원한 버스로 오송역으로 이동. 꼬박 하루 정도 일정을 준비하고 소화하는 데 일이 참 많았다. 해외에 나가 3일 정도 봉사활동 하는 걸 한꺼번에 몰아서 한 것처럼 빡세게 힘들었다. 여고생들이 니카라과 전통춤을 출 때 그 배경 음악을 따라 부르기도 했다.

　예전에 20명이 니카라과로 봉사활동 하러 갔을 때 우리를 접대하느라 얼마나 힘들었을지 이제 조금 알 수 있었다. 크리스천 학교이므로 찬송가를 부르는 것에 대해 대학 행사에서 종교적인 색채를 너무 많이 띠지 않을까 걱정했지만, 나중에는 그것도 문화 교류의 일환이라고 생각하게 되었다.

　니카라과 학교 쪽에서는 MOU 체결에 큰 의미를 부여하고 있었고, 고등학생들은 한국 교육에 대해 배워 니카라과도 발전시키고 싶다고 하였다. 2016년도에 니카라과에서 처음 봉사활동을 한 후 맺은 작은 결실이다.

11-8. CHAT 변화와 발전

2016년도에 니카라과로 처음 봉사활동을 나간 후 거의 10년이 되었다. 그 사이에 니카라과 봉사활동이 어떻게 변화되었는지 되짚어 보고, 미래의 니카라과 봉사활동 발전을 위한 시사점을 얻고자 한다. 니카라과 외에 엘살바도르, 과테말라, 인도네시아, 네팔에서 연구자가 수행한 봉사활동 내용도 일부 포함하여 해외 봉사활동을 성공적으로 수행하는 데 필요한 정보를 정리하고자 한다.

니카라과 봉사활동을 2016년도와 2017년도에 두 차례 수행한 뒤, 2018년 니카라과에 전국적인 반정부 소요 사태가 일어났다. 사람들이 많이 실종되거나 사망했고, 반정부 인사는 국적 박탈 후 추방되었으며, 많은 비정부기구가 해산되고, 독재 체제가 강화되었다. 이렇게 사회가 불안정한 니카라과로는 봉사활동을 나갈 수 없었고, 2020년에는 코로나로 인해 해외 봉사활동이 전면 취소되기도 하였다. 하지만 2021년과 2022년에는 온라인으로 봉사활동을 하였고, 미국 일리노이 주립대학에서도 온라인 봉사활동을 시작하게 되었다. 미국 P 교수는 2022년부터 추수감사절 때 니카라과를 방문하여 봉사활동을 했고, 저자는 2024년 추수감사절 봉사활동에 합류했다.

CHAT의 6가지 요소(주체, 객체, 도구, 규칙, 커뮤니티, 역할 분담)에 따라 봉사활동이라는 활동 체계가 변화된 내용을 기술한다. 1-3절 그림1의 세부 내용에 따라 정리하며 추가되거나 변형, 삭제된 내용을 찾아본다.

11-8-1. 봉사활동의 주체: 확대되기도 하고 축소되며 옥석이 가려짐

- 예비 교사: 예비 교사 지원자가 줄어들고 있다. 처음에는 해외 봉사활동의 기회가 거의 없어 단원 모집 경쟁률이 매우 높았는데, 거의 매년 사업이 진행되니 희소성이 감소한 것으로 보인다. 또한 사회 분위기도 바뀌어서 대학생들이 실속을 먼저 따지는 때도 있었다. 교육봉사 60시간 2학점을 인정받지 못하는 것을 알고 포기하는 학생도 나타났다. 예비 교사가 '현실적'으로 되면서 자기 이익이 되는 일만 하려는 세대로 변해가니, 봉사활동의 진정한 가치를 좀 더 홍보하고 교육하는 것이 필요하다. 한편, 봉사활동을 두 번 이상 나가는 예비 교사는 '도대체 봉사활동이란 게 무엇인가?'라는 고민을 시작하기도 한다. 온라인 봉사활동에서는 단원 모집이 훨씬 더 어려운데, 온라인으로라도 봉사활동을 하려는 단원이라는 옥석이 가려진다.
- 현직 교사: 현직 교사 수요는 늘고 있다. 특히 봉사단원이 대학을 졸업한 후 인솔 교사가 되기를 희망하며, 실제로 1명이 그렇게 네팔로 봉사활동 다녀왔다. 유경험자가 가야 봉사활동 운영에 도움을 쉽게 받을 수 있어, 한 교사가 3번까지 같이 가기도 했다. 특히 KM 교사는 인솔 교수가 2주만 활동하고 귀국한 후, 실질적인 단장 역할을 맡기도 했다. 여름방학 기간이 감소하면서 여름에 4주간 봉사활동을 인솔하는 데 어려움이 있다. 퇴임 교사 중에 봉사활동을 희망하는 사람이 늘어나고 있어, 퇴임 교사를 활용하는 방안을 마련할 필요가 있다. 자비로 봉사활동에 참가하여 20명 이상의 추가 인원으로 봉사하는

것도 가능하다. 현직 교사는 1명으로는 부족하다.
- ● 교수: 이 봉사활동은 단장 교수의 헌신과 노력이 많이 필요한 사업이다. 저자는 퇴임 후에도 이 사업이 계속 진행될 수 있도록 다른 교수에게 봉사활동을 경험하는 기회를 주려고 대학 대응 예산을 힘들게 마련하곤 했다. 하지만 이 사업을 온전히 이어갈 후임 교수는 아직 찾지 못했다. 저자 혼자 니카라과를 방문해서 진행하는 1인 봉사도 가능했다. 단장이 단원으로 되어 활동하는 경험은 이후 봉사활동에 큰 도움이 될 것이다. 처음 인솔할 때 '내가 미쳤지 이걸 하겠다고 하다니'라는 마음에서 '내가 좋아서 하며 행복감을 느끼는 일'로 바뀌었다.
- ■ 확대1: 간호학과 학생이 함께 인도네시아로 봉사활동을 가거나, 스페인어를 전공하는 다른 대학 학생이 과테말라로 봉사활동을 가는 등 예비 교사가 아닌 대학생으로 주체가 확대되기도 하였다. 단원이 많아지면 신경 쓸 일도 더 많아진다.
- ■ 확대2: 코로나로 온라인 봉사활동을 하면서 미국 대학생이 주체로 추가되었다. 또한 미국 교수가 니카라과에 혼자 방문하여 봉사활동을 진행하기도 하였다. 2024년에는 미국 교수 3명과 저자 4명이 추수감사절 1주일 휴가 기간에 니카라과를 방문하여 다양한 교육활동을 펼쳤다. 연합 봉사활동을 꿈꾸는 SNS 대화에서 시작된 봉사활동이 2025년에는 정규 교과로 확대되었다.
- ■ 확대3: 한국에 있으면서 외국에 나간 봉사단원과 연결하여 온라인으로 봉사활동을 하는 방식이 새롭게 시도되었다. 한국과 네팔의 과학 교사 모임이 서로 온라인으로 연결되고, 봉사단이 오프라인 활동을 지원하는 하이브리드 봉사활동이다. 한국의 교사는 시간과 노력을 조금만 투자하여 봉사활동을 할 수 있으니, 봉사활동의 주체가 되는 제한이 최소화되며 참여를 확대할 수 있다. 한편 경력이 많은 한국 현직 교사라도 해외 봉사활동의 특수성을 알지 못하면 적합한 주제를 잡는 게 어려우니 교육이 필요하다.
- ■ 확대4: 니카라과 KCA에서 일과 시간에 교사 연수를 하는 동안, 학생들의 수업을 현지 최고 학년 학생이 담당하였다. 현지 학생이 객체이면서 봉사활동의 주체가 된 것이다. 니카라과 학생끼리 자연스러운 스페인어로 수업을 주고받으며 봉사활동이 진행된 독특한 사례다. 인도네시아 봉사활동에서 현지 고등학생 몇 명이 수업 도우미로 활동한 적이 있는데, 그 당시 보조교사의 역할만 한 것에 비해 이번에는 주교사 역할을 했다.
- ◇ 미래: 니카라과, 엘살바도르, 과테말라에 봉사활동을 나갔던 단원 중에 한 번 더 중미에 가기를 원하는 사람끼리 '중또가계(중미에 또 가자 계)'라는 계를 만들었다. 대부분 초임 교사로 학교 일이나 육아 등으로 당장 가기는 쉽지 않다. 곗돈을 모으지는 않지만, 돈을 모아야 추진력이 생길 것으로 보인다. 대학생 때 갔던 봉사활동이 평생 얻기 힘든 절호의 기회였음을 절감하게 된다.

11-8-2. 객체: 확대와 융합

- ● 수업: 이전에는 초등학교 3학년 이상 학생에게만 수업했는데, 간단한 활동을 준비하여 초등학교 1~2학년도 수업하는 것이 가능하다. 주말에 교회에 온 유치원 아이들 데리고 즉석에서 꼬마 부메랑 만드는 수업을 했지만 그리 성공적이지 않았다. 미리 준비하고 보조교사가 적절한 도움을 준다면 유치원 대상

수업도 가능하다. 봉사활동을 매년 수행하면 수업 주제가 서로 겹치지 않도록 해야 하지만, 오래간만에 가서 할 때는 학생이 많이 바뀌어 중복되어도 가능하다. 학생 수가 줄어들었을 때 수업 주제의 수준을 다양하게 조정해서 모든 학년에서 수업할 수 있도록 하는 방안도 있다. 수업을 수행하는 주체의 측면에서는 여러 가지 수업을 준비하는 수고로움을 더는 장점이 있다. 온라인 봉사활동에서는 교사의 일방적인 전달이 아니라 현지와 상호작용하는 것이 더욱더 필요하다. 일방적인 동영상 교육보다는 온라인으로라도 대면 교육을 하는 것이 필요함을 확인했다.

- 문화 교류: 혼자 할 때는 한국문화 수업을 하기 어렵다. 우쿨렐레를 가져가서 현지 노래를 하는 것은 가능하다. 교육과정에 음악과 미술이 없지만, 한국어를 배우는 시간은 있다. 봉사활동을 위해 귀중한 수업 시간을 할애받는 것이므로, 한국어를 가르치며 한국 노래를 부르는 것도 좋다. KCA 학생과 교직원이 충북대를 방문하여 문화 교류를 한 것은 작은 성과이다. 온라인 봉사활동에서는 해외로 나가지 않으니 오프라인 해외 봉사의 맛이 나지 않는다. 수업 후에 현지 학생들이 노래를 불러주는 것이 감동적이었다.

- 현지 요청 활동: 수업 시간표를 짤 때 현지 요구를 반영하여 가능한 많은 학생에게 혜택이 돌아가도록 했다.

- 사후관리: 사후관리는 잘 안되고 있다. 수업 후 학교에 기부한 물품이 창고 서가에 방치되어 있기도 하였다. 수업 기자재를 계속 활용하도록 하려면 교사 연수를 강화하는 것이 필요하다.

- 행사: 환영식과 환송식은 따로 진행되지 않았고, 학교 정규 행사에 소개하고 간단히 인사말 하는 식으로 마쳤다. 미국 교수가 준비한 운동회를 처음으로 경험했는데, 나중에 봉사단이 와서 해도 좋은 프로그램이다. 운동회를 진행하는 요원이 많이 필요하고, 부상이나 사고를 줄이기 위해 애써야 한다. 줄다리기에서 손이 쓸리지 않게 장갑을 착용해야 한다. 처음 하는 운동회인데 점수 현황판을 보면서 분위기 고조되는 것은 한국 운동회와 같다. 청백군 대신 청백홍군으로 나눠 여러 학생이 많이 참여하도록 하는 것이 좋다.

- 홍보: 홍보하는 것이 한국뿐 아니라 KCA에도 도움이 많이 된다. MOU 체결은 대학의 실적이 되기도 하며 KCA에도 도움이 되어 양쪽의 요구가 맞물린다. KCA 학생들이 외국 대학에 와서 학장과 교직원의 안내를 받고 좋은 회의실에 앉아 MOU 체결식을 치르고 함께 사진을 찍으면서 '대접받은 느낌'을 받았다고 좋아하였다. 국립국제교육원에서도 홍보를 중요시하기 시작했다.

- 휴식: 혼자 봉사활동을 할 때는 혼자 모든 것을 다 해야 하니 쉬는 게 어렵다. 게다가 10일 남짓 짧은 기간 머물면서 왕복 시차 적응이 두 배로 어려웠다. 오후에 관광도시인 그라나다에 가서 배를 타고 근사한 레스토랑에 간 것은 좋았지만, 운전사가 사고로 못 오면서 선교사님에게 에너지 소모가 큰일이 되었다.

- 준비: 혼자 봉사활동을 나갈 때에도 준비할 것은 대부분 다 해야 한다. 여러 가지 수업을 혼자 준비하며 매우 힘들었는데, 훨씬 더 많은 수업을 준비하여 캄보디아에 혼자 봉사활동을 나간 P 교사의 노고를 더 이해하게 되었다.

- 정리: 일지 작성이 매우 힘들어 키워드만 적은 후 귀국 후 완성하였다. 평가회는 하지 못하고 일지 작

성으로 대신했다. 미국 교수와 같이 이야기하며 카톡에 간단히 메모를 남기기도 했다. 보고서를 따로 정리하지 않아도 되는 것은 편하다.

- ■ 확대1: 이전에는 초중등 학생을 대상으로 수업했지만, 교사 연수로 확장되었다. 교사 연수의 가능성이 현실로 실현되었다. 네팔에 가서는 단장이 대학생과 교수에게 세미나를 하기도 했고, 한국과 네팔 과학 교사 세미나를 열기도 했다. 연수 강사의 나이나 직위를 따지지 않아도 된다. 미국 교수의 교사 연수에서는 교사가 학교와 수업에 관해 얘기하는 첫 기회가 되기도 하였다. 니카라과는 교사의 수준이 매우 낮아 교사 연수의 필요성이 높다. 반면 교사 연수를 위한 시간을 따로 내기 어려운 문제를 해결해야 한다.
- ■ 확대2: 미국 대학생과 교수가 온라인 및 오프라인 봉사활동을 진행하며 학생 수업을 하고 교사 연수를 했다. STEM 수업을 진행했다. 로봇 경연대회에서 2등을 하기도 하였다. 정규 교과로 채택되면서 계속 진행될 것이다.
- ■ 확대3: 혼자 봉사활동을 나가 KCA 선교사와 많은 시간을 보내면서 그들의 삶의 일부를 경험하게 되었다. 종교적 신념이 없다면 하기 힘든 일, 교육의 가치와 의미를 재확인하고 새롭게 할 수 있었다. 연구년이나 정년 이후에 할 일이 생겨, 저자의 참살이에도 영향을 주었다.
- ■ 확대4: 국립과천과학관의 싸이팝 이동박스형 과학원리체험콘텐츠를 활용하여 현지 학교에서 미니 과학관 행사를 열었다.
- ■ 확대5: 예비 교사 이외에 간호학과라는 새로운 전공 대학생이 봉사활동 수업 주제를 정하는 과정에서 기존의 수업과는 전혀 다르면서 실제 생활과 연결된 주제가 많이 개발되었다. 최근 간호학과 학생들의 해외 봉사활동이 늘어나고 있다(조영미, 2025; 현사생, 조수미, 2025). 충북대 간호학과에서도 인도네시아 봉사활동에 함께 간 이후로 자체 해외 봉사를 활발히 진행하고 있다.
- □ 추가1: 다양한 후원을 받기 시작했다. 대학 본부의 여러 부서, 사범대학, 학회, 협회, 대학 학과, 교수, 연구 센터, 사업단, 병원, 학교농협, 이전 단원, 일반인, 카카오같이가치 등에서 현금이나 현물을 후원받아 현지에 전달할 수 있었다.

11-8-3. 도구: 현지화

● 언어: 스페인어 교육은 발음과 읽기 교육을 강화하고 일대일 대본 읽기 지도를 대폭 늘리는 것이 좋다. 1인 봉사활동 하면서 스페인어 실력이 늘었다. 다양한 번역 프로그램의 발달했지만, 번역 오류는 여전히 존재한다. 미국 교수가 수업할 때는 영어 통역을 학생이 맡았다. 영어 학습을 강조하고 있어 영어를 잘하는 학생이 있다. KCA에서 교사가 영어로 수업하는 것이 저학년은 가능한데 고학년은 내용이 어려워지면서 어렵다. 오히려 거꾸로 되어야 할 것 같은데, 교사의 실력이 따라가지 못하는 것 같다. 유치원 포함 총 13학년에 교사가 18명이니 중고등학교에는 과목별 교사가 있다. 미국 온라인 수업에서는 스페인어 가능한 미국 대학생이 있어 의사소통이나 상호작용에 문제가 별로 없다. 통역이나 번역에서 발생하는 어려움은 현지 도움이 증가하는 계기가 된다. 아시아 국가로 봉사활동을 나가서는 영어로 수

업했는데, 영국식 영어와 미국식 영어의 차이로 어려움이 생기기도 하였다.
- 비언어: 온라인 봉사활동에서 스페인어 대본을 읽다 보면 현지 아이들의 표정이나 반응을 볼 수 없고, 서로 작은 화면으로 소통하기 때문에 비언어적 상호작용이 일어나기 어렵다. 반면 봉사활동에서 행복한 웃음이 나오는 것은 동일하다. 네팔에 가서는 긍정과 부정을 나타내는 고개 끄덕임 방식에 유의해야 한다.
- SNS: 카톡은 화상 통화도 무료로 되어 매우 유용하게 계속 활용한다.
- 교과서: 수업 준비가 미흡한 경우 미리 제작해 간 교과서가 무용지물이 되는 경우가 생긴다. A4 양쪽으로 만들어 코팅해 가는 것이 편하다. 온라인 봉사활동에서 교과서나 활동지를 현지에서 직접 인쇄했는데, 현지의 컬러 인쇄는 굉장히 비싸다.
- 수업 교보재: 교보재에 대한 지원은 KCA에서 모자람 없게 하고 있다. 현지 교사가 대본을 검토하고 수업 준비물을 잘 준비해 놓는다. 수업 교보재 활용을 다루는 교사 연수가 필요하다.
- 교실 시설: STEAM 과학 실험실을 꾸미는 중이다. 실험실 공간은 마련되었지만, 실험 기구나 장비가 아직 갖춰지지 않았고, 현재 있는 것도 잘 활용되지 않는 것으로 보인다. 컴퓨터실은 오래전부터 있었는데 도난 방지를 위해 창문을 막아 매우 덥다.
- 확대1: 온라인 봉사 초기에는 인터넷 연결 문제로 소리나 영상이 끊기곤 했다. 이후 온라인 수업이 원활히 진행되도록 시설을 잘 갖췄고, 인터넷 사정도 개선되었으며, 시설을 잘 활용하는 교사가 있다. 미국 온라인 봉사활동을 계속했기 때문이다.
- 추가1: 중미에는 바람이 참 많이 분다. 바람이 너무 세서 분무기로 하는 무지개 관찰 실험을 못하거나, 모처럼 가져간 드론이 무용지물이 되기도 했다. 반면 바람이 도움을 주기도 한다. 단풍나무 씨앗 모형 만들기를 해서 현지 학생들이 밖에서 던졌더니, 바람을 타고 오르락내리락 손에 잡힐 듯 말 듯 너무 재미있었다. 어떤 대학 봉사활동에선 태풍으로 현지 학교 건물이 피해 입어 봉사활동이 지연되기도 했다.
- 미래: 현지에서 구할 수 있는 것을 활용하는 프로그램으로 최대한 준비하는 것이 필요하다. 예로, 종이로 하는 활동을 개발하거나, 암막이 없어도 활동이 가능하도록 변형한다. 홀로스펙스 필름을 관찰할 때 밝은 빛이 필요한데, 레이저 포인터를 사용하는 게 가능하다. 과학 체험 프로그램의 경우에는 재료나 기구를 현지화하는 것이 필요하다. 세탁기 주름 호스는 현지에서도 팔고 있다. 현지에서 구하기 힘든 재료만 가져간다. 예로, 만국기, 뱃지 만들기, 홀로스펙스 필름, 양말목, 액정 온도계 등.

11-8-4. 규칙: 유연화와 긍정적 변화

- 국립국제교육원 규정: 지원받지 않는 경우 따를 필요가 없다.
- 예산: 간접비가 없는 사업이라 담당 부서와 직원을 찾기 어렵다. 원래 ODA 사업은 간접비가 없어 이런 문제가 많이 발생하곤 한다. 다른 예산 사용 규정은 조금씩 유연화되고 있다. 예로, 현지에서 사용할 수 있는 재료비 예산 항목이 새로 생겼다. 항공료나 현지 체재비 인상에 대한 고려가 부족하다. 연구비나 사업비를 쓰지 않고 개인 돈으로 봉사활동 할 때는 자유로움이 매우 크다.

- 항공사 규정: 항공 사고가 계속 나면서 항공사 규정이 점점 많아지고 정교화되고 있다.
- 현지 학교 규칙: 국제학교가 되면서 교육과정을 자유롭게 할 수 있다. 하루 5시간 수업 제한이 풀려 현재 7시간 수업하며, 방과 후 수업도 한다. KCA에서는 진화론을 가르치지 않고 창조론만 가르치니, 학교 문화를 존중하여 진화와 관련된 내용을 수업에 포함하지 않도록 한다. 충북대에 방문했을 때 종교적 내용의 공연은 문화의 일부로서 인정할 필요가 있다.
- 현지 문화: 교사 연수를 방과 후에 하면 싫어한다. 교통편도 문제고, 오후에 다른 직장을 다니는 사람이 있다. 공식적인 기부금은 모두 보고해야 한다. 학교나 교회의 투명한 운영에 도움이 되기도 한다.
- 집단 규칙: 혼자 봉사활동 할 때는 집단 규칙이 사라지고, 선교사의 일과를 따라가게 된다.
- 추가1: 세관 통과가 훨씬 더 어려워졌다. 검사를 하는 사람에 따라 다르긴 한데, 기본적으로 동일 물건이 6개 이상 있으면 관세를 매기려 한다. 음식물에 대해서는 무조건 3달러를 부과한다.
- 추가2: 온라인 수업에서 14시간 시차로 인해 한밤중이나 새벽에 수업해야 하는 제한을 극복하기 어렵다. 코로나 상황과 겹치며 집합교육은 온라인으로 최소로 했고, 합숙 교육이나 바자회는 하지 못했다. 마스크 기부 행사를 하려 했지만, 이것도 현지에 보내는 게 배보다 배꼽이 더 커서 포기했다. 해외의 숙소와 음식 문제, 교통수단, 안전사고, 건강 문제 등은 신경 쓰지 않아도 되지만, 국내에 있으면서 '빨리빨리' 돌아가는 한국의 모든 일을 다 하며 봉사활동을 해야 한다. 현지에서 구할 수 있는 재료만 가지고 수업할 수 있게 프로그램 선정에 제한이 많다. 큐브나 LED 손전등, 셀로판지, 탁구공 등 일부 물품은 한국에서는 쉽게 구하지만, 현지에서 구하기 어려울 수 있다.

11-8-5. 커뮤니티: 상황의 변화 및 어려움 확대

- 현지 학생: KCA가 국제학교가 된 후, 공부를 많이 시키고 과제를 많이 내 주어 싫어한다. 11학년 동안 12학년 내용을 모두 가르친다. 공부를 많이 시키는 학교로 소문이 났다(학부모의 인식). 과테말라의 학생들이 가장 인상깊게 남는다. 소년의 집과 소녀의 집 학생들에게는 정말 교육이 희망이라는 말을 체험할 수 있었다. 5년간 기숙 학교생활을 한 후 졸업 후 가족을 책임지기 위해 직업교육을 받는다. 천사의 집에서 만난 폭력 피해 아이들은 어리면서도 어른스럽고, 동정 아닌 친구로 만나는 것의 중요성을 알게 해 주었다.
- 현지 교사: 좋은 교사를 구하기 어렵다. 좋은 교사를 빼앗기는 경우가 종종 있다. 몇몇 교사는 충실히 일한다. 온라인 봉사에서는 현지 교사가 준비할 내용이 대폭 늘어난다.
- 코티처: 대학교와 교류는 하지 않는다. 네팔에서 코티처를 구하는 게 쉽지 않다. 일을 도와주고 수당을 받는 것에 익숙해져 있다.
- 한국 대학: 등록금이 계속 동결되면서 예산이 부족해 대응 자금을 얻는 것이 점점 어려워진다. 사업 진행을 돕는 대학 직원의 도움이 매우 필요하다. 예산 집행, 항공권 입찰, 공문 작성 등은 책임이 따르는 일로 아무나 할 수 없다. 국제개발협력 사업은 대부분 간접비가 없어 대학으로서는 매우 하기 어려운 사업이다. 산단, 학생처, 사범대학 그 어디에 있는 직원도 이 사업을 맡기 싫어하는 건 당연하다. 아무

런 보상 없이 할 일은 많고, 혹시 일을 잘못하면 감사에 걸릴 수 있기 때문이다. 지금까지 봉사활동 사업 관리를 맡아 준 대학 직원에게 감사를 표한다.

- 현지 대학: 대학과 교류 없다. 빌손이 잠시 교사로 근무하다 그만두고 빵집에서 일하다 다시 왔는데 재고용 거절하였다. KCA와 맞지 않는 부분, 말하기 힘든 사정이 있다.
- 대사관: 니카라과의 HS 대사님은 과테말라로 옮기셔도 도움을 주셨다. 니카라과에 새로 부임한 대사가 어떤 사람인지 잘 모른다. 컨택 포인트가 사라지기도 한다.
- 현지 협조자: 니카라과 국립대학과 교류 없다. 네팔에 갔을 때는 트리부반 대학의 교수가 전폭적인 지원을 해 주었다.
- 현지 한국인, 현지인: 군포교회에서 파송된 KH 선교사는 녹내장이 자연 치유되는 기적이 있었다. LC 선교사는 미국 국적이다. 선교를 드러내지 않으며 선교한다. 무한한 인내가 필요한 일이다. 국제학교로 지정되었는데, 학교 이름에 Korean이 들어가 책임감을 느낀다. 과테말라 소년의 집의 수녀님과 천사의 집 신부님으로부터도 진정한 봉사자의 삶을 통해 많은 것을 배울 수 있었다. 엘살바도르의 코이카 직원, 과테말라의 대학 선배, 기업가, 경찰 영사, YJ씨 등 많은 분의 도움을 받았다.
- 음식, 질병: 항상 조심해야 한다. 네팔에서 전원이 설사로 고생한 것이 가장 심각했다. 기후변화와 기상이변으로 홍수가 나서 물이 오염된 영향을 받은 것이다. 한국 식당이 멀리 있으면 차를 전세해야 하므로 비용 문제로 자주 가기 어렵다.
- 확대1: KCA 졸업생 한 명이 마나과 공항에 근무하면서 큰 도움을 받았다. 수업 재료를 잔뜩 담아온 캐리어 두 개를 모두 빼앗겼는데, 그다음 날 바로 찾아다 주었다. 봉사단의 수업을 받은 적은 없지만 봉사활동에 결정적인 도움을 준 커뮤니티 역할을 하였다.
- 확대2: 미국 일리노이 주립대학에서 니카라과 봉사활동이 정식 과목으로 승인되면서 본격적인 온라인 봉사활동이 시작되었다. 수업 재료비도 일부 지원할 수 있다고 하니, 성과가 기대된다. 한편 미국 대통령이 바뀌며 연방 정부의 국제개발처(USAID)가 대폭 축소되었다. 당분간 미국의 ODA 사업이 전반적으로 위축될 것으로 예상된다.
- 확대3: 봉사단을 위한 숙박 시설을 개선하고 신축하고 있다. 첫해에는 잘 곳이 없어 강당에서 텐트를 치고 자면서 행사가 있을 때마다 짐을 싸고 푸는 것을 반복해야 했다. 둘째 해부터 숙박 시설을 따로 짓기 시작했고, 침대도 새로 갖춰 놓았다. 세례식을 위해 수영장도 만들고 있다. 니카라과에서는 물속에 완전히 잠겨야 세례를 받은 것으로 생각해서 수영장이 필요한데, 매번 빌려서 사용하면서 어려움이 많았다. 수압이 약한 것은 개선하기 어렵다. 현지에서 수도 사용량을 제한하는 것도 문제. 약한 수압의 불편함을 경험한 단원이 귀국길 미국 호텔에서 1박 하면서 한 말이 있다. '개수대와 샤워기 물을 동시에 틀었는데, 신기하게 양쪽에서 물이 나와요.' 일상의 소중함을 알게 해 주는 경험이다.
- 추가1: 국내 여행사가 봉사활동의 진행에 영향을 주는 경우도 생긴다. 니카라과에서 귀국할 때 항공권 문제로 추가 비용을 내야 했는데, 여행사에서 환급 처리가 되지 않은 것은 큰 문제가 아니다. 초보 여행사가 단원의 여권 만료일을 확인하지 않으면서 1명이 함께 출발하지 못하는 경우가 생기고, 공항에

현지 가이드가 나오지 않거나, 항공권을 다른 날짜로 발권하여 재구매하는 일도 생겼다. 입찰에서 낙찰된 여행사가 계약 위반이나 잘못했을 경우 법적 조치를 취하는 것이 쉽지 않다.
- ☐ 추가2: 현지인과 호텔 상황이 봉사활동에 어려움을 주기도 한다. 과테말라 대학 근처의 레지던스에 머물렀는데, 숙소 위생과 안전 문제가 있었다. 숙소를 옮기고 비싼 위약금을 내게 되기까지 단장이 마음고생하며 봉사활동에 집중을 못하니 다른 운영진들이 고생을 많이 했다.

11-8-6. 역할 분담: 역할의 공유, 전파

- ● 코티칭: 현지 대학생 코티처의 역할이 약화되거나 사라지기도 한다. 현지 대학생의 코티칭 역할을 한국인 선교사, 현지 교사, 현지 학생 등이 대신하기도 한다.
- ● 관리: 온라인 봉사활동에서 현지 역할이 강화되었다. 물품 준비, 배부, 학생 관리, 통역, 보충 설명, 인터넷 연결, 촬영, 기록, 반성 등의 역할을 현지에서 한다. 현지 교사의 역할이 중요해지며, 최선을 다해 준비해 준다. 지구본 만들기 전개도를 두꺼운 종이에 인쇄해 놓기도 했다. 1명씩 돌아가며 수업할 때는 전체 봉사단에 대한 관리가 쉽다. 하지만 단원 여러 명이 동시에 여러 수업을 하지 못하니, 시간 대비 효율성은 떨어진다. 수업을 다발적으로 진행하려면 고학년 수업 도우미 교육해야 한다.
- ● 리더십: 혼자 봉사활동에서는 불필요하다. 단체 봉사활동에서는 리더십을 약간 분산하는 것도 필요하다.
- ● 기록: 혼자 하는 봉사활동에서 매일 기록하는 건 불가능하다.
- ● 안전/건강: 스스로 지켜야 한다.
- ● 번역: 한국인 선교사가 통역과 번역에 도움을 주었다. 현지 학생이 수업하는 경우 자연스러운 번역이 진행된다.
- ● 행정: 최소화하거나 불필요해진다.
- ● 공문: 최소화하거나 불필요해진다. 대사관에 연락하는 것은 잊지 않는 것이 좋다.
- ● 교통: 학교 버스가 생겼으나 안정적이지 않다. 운전사가 강도를 만나는 사고로 운행이 늦어지기도 한다. 배은망덕한 버스 업체는 니카라과의 문화를 보여준다.
- ● 숙박/식사: LC 선교사의 백업 역할이 매우 소중하다. 운전, 물품 조달(가위 등 추가 물품 구매), 식사 보조, 기타 허드렛일을 도맡아 한다. 주체가 식사를 함께 준비하기도 하였다. 스테이크를 구매하고 요리하기, 부침개 만들기, 짜장밥 소스 준비, 막걸리 제조 등. 봉사단 인원이 많을 때는 식당에 일하는 사람을 따로 두지만, 소수일 때에는 선교사들이 식사를 직접 준비한다.
- ● 안내: 네팔의 경우 호텔 주인이 많은 도움을 주었다. 트리부반 대학 교수의 지원도 매우 중요하다.
- ■ 확대1: 현지 학생이 보조교사나 주교사 역할, 통역의 역할을 맡는다. 재학생은 객체이지만 졸업 후에는 커뮤니티로 분류가 바뀐다.

11-8-7. 활동 체계 변화의 유형

활동 체계의 변화는 몇 가지 유형으로 나눠볼 수 있다. 세부 요소 내에서 변화, 세부 요소 사이의 변화,

세부 요소의 확대와 추가, 그리고 6가지 요소 사이의 변화다.

세부 요소 내에서 변화는 시간의 흐름과 상황의 변화에 따라 나타난다. 예로, 시간이 흐르면서 학생들이 많이 바뀌는 경우 봉사활동 수업 주제가 중복되어도 상관이 없다. 니카라과의 정치 경제 상황 변화로 학생 수가 많이 줄어 여러 학년을 모아 수업하게 되었다.

세부 요소 사이의 변화도 시간의 영향으로 나타났다. 예로, 대학생 단원이 졸업 후 인솔 교사가 되기도 하였다. 또한 경험이 축적된 인솔 교사나 단원이 거의 단장 역할을 맡기도 했다.

세부 요소가 확대되거나 추가되기도 한다. 예로, 주체가 간호학과 대학생, 스페인어 전공생, 미국 대학생, 한국에 있는 교사 등으로 확대되고, 객체가 교사 연수나 미니 과학관으로 확대되었다. 추가는 새로운 요소가 더해지는 것인데, 다양한 후원이 늘어난 것이 해당한다.

6가지 요소 사이의 변화도 주목할 만하다. 커뮤니티에 해당하는 현지 학생이 주체인 교사가 되는 역할 분담이 일어났고, 현지 학생끼리 스페인어를 하며 도구의 활용도도 높아졌다. 객체의 홍보에 해당하는 MOU 체결은 한국 대학의 실적이 되기도 하지만, 커뮤니티인 현지 학교에도 도움이 되기도 한다. 미국 교수가 수업할 때는 현지 학생이 영어 통역을 맡았는데, 이것은 커뮤니티가 도구를 활용하여 주체의 활동을 보조한 것이다.

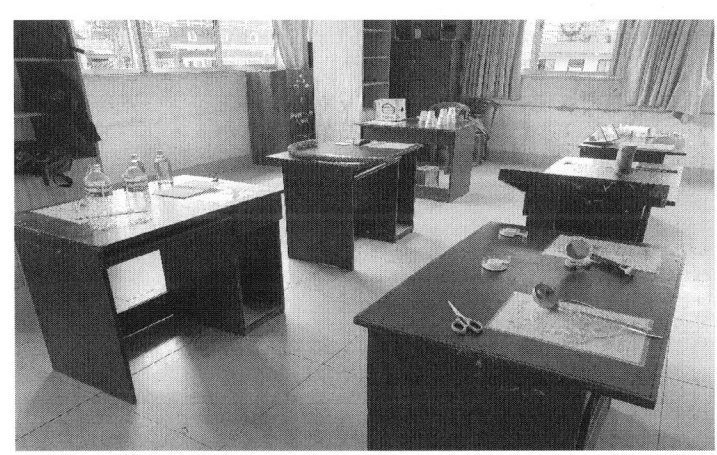

미니 과학관 행사

11-9. 변화와 발전으로 이어진 갈등

이 책에서는 갈등을 활동 체계가 계속 반복되는 데 어려움을 주는 모든 것으로 광범위하게 정의한다. 갈등을 극복하거나 해결해 나가면서 활동 체계가 발전한다. 즉 갈등은 활동 체계를 저해하면서 동시에 발전을 견인한다.

가장 큰 갈등 요인은 니카라과 정치 사회의 문제와 코로나이다. 사회적으로나 보건적으로 안전하지 않은 상황에서 봉사단을 파견하는 것이 불가능해졌고, 온라인 봉사활동이 시작되었다. 오프라인 봉사활동과는 다른 온라인 봉사활동을 통해 현지 교사의 역할이 강조되었고, 미국 봉사단이 연결되어 활동을 시작하는 계기가 되었다. 추수감사절 휴일 1주일의 짧은 개별 봉사활동이 진행되고, 교육실습과 연결된 온라인 봉사활동으로 이어졌다. 커뮤니티의 외부 상황에 맞춰 봉사활동이 변형되면서 계속 이어진 점에 주목할 만하다.

니카라과에서는 해외로 이주하는 사람들이 대폭 늘어났다. 영어가 가능하고 능력이 조금 있는 사람이 가족 단위로 외국으로 나가면서 학생 수도 줄어들었다. 또한 KCA가 국제학교로 승격되면서 등록금을 받으면서 학생 수가 훨씬 더 줄었다. 전체 학생 수가 줄어든 반면, 소수정예 학생들이 남아 학교의 설립 목적에 충실한 인력으로 양성되고 있다. 학생 수가 적을 때 봉사활동 수업 주제의 수준을 다양하게 조정해서 모든 학년에서 수업할 수 있도록 하였다.

국제학교가 되면서 교육과정을 자율적으로 운영할 수 있게 되어 12년 교육과정을 11년에 마치게 조정하면서 배울 내용이 증가했다. 빡빡한 학사 일정을 고려하면 교육봉사활동에 할애하는 시간이 더욱 소중해졌다. 반면 학교 수업 시간이 하루 5시간에서 7시간으로 늘어난 것은 봉사활동 시간을 내기에 도움이 된다.

특히 온라인 봉사활동에서 현지 교사의 역할 비중이 많이 증가했다. 니카라과 학교 교사의 수준이 높지 않은 것은 고치기 어려운 문제로, 교사 연수가 매우 필요하다. 제한된 학교 근무 시간에 교사 연수를 하기 위해 고학년 학생이 저학년 학생의 교육활동을 담당하는 방법도 마련되었다.

최근 한국의 상황 변화도 봉사활동에 영향을 주고 있다. 베이비붐 세대의 교사 중에 명예퇴직을 하는 교원이 증가했고, 이들이 봉사활동에 참여하려는 수요가 늘어났다. 능력 있고 시간 여유가 많은 퇴직 교원을 봉사활동에 활용하는 방법을 마련할 필요가 있다.

11-10. 변해야 할 내용과 계속되어야 할 내용

봉사활동은 시간이나 상황에 따라 많이 변해왔다. 하지만 더 변해야 하는 내용도 있고, 변하지 말아야 할 내용도 있다.

변해야 할 내용으로 학생 교육보다 교사 교육이 우선되어야 한다. 니카라과에 처음 갈 때 현지 정부에서 교사 연수를 요구했지만, 예비 교사가 현직 교사를 연수하는 게 부적절하다고 생각해 거절했다. 하지만 그 때 교사 연수를 요구한 이유를 이제 이해할 수 있다. 교육의 질을 높이기 위해서는 교사의 질을 높여야 하는데, 교사 교육은 대부분 ODA 협력국에 절실하다. 단위 학교 수준에서도 우수한 교사가 더 좋은 대우를 좇아 다른 학교로 빠져나가기도 하니, 현재 교사를 훈련하는 것이 최선이다.

봉사활동이 끝나고 나서 모든 수업 물품을 현지에 주고 오지만, 물품과 자료를 준다고 해서 현지 교사가 그것을 사용하는 것은 아니다. 사후관리를 위해서도 교사 교육이 필요하다. 인력 부족의 문제를 온라인이나 하이브리드 봉사활동으로 해결할 수 있을까? 오히려 더 바쁘게 만들 수도 있으니, 현지와 잘 협의하는 게 필요하다.

수업을 함께 진행하는 코티쳐 역할을 강화하고 확대할 필요가 있다. 교사 교육 시간을 확보하기 위해 교사가 맡고 있는 학생을 지도할 다른 학생을 훈련하는 것이 방법이다.

안전 관리가 강화되어야 한다. 코로나 이후 다양한 풍토병이 계속 발생하고 있으니, 이에 대비해야 한다. 봉사단 건강관리의 중요성은 아무리 강조해도 지나치지 않다.

반면 변하지 말아야 할 내용은 수업 측면에 있다. 교사와 학생의 상호작용을 강조하는 수업은 어떤 국가나 사회, 시대에도 계속되어야 한다. 해외 봉사활동에서는 봉사단원 3~4명이 함께 수업하며 현지인 코티쳐의 도움도 받는다. 교사 여럿이 코티칭하면 특히 활동 위주 수업에서 현지 학생들에게 도움을 주는 기회가 늘어난다. 즉 교사와 학생이 상호작용하는 양과 질이 모두 높아지며 수업의 목표를 달성하는 것이다. 최근 인공 지능(AI)이 발달하며 교사의 역할이 위협받고 있지만, 수업에서 교사와 학생의 대면적 상호작용은 AI가 대체할 수 없는 영역이다. 과학 수업에서 이러한 교사-학생 상호작용을 강조하는 방식은 변하지 말고 계속되어야 할 것이다.

또한 학생의 체험을 강조 수업도 계속되어야 한다. 많은 ODA 국가의 학교에서는 아직 수업을 강의식으로 진행하고 있다. 강의로는 학습 의욕이나 흥미를 높이기 어려우므로 저개발 국가 학생들이 수학이나 과학 분야의 진로 선택을 외면하고 교육이 국가 발전에 이바지하지 못하는 순환에 빠지게 된다. 봉사활동 수업에서 자신만의 산출물을 만들어 내고 기뻐하는 ODA 국가 학생들을 보면 체험 중심의 교육이 중요함을 새삼 느낄 수 있다. 한국에서는 수행평가를 너무 많이 하여 학생들의 활동 참여 의지가 낮아지거나(흥미 유발에 역효과), 고가의 장비나 다양한 실험 자원을 계속 제공하며 학생 참여를 지나치게 강요하여 오히려 학생들이 과학 활동에 참여하기를 귀찮아하는 경우도 생긴다. 하지만 체험활동의 가치를 계속 강조하며 지속할 필요가 있다. 외국에서는 하고 싶어도 하지 못하는 체험활동, 일상의 소중함을 한국 학생들에게 말해 주도록 한다.

부메랑을 만들어 날리는 엘살바도르 학생들

지구본을 만들고 기뻐하는 네팔 학생들

11-11. 봉사활동과 참살이

봉사활동이 변화하며 정착하고 있다. 나는 봉사활동을 오래 진행하면서 어떤 변화와 발전을 기대했고, 어떤 벽돌을 놓아 온 것인가? 2016년도에 처음 니카라과에 가서 던진 호수의 물결이 점점 퍼져나가는 것은 나에게 어떤 의미인가? 다른 봉사단원과 현지인들에게 봉사활동은 어떤 느낌을 주었을까?

무작정 새로운 것을 시작하며 힘들게 좌충우돌하던 모습에서 이 국립국제교육원의 단기 해외 봉사 사업을 가장 잘 아는 행복한 '프로'의 모습을 갖추게 된 것은 사실이다. 봉사활동에 올인하는 삶을 살고 있으며, 앞으로도 계속하고 퇴임 후에도 할 생각이다(엄미란, 이상오, 2016). 봉사활동을 나갔던 곳에 가서 한 달 살기를 하는 게 버킷 리스트에 추가되었다. 그러기 위해 건강관리를 잘해야 한다는 동기도 부여받았다.

봉사활동을 하며 많은 걸 배우고 다양한 삶의 모습도 보게 되었다. 끈기 있게 꾸준히 일하기, 진실하게 사람을 대하기, 욕심 내지 않기, 최선을 다하고 기다리기 등을 배웠다. 해외 상주 봉사자의 삶이 어떤 것인지도 조금 알게 되었다. 저자는 종교가 없으나, 정말 신앙의 힘이 없다면 교육을 통한 전도는 할 수 없는 일이다. 종교인에 대한 존중과 현지 교육 상황에 대한 존중도 배웠다.

동티모르에 처음 봉사활동을 갔을 때는 자비로 참여했고, 그 이후에는 외부에서 지원받으며 나갔다. 지금은 다시 외부 지원 없이도 자비로 봉사활동을 나가려고 생각 중이며, 필요한 자금을 모으고 있다.

봉사활동을 함께 나갔던 단원들을 만나면 대학생 때의 경험을 많이 그리워한다. 분명 모든 단원의 삶에 봉사활동이 잊지 못할 추억으로 남아있을 것이다. 저자가 다리를 놓은 미국 교수와 학생들도 봉사활동을 하며 좋은 시간을 보내고 있다고 믿는다.

만약 자금이 충분하다면, 한국과 미국 대학생의 연합 봉사활동을 꿈꾼다. 소수 인원만 현지에 파견하고 온라인으로 수업하는 하이브리드 형태의 봉사활동도 꿈꾼다. 봉사활동의 주체를 계속 늘리는 일은 분명 의미가 있다. 나와 같이 참살이가 증진되는 기회를 제공하는 일이기 때문이다.

니카라과 현지 학교에서도 처음 봉사활동 후 계속할 것인지 고민했지만 지금은 다양한 교육봉사로 기쁘게 확대하고 있다. 봉사활동을 도운 현지 대학생 두 명이 한국에 유학을 와서 꿈을 이루기도 했다.

12. 정리글

도입글에 적었던 질문에 대해 내 생각을 정리해 본다. 모든 사물이나 사상이 그렇듯, 시간과 경험이 쌓이면서 생각도 변하기 마련이다.

> Q. 대학생들에게 그렇게 큰돈을 들여 외국에 나가 봉사활동 하는 것은 예산 낭비 아닌가?
> A. 예산은 정말 빠듯하여 낭비하기보다 매년 모자라 추가 비용을 마련해야 했다. 어차피 정해져서 써야 하는 국가의 ODA 예산을 의미 있는 일에 올바르게 똑바로 사용한다고 생각한다. 해외에 갔다 오는 데 들어가는 비용이나 새로운 언어를 공부해야 하는 어려움 등을 고려하면, 국내 봉사활동이 더 효율적일 수도 있다. 그러나 예비 교사들이 해외 교육봉사를 통해 얻게 되는 수많은 경험과 성장은 이러한 비판을 충분히 극복하고도 남는다. 즉 효율성보다는 효과성 측면에서 해외 봉사활동을 보는 것이 바람직하다.
>
> Q. 국내에도 도움이 필요한 사람이 많은데 굳이 해외에까지 나가야 하는가?
> A. 국내에도 관심 가져야 하지만, ODA 예산은 해외에만 써야 한다. 해외에 가야만 느낄 수 있는 것이 많다. 온라인으로 봉사활동 수업을 하는 것으로는 매우 부족하다.
>
> Q. 해외 봉사활동은 결국 놀러 가는 것 아닌가?
> A. 직접 가보면 놀러 가는 게 아님을 알 수 있다. 처음 해외에 나가는 예비 교사에게는 외국에 나가는 것이 좋은 동기 요인이 되기도 한다. 주말에 인문 지리나 자연지리를 방문하며 재충전하는 것은 봉사활동의 필수 요소다. 잘 쉬어야만 잘 가르칠 수 있기 때문이다.
>
> Q. 봉사활동을 나가기 위해 준비할 게 그렇게 많은가? 그냥 대충 해외에 나가 현지에 필요한 것을 도와주고 오면 되는 것 아닌가?
> A. 아무런 준비 없이 교육하는 것은 교육이 아니다. 우리는 단지 벽화 하나 그려 주러 가는 게 아니다. 현지에 필요한 것을 제대로 주기 위해 준비를 많이 해야 한다. 봉사활동에서 학생 활동 중심 수업을 하도록 준비하는 데 많은 시간과 노력이 필요하다.

> Q. 외국에 나가 단기간 교육봉사활동을 하는 것이 그 나라에 어떤 도움이 될까? 그 나라 학생들이나 봉사 단원에게 어떤 도움이 될까?
> A. 돈을 그냥 주는 원조는 현지에 도움이 되기보다 독이 된다고 들었다. 벽돌이 한 장 한 장 쌓여 건물이 지어지듯, 단기간의 봉사활동을 통해 현지 사람들에게 작은 꿈과 희망을 줄 수 있다. 실제로 해외 봉사활동을 함께 한 현지 코티처 중에 한국에 와서 GKS 장학금을 받으며 공부하고 있는 사례가 두 건이나 있다. 누군가에게 꿈과 희망을 준다는 말은 그것을 받는 개인에게는 전혀 식상하지 않은 말이다.
>
> Q. 대학생들은 스스로 알아서 봉사활동 할 테니, 봉사단을 인솔하거나 지원하는 사람이 없어도 되지 않나? 단장은 놀고먹는 것 아닌가?
> A. 처음 하는 일에서는 현직 교사나 대학교수도 인솔과 지도가 필요하다. 두 번 이상 해외 봉사활동을 나간다면 스스로 할 줄 알게 된다. 그렇게 훈련하기 위해 단장의 책임이 막중하다. 단장을 계속하다 보면, 해외 봉사활동에서 시키는 대로 따라만 하는 건 매우 쉽다는 것을 알게 된다.
>
> Q. 예비 교사들과 해외 교육봉사활동을 나가는 것이 임용시험 준비에 도움을 주나? 오히려 공부 흐름을 끊어 방해되지는 않나?
> A. 공부 흐름이 끊어지기는 하지만, 예비 교사는 그 무엇에서도 얻기 힘든 엄청난 동기부여를 받는다. 이 봉사활동은 대학생 때에만 얻을 수 있는 기회이며, 이 기회를 잡기 위해 졸업을 미룬 학생도 있다. 또한 봉사활동을 하고 나서 진로가 바뀐 학생도 있다. 니카라과 1회 봉사단원 한 명은 지금 해외에서 교사를 하고 있다.

자원봉사관리에 대한 많은 문헌에서는 봉사 관리자에 대한 교육의 부재가 종종 언급된다(예, 문영희 외, 2018). 봉사활동 관리자의 역량은 형식적이거나 일괄적인 교육으로 길러질 수도 있지만, 경험자의 이야기나 글을 통해 간접적인 경험 전이로 이루어질 수도 있다. 이 책은 그러한 관리자 교육에서 인지적 측면뿐 아니라 정의적 측면에서 좋은 참고 자료나 사례로 활용될 수 있을 것이다. 하지만 이 책은 분명한 한계를 가진다. 아무리 봉사활동에 대해 자세히 기술하고 생생한 글을 모아도, 직접 경험하지 않으면 봉사활동은 전혀 알 수 없다.

> 9시 국립국제교육원 방문단과 선생님 두 명과 맥주 회의, 말/글로 남기는 노하우와 몸으로 익히는 노하우는 정말 다르다. embodied cognition 개념이 유용함을 또 느낀다.

아래는 봉사활동 사업 제안서에 대한 구두 발표 심사에서 심사위원이 한 질문에 저자가 답한 내용이다.

해외 봉사활동을 나가는 사람은 매우 많지만, 과연 해외 봉사활동이 무엇인지 자신 있게 말할 수 있는 사람은 많지 않을 것이다. 이 연구는 이 질문에 대한 답을 찾는 여정의 하나다. 해외 교육봉사활동이란 무엇일까? 이 커다란 질문에 각자 생각하는 답을 찾아보자.

> 심사위원: 해외 봉사활동이 무엇이라고 생각하십니까?
> 나: 봉사활동을 몇 번 다녀오고 관련된 논문도 쓰고 했지만, 아직 잘 모르겠습니다. ODA 수여 국가에 벽돌을 하나 놓는 것, 잔잔한 호수에 돌을 하나 던져 물결을 만드는 것, 그 정도 느낌인 것 같습니다.
> 심사위원: 학생들이 좋은 교수님을 만났군요.

저자는 이론과 실제 사이의 간격을 줄이는 것에 오래전부터 관심이 많았다. 이 책에서 실제 사례와 함께 연구논문을 인용하려 한 것은 그 간격을 줄이는 시도였다. 하지만 그리 성공적인 것 같지는 않다. 오히려 난잡하고 어느 한쪽에도 충실하지 못한 부분이 종종 보인다. 저자는 국제개발협력을 전공한 것도 아니고, 그렇다고 봉사활동 실천을 긴 기간 동안 한 것도 아니니, 이론과 실제에 모두 약하다. 그럼에도 이런 글쓰기는 내가 해보고 싶은 일 중 하나였다. 참 감사한 일이다.

> [직원의 이야기] 충북대 학생들은 참 착한 것이다. 다른 지역 대학생을 데리고 왔으면 벌써 몇 번 문제가 생기고 뒤집어졌을 것이다. 단장이 기운 내고 웃어야 단원들도 따라 한다. 맞는 말이란 걸 알면서도 내가 먼저 쉽게 웃지 못하네.

세월이 흘러 봉사단원들이 교사가 되어 자비로 중미 봉사활동을 가는 모습도 기대하고 더 먼 훗날에는 봉사활동 10주년, 20주년 행사를 하는 것도 좋겠다. 일본의 JAICA가 엘살바도르에서 50주년 행사를 하는데 매우 짠했다고 한다. '중또가계(중미 또 가자 계)' 모임을 좀 더 확실히 하려 한다.

대학사회봉사협의회에서 주최한 2024년 대학 자체개발 우수 해외 봉사 프로그램 공모전에서 최우수상을 받았다.

대사협 공모전 최우수상 수장

13. 부록

단장 후기는 국립국제교육원에 제출하는 보고서의 맨 마지막에 적는다. 여기 첫해와 둘째 해 니카라과 봉사활동이 끝나고 쓴 후기를 싣는다.

> **2016년도 단장 후기: 결과 보고서를 작성하며 봉사단원들에게**
>
> 우리 한라봉 봉사단 참 많은 일을 했고, 많은 경험을 했습니다. 여러분 사후 보고서를 쓰면서 느끼는 비슷한 감정을 나도 결과 보고서 작성하며 느끼는 것 같네요.
>
> 4주간 같은 시간과 공간에 머물렀던 인연은 참 소중합니다. 그 안에서 만들어진 수많은 애증이 이제 기억으로 넘어가겠지만, 어떤 방식으로든 그것은 본인의 일상생활에 자취를 드러낼 것입니다. 그 당시 감정 그대로가 아니라 긍정으로 완화된 형태로 종종 나타나겠죠.
>
> 귀국 후 내가 느꼈던 우울증과 무기력감은 지금까지 봉사활동에서 단원으로 참여했던 것과 달리 이번엔 봉사단장으로 일하며 겪었던 새로운 경험 때문인 것 같습니다. 누군가가 나에게 어떤 사람이 어떤 일을 하는 이유를 물었을 때, 모든 사람은 본인에게 도움이 되는 일을 한다고 대답한 적이 있습니다. 니카라과 봉사활동은 나에게 어떤 도움이 되었을까요?
>
> 한국에 돌아와 다시 합류해야 할 일상의 기준으로 본다면, 나에게 니카라과 봉사활동은 도움보다는 손해가 큰 시간이었습니다. 다른 대학 인솔자도 비슷하다고 하네요. 그럼에도 니카라과는 나에게 크게 다시 손짓합니다. 스페인어 공부를 위한 강의 영상도 또 다운받아 놨고요.
>
> 나는 여러분을 만났습니다. 그리고 니카라과의 대학생을 만났고, 초중고 학생과 교직원을 만났고, 그곳 한국인들을 만났고, 니카라과 사람들을 만났습니다. 이들 만남이 나의 삶에 직접적인 영향을 주는 일은 별로 없겠지만, 긍정과 성공의 에너지는 계속 줄 것 같습니다.
>
> 해외 봉사활동은 본질적으로 실패할 수 없다는 논문이 있더군요. 나도 내가 만든 기준에 의해 이번 봉사활동을 평가했고, '그럼에도', '부족하지만' 성공적이라는 평가 내리고 있습니다. '첫술에 배부를 리 없다'라는 나의 인식은 그 환영식 인사말을 준비하면서 일찌감치 적어둔 강력한 포석이자 자기 암시이기도 합니다.
>
> 그래서 나에게 니카라과 봉사활동이 뭐이 중헌디? 이걸 논리적으로 분석하고 근거를 나열하고 미사여구로 포장하고 그러는 일은 얼마든지 할 수 있습니다. 하지만 내게 중요한 것은 감성입니다. 그 감성 자체마저도 자본주의 이데올로기나 봉사활동의 불패 구조에 기초하고 있다 하더라도, 그것이 나를 추동하는 역할을 하는 것은 부인할 수 없습니다.
>
> 나는 여러분을 그리고 니카라과 사람들을 사랑합니다. 좀 더 익은 석류주 취기에 의존해 겨우 말하는 한 문장입니다. 그라나다에서 우리를 도와준 제리카가 힘들어할 때 내가 해 준 말, I love you, the princess of Granada. 니카라과에서 여러분에게 보인 첫 눈물만큼 창피한 글이지만, 또 올릴 수밖에 없네요.

2017년도 단장 후기: 결과 보고서를 작성하며 봉사단원들에게,

올해 한라봉 제2기 봉사단이 자랑스럽습니다. 물 흐르듯 봉사활동이 진행되며 여러 많은 일을 완수할 수 있었던 것은 모든 봉사단원이 각자 제 역할을 충실히 해 주었기 때문입니다.

마지막 환송식 때 우리가 연습해서 불렀던 'Yo te amo Nicaragua' 반주를 위해 오래간만에 기타를 연주하면서 생긴 왼손 손가락 끝 굳은살이 이제 하나씩 떨어져 가고 있습니다. 대신 저 하늘의 달이 니카라과에서 본 블루문 모양으로 조금씩 차오르고 있네요.

이름도 생소한 중미 니카라과라는 나라에서 4주간 같이 생활할 수 있었던 것은 참 흔치 않은 인연입니다. 작년에 이어 두 번째로 간 사람이나 해외에 처음 나간 사람이나 모두 그곳에서 올해 만난 여러 사람과 또 잊지 못할 인연을 만들었습니다. 한국에 돌아와 봉사단원을 만나 활짝 웃으며 인사할 때마다 니카라과가 생각나지요?

물론 올해에도 어려움이 있었습니다. 무엇보다 단장인 내가 다쳐서 운신을 잘 못했고, 물갈이 설사 복통 두통으로 고생한 사람, 피부에 문제가 생기고 벌레에게 물린 사람도 많았죠. 해외 봉사활동을 한 번 이상 나갔던 사람은 '도대체 봉사활동이란 게 무엇인가?'라는 고민도 많이 했습니다. 건강 문제는 시간이 지나면서 해결되지만, 정신적인 고민은 쉽게 해결되지 않죠. 하지만 그런 고민을 시작하게 된 것만 해도 좋은 출발점이 됩니다.

'리더는 막는 사람이 아니라 뚫어주는 사람'이라고 하는데, 움직이지 말라는 진단을 받고 봉사단장으로서 역할을 제대로 하지 못해 미안합니다. 봉사활동에서 안전이 가장 중요하다는 걸 뼈저리게 느끼며, 봉사활동에서는 일의 진행뿐 아니라 다른 봉사단원에게 더 신경을 써 주어야 함을 알았습니다. 봉사활동 수업 마지막 날 아침에 밀려왔던 시를 여기 또 옮깁니다.

앉아서 보는 풍경에는
분지를 둘러싼 산은 없었다.
네 살 반 아이들이나 나에게
식당 앞 계단은 높았다.

이제는 눈이 마주치지 않아도
먼저 인사하는 교직원들.
바람에 익숙한 야자수 묘목도
매일 조금씩 자라고 있다.

이슬바람비 오는 니카라과,
북미 한파에 밀려온 이상기온이
우리를 무지개 안에
머물게 한 거네.

온전히 안겨 오는 아이들에
더 있고 또 오고픈 단원들의
진심어린 평가회에서 한마디는
내 미소를 이끈다.

우울함과 기쁨이
한순간에 뒤집어질 수 있단 말을
좀 더 일찍 귀 기울여 받아들일걸.

이제는 서서
저 멀리 산을 볼 수 있지만
아침 식당 의자의 상쾌함은
에덴의 기억으로 오래 남을 것이다.

소중한 기억은
애써 찾아 만들지 않아도
자기가 알아서 오는구나.

    귀국 후 바쁜 한국 일정을 소화하면서 벌써부터 내년 봉사활동을 생각합니다. 니카라과 관련 연구를 하겠다는 제안서도 내고, 축산업 관련 니카라과 사업 제안에도 합류하고, 국립국제교육원 사업 공고가 언제 날지 홈페이지를 기웃거립니다. 스페인어 교육 일정도 알아보고, 3월에 오기로 한 제리카와 서로 한국어와 스페인어를 가르치고 배우는 계획도 세웁니다. 니카라과에는 어떻게든 또 갈 것 같은 느낌입니다.
    니카라과에 가기 위해 나는 더 열심히 살 겁니다. 봉사활동을 나가기 위해 평소 할 일을 많이 해 두어 시간을 저축해 두려고 합니다. 한국의 현직 과학 교사들이 동티모르에 10년 넘게 봉사활동을 나갔듯, 나도 가능하면 오랫동안 니카라과에 가서 봉사활동을 하면서 작은 변화라도 크게 보려고 합니다.
    해단식 때 개봉한 과일주들이 아직 덜 익은 것은 그것이 다 익을 때 또 만나라는 암시 같습니다. 'Yo te amo Nicaragua' 노래를 추천해 준 다니엘라는 우리가 니카라과를 사랑하게 될 거라고 예언한 것 같기도 합니다. 1기 봉사활동을 마치며 했던 말을 다시 한번 적습니다. 나는 여러분을 그리고 니카라과 사람들을 사랑합니다.

    봉사활동을 시작한 첫해 처음으로 봉사단을 인솔하는 단장이 되어 일하다 보니 해야 할 일이 너무 많았다. 그것을 놓치지 않기 위해 엑셀로 체크리스트를 처음 만들어 글자 색이나 바탕색을 바꿔가며 일했다. 사전 준비, 현지 활동, 사후 정리 단계로 크게 나누고, 제안서 작성, 협약, 수업 등의 작은 항목으로 구분해서 총 133가지의 일을 정리한 게 시작이다. 2025년 현재에는 30개 항목, 255가지 일이 있고, 자세한 설명까지 포함하여 한글 파일로 45쪽에 달한다.

수업 물품 분배에 관해 얘기하다, 프린터를 알레한드라에게 맡기고 내년에 와서 다시 쓰는 것이 생각나, 공항 가는 버스에 놓으면 가져가도록 말하는 것이 생각났다. 자료집에 할 일에 적으려고 보니 이미 예전에 한 번 생각을 해서 적어 놓았네. 이래서 매뉴얼이 필요한 거다. 해야 할 일을 날짜별로 죽 정리해 놓고 그걸 보면서 체크해 나가는 방식. 그러고 보니 현지 활동 매뉴얼도 체크리스트로 만들기는 했는데 쓰질 않았네. 올해는 과테말라로 오면서 상황이 많이 바뀌었으니 새로 체크리스트를 자세히 만들어 내년에 써야지.

체크리스트는 봉사활동을 하지 않을 때도 생각날 때마다 계속 업데이트한다. 나의 소중한 자료다.

14. 참고 자료

강창숙 (2019). 사회과 예비 교사의 수업관찰과 반성적 실천. 청주: 충북대학교 출판부.

강철호 (2019). 대학생 단기 해외 봉사활동의 단계별 안전 관리에 대한 연구. 연세대학교 석사학위논문.

강혜라 (2015). 해외자원봉사활동이 대학생의 세계시민의식과 다문화수용성에 미치는 영향. 상명대학교 석사학위논문.

교육부 (2017). 교원자격검정 실무편람. 세종: 교육부.

구경모 (2018). 중남미인에 대한 한국인의 '왜곡된 시선' - 시간관을 중심으로. 중남미연구, 37(4), 31-52.

권상철 (2016). 해외자원활동과 글로벌교육의 방향 모색 : 제주대학교 해외 봉사활동을 사례로. 문화역사지리 28(4), 86-100.

권상철 (2018). 해외 봉사활동의 양면성과 도전: 봉사여행과 개발봉사 사이. 한국지리학회지, 7(3), 415-434.

김국현 (2018). 대학 생활관교육을 통한 예비 교사 인성교육 방안. 교육발전 38(2), 97-113.

김달호 (2014). 중남미 니카라과를 생각한다. 한국문학방송.

김무영 (2012). 예비체육교사 교육봉사활동 경험의 이해. 한국스포츠교육학회지, 19(4), 105-124.

김민정 (2014). 예비유아교사에게 단기해외 교육봉사의 의미. 유아교육학논집 18(3), 257-282.

김병찬 (2010). 예비 교사들의 '교육봉사활동' 경험에 관한 질적 사례 연구. 한국교육, 37(1), 113-145.

김보라. (2022). 원어민-비원어민 한국어교사 코티칭(Co-teaching) 사례 분석 연구: 태국 중등학교를 중심으로. 한국외국어대학교 석사학위논문.

김영국 (2017). 한국국제협력단(KOICA) 체육교육봉사단원의 국제개발협력활동 사례연구. 고려대학교 석사학위논문.

김우성 (2013), 멕시코 비즈니스 커뮤니케이션의 문화적 특징, 이베로아메리카, 15(2), 21-43.

김준성, 임용석 (2015). 아디게야에서 나를 찾다: 대학생 해외 봉사활동에 대한 지향점 탐색. 여가학연구, 13(2), 69-88.

김준우, 최승백, 오승민, 천성우 (2012). 낯선 땅에 꿈을 심다. 서울: 혜지원.

김지혜 (2015). 대학생의 세계시민의식 향상을 위한 해외 봉사활동 사례 연구 : H 대학을 중심으로. 문화산업연구 15(3), 65-75.

김춘미, 장수미 (2017). 해외 장기 자원봉사자의 자원봉사활동 경험 – 낯선 땅에서의 성로역정. 사회복지 실천과 연구, 14(1), 47-86.

김형철 (2015). 철학의 힘, 고양: 위즈덤하우스

김혜진, 윤영돈. (2019). 학교급간 연계를 통한 코티칭(co-teaching) 수업 사례연구. The SNU Journal of Education Research, 28(3), 1-20.

김혜진, 황혜영. (2018). 음악과 인문학 코티칭(Co-teaching) 융합 수업 방안 모색. Culture and Convergence. 40(2), 111-134.

노태희, 양찬호, 김영훈, 강훈식. (2012). 코티칭을 통한 초임 과학영재교육 담당 교사의 수업 전문성 변화에 관한 사례연구. 한국과학교육학회지, 32(4), 655-670.

다나카 유 (2013). 자원봉사도 고민이 필요해. (김영애 옮김). 파주: 돌베개.

류민정 (2017). 해외 교육봉사와 국내 학교현장실습(교생실습)을 통한 예비 체육교사의 역량 탐색. 한국체육학회지 56(2), 243-258.

매슈 워커 (2019). 우리는 왜 잠을 자야 할까: 수면과 꿈의 과학. (이한음 옮김). 파주: 열린책들.

맷 데이먼, 개리 화이트 (2022). 워터: 물이 평등하다는 착각. (김광수 옮김). 서울: 애플북스

문영희, 오세영, 국윤경 (2018). 청소년 자원봉사활동과 사회복지사의 자원봉사관리 경험을 통해 본 자원봉사 관리체계. 인문사회과학연구, 19(4). 369-405.

박공식, 전현욱 (2018). M대학교 학생들의 볼리비아 해외 교육봉사활동 전개 방식에 대한 비판적 고찰. 교육인류학연구, 21(1), 83-118.

박유선 (2015). 해외 교육봉사를 위한 미술 및 디자인 프로그램개발 연구. 조형미디어학 18(4), 145-156.

박인심 (2019). 해외 교육봉사 프로그램 참여 예비 교사의 다문화교육 경험과 인식. 글로벌교육연구 11(4), 110-140.

박종원, 윤혜경, 이인선, 곽영순, 김종희, 노현아, 박지영, 이기영, 유난숙, 정은영, 조헌국, 최재혁 (2023). 과학 교사의 전문성 발달을 위한 기준 제안. 한국과학교육학회지, 43(3), 277-294.

박현주 (2022). 대학생 해외봉사활동에서의 고충 경험. 질적연구, 23(1), 12-24.

석류 (2012). 태권도 해외 봉사 경험을 통한 세계시민의식함양 및 자아정체성 탐색. 경희대학교 석사학위논문.

손승현, 나경은, 문주영, 서유진 (2011). 봉사학습을 통한 예비 교사의 교육현장 참여경험에 관한 질적 분석. 교육방법연구, 23(3), 529-553.

송영복, 이재호 (2014). 한국 중고등학교 교과서의 라틴아메리카 관련 서술에 대한 고찰: '신대륙', '꼴론', '정복 이전 문명'과 관련된 부분을 중심으로, 중남미연구, 33(1), 325-346.

심고은 (2018). 방학에 뭐 하니? 봉사여행 어때? : 인생에서 꼭 한번쯤 해봐야 할 국제교류활동 도전기. 고양: 단비.

엄미란, 이상오, (2016). 자원봉사자로 국제개발협력활동에 참여하는 은퇴 시니어를 위한 세계시민교육의 전망 : 성인교육학의 관점에서. Andragogy Today : Interdisciplinary Journal of Adult & Continuing Education, 19(3), 149-777.

염건이(2007). 해외자원봉사활동의 만족도에 영향을 미치는 요인에 관한 연구: 한국국제협력단(KOICA) 사업을 중심으로. 동신대학교 석사학위논문.

오단이 (2014). 국제자원활동 동기 및 현지적응과정에 관한 탐색적 사례연구: 국제개발협력민간협의회 (KCOC)에서 파견한 캄보디아 L단체 단원을 중심으로. 한국사회복지행정학, 16(3), 373-399.

오욱환 (2000). 한국사회의 교육열: 기원과 심화. 교육과학사.

오지은, 정헌주 (2020). KOICA 봉사단과 현지 활동기관 파트너십에 대한 탐색적 분석: KOICA 코디네이터 인터뷰 분석을 중심으로. 국제학논총, 31, 35-66.

우대형 (2015). 농지개혁과 인적자본투자: 초등학교 취학률 분석, 2015년 경제사학회 춘계학술대회 발표논문, pp. 78-107.

유기웅 (2012). 사범대생들의 진로변화 과정에 관한 연구. 교원교육 28(2), 1-22.

유성창, 라종민. (2016). 학교 내 안전교육에 대한 초·중·고등학교 교사들의 인식 차이. 인문사회과학연구, 50, 57-73.

윤수진 (2020). 기독교 대학에서의 사회혁신교육 실천 방향 모색: 대학생 해외 봉사활동에 대한 인식과 경험을 중심으로. 기독교교육정보 64, 195-225.

윤정희. (2021). 미래인재 육성을 위한 수업전략: 코티칭(co-teaching)의 재조명. ACM Journal of Computer Documentation, 23(2), 297-307.

윤지수, 임성민 (2023). 예비교사의 온라인 해외교육봉사 활동에서 과학교수학습 자기효능감 변화와 활동 경험의 현상학적 기술. 새물리, 72(4), 362-377.

윤지현, 노태희, 한재영 (2008). 코티칭에서 나타난 의사소통 과정 분석, 한국과학교육학회지, 28(2), 159-168.

윤창국, 박상옥 (2012). 문화역사적 활동이론의 이론적 발전과 평생교육연구에 주는 시사점. 평생교육학연구, 18(3), 113-140.

윤형학 (2014). 해외자원봉사자의 역할스트레스와 대인관계스트레스가 자원봉사활동만족도에 미치는 영향. 중앙대학교 석사학위논문.

윤희주 (2017). 국제개발협력으로서 해외 교육봉사프로그램의 실천과 현장의 역동성. 전남대학교 석사학위논문.

이금진, 최명구. (2016). 질적연구를 통해 살펴 본 예비교사들의 교육실습 경험에 관한 연구. 청소년학연구, 23(1), 305-333.

이발희, 윤현숙 (2015). 중고령자 세대의 장기간 자원봉사 활동 경험에 관한 질적 연구. 노인복지연구, 67, 197-226.

이사랑 (2018). 예비체육교사의 청소년 해외 봉사활동 참여경험 탐색. 용인대학교 석사학위논문.

이수아, 전영석, 홍준의, 신영준, 최정훈, 이인호. (2007). 초등 교사들이 과학 수업에서 겪는 어려움 분석, 초등과학교육, 26(1), 97-107.

이안수, 배종희, 노현호 (2015). 중등예비 체육교사들의 교육봉사활동 경험에 대한 인식과 반응. 교과교육학연구, 19(1), 159-175.

이유진, 윤지현 (2015). 중등 과학 예비 교사의 인식에 기반한 교육봉사활동 교과의 운영실태 분석: 교육활동 실행을 중심으로. 교과교육학연구, 19(1), 1-21.

이은승, 이성철 (2016). 해외 봉사활동 프로그램에 참여한 대학생의 역량 분석. 홀리스틱융합교육연구 20(3), 115-136.

이자연, Judy Yin. (2021). 한국인 중등 영어교사와 원어민 영어보조교사의 코티칭에 대한 관점: 전남교육 현장을 중심으로. 교원교육, 37(2), 373-388.

이재현 (2023). 대학생 해외봉사활동 운영을 통해 본 교양교육으로서의 인성교육. 교양교육연구, 17(6), 427-437.

이지연, 연경심 (2017). 해외 봉사활동 참여 대학생의 진로개발 지원 사전교육 방향 탐색. 비교교육연구 27(6), 165-190.

이지현 (2010). 예비 교사의 봉사-학습 사례연구: 교육봉사활동의 시사점 탐색을 중심으로. 열린교육연구 18(3), 165-192.

이혜진. (2015). 중등 과학 예비 교사들의 교육봉사에서 코티칭의 유용성 : 수업 상황을 중심으로. 단국대학교 석사학위논문.

이혜진, 민병미, 윤지현. (2015). 교육봉사 교과에서 예비 교사들의 수업 실행을 돕기 위한 방안으로 코티칭 전략의 가능성 및 유용성 탐색을 위한 사례 연구. 한국교원교육연구, 32(2), 289-313.

임고운 (2023). 한 대학교수자의 온라인 기반 해외 교육 봉사 경험에 관한 자전적 내러티브. 내러티브와 교육연구, 11(1), 35-59.

임상희 (2020). 아동상담자의 자기 돌봄 체험에 관한 질적 연구. 질적탐구, 6(2), 353-402.

임아름. (2011). 초등 과학 영재를 위한 과학수업에서 코티칭의 효과. 춘천교육대학교 석사학위논문.

임지선 (2012). 예비체육교사의 교육봉사활동 경험의 의미. 석사학위논문. 이화여자대학교, 서울.

임진호, 변선주 (2021). 현직 교사들의 해외 교육봉사활동 지원을 위한 사전교육 요구분석 연구. 학습자중심교과교육연구, 21(12), 373-385.

임청숙. (2008). 배려의 관계에서 공감(empathy) 발달을 위한 지도방안 연구. 이화여자대학교 석사학위논문.

장덕호 (2021). 대학교수의 직무 환경에 대한 탐색적 연구: 생태학적 체계이론을 바탕으로. 한국교원교육연구. 38(1), 31-60.

전보애. (2015). 지리교육에서 코티칭(coteaching)의 모형 개발 및 적용. 한국지리학회지, 4(2), 187-200.

전현욱 (2017). 볼리비아 해외 교육봉사활동에 대한 상념. 교육인류학소식, 23(2), 9-13.

정경화, 신영준 (2018). 교사학습공동체를 통한 STEAM 수업 사례 연구. 한국과학교육학회지 38(2), 147-160.

정금순. (2011). 초등 과학 영재를 위한 코티칭 과학 수업의 특징 분석. 춘천교육대학교 석사학위논문.

정보람 (2013). 현직 교사들의 해외 자원봉사활동 참가 경험에 관한 내러티브 탐구. 연세대학교 석사학위논문.

정상원, 조성균(2019). 태권도를 통한 해외 봉사활동은 우리에게 어떠한 가치가 있는가? 무예연구 13(4), 85-111.

정영근 (2004). 예비 교사를 위한 교육실습의 이론과 실천. 서울: 문음사.

정진경 (2012). 자원봉사 개념의 재해석과 통합적 적용의 탐색. 한국하회복지행정학, 14(3), 21-52.

정진경, 편창훈 (2023). 온라인 해외봉사활동이 참여자 역량에 미치는 효과성 연구. 한국사회복지행정학, 25(4), 53-79.

정혜민 (2012). 단기해외 봉사활동 한국 문화교육 프로그램의 개발 연구 : 캄보디아 대학생을 대상으로. 한국외국어대학교 석사학위논문.

조경태 (2017). 독일 속담학 입문. 서울: 성신여자대학교 출판부.

조영미 (2025). 간호대학생의 해외봉사 경험에 대한 현상학적 연구. 한국산학기술학회논문지, 26(1), 517-526.

조영아, 이재은 (2017). 자원봉사 관리자의 소명과 삶의 만족의 관계: 경력몰입의 매개효과를 중심으로. 농업교육과 인적자원개발, 49(2), 111-135.

조혜진 (2008), 스페인어의 어제와 오늘, 서울: 도서출판 월인. p. 313.

조혜영 (2015). 국제이해교육 관점에서 살펴 본 대학생 해외 봉사활동 경험: 의미와 한계. 국제이해교육연구 10(2), 1-44.

진선주 (2015). 공적개발원조(ODA) 유아교육분야 해외 봉사활동 경험을 통한 유아교사의 문화 적응 과정 탐색. 중앙대학교 석사학위논문.

최영수 (2005). 브라질의 문화코드와 의사소통방식. 중남미연구, 23(2), 106-125.

최재훈, 전주성 (2017). 전기학습의 관점에서 바라본 은퇴자의 해외자원봉사활동 참여경험, Andragogy Today : Interdisciplinary Journal of Adult & Continuing Education, 20(2), 73-99.

추수진 (2019). 보육 실습 현장에서 실습생이 경험하는 어려움과 보람. 교육발전 39(2), 337-353.

피트 데이비스 (2023). 전념. (신유희 역). 상상스퀘어.

하란, 김진희 (2020). 해외 봉사활동 참여자의 다문화 학습에 관한 사례연구. 국제이해교육연구 15(1), 61-90.

한국국제협력단 (2013). 함께하는 봉사 행복한 대한민국, 해외 봉사활동 수기 공모전, '나의 해외 봉사 활동 이야기'. 서울: 코이카.

한수정 (2014). 마이크로티칭 경험에 따른 예비 교사의 교수효능감과 자기수업분석 연구. 홀리스틱융합교육연구 18(2), 137-156.

한재영. (2008). 코티칭 수업에 대한 예비교사들의 인식, 대한화학회지, 52(4), 404-411.

한재영. (2010). 현직 교사 수업 코티칭: 초임 과학 교사 교육 방안, 교사교육연구, 49(3), 241-255.

한재영 (2012). 한 사범대학 과학 교육 조교수의 삶에 대한 자서전적 연구, 과학교육연구지, 36(1), 1-13.

한재영 (2012). 사범대학 예비 교사의 삶과 정체성 변화 연구. 교사교육연구 51(1), 75-88.

한재영 (2024). 해외 교육봉사에서 나타나는 코티칭 사례. 한국교육논총, 45(2), 145-169.

한재영, 김의성, 박은미, 방미정, 서인호, 이선희, 정대홍, 홍준의 (2015). 한국과 동티모르 과학교사 세미나: 봉사, 갈등, 그리고 과학교육. 한국과학교육학회지, 35(3), 455-463.

한재영, 김진수, 김희범, 반민정, 윤한빛, 정선아, 정진석, 주찬양, 황수정 (2019). 중남미로 떠나는 교육봉사, 충북대학교 출판부.

한재영, 서혜애, 신세인, 임성민, 차정호, 홍준의 (2021). 해외 교육봉사활동을 인솔하는 교수의 삶과 배움. 교육논총, 41(3), 39-63.

한재영, 서혜애, 차정호, 홍준의 (2019). 해외 교육봉사활동 체제에 대한 연구: 니카라과를 중심으로. 교사교육연구, 58(1), 65-80.

한재영, 윤지현. (2009). 중등 과학에서의 코티칭 수업 과정 분석. 과학교육연구지, 33(1), 152-163.

한재영, 임성민 (2017). 문화역사활동이론을 통한 과학교사의 해외 봉사활동 분석, 학습자중심교과교육연구, 17(3), 631-650.

한재영, 임성민 (2018). 과학 교사의 해외 과학실험 봉사활동 발전 과정에 대한 분석. 새물리(New Physics: Sae Mulli), 68(1), 103-116.

한재영, 차정호, 홍준의 (2017, 4월). 과학 중심 해외 봉사활동에 대한 교수들의 이야기. 대한화학회 제119회 (춘계) 총회 및 학술발표회 발표논문.

한재영, 홍준의, 서혜애, 신세인, 임성민, 차정호 (2020). 해외 교육봉사활동을 통한 예비 교사의 전문성 신장. 교육발전, 40(2), 587-616.

한진순 (2019). 교회의 해외자원봉사활동 경험이 다문화 인식과 다문화 수용성에 미치는 영향. 경인교육대학교 석사학위논문.

한혜숙. (2015). 코티칭 전략을 활용한 STEAM 수업이 예비수학교사의 융합인재교육 핵심역량에 미치는 효과. 학습자중심교과교육학회지, 15(12), 283-317.

허수열 (2016). 개발 없는 개발, 은행나무(개정판).

허창수, 고권혁 (2014). 국제자원활동 경험을 통한 갈등의 의미 고찰. 한국교육인류학회 월례발표회, 2014. 3. 8.

현사생, 조수미 (2025). 일개 간호대학생의 전공연계 해외봉사활동 경험 분석. 안전문화연구, 38, 183-199.

Clara F., Lama Z. J., & Vesal D. (2019). "Do I feel threatened? No… I'm learning!"—Affective and relational dynamics in science professional development. Science Education 103, 338–361.

Engeström, Y. (2001). Expansive learning at work: toward an activity theoretical reconceptualization. Journal of Education and Work, 14(1), 133-156.

Holdsworth, C. (2010). Why volunteer? Understanding motivations for student volunteering. British Journal of Educational Studies 58(4), 421-437.

Khasanzyanova, A. (2017). How volunteering helps students to develop soft skills. International Review of Education 63, 363-379.

Roth, W.-M., & Tobin, K. (2002). At the elbow of another: Learning to teach by coteaching. New York: Peter Lang.

【 홈페이지 】

국제개발협력의 이해 송양훈 K-MOOC　　http://www.kmooc.kr

니카라과 관련 뉴스　　https://www.youtube.com/watch?v=lPskvTx_k44

충북대학교 과테말라 단기해외 교육봉사　　https://youtu.be/QAe1k79coUQ

USAID 관련 뉴스
　https://www.edaily.co.kr/News/Read?newsId=01869606642068552&mediaCodeNo=257&OutLnkChk=Y

중미 해외 교육봉사활동의 이해
- 니카라과를 중심으로 -

2025년 9월 15일 초판 1쇄 인쇄
2025년 9월 20일 초판 1쇄 발행

| 저　　자　　| **한 재 영** · 지음

| 발 행 처 | 도서출판 에듀컨텐츠휴피아
| 발 행 인 | 李 相 烈
| 등록번호 | 제2017-000042호 (2002년 1월 9일 신고등록)
| 주　　소 | 서울 광진구 자양로 28길 98, 동양빌딩
| 전　　화 | (02) 443-6366
| 팩　　스 | (02) 443-6376
| e-mail | iknowledge@naver.com
| web | http://cafe.naver.com/eduhuepia
| 만든사람들 | 기획 · 김수아 / 책임편집 · 이진훈 박현경 하지수 정민경
　　　　　　 디자인 · 유충현 / 영업 · 이순우

| I S B N | 978-89-6356-507-1 (93370)
| 정　　가 | 25,000원

▶ 이 저서는 2018년 대한민국 교육부와 한국연구재단의 지원을 받아 수행된 연구임 (NRF-2018S1A5A2A01036487)
▶ 이 책은 한재영(2024), 한재영, 서혜애 외(2019), 한재영, 서혜애 외(2021), 한재영, 홍준의 외(2020) 연구논문을 기초로 재구성한 것임